Christoph Lindenmeyer

Rebeller, Opfer, Siedler

CHRISTOPH LINDENMEYER

REBELLER, OPFER, SIEDLER

Die Vertreibung der Salzburger Protestanten

VERLAG ANTON PUSTET

Von Mitternacht her kommt Wetter und von Mitternacht Kälte.
Von Mitternacht kommt Gold.
Um Gott her ist schrecklicher Glanz.

Buch Hiob

Das, was niemand sieht,
hat einen Sinn, aufgeschrieben zu werden.

Thomas Bernhard

Inhalt

I. Georgia

Nie allein, keinen einzigen Augenblick allein. Sich nicht in die Zwischenräume der Stille versenken zu können, wenn die Geräusche des langen Tages verstummen und die Dunkelheit noch nicht zu weinen beginnt. Tagsüber der ewige Wechsel der Brettersägen, das Hämmern, das Blöken und Muhen der Tiere, die Stimmen der Siedler, ihre Klagen, die Gebete, die Wünsche, die Lieder. Nicht allein sein an den Nachmittagen, wenn die Regenwolken schwer über dem Savannah-Fluss hängen, nicht an den Abenden. Denn abends klopfen die Nachbarn an die Tür des Bretterhauses.

Nur in den späten Nächten ist es still, wenn nicht von ferne her und immer näher kommend das Heulen der Wölfe den Schreiber erschreckt. Die Nachtschlangen rascheln draußen durch das Laub. Die Mitternachtsvögel sind erwacht, und der Wind streift vom Fluss her. Im Haus das Knistern, wenn der Schreiber die Seiten des Tagebuchs umwendet, das Kratzen der Feder und ihre metallische Berührung des Tintenglases. Mücken. Mäuse. Aber endlich wird es still in den Stunden vor dem Aufgang der Sonne. Manchmal ein Weinen. Ein Wimmern. Boltzius schreibt in den Nächten. Er schreibt, seit er auf die große Reise von Halle nach Amerika ging, und er schreibt, seit er hier in der neuen englischen Kolonie Georgia lebt. Sein Tagebuch spiegelt die schweren Tage wider, sein Schreiben ist Widerstand gegen die Flüchtigkeit der Gedanken. Jenseits des Atlantiks werden seine Briefe und Tagebücher längst erwartet. Hier in Amerika überflutet die Dunkelheit wie eine schwarze Welle die Hütten und Straßen. Zu Hause nahm sich die Dämmerung mehr Zeit. Er schreibt.

Die Witterung hier im Lande ist überaus unbeständig. Vor einigen Tagen war es ängstlich heiß, ietzo ist wieder bey Tag und Nacht eine ziemliche Kälte eingefallen, die allem Ansehen nach das Garten-Gewächse, welches zu früh gesäet worden, noch mehr ersticken, oder am Wachsthum hindern wird. Auch sind die Winde unterweilen so starck, daß man besorget, die auf schlechtem Grund gebauete Häuser werden davon umgerissen werden.

Boltzius ist in seiner Bretterhütte in Eben-Ezer am Savannah-Fluss allein. Die beiden letzten Nächte waren kühl und angenehm. Noch vor einer Woche aber hatte es starke Regenfälle und Gewitter gegeben. Der halbe Teil des neu angepflanzten Gartens wurde überschwemmt. Hochwasser und Wolkenbrüche haben fast alle frisch eingesetzten Pflanzen aus dem Boden gespült. Jetzt trocknet das Land wieder. Die Krume spaltet sich in kleine und große Risse.

Wie eine undurchdringliche Wand, dunkelgrün verschattet, steht hinter der neuen Siedlung der Wald. Hier wachsen Eichen, Fichten, Nussbäume, Weihrauchbäume, hier wachsen Sassafras, Kräuter und wilde Weinreben. Unter den Wipfeln und Baumkronen liegen die Sümpfe. Die Salzburger nennen sie Schwämme. Auch neben den Sümpfen dampft und schmatzt der Morast, dunkles Wasser steht in den Creeks. Zum Flussufer hin krümmen sich dichte Mangroven, in denen Krokodile leben: Immer wieder einmal fallen sie die Kälber an und töten sie, wenn der Wasserspiegel im Savannah-Fluss fällt und die Kälber deshalb die Böschung hinunterstolpern. Wenn die Flut steigt und sich in die sandigen Ufer hineinfrisst, kriechen die Krokodile die Böschung hinauf. In den Wäldern leben Wölfe, die erst jetzt von den Siedlern entdeckt wurden, und nachts schnüren Füchse über die wenigen Lichtungen. Das Geheul der Wölfe kommt immer näher heran. Sie singen und wimmern wie die Stürme in Salzburg, sagen die Alten, aber die Blätter der Bäume zittern jetzt nicht, nur die Dachbalken und Bretter der Holzhütten ächzen auch in windstillen Zeiten. Flaute und Sturm, Ebbe und Flut wechseln sich bis weit in den Strom hinauf ab.

In den Nächten sind die Feinde unterwegs. Es ist gut, die Fensterläden zu schließen. Sie dämpfen die Geräusche nicht, denn in den Fenstern ist kein Glas eingesetzt. Nachts dringen die Ängste aus uralten Zeiten durch die Ritzen der Balken und die Schlitze der Fensterläden in das Innere der Holzhäuser. Sie fließen mit den Ängsten zusammen, die sich hier schon längst eingenistet haben. In den Nächten horchen die Siedler darauf, was in ihnen lärmt. Bittere Erinnerungen tauchen auf, Schuldgefühle und Worte, die ungesagt blieben, weil die meisten Siedler ihr Land verlassen mussten, ohne sich verabschieden zu können.

Man nennet sie thumbe Leute, um dadurch seinen Haß gegen sie an den Tag zu legen. Sie sollen durch ihre Widersätzlichkeit und übelgegründeten Willen seyn bewogen worden, aus dem Lande zu emigriren.

Draußen werden die Rinder und die Schweine unruhig, wenn sie die Wölfe wittern. Oft kommen die Salzburger zu Boltzius, wenn sie es nicht mehr aushalten, mit sich allein zu sein. Dann erzählen sie ihm, was sie seit der Vertreibung aus Salzburg bedrückt, was ihre Seele aus den Bergen und Tälern in die neue Welt mitgeschleppt hat, alte Sünden und Ängste. Boltzius hört den Salzburgern zu und tröstet sie, so gut er kann. Wer dicht an der hölzernen Wand steht, kann hören, was im leisen Zwiegespräch ausgetauscht wird.

Zwei Frauen aus seinem Ort haben sich im Wald verirrt. Die Aufregung ist groß. Die Schweighofer! Die Eischberger! Wo sind die beiden? Sie müssen gesucht werden. Wer geht mit?

Diesen Morgen langte ich durch göttlichen Beystand über Haberkorn wieder in Eben-Ezer an, unser Boot aber wird mit einiger Provision zu Wasser nachkommen. Schon in Haberkorn erhielt ich die betrübte Nachricht, daß sich zwey fromme Weiber aus der Gemeine im Walde verloren hätten.

Das Boot mit dem Lebensmittel-Proviant für die Gemeinde Eben-Ezer wird bald eintreffen. Vor Savannah ist endlich wieder ein Schiff aus England angekommen; unter den Passagieren sollen einige Schweizer Knechte und Mägde sein, die sich in Eben-Ezer ansiedeln wollen. Boltzius und seine Begleiter sind mit dem kleinen Boot vorausgerudert. Das große Boot ist mit frischen Lebensmitteln aus dem Store-Haus von Savannah beladen, auch mit einem Fass Madeira-Wein für Boltzius, der das Getränk unter den Kranken verteilt. Für Boltzius gab es keinen Platz mehr in dem größeren Ruderboot. Er will schnell wieder in Eben-Ezer zurück sein. Es ist nicht gut, zu lange der Gemeinde fern zu bleiben. Er hat einen Teil der Briefe aus England und Deutschland bei sich. Die Salzburger sehnen sich sehr nach Post, weil sie nicht genau wissen, ob sie in Eben-Ezer bleiben müssen oder ob sie doch noch einmal umsiedeln dürfen. Das ihnen zugewiesene Areal für die Stadtgründung ist ein elendes Stück Land. Sie können ihre Siedlung aber nicht selbst verlegen, denn die Entscheidungen fallen in London, nicht in der neuen Kolonie. Die Briefnachrichten aus Salzburg, England und Preußen, die Schreiben ihrer Freunde und Gönner aus London, Augsburg und Halle tragen sie durch die Tage und sie machen ihnen Mut. So sind sie nicht allein auf sich gestellt, hier am Ende der Welt. Einige Siedler hoffen auf die Zusendung von Korn und Bohnen.

Heute ist der 23. Juli 1734. Die Salzburger wohnen seit Kurzem in Eben-Ezer. Der Ortsname stammt nicht von ihnen, sondern von James Oglethorpe, dem Gouverneur der Kolonie Georgia. Eben-Ezer: So hatte Samuel einen Stein genannt, seinen »Stein der Hilfe«. Noch stand keine einzige Hütte am Savannah-Ufer, da war das Areal für die künftigen Siedler schon benannt. Als sie noch an Bord der großen Segelschiffe waren, buchstabierten sie diese vier Silben immer wieder: ein neuer Name für ihre Zuversicht. Da war das amerikanische Festland als Kontur noch nicht aus dem Atlantik aufgetaucht.

Als ihr Land hinter den Grenzen und ihr alter Kontinent hinter dem Horizont im Osten des Atlantiks versanken, setzten die Schmerzen ein. Das Heimweh. Die bitteren Erinnerungen an Gewalt und Hass. Die Erfahrung dieser Sekundenblitze in den Augen der Zuschauer am Straßenrand, wenn ihre Kolonne bei ihrem Marsch durch die Residenzstadt Salzburg von den rechtgläubigen Bürgern gemustert wurde. Diese wissenden Blicke von Nachbarn, die gar nichts sagen müssen. Es reicht, die Abweichler, die *Rebeller*, die Unbotmäßigen und Andersgläubigen mit einem Augenaufschlag zu streifen. Nicht allein Worte können verletzen, es waren diese Blicke der Leute, die immer auf der richtigen Seite stehen, ganz nahe bei der Macht und den Mächtigen. Weg mit euch! Ihr jämmerlichen Staats- und Kirchenfeinde werdet hier bei uns nicht mehr geduldet. Niemals mehr! Niemals!

Weg, weg aus dem Lande mit Euch, ihr ketzerischen Hunde! Fahrt zum Teufel, Ihr unverschämten Rebeller!

Ihr werdet schon sehen. Ihr werdet als Sklaven in die Türkei verkauft.
Ihr werdet in Ketten gelegt.
Ihr werdet von den Soldaten im Meer ertränkt.

Jeden Tag hören die Exulanten neue Drohungen.
Bleibt hier, kehrt um, schwört eurer Aufsässigkeit ab!
Wenn ihr geht, geht ihr zugrunde!

Was? Dann geht doch endlich! Seid froh, wenn ihr lebend hier heraus kommt. Wir wollen euch Abtrünnige und Rädelsführer nicht mehr hier bei uns sehen! Für euch gibt es keinen Platz auf dieser Welt!

Ein Salzburger hat im Wald hinter Eben-Ezer eine Menge Weinreben im Wald gefunden: Die Beeren sind von sonderbarer Größe, ihre Schale ist dünner als die der Trauben in Deutschland und sie sind von starkem Geschmack. Vielleicht lassen sich hier Weinstöcke anpflanzen.

In den letzten Tagen, bevor Boltzius mit dem Boot nach Savannah abreiste, haben Indianer die Salzburger Siedlung Eben-Ezer besucht; sie kommen immer wieder einmal vorbei und betteln um leere Arzneifläschchen, in denen sie Fett aufbewahren wollen, um ihre Flinten zu schmieren. Sie werden immer dreister, und die Situation wird vor allem dann gefährlich, wenn sie Rum getrunken haben. Zwei Indianer kommen am nächsten Tag wieder, um Wildbret vorbeizubringen. Sie bedanken sich dafür, dass sie zuvor von den Salzburgern in Eben-Ezer gastlich aufgenommen und bewirtet worden waren, obwohl die Vorräte längst zur Neige gehen.

Als Boltzius endlich in Eben-Ezer eintrifft, stürzen ihm die Leute entgegen. Die Frauen sind inzwischen im Wald aufgefunden worden. Unter freiem Himmel haben sie die Nacht verbringen müssen. Sie schliefen unter Sträuchern. Um in der schwarzen, sternlosen Nacht nicht in einem Creek zu ertrinken, sangen sie sich ihre alten Salzburger Lieder vor. Dass die Bewohner von Eben-Ezer Feuer angezündet hatten, damit die beiden Frauen dem Lichtsignal folgen könnten, sahen sie nicht. Am nächsten Tag brechen noch einmal acht Männer in die Wälder auf. Denn Resch ist nicht zurückgekommen, einer vom Suchtrupp, der die verirrten Frauen hätte finden sollen. Bevor sie aufbrechen, gießen die Männer Wasser auf die Feuerstellen, damit Dampf zum Himmel aufsteigt. Rauchzeichen als Wegweiser. Sie finden Resch nicht. Resch kommt nicht zurück. Resch bleibt in den Wäldern verschwunden.

Die acht Saltzburger, die gestern dem verirrten Resch nachgegangen sind, kamen diesen Morgen wieder, ihn aber haben sie nicht finden können, ob sie wol ihren möglichsten Fleiß gethan. Unter andern hat mir dis sehr wohl gefallen, daß sie viele dürre Bäume umgehauen und um einen noch stehenden Baum herumgesetzt, und mit leicht brennenden Dingen angezündet haben, da denn das Feuer über den Wald hinaus gangen, und von weitem zu sehen gewesen ist. Zugleich haben sie von diesem Feuer-Platz an bis an unsern Ort die Bäume gezeichnet, daß, wenn er zu der noch fortwährenden Gluth und grossem Dampf kommen möchte, er den Weg leicht finden könnte. Heute haben sich wieder andere bey mir gemeldet, in den Wald zu gehen und an einem anderen Ort diese Methode zu versuchen. Dieses verirrten Mannes Weib ist sehr niedergeschlagen, und wolte sich nicht zufrieden geben, war auch Willens ihren Mann selbst aufzusuchen, da er durch die Saltzburger nicht könne gefunden werden. Doch, ich ließ sie zu mir kommen, und redete nach ihren Umständen und nach ihrer gegenwärthigsten Fassung des Gemüths aufs einfältigste mit ihr, und GOtt Lob! nicht ohne allerley Effect. Die Schweighoferin ist in einen nicht geringen Kummer und Gewissens-Angst gekommen, daß sich Resch verirret hat, und noch nicht wiedergekommen ist. Sie meynet, sie sey an seinen ietzigen elenden Umständen schuld, weil er sich alsdann verirret hat, als er mit andern Leuten sie und die andere Saltzburgerin aufzusuchen ausgegangen. Sie vergoß bey meinem Besuch viel Thränen, und preisete zwar GOtt, der sie aus der Irre zu ihren noch jungen Kindern wieder heim gebracht, aber ietzo wegen des dem Resch begegneten Zufalles sehr gebeuget und bekümmert habe …

Die Reschin ist noch immer wegen ihres im Walde verlohrnen Mannes bekümmert, und verlangte heute, daß noch mal einige Leute des Suchens wegen in den Wald geschicket werden möchten: worin ihr auch gewillfahret wird, damit sie zu ihrer mehrern Beruhigung sehe, daß man gern alles mögliche thun, und nichts, was zu seiner Wiederbringung dienen möchte, versäumen will, ob man wol übrigens allezeit in Sorgen stehet, es möchte bey solchem Suchen wieder aufs neue iemand sich verirren, und also unsere Bekümmerniß vermehren.

In der Suche nach Verirrten sind die Salzburger durchaus erfahren. Handlungsreisende haben sich zu Hause oft verstiegen. Kinder verlaufen. Leute aus der Stadt verirrt. Oft musste Vieh gesucht werden. Jeden Weg hätten die Bauern und die Bergleute auch in der Nacht gefunden, sie kennen jeden Steig. Sie wissen, welche Klamm unpassierbar ist, die Umwege bei Hochwasser sind ihnen vertraut, die Spalten der Felsen und die Hänge, die im Winter niemand betreten sollte. Sie wissen genau, welche Stellen von den Soldaten kontrolliert werden, wo sie postiert sind, woher sie heraufsteigen. Wie sich die Kontrollposten umgehen lassen.

Hier in Eben-Ezer mit seinen Sümpfen und Wäldern ist alles neu für sie. Die spitzen Scherben des Sonnenlichts in den Wäldern unterscheiden sich von der durchsichtigen Helligkeit an Salzburger Föhntagen, Wege gibt es nicht und die Fußspuren von gestern verlieren sich unter den Blättern und in den Creeks. Viele Pflanzen kennen sie nicht, und die Geräusche sind ihnen noch fremd. Insekten stechen. Wildkatzen sind unterwegs. Dornen ritzen blutige Linien in die Haut. Stolpern bei fast jedem Schritt. Kein gutes Land, um Verlorene zu suchen.

Diesen Nachmittag sind abermal acht Männer in den Wald gegangen, den verirrten Resch aufzusuchen. Sie haben alles unter einander so abgeredet, daß keiner von ihnen selbst verloren gehe. Auch habe meine Knaben zu Pferde nach Haberkorn geschickt, daß daselbst die Canonen heute und morgen gelöset werden möchten, als womit wir noch nicht versehen sind. Ohnerachtet alles fleissigen Suchens, so die Saltzburger in diesen Tagen angestellet, hat der verirrte Resch doch nicht ausgefunden werden können.

Drei Tage suchen sie nach Resch. Doch er bleibt in den Wäldern und im Gelände zwischen den Mangroven und den Sümpfen unauffindbar. Heute ist der 18. August. Reschs Frau bat heute Morgen, noch einmal einen Suchtrupp auszuschicken, um ihren Mann aufzuspüren. Die Tage sind heiß. Die Salzburger arbeiten am frühen Morgen und am Abend. Tagsüber ist es in der feuchten Hitze nicht auszuhalten. Die Frau weint ohne Unterbrechung. Sie ist unruhig, geht hin und her. Boltzius hat ein langes Gespräch mit ihr geführt. Inzwischen glaubt auch er nicht mehr daran, dass Resch zurückkommt.

Veit Landfelder und die Witwe des verstorbenen Schopacher haben in den letzten Tagen geheiratet.

Ruprecht Steiners Kind ist gestern gestorben, kränklich vom ersten Tag seiner Geburt an. Auch Moshammer ist inzwischen tot, die Kalckerin seit einigen Wochen krank.

Rauschgott geht es sehr schlecht, er hört fast nichts mehr und ist unendlich schwach. Boltzius bat eine alleinstehende Frau darum, ihn zu pflegen. Denn für seine Körperpflege hat der todkranke Rauschgott keine Kraft mehr. Es gibt wenig Aufbruch in den ersten Zeiten, es gibt so viele Abschiede. Boltzius schreibt jeden Namen sorgfältig auf. Wie nach den schweren Regenfällen die Wassertropfen an den Zweigen reihen sich die Tage aneinander. Manchmal fällt ein Tropfen herab. Jetzt sticht wieder die Sonne.

Wir haben seit dem letzten Regen schon über vierzehen Tage keinen mehr, sondern sehr heiß Wetter gehabt. Die Nächte sind kühle, und kommt der schöne Thau den Feld-Früchten sehr wohl zu statten.

Boltzius sitzt fast jede Nacht an seinen Aufzeichnungen, er schreibt Briefe. Seine eigenen und viele Briefe für andere. Er lässt sich von den Salzburgern sagen, was er für sie aufschreiben soll. Denn nur wenige Bewohner von Eben-Ezer können lesen und schreiben. Selbst wenn sie inzwischen die Schrift gelernt haben, fehlt es ihnen, wie sie meinen, an der richtigen Sprache für ihre Briefe nach Europa. Es ist nicht angebracht, im Dialekt zu schreiben. Das gehöre sich nicht, meinen sie. Das Papier ist feucht und wellt sich. Die Tinte trocknet im Glas, nicht aber auf dem Blatt. Boltzius schreibt und lauscht dem Geheul der Wölfe. Sie haben wieder einmal ein paar Schweine und Kälber gerissen. Er schreibt auf, worüber die Männer und Frauen mit ihm reden, wenn sie in sein Bretterhaus kommen. Jedes Wort, das im Haus gesprochen wird, kann draußen gehört werden. Das ist ein Problem. Einmal schwatzt ein Zuhörer weiter, was er aufgeschnappt hat und was er nicht hören sollte. Boltzius hofft, dass er für sich später einmal ein besseres Haus bauen lassen kann, eine Hütte, die besser abgedichtet ist.

Mit dem Bauen geht es langsam her, weil wir nur einen einzigen Zimmermann bekommen haben, dem die Saltzburger wegen ihrer eigenen Geschäffte ietzt nicht helfen können, indem es hohe Zeit ist, ihre Samen in die Erde zu bringen, wo sie noch dis Jahr was ernten wollen.

Es gibt Wichtigeres zu tun, als ein besseres Haus für Boltzius zu bauen. Noch ist die Reihe nicht an ihm, dem Seelsorger, der für alles zuständig ist. Erst bedarf sein Kollege Gronau, der mit ihm aus Halle kam, eines guten Hauses.

Wir haben gestern einen bequemen Platz ausser der Stadt zu einem Kirchhofe ausgesucht.

Rauschgott ist inzwischen gestorben. Ein feiner Mann aus dem Salzburgischen. Er hat nicht geklagt. Ganz still ging er aus dem Leben. Der Abschied macht Boltzius traurig. Die Arzneien des Apothekers Zwifler blieben bei dem alten Mann wirkungslos. Viele Salzburger, die hier ankamen, leben nicht mehr. Die Kinder sterben schnell und leise. Die wenigsten überleben die ersten Wochen. Es gibt fast niemanden in Eben-Ezer, der nicht an Fieberschüben leidet. Auch Boltzius hat ständig Fieber. Arme und Beine schwellen an. Der Husten klingt nicht ab. Er schwitzt. Er friert. Er nimmt keine Rücksicht auf seinen Zustand.

Im Monat Iunio erhielten wir einen Vorrath an Indianischen Erbsen zum Samen, den wir auch unter die Saltzburger hin und wieder vertheilet haben. Sie wachsen gleich den Indianischen Bohnen in allerley Boden, sind viel kleiner als die teutschen Erbsen, und doch von ziemlich gutem Geschmack. Von Savannah habe ich einen guten Vorrath von grober Leinwand mitgebracht, davon die Armen unter uns Hosen, Hemden und andere höchstnöthige Dinge bekommen. Wer noch etwas Geld hat, machet sich ein Gewissen, denen, die noch ärmer sind, diese Wohlthat wegzunehmen, welches ein gar gut Zeichen ist. Neulich sind viele in der Gemeine mit Schuhen nothdürftig versehen worden, die sie am Sonntage anzuziehen pflegen.

Ein frommer Saltzburger, der ihm einige Tage her etwas Erbauliches vorgelesen und vorgebetet, versicherte, daß er bey diesem verstorbenen Rauschgott eine grosse Liebe und Begierde nach dem Guten gefunden, und daß es ihm allezeit sehr lieb gewesen, wenn er zu diesem Zweck zu ihm gekommen: wie denn auch wir dieses von ihm wissen, daß er uns gerne bey sich gehabt und mit uns gebetet hat. Er meynte, daß er sich diese Kranckheit zugezogen, da er neulich mit dem Pferde durch ein tiefes Wasser den Ochsen, die er geweidet, nachreiten müssen, und da er in den nassen Kleidern gesessen, habe er gleich einen üblen Effect am Leibe verspüret.

Die Kalckerin ist einige Wochen kräncklich, auch unterweilen bettlägerig gewesen. Sie war gestern gegen Abend bey mir, sich wegen des Zustandes ihrer Seele mit mir zu unterreden. Die Bacherin war auf ihrem Kranckenbette in ihrem Gemüth sehr bekümmert, weil sie nicht recht wisse, wie sie mit ihrem Heyland dran sey.

Gestern gegen Abend kamen drey Leute von den Evangelischen aus Purysburg zu uns, unter welchen auch war der neulich bestellte Schulmeister, der um einige Bücher für die armen Kinder, und um einige Anweisung, mit den Kindern recht umzugehen, bat: womit man ihm auch theils schriftlich, theils mündlich dienen wollen. Und weil wir vor einiger Zeit einige ABC-Tafeln, wie auch einen guten Vorrath von ABC-Büchern und Catechismis aus Teutschland bekommen haben, so haben wir ihm auch einige davon gegeben, damit er in der Schule einerley Bücher habe, welches die Kinder im Lernen sehr fördert. Die Bücher müssen allezeit in seiner Verwahrung bleiben, und dürfen den Kindern nicht nach Hause gegeben werden.

Die Bücher verwittern schnell. Wie in Salzburg zählen sie zum wichtigsten Besitz. Manchmal kommen neue Bücher aus Augsburg, aus Halle, auch aus London. Boltzius hat inzwischen gelernt, ohne Hemmungen in seinen Briefen immer wieder um neue Bücher zu bitten. Wer nicht lesen kann, dem wird vorgelesen. So war das auch daheim. Alle Salzburger wollen lernen. Die Kinder sollen unterrichtet werden. Zu lange waren sie nicht mehr in der Schule. Auf Schiffen gibt es keine Klassenzimmer. Die Erwachsenen wollen sich weiterbilden. Ohne Bücher ist das nicht möglich. Wenn das Klima feucht ist, setzt sich Schimmel zwischen den Buchseiten an. Insekten fressen sich in das Papier und den Einband hinein. Aus den evangelischen Städten in Deutschland und England gehen Bücher in alle Welt ab, deshalb ist es richtig, auch für die Salzburger immer wieder um Lektüre, um Gesangbücher, um Schulbücher und Lehrbücher für die Erwachsenen zu bitten. Boltzius schreibt auf, was die Leute dringend brauchen. Immer wieder landen Schiffe in Savannah an. Mit ihren beiden Booten holen die Salzburger die Buchpakete, die gespendeten Stoffe und das Werkzeug ab, Medikamente und andere brauchbare Sachen. Die Pflanzen in der Gegend von Eben-Ezer sollen bestimmt werden, es bedarf auch des guten Rats für den Umgang mit der Natur. Täglich wächst die praktische Erfahrung der Siedler. Es ist gut, sie durch das Wissen der Bücher zu vertiefen.

Es ist unsern Leuten sonst gesagt worden, daß die Potates oder Erd-Aepfel hiesigen Landes in allerley Boden und also auch an unserm Orte wachsen würden; welches sie aber ietzt anders erfahren, indem von der Wurtzel, die sie in die Erde geleget, zwar Kraut, aber sonst nichts gewachsen ist. Da man einen

Planteur aus Carolina um die Ursache dessen fragte, gab er zur Antwort: die Potates erforderten zwar nicht das beste, doch aber auch gut und fettes Land, an unserm Ort würden sie ohne Düngen nicht wachsen. Es ist eine süsse und wohl schmeckende Frucht, darauf sich die Leute sehr gefreuet haben, weil sie sie an statt des Brodts geniessen können.

Es fehlt an fast allem. Ziegel können nicht gebrannt werden, weil es keinen Ton gibt, Lehm für die Isolierung der Hüttenwände und für den Bau von Kaminen ist rar und sehr teuer. Er muss von weither mit dem Boot herangeschafft werden. Niemand kann das bezahlen. Werkzeug fehlt. Baumaterialien sind nicht vorhanden. Es gibt nur Holz. Die Transporte von Savannah hierher sind gefährlich und mühsam. Manchmal ist der Savannah-Fluss ein dünnes Rinnsal, die Boote haben keine ausreichende Wassertiefe, dann wieder zeigt er sich als gewaltiger Strom voller Strudel und Wasserwirbel.

Der Regen hat dem Lande einige Wochen her sehr gefehlet, daher denn auch unser Fluß abermal sehr klein und zum Fahren mit einem Boot unbrauchbar worden ist. So bald das Wasser gewachsen ist, werden uns einige von unsern Leuten Leimen holen, damit wir einen Stuben-Camin machen lassen wollen, damit wir nächstkommenden Winter nicht von der Kälte vielerley Incommodität leiden und an der Arbeit gehindert werden dürfen. Man hätte im Sommer dazu gethan und bey Hrn. Causton um gebrannte Steine nochmals, wie sonst geschehen, angehalten, wenn man Gewissheit erlanget hätte, ob wir hier bleiben würden, oder nicht. Meines lieben Collegen Haus ist heute von unsern Zimmerleuten völlig ausgebauet worden, und wird er nun endlich auch eine ordentliche Wohnung bekommen, da er sich bisher in einem schlechten und kleinen Häuschen beholfen hat, welches ihm aber durch göttliche Beschirmung an seiner Gesundheit nichts geschadet.

Zum Glück versteht sich Boltzius sehr gut mit Bürgermeister Causton von Savannah, der für die Salzburger im Auftrag der englischen Krone und ihrer für die Besiedelung von Georgia zuständigen Gesellschaften der wichtigste Ansprechpartner in der Region ist. Im Store-Haus seiner Stadt wird eingelagert, was den Salzburgern vertraglich zusteht, was sie brauchen, kaufen und was ihnen darüber hinaus geschenkt wird. In den ersten Wochen werden die Waren zu ihnen gebracht, wenn ein Boot zur

Verfügung steht. Bald aber müssen sie ihre Bootsladungen in Savannah selbst abholen. Ihre eigenen Boote aber sind für diese langen Fahrten nicht gut geeignet.

Das Wasser ist in unserm Fluß so hoch aufgeschwollen, als wirs noch nie gesehen haben. Es tritt aus dem Ufer heraus, so, daß nicht nur unser Garten einer Elle hoch unter Wasser gesetzt ist, sondern auch verschiedener Leute Kuh-Ställe mit Wasser voll gefüllet, viele Keller verdorben, und die Aecker um den gantzen Fluß herum überschwemmet worden. Die Brücken nach Haberkorn, die nur neulich theils ausgebessert, theils verlängert worden, sollen ruiniret seyn, und möchte es auch mit der Brücke über unsern Fluß misslich stehen, wenn das Wasser nur noch ein wenig wachsen solte. Auf die Nacht hatten wir ein ziemlich starckes Donnerwetter. Wegen der oft vorzunehmenden nöthigen Reise nach Savannah oder Purysburg haben wir uns ein eigenes leichtes und hurtig gehendes Boot anschaffen müssen. Das zur Gemeine gehörige Boot ist schwer, wanckend, löchericht und fast nicht mehr zu brauchen, daher Hr. Causton ietzt ein breites und grosses, darin auf einmal viel Provision zu uns gebracht werden kann, verfertigen lässet, welches aber für uns, die wir gern unsere Reise geschwind absolviren, nicht dienlich seyn wird.

Herr Causton hat gestern Hüner und Hähne, zusammen 60 Stück, hergeschickt, welche man heute unter die neuen Saltzburger vertheilet. Die Saltzburger haben so wol in dem gemeinschaftlichen Felde, als auch in ihren Gärten, zwar wenig Korn, aber ziemlich viel Bohnen bekommen. Sie wachsen, wie wir vorher gehöret und ietzt erfahren, in allerley, auch dem schlechtesten Boden, der auch nicht sonderlich zubereitet werden darf. Selbst das Unkraut hindert ihren Wachsthum nicht, wenn es gleich häufig mit aufwächset. Das grosse Wasser hat in unsern und andern Gärten diesen Bohnen viel Schaden gethan.

Seit März 1734 leben Boltzius, sein Mitarbeiter Israel Christian Gronau und die Siedler hier. Georgia ist die dreizehnte britische Kronkolonie. Im südlichen Florida wohnen die Spanier, die Franzosen sitzen im westlichen Louisiana. Dass die Siedler aus dem Salzburgischen hier in Georgia ansässig geworden sind, verdanken sie der englischen Siedlungspolitik und dem Engagement vieler Wohltäter, die sich für die verfolgten Salzburger eingesetzt haben und die seitdem mit ihnen in Verbindung stehen. Sie wollen erfahren, wie es den Neusiedlern geht. So notiert Boltzius in seinen Tagebuch-Ausgaben, die nach Europa geschickt werden, die großen und die kleinen Ereignisse in Eben-Ezer, dieser winzigen Stadt auf dem unwirtlichen Uferstreifen zwischen zwei Flüssen.

Ein Saltzburger hatte eine Rattle-Schlange erschlagen, die dreyzehn Rattellen oder Klappern am Schwantz hatte. Ihre Länge war sieben und ein halb Schuh, und die Dicke anderthalb Spannen. Dergleichen ungeheure Schlangen hat noch keiner unter uns gesehen.

Am 7. August kommt in Savannah das Gerücht auf, Boltzius selbst habe sich nahe Eben-Ezer im Urwald verirrt. Je mehr darüber geredet wird, umso mehr verzweifeln die Siedler. Ein Schiffskapitän macht sich mit fünf Indianern auf Anordnung des Bürgermeisters Causton von Savannah auf die Suche. Die Indianer bewegen sich sicher in den Wäldern, durch die Creeks, Mangroven und Sümpfe. Unter den Leuten des Kapitäns ist ein Engländer, der die indianische Sprache versteht. Morgen werden sie die Wälder durchsuchen, am Vorabend treffen sie in Eben-Ezer ein. Boltzius empfängt den Suchtrupp. Die Lage ist schnell geklärt. Nicht er, sondern der Apotheker Johann Andreas Zwifler ist im Wald verschollen. Dieser Mann ist ein exzellenter Kenner von Heilkräutern. Die Salzburger nehmen an, dass er auch jetzt wieder in den Wäldern Heilpflanzen sucht. Oder er ist auf der Jagd. Zwifler redet meist nicht darüber, was er vorhat. Jetzt ist er weg und er kommt aus den unheimlichen Wäldern und Sümpfen nicht wieder zurück. Das ist eine Katastrophe, ein Unglück, eine neue Heimsuchung Gottes, denn der Apotheker Zwifler arbeitet längst auch als Arzt für die Salzburger und bei Notfällen auch für die Indianer, weil es weit und breit niemanden gibt, der die Kranken versorgen oder bei Verletzungen eine erste Hilfe leisten kann.

Die Indianer, die, den Herrn Zwifler zu suchen, hergeschickt waren, sind nun wieder fortgereiset, weil sie nichts von ihm finden können. Man vermuthet, daß er ein Tiger- oder ander reissendes Thier habe schiessen wollen, und weil er es nicht recht getroffen, von demselben zerrissen worden sey. Die Gegend, wo er hinein gegangen, ist nach Aussage derer, die nachgeschickt worden, von solcher Beschaffenheit, daß sich ein Mensch, der ein wenig Nachdencken hat, nicht leicht verlieren kann.

Einer von unsern Saltzburgern, Namens Schweiger, ging heute aus der Bewegung seines Hertzens in den nahe anliegenden Wald zu beten, da er dann unversehens den Herrn Zwifler, den wir bisher als verloren gehalten, antraff, ihn selbst aber nicht bewegen konnte, so gleich mit ihm zu gehen; daher kam er voller Freude zu uns gelaufen. Einer von uns ging gleich mit, und fand ihn, wegen bisheriger Ermangelung der nöthigen Pflege des Leibes, in einem kümmerlichen Zustande. Das meiste war an Kleidern zerrissen und verloren, und was er redete, war ziemlich confus. Er gab vor, er sey schon seit acht Tagen in dieser Gegend gewesen; habe sich aber doch nicht zu rechte finden, noch bis an unsern Ort kommen können. Inzwischen habe er sich mit blauen Beeren den Hunger gestillet, und sein Leben erhalten. Er war aber so matt, verfallen und elend, daß er kaum auf den Füssen stehen konnte. Nachdem Herr Zwifler ausgeruhet, und sich durch ordentliches Essen und Trincken erquicket hat, finden sich die Leibes- und Gemüths-Kräfte ziemlich wieder. Er redet heute wieder gantz ordentlich, und thut ihm leid, daß er gestern manche Dinge confus vorgebracht, als worauf er sich noch gar wohl besinnen kann. Nachdem er an dem ersten Tage einem Rehe, so er geschossen, nachgesetzet, sey er in solche Confusion gerathen, daß er sich nicht wieder aus der Irre heraus bringen können, ob er sich gleich nach der Sonnen gerichtet, und sich diese und jene Vorstellungen gemacht habe. Er habe auch einen Indianer angetroffen, der ihm wieder zu rechte helfen wollen, sich aber in der Nacht von ihm verloren hätte. Gestern frühe sey ihm vorgekommen, als sähe er den Herrn Sen. Urlsperger mit zween ihm wohlbekannten Predigern, die ihme den Weg zu einigen aufgebaueten Hütten gezeiget hätten. Da er diesem Wege nachgegangen, habe er unsere Hütten erblicket: Doch durch diesen Anblick habe er keine Freude erlanget, weil er wie im Traum gewesen, und ihm vorgekommen, als sey er beständig zu Eben-Ezer gewesen, und sey nur ietzo Schiessens wegen ausgegangen.

Zwifler ist mit der ersten Gruppe der am 31. Oktober 1731 aus Salzburg vertriebenen lutherischen Protestanten hierher in die Kolonie Georgia gekommen. Auch er hatte die englische Staatsangehörigkeit angenommen, Voraussetzung für eine Ansiedlung und Einbürgerung in der neuen Kron-Kolonie Georgia. Am 14. Mai 1734 schreibt er aus Eben-Ezer an einige Bekannte in Augsburg einen Brief. Sicher wird sich in Savannah oder in Charleston ein Schiffskapitän finden lassen, der das Schreiben nach Europa mitnimmt. Boltzius kennt die Captains. Die meisten kennen ihn. In diesem Land müssen alle zusammenhalten. Hin und wieder kommt einer von ihnen auch in Savannah vorbei. Die Salzburger sind beliebt. Weil sie so viel arbeiten und weil über ihrer Arbeit trotz mancher Unfälle und Enttäuschungen ein sichtbarer Segen liegt, werden sie schnell als Vorbilder für alle Siedler in Georgia bekannt. Sie sind nicht zänkisch, sie sind ehrlich. Sie trinken nicht. Anders als die Spanier und die Franzosen. Anders als die Indianer. Der Ausschank von Rum ist in Eben-Ezer verpönt. Alkohol wird nur gestattet, um die Kranken zu stärken. Johann Andreas Zwifler schreibt einen Brief.

Daß es mir allhier wohl gehet, könnet Ihr aus meiner annoch flüchtigen Hand sehen. Ich gestehe es gar gerne, daß ich hier so gern bin als mein Tage irgend an einem Orte gewesen. Ich sehe hin und wieder den Segen GOttes reichlich auf mich fliessen, und mögen die vielen tausend Vergelts GOtt! von unsern lieben Saltzburgern vieles beytragen, die auf unserer Reise, welche 8 gantzer Wochen auf der See daurete, wie leicht zu erachten, manchen Anstoß hatten. GOtt aber segnete meine wenige Artzneyen, daß ich sie alle wieder zu recht brachte, und kein einziger, weder groß noch klein, stürbe, sondern alle gesund ans Land kamen. Ich lernte auf dieser Reise mehr, als ich sonst prästiren konnte. Ich lernte von mir selbst das Balbiren, ferner das Aderlassen, wozu mir GOtt die Hand geführet, daß ich glücklich bin, und keinen Fehler begehe. Habe bereits mehr denn 20 Personen die Ader geöffnet, dazu auch den beyden Herren Predigern, die sich meiner Hand willig unterworfen. Wir leben hier in einem guten Lande, denn GOtt Lob! es fehlet uns nicht an allerhand Wildpret, Indianischen Hühnern, Rebhühnern, gute Fische haben wir hier im Überfluß. Wir können GOtt nicht genugsam dancken, der uns mit allerhand Victualien reichlich versiehet und versehen hat. Wir haben Rind- und Schweine-Fleisch, Erbsen, Bohnen, Reiß, Mehl, Saltz, Butter, Käse, Pfeffer, allerhand Wurtzeln, nebst 60 Arten von Samen, item mehr als 20 Kühe, 7 Pferde, auch Ochsen, bekommen, und erwarten noch ferner mehrere Geschencke. Wir vermögen die grossen Wohlthaten, die uns von den Herren Trustées von England geschehen, nicht genug zu bewundern, und werden wir reichlicher als alle Einwohner beschencket. In dem Lande findet man Honig und Terpentin. So sey es dann für diesmal genug.

Zwifler kam gerne mit nach Savannah. Die Salzburger brauchen ihn. Er ist unentbehrlich. Aber eines fernen Tages wird er beschließen, mit seiner Frau Amerika wieder zu verlassen und erst einmal nach London zurückzukehren. In Eben-Ezer werden die Kranken ohne ihn zurückbleiben. Ohne ihren Arzt und Apotheker. Zwifler ist physisch und psychisch bald am Ende. Das Wetter und die Situation in Eben-Ezer machen ihn fertig. Seit er sich im Wald verirrt hatte, reift der Plan in ihm, die Kronkolonie Georgia wieder zu verlassen. Hier kann er nicht bleiben, glaubt er, ohne zugrunde zu gehen. Früher oder später. Seine Frau und er sind in der neuen Siedlung der Salzburger einsam geblieben. Viel zu selten treffen Arzneien aus Europa bei ihm ein, zu selten findet er brauchbare Heilkräuter in Savannah. Ohnehin kann niemand bezahlen, was für die Patienten dringend beschafft werden müsste. Die Wälder und die Sümpfe mit ihren Myriaden Mücken und anderen Insekten, die Trockenzeiten des Flusses und sein Hochwasser, die schwüle feuchte Hitze und die eiskalten Winterzeiten hält er nicht mehr aus. Noch bleibt er in Savannah, aber er will bald den Antrag stellen, nach Großbritannien zurückzureisen. Mit niemandem hat er darüber gesprochen. Niemand weiß, was er vorhat. Es ist besser, in London neu anzufangen, als hier der Arzt für die Gemeinde zu bleiben. Vom Hof in London muss die Erlaubnis erteilt werden, Eben-Ezer verlassen zu dürfen. Denn niemand darf in dieser englischen Kolonie einfach kommen und gehen, wie er will.

II.
Salzburg

Wie sieht ein Paradies aus? Das Paradies grenzt gegen Morgen an Österreich und die Steiermark, gegen Mittag an Kärnten und gegen Abend an Berchtesgaden und Tirol, gegen Mitternacht an Bayern. Im Süden mögen die Bezirke im Fürsterzbistum Salzburg grob und bergig sein, gegen Norden zu verfügt es über fette Weiden, gesundes Vieh, über Wild, Vögel, fischreiche Seen, gesunde Bäder, ergiebige Erzbergwerke, über reichhaltige Marmorgruben und vortreffliche Salzlager. Erzählt wird von unzähligen Hirschen, Rehen, Gämsen, Steinböcken, Mardern, Füchsen und Hasen, seit alten Zeiten gilt das Staunen der Fülle an Auerhähnen, Spillhähnen und Steinhühnern, Schnee- und Haselhühnern, wilden Tauben, Enten und Gänsen. Ein Paradies für alle, die sich an seine Gesetze halten: das Fürsterzbistum Salzburg. Dieser Gottesstaat mit seinen Kirchtürmen und Kuppeln. Nicht sichtbar aber sind die unterirdischen Verließe.

Die Gemsen gehen dort offt mit unter dem Viehe. Gleichwol aber ist ihnen sehr beyzukommen. Denn, so bald sie nur das geringste mercken, so pfeifen sie sich einander als Menschen zu, und retirieren sich in der Geschwindigkeit auf die höchsten Felsen. Sie haben ein braunes Haar und kohlschwartze Hörner, die etwa einer Viertheil-Ellen lang sind. Diese Thiere werden aus Saltzburg in die entlegensten Orte verschicket.

In Preußen schreibt der Pfarrer Gerhard Gottlieb Günter Göcking auf, was ihm die Augenzeugen über ihr Paradies erzählen. Kaum hat er die

Berichte zu Papier gebracht, werden ihm die Seiten aus der Hand gerissen: Korrekturen und Ergänzungen anzufertigen ist ihm nicht mehr möglich, denn Göckings Buch soll so schnell wie möglich gedruckt und vertrieben werden. Schon drei Jahre nach der Vertreibung der Salzburger lutherischen Protestanten ist der Druck seiner beiden Berichtsbände vollendet. Der Schreiber beklagt sich über die Eile. Inzwischen hat er endlich einen Verleger gefunden. Am 22. Oktober 1732 stellt er sich dem Augsburger Senior des Pfarrkapitels zu St. Anna vor. Er hat einen Stapel Berichte aus eigener Hand über die Vertreibung der Salzburger dabei. Seine Bücher könnten doch auch im Verlag der Buchhandlung des Augsburger Waisenhauses erscheinen? Dazu kommt es nicht. 1734 erscheint sein erster Band in Frankfurt und Leipzig mit Ortsbeschreibungen aus einem auf den ersten Blick paradiesischen, aber längst unglücklichen Land.

An zahmem Vieh ist dieses Land gleichfalls reich gesegnet. Viele von den Land-Leuten ernähren sich meistens von der Vieh-Zucht. Man hat daselbst sehr schöne Schweine, Schafe und Böcke. Allein Hüner, Gänse, Enten und Kalekutsche Hennen hat man dort nicht in solcher Menge, als in unsern Landen.

Göcking lebt in Halle. Er lernt aus seinen Gesprächen mit den vertriebenen Salzburgern, dass die Ackerbauern dort über etliche Pferde verfügen. Einige haben drei, andere bis zu zwanzig Pferde. Die Erde im Salzburgischen ist schwer zu bestellen. Drei bis vier Pferde sind jeweils erforderlich, um den Pflug zu ziehen. Zwei Jahre tragen die Felder Roggen, Weizen, Gerste, Erbsen, Hafer. Im dritten Jahr wird das Grasland zweimal gemäht. Hanf und Flachs werden angebaut, die Holzwirtschaft in den großen Waldgebieten sichert ein gutes Einkommen. Gerühmt werden die Backwaren und der Schnaps, den die Salzburger aus schwarzen Kirschen, Pflaumen, Heidelbeeren, Brombeeren und deren Wurzeln, aus Birnen, Holzäpfeln und Holzbirnen destillieren.

Man hat ferner gut Bier in diesem Lande. Es wird dasselbe von Gerste gesotten, und übertrifft das Bier hier zu Lande an Güte. Der Ort, da das beste Bier gebrauet wird, ist Kaltenhausen, welches eine halbe Viertheil-Stunde von Hallein lieget.

Dieses wird auf sechs, acht, zehen und mehr Meilweges verfahren. Doch ist das Bier im Saltzburgischen sehr theuer.

Das Salzburger Land hat keine Weinberge. Wein wird aus Deutschland oder Italien importiert. An keinem Ort Deutschlands gibt es eine solche Vielfalt an Weinen wie in Salzburg. Wein ist das Getränk der Geistlichkeit und des Adels. Wer fein ist, lässt sich nicht lumpen. Göcking spricht mit den Bergleuten Bartholomäus Krähkel und Sebastian Stöckel, mit dem Schmelzer Sebastian Schiffer, mit Matthias Bacher, Joseph Steinert, mit Bartholomäus und Hans Hoyer, mit dem berühmt-berüchtigten Widerständler Stulebmer, mit anderen *Rebellern* gegen die Unterdrückung einer freien Religionsausübung, mit den von der Regierung gescholtenen *Püffels-Köpfen*, den Büffelschädeln, mit vielen Menschen, die aus diesem Paradies vertrieben wurden: damals, am Anfang des Winters, als eine kleine Eiszeit in Mitteleuropa angebrochen war und der Frost die Marschkolonnen der Vertriebenen fast erstarren ließ, weil sie vor der Deportation ihre Winterkleidung nicht mehr aus den Häusern holen durften. Vom Feld weg wurden sie in die Kolonnen eingereiht.

Schnell weg, schnell weg sollen sie gebracht werden.

Rebeller haben keinen Anspruch auf Schonung. Wegen der ständig steigenden Zinslasten und der Ernteausfälle verschuldeten sich auch viele wohlhabende Bauern. Der Bergbau war ohnehin schon wegen der verstärkten Einfuhr von Edelmetallen aus Südamerika in eine Existenzkrise geraten. Da muss nur abgewartet werden, bis die Protestanten vertrieben werden. Wer im Land bleibt, rechnet sich schon seine Vorteile für die Notverkäufe der Güter durch die Protestanten aus.

Göcking berichtet, dass vor der Vertreibung und dem Aufbruch in das Exil mehr als eineinhalbtausend Männer, Frauen und Kinder im Bergbau tätig waren: in den acht Hauptgruben und den kleinen Stollwerken. Zweihundert Bergleute arbeiteten im Silber- und Goldbergwerk in Gastein. Sein Begründer Christoph Weitmoser hatte so viel Geld in den Ausbau dieses Bergwerks investiert, dass er ohne einen Kredit von einhundert Reichstalern durch den Fürsterzbischof wirtschaftlich nicht überlebt hätte.

Diese Bergwercke tragen alle Jahr fünff Centner Silber, bald drüber, bald drunter. Ein jeder Centner Silber gibt sechszehen Pfund Gold. Von dem Silber wird das Pfund nicht unter zwey und dreyssig Gulden verkauffet; und von dem Golde kostet das Loth aufs wenigste achtzehen Kayser-Gulden. Rechnet man nun dieses zusammen, was die Bergwercke im Saltzburgischen jährlich nur an Gold und Silber ungefehr austragen; so findet sichs, dass es auf wenigste zwey und vierzig tausend Reichsthaler träget. Man nimmt aber hiervon noch aus das Gold, welches man in der Rauris und in der Gastein findet. Dieses gehet nicht durchs Feuer, sondern wird nur ausgewaschen. Und eben deswegen ist es auch viel kostbarer, als das andere, welches durchs Feuer gehet. Von dieser Art Gold gibt es in der Rauris alle jahr ungefehr acht Pfund; in der Gastein aber trägets bey zwanzig Pfund. Das Lot davon wird niemals unter zwanzig Gulden verkauffet. Man kann hieraus abnehmen, was die Bergwercke in diesem Lande einbringen müssen. Denn man findet darin ausser Gold und Silber die schönsten Mineralien. Eysen, Stahl, Kupffer, Vitriol, Quecksilber und Galmey, alles dieses ist daselbst im Überfluß. Es fehlet von allen diesen Sachen nichts, als Bley. Man hat zwar Bley genug, aber es ist gantz unbrauchbar. Daher muß alles Bley aus fremden Landen dahin geholet werden. Von den Saltzwercken daselbst könnte man vieles melden, aber es mag genug seyn gesagt zu haben, dass die vier Saltz-Pfannen, die darinn sind, dem Ertz-Bischoffe unglaublich viel einbringen, und dass wenigstens sechshundert Saltz-Knappen darinn arbeiten.

Göcking schwärmt von den schönen Brunnen und den frischen Heilbädern im Salzburgischen. Seit dem Jahr 680 fließt im Gasteiner Wildbad heißes Wasser mit Anteilen von Spießglas, Marcasit, Wismuth und auch Gold. Oder im Aigner-Bad eine Stunde vor Salzburg gelegen: eine Felsenquelle mit Alaun, Salpeter, Schwefel, Galmey für die Metalllegierungen und kleinen Spuren Bimsstein.

So also sieht das Paradies auf Zeit aus, dieser Garten Eden seit Jahrhunderten. Die Leute, mit denen Göcking spricht und deren Geschichten er mit zunehmender Hast aufschreibt, wären dort gerne geblieben. Aber sie werden mit Gewalt und mit dem Gesetz vertrieben. Das Paradies mit den fünf Städten Salzburg, Laufen, Tittmoning, Hallein und Radstadt teilt sich in vierzig Ämter auf. Diese Bezirke heißen Landgerichte, Pfleggerichte und Richter-Ämter. In jedem Amt sitzt einer, der regiert, und er wiederum wird vom Regenten und seinem Hofstaat in der Residenzstadt beherrscht. Herrschaft heißt auch, so hört Göcking, um jeden Preis die ständig steigenden Abgaben von den Untertanen einzutreiben, blinden

Gehorsam zu verlangen, die vom Bezirksfürsten angeordnete Ruhe und Ordnung zu bewahren. Notfalls auch durch den Einsatz von Militär und Polizei. Die katholischen Geistlichen leben von den Abgaben. In der Messe beten sie, nach der Messe kassieren sie. Das kann nicht gutgehen.

Die Haupt- und Residenzstadt Salzburg: unüberwindlich die Feste Hohensalzburg. Prächtig die Residenz des Fürsterzbischofs, heiter anzusehen der Sommerpalast Mirabell, fröhlich die städtische Trinkstube in einem der schönsten Gebäude der Stadt an der Salzach. Kostbarste Messgewänder in der fürstlichen Kunstkammer, Tapezereien, deren Wert auf etliche Tonnen Gold geschätzt wird. Der Dom St. Ruprecht, hochgemauert mit Quadersteinen und ganz mit Kupfer bedeckt. Die Fenster sind mit Marmorsteinen ausgelegt. Im Schatten der Domkuppel einundzwanzig Kirchen und Klöster und ganz oben die Kirche im Berg. Ihr Altar ist im Schlossberg eingehauen. Wer zum Altar treten will, muss einen einstündigen Fußmarsch auf sich nehmen. Er muss um den ganzen Berg herumgehen. Göcking kennt nur das Flachland und wenige Höhenzüge zu Hause. Er schreibt und staunt. Verschlossen aber war dieses Paradies von seiner Erschaffung an immer für Jesuiten und Juden. Die hatten hier nichts zu suchen, nichts zu treiben. Später war das dann anders. Da waren wenigstens die Jesuiten willkommen, um im Land aufzuräumen.

Die heiligen Wallfahrtsorte. Treffpunkt für die Bauern und Bergleute, Tagelöhner und Kaufleute. Reiseziele für die Einwohner dieses Paradieses, die sonst nicht weit herumkommen. Sie treffen sich bei den Wallfahrten, in Waging und Teisendorf, Straßwalchen, Neumarkt, Seekirchen, Kaltenhausen, Abtenau, Gastein, Großarl, in Rauris, Taxenbach und Zell, Saalfelden, Windisch-Matrei, Defereggen, Zell im Zillertal, in Hopfgarten und Lofer. Das Siechenspital Mariendorf der Stadt Salzburg mit seiner Besonderheit: Einem Holzbild im Hochaltar wächst ein Bart nach, von Jahr zu Jahr. Der Bartwuchs bewirkt Wunder.

Man kann leicht erachten, was ein solches Bild, das ohne Leben ist, und dem doch der Bart wächst, für Wunder-Dinge müsse thun können. Gebrechliche, lahme, blinde und andere preßhaffte Leute dürffen sich nur nach dem Bilde ecce homo ins Siechen-Spital zu Saltzburg verfügen: Sie werden alsobald mit gesunden Gliedern und Leibern wieder davon gehen. Allein sie müssen nur nicht vergessen ein gutes Opfer mit sich zu nehmen.

Eylet demnach, ihr Pilgrim, die ihr Wallfahrten anstellet, eylet nach Mariendorff in Saltzburg, bringet ein Opfer mit, betet vor dem Hoch-Alter das ecce homo an: Ihr werdet Wunderdinge sehen! Man hat aber auch schon vorher nach diesem Spital Wallfahrten angestellet. Das wundervolle Gnadenbild der Jungfrau Maria, welches daselbst stehet, hat schon von langen Zeiten her an den dorthin gekommenen Pilgrim seine Krafft bewiesen. Ja man machet dem gemeinen Mann im Saltzburgischen gar weiß, dass die Wunder-Krafft von diesem Bild sich so gar auf die Lutheraner erstrecke.

Man schleppet sich daher in gedachtem Lande allenthalben mit folgendem Mährlein. Ein gewisser Weinhändler aus dem Württembergischen hatte in Bayern ein schön Pferd gekauffet, welches er seinem Fürsten schencken wollen. Da er nun in der Stadt Saltzburg sich etliche Wochen aufhielt, und seinen Wein verhandelte, erkranckete ihm das Pferd, und wollte in zween Tagen nicht fressen. Er klagete solches der Wirthin. Diese wußte gleich Rath, wenn der Weinhändler nur gut papistisch wäre. Und was war denn das für ein Rath? Er sollte nach Mariendorff gehen, daselbst Hülffe suchen, und dem Wunder-vollen Gnadenbild ein klein Opffer bringen: Die Kranckheit des Pferdes würde alsobald nachlassen. Was war dem Württemberger leichter, als dieses Mittel zu ergreiffen? Er gieng aus Liebe zu seinem Pferde dahin, ließ drey Messen lesen, zahlete dafür drey halbe Gulden. In den Stock legte er drey gantze Gulden, opfferte dabey ein Wachs Pferd zu funfzehen Kreutzer: Und damit kehrte er wieder zurück in sein Quartier. Und hier sahete er Wunder. Sein Pferd war frisch und gesund, und er brachte dasselbe glücklich nach Württemberg. Herzliche Sachen!

In diesem Paradies ereignen sich Wunder zuhauf. Der Schreiber in Preußen glaubt kaum, was er zu hören bekommt. Er beginnt erst zurückhaltend, dann mit jeder neuen Seite ungestümer und zorniger seine Meinung zu äußern. Gerade frommen Menschen darf das logische Denken doch nicht verboten werden!

Ist das Pferd aus natürlichen Ursachen gesund geworden, dann hätten Mensch und Tier keiner Wallfahrt nach Mariendorf bedurft. Half ihnen ein Wunder, dann kann es von Gott oder vom Teufel bewirkt worden sein. Gott aber hätte leicht auf die fünf Gulden Spende verzichten können, um das Pferd zu heilen. War aber der Teufel Urheber des Wunders, nein, das ist doch gar nicht möglich, denn dann wäre der Ruf der Wallfahrtstätte gründlich ruiniert. Göcking fragt sich, weshalb das Pferd eines protestantischen Weinhändlers durch den Anblick des hölzernen Bilds mit Bart im Altar geheilt worden sein soll, und er kommt zu dem Schluss: Die gesamte Veranstaltung dient nur dem Zweck, den Protestanten durch ein Wundermärchen die Augen zu blenden und sie im Katholizismus festzuhalten. Wenn der römisch-katholische Gott und die römisch-katholische Maria sogar Ketzerpferde gesund machen – was, wer kann dagegen bestehen? Ganz sicher nicht der Glaube der *Rebeller*. Der Weinhändler, sinniert Göcking, muss einen starken Glauben gehabt haben.

III.
America

7. November 1733. Die lange Reise der beiden Prediger Boltzius und Gronau aus Halle nach Amerika beginnt. Bisher haben beide als Erzieher in dem Waisenhaus Glaucha in der südlichen Altstadt von Halle gearbeitet. Sie übernachten in Wernigerode. Am nächsten Mittag speisen sie in Quedlinburg. Die Hochgräflichen Herrschaften lassen die beiden, deren Bedeutung als künftige und ständige Begleiter der Salzburger Protestanten in die neue Kolonie Georgia ihnen als Information voraus eilt, mit Pferden nach Osterwick bringen. Boltzius erwähnt fast beiläufig seinen großen Abschiedsschmerz. Der Aufbruch erfolgt hastig. Die Kommissare der Exulanten-Transporte wollen nicht länger warten. Nicht Boltzius, nicht Gronau bestimmen den Zeitplan. Boltzius kann sich wegen des Zeitdrucks nicht mehr von seiner Mutter verabschieden. Er kennt bisher die Salzburger nicht persönlich, ist über ihr Schicksal nur durch Bücher, Zeitungen, Briefe, mündliche Berichte aus dem Salzburgischen und die Informationen aus Augsburg, Halle und Regensburg ins Bild gesetzt. Ganz Deutschland befasst sich mit dem Schicksal der lutherischen Salzburger. Den Auftrag, nach Amerika zu gehen, und die Berufungsurkunde erhielten beide aus Augsburg, wohl durch eine Empfehlung aus Halle. Boltzius und Gronau haben sich freiwillig als Seelsorger für die Überfahrt nach Amerika und ständige Pfarrer der künftigen Gemeinde in Eben-Ezer gemeldet. Dass gerade sie beauftragt wurden, ist eine große Ehre für sie. Oder gab es einen heimlichen Zwang?

Hamm, die einstige Hansestadt Lünen und Wesel sind die weiteren Stationen. Am 20. November 1733 brechen sie nach Nimwegen auf und einen Tag später gehen sie an Bord. Ihr Ziel ist Rotterdam. Dort sollen sie sich mit der ersten Gruppe der Salzburger treffen, die dem englischen König zugesagt haben, als Siedler nach Georgia zu gehen. Schiffsreisen sind eintönig. Deshalb lesen Boltzius und Gronau der Besatzung aus erbaulichen Schriften vor. Ein Matrose revanchiert sich durch eine Lesung aus der Holländischen Bibel. Die Stimmung schwankt zwischen euphorischen Augenblicken und nagenden Ängsten. Noch nie ist Boltzius so weit gereist. Am 25. November treffen sie in Rotterdam ein. Dort sollen sie die Salzburger und den Reisebegleiter im Auftrag der englischen Krone, den Königlich Groß-Britannischen Kommissar Philip Georg Friedrich von Reck treffen. Er wollte von Augsburg mit der ersten Salzburger Gruppe aufbrechen. Vielleicht ist er schon in Rotterdam angekommen.

Johann Martin Boltzius ist jung, ein guter Prediger und Organisator. Gronau hat von der Welt bisher wenig gesehen. In Halle und Leipzig aber sind die ersten Berichte über die geplante und teilweise schon vollzogene Vertreibung von mehr als 22 000 Salzburger Protestanten Augsburgischen Bekenntnisses erschienen. Der Welt bleibt nicht verborgen, was sich in den weit entfernten Ebenen, Bergwerken, Salinen und Gebirgstälern hinter Bayern ereignet. Ganz Europa empört sich über die Verstöße der katholischen Salzburger Regierung gegen Geist und Gesetz des Westfälischen Friedens. Die Nachrichten und Berichte werden geschrieben und gedruckt und verbreitet, ganz anders als damals bei der Verfolgung der Hugenotten in Frankreich. Damals wussten nur wenige Bescheid. Es gab kaum Nachrichten aus Frankreich. Jetzt aber sollen alle Menschen guten Willens wissen, was im Erzbistum Salzburg vor sich geht. Zwischen den evangelischen Städten und den evangelischen Regierungen in Europa pendeln Kuriere mit immer neuen Berichten aus dem Salzburger Land. Kaufleute und Handwerker schmuggeln Informationen über die streng kontrollierten Grenzen heraus. Ganz sicher hat Boltzius, Inspector Vicarius an der Lateinischen Schule des Waisenhauses zu Glaucha, die schnell gedruckten Bücher und Hefte mit den Augenzeugenberichten der Verfolgten und den diplomatischen Protestnoten der evangelischen Höfe gelesen, sich auch in die diplomatischen Erklärungen des Evangelischen Corpus des Reichstags zu Regensburg vertieft, als ihn und seinen Kollegen Israel Christian Gronau die dringende Bitte erreicht, die Salzburger Emigranten nach Georgia zu begleiten. Gronau arbeitet in dem Waisenhaus als Präceptor. Er und Boltzius kennen sich und schätzen sich wohl auch. Gronau ist ein gebildeter Mann, ein wissenschaftlicher Kopf, aber kein Tatmensch, und ganz sicher kein Entscheider. Der Druck aus Halle war sicher stark. Sie und niemand sonst sollten sich auf den Weg nach Georgia machen. Möglichst schnell. Am liebsten sofort. Vielleicht war es anders. Vielleicht ist es auch so, dass Boltzius und Gronau endlich in die Welt hinaus wollten. Doch darüber schreiben sie nichts.

Kommen wir auf Augspurg, so ist bereits durch offentlichen Druck bekannt, in was für Terminis der alldortige Evangelische Magistrat sich bey Ihro Kayserl. Majestät selbst und dem ReichsConvent zu Regenspurg über den Catholischen Magistrats-Theil allda und dessen gegen die Saltzburger bezeugtes harte, lieblose und unchristliche Verfahren zu beklagen gezwungen worden.

Es muss sehr schnell gehen. Denn in der Silvesternacht des Jahres 1731 stehen die ersten Exulanten vor den Stadttoren von Augsburg: Sie sind enteignet worden, wenn sie über Besitz verfügten, sie sind entrechtet und vor allem staatenlos. Sie führen nur wenige Habseligkeiten mit sich, und der seit Neujahr amtierende katholische Magistrat der paritätisch verwalteten Stadt weigert sich, den Salzburgern Quartiere anzubieten oder sie gar in die Stadt einzulassen. Sie gelten als dahergelaufene, unverschämte *Rebeller*, die vom Westfälischen Friedensschluss gar nicht betroffen sein können, weil sie lutherische Sektierer sind: keine Angehörigen eines offiziell anerkannten Bekenntnisses. Das behauptet wenigstens die Obrigkeit.

Es hatten die Evangelischen Burger eine hertzliche Begierde diese Frembdlinge nicht allein zu beherbergen, sondern auch sonderlich von den zwey ersten Transporten, so meistens in ledigen Leuten bestanden, viele in Dienste aufzunehmen; allein es hatte sich der Catholische Magistrats-Theil nicht allein solchem Christlichen Willen auf das hefftigste widersetzet, sondern auch so gar im kältesten Winter die Stadt-Thore zuschliessen lassen, welches derselbe um so eher de facto und mit Gewalt ausüben können, weilen eben damal der ältere Burgermeister Catholisch war, und die Thor-Schlüssel in seiner Verwahrung hatte. Man ließ sich zwar Catholischer Magistrats-Seits gegen den Evangelischen Raths-Theil schrifftlich vernehmen, daß man Catholischer Seits gegen diese arme Leute selbst eine Compassion habe, und gantz gerne gönnen wolle, wann ihnen viele Barmhertzigkeit und Wohlthaten erzeiget würden: Allein, heißt das Compassion haben? heißt das gerne gönnen, wenn man ihnen viele Barmhertzigkeit erzeiget? Wenn man vor solchen armen in der grössesten Kälte vor der Stadt angekommenen, und durch langwierigen Marsch fast erfrohrnen Leuten die Thore zusperret, und die Evangelischen Bürger gewaltthätiger Weise hindert, daß sie nicht einmal zu ihnen hinaus gehen, und etwas zu essen oder zur Erquickung hinaus bringen können. Man hat es dadurch deutlich und vor aller Welt zur Schande gezeiget, was für ein hertzliches Mitleyden man mit diesen würcklich mitleydenswürdigen Menschen gehabt: Denn da die Thore verschlossen waren, konnte kein Mensch weder aus noch ein.

*Es waren krancke Personen unter ihnen, und man mußte für die Passirung eines D.Medicinä ein Billet haben, daß er zum Einlaß hinaus gehen dörffen, womit er aber einen Umweg bey einer halben Stunde nehmen müssen. Das Bauers-Volck, so alles selbst Catholisch war, stund häuffig vor dem Thore, und verlangete auf den Marckt: Aber die Thore waren und blieben den gantzen Tag verschlossen. Und es kostete Mühe, daß noch drey davon gegen Abend wieder eröffnet wurden. Doch besetzte man sie mit doppelter Wache. (*Diß war höchstnöthig, sonst hätten die mit Hasel-Stecken bewaffnete Saltzburger in die Stadt einen Einfall thun, dieselbe bestürmen, alle Einwohner überrumpeln, und die gantze grosse Stadt Augspurg einnehmen mögen.) derselben war befohlen, keinen eintzigen Saltzburger hinein zu lassen, wenn man sie auch gleich in Dienste aufnehmen wolte. Dahero, als Herr D.Med. Geiger einen solchen Saltzburger mit sich in die Stadt in seinen Dienst nehmen wolte, man denselben mit Gewalt von der Gutschen herab gerissen, und wieder zu den andern hinaus getrieben: Und es fehlete nicht viel, daß man nicht auch diejenigen, die man von dem ersten Trupp noch endlich nach langem Zanck und Streit in Dienste aufnehmen dürffen, wiederum aus der Stadt schaffete.*

Boltzius weiß wenig über Amerika. Sein geografischer Horizont endet hinter dem Flusstal der Saale, aber er weiß eines: Er will diesen vertriebenen Menschen beistehen. Und wie die Welt wirklich aussieht, das ist aus den Büchern zu erfahren, die in August Hermann Franckes Bibliothek gesammelt worden sind, aus seinen Schriften und Predigten. Seit Franckes Tod hat sein Sohn, Professor wie der Vater, dessen Vermächtnis übernommen und Halle weiter zu einem Zentrum des Wissens und des Glaubens und einer christlichen Lebensmoral ausgebaut; die Halle'schen Anstalten sind in Europa und sogar in Teilen Asiens längst berühmt.

Glaube ist nicht Ritual. Glaube ist nicht die Befolgung von Geboten, von Anweisungen der Kirche und ihren Fürsten. Glaube ist nicht Anbetung von Heiligenfiguren. Glaube ist ein christliches Leben nach der Bekehrung. Glaube kann auch nicht bedeuten, das letzte Geld aus den Gläubigen wie in Salzburg herauszupressen, um Pracht und Glanz zu finanzieren.

Glaube ist Wissen, das weitergegeben und geprüft werden muss, ist praktische Lebensregel für den Menschen, dem es nicht gut geht. Für jeden, der Sehnsucht nach Wissen und Freiheit hat und der selbstbestimmt und menschenwürdig leben will. Natürlich gibt es keine Freiheit ohne Gesetze. Aber die Gesetze werden nicht allein von den Königen und Fürsten gemacht. Glaube also ist Bildung und sittliches Handeln zugleich. Nie wieder soll es eine gottlose Kirche geben.

Boltzius schreibt seiner Mutter am 6. Januar 1734 aus Dover einen langen Brief.

Ich glaube wohl, es werde Euch etwas schmertzlich seyn, daß ich einen so weiten Weg von Euch gereiset, und nicht einmal Abschied von Euch nehmen können. Dencket ja nicht, als hätte ich keine kindliche Liebe zu Euch; sonst würde ich etwas diesen Beruf nicht angenommen, oder doch Euch um Rath gefraget haben. Den Beruf konnte ich unmöglich ausschlagen, sonst wäre ich dem himmlischen Vater ungehorsam gewesen, als welcher mich von seinem Willen genugsam versichert. Von Euch mündlich Abschied zu nehmen, ließ die Zeit nicht zu: ich mußte meiner lieben Gemeine, die schon unterweges war, mit meinem lieben Collegen nacheilen. Vielleicht meinet ihr, der Weg sey gefährlich, und ich werde an meiner Gesundheit Schaden nehmen. Aber ihr wisset wohl, daß der allmächtige GOtt allenthalben ist; auf den traue ich, und der hat mich auch bis hieher in meinem Vertrauen nicht zu schanden werden lassen, sondern mich zu meiner eigenen Verwunderung so gesund und munter gemacht, als ich weder in Berlin noch in Halle gewesen. Ausser dieser großen Wohlthat, die ich nicht genug zu rühmen weiß, schenckt mir der liebe GOtt im leiblichen und Geistlichen so viel Vergnügen, daß ich vor Freuden weinen möchte. Meine Gemeine, zu der mich der wunderbare GOtt geführet, ist zwar ietzt noch klein, bestehet aber gröstentheils aus solchen Leuten, die schon um Christi willen vieles gelitten, und also ihr Christenthum nicht bloß im Munde, sondern im Hertzen haben, und in der That beweisen.

Daher ich diese redliche Leute nicht nur von Hertzen lieb habe, und mit Freuden bey ihnen in America leben und sterben will; sondern sie lieben mich auch mehr, als ich werth bin, und würden, wenn sie könten, ihr Hertz mit mir theilen. Und da ich so täglich mit ihnen umgehe, und ihnen das Wort GOttes verkündige; so geniesse ich täglich viel Freude und Vergnügen in meiner Seelen. Auch im Leiblichen hat mich der liebe GOtt wohl versorget. Ich habe mit meinem lieben Collegen nicht nur freye Reise-Unkosten und Reise-Kleider bekommen; sondern, auf Unkosten der Wohlthäter in England, sind mir auch Bücher, Betten, und viel Hausrath gekauft worden, und geniesse im Schiffe solche Bequemlichkeit, im Essen, Schlafen etc. daß ich mirs nicht besser wünschen kann. Überdem habe ich auch für einen Priester-Rock, und was sonst ein Prediger in der Kirche nöthig hat, nicht sorgen dürfen, sondern es ist alles angeschafft worden. Mit einem Worte: Ich geniesse so viel geistliche und leibliche Wohlthaten, daß den himmlischen Vater dafür nicht genug preisen kann, und ich mir vorher nicht vorstellen können. mein Vollege liebet mich als seinen leiblichen Bruder, und hilft mir also durch seine Treue und Liebe mein Amt erleichtern.

Eine See haben wir GOtt Lob schon zurücke geleget, und nun ist die grösseste von England bis nach America noch zu überwinden. Weil der Wind gut geworden, so schiffen wir heute ab, und wenn der Wind gut bleibet, kommen wir mit göttlicher Hülfe in 5 oder 6 Wochen an Ort und Stelle, wohin wir uns recht hertzlich sehnen, weil es ein gutes Land seyn soll. Es beten viel hundert Christen für uns, das weiß ich; und also fürchten wir uns vor dem ungestümen Meer nicht …

Demnach, liebe Mutter, dancket mit mir dem Herrn für seine wunderbaren Wege, die er mit mir gegangen und noch gehet, und seyd ja nicht über diese Führung GOttes missvergnügt, weil es ihm nicht gefället, wenn man ihn in seinen Wegen und Regirung tadelt. Und da Ihr sehet, was für Gutes der liebe GOtt in diesen Umständen mir erzeiget; so würde es scheinen, als woltet ihr mir es nicht gönnen, wenn Ihr, mit meinem Geschwister, nicht zufrieden seyn woltet. Ihr habt vielleicht gedacht, ich solte noch ein Trost in Eurem Alter seyn: aber wer bin ich armer Wurm, daß ich Euer Trost seyn solte? Sehet auf den lebendigen GOtt, und rufet den mit den Eurigen an, der wird Euch Trost geben, und Euch nicht verlassen noch versäumen. Was ich übrigens werde thun können, werde ich nach meiner kindlichen Schuldigkeit nicht verabsäumen.

Vier Monate später trifft Boltzius in der Kolonie Georgia ein. In den ersten Wochen ist er ständig zwischen den Städten Charleston und

Savannah unterwegs. Kaum in Eben-Ezer angekommen, bricht er schon wieder auf, um Kleidung, Nahrung, Vieh, Handwerkszeug, Baumaterial, Bücher und Medikamente für die Salzburger zu organisieren. Sie haben nichts in ihrem Besitz außer Gottvertrauen, Hoffnung und Erinnerungen an schwere Zeiten in Salzburg, an die große Reise und an die von ihnen getrennten Familien und Freunde. Manche Exulanten haben heimlich einige wenige Bücher aus Salzburg mitgenommen oder auch auf ihrer langen Reise später geschenkt bekommen.

Boltzius schreibt in den Nächten, bei spärlichem Licht. Er will Rechenschaft ablegen. Für sich und für alle in England und Deutschland, die ihn und seine Gemeinde unterstützen.

Boltzius trägt nahezu jeden Tag in seiner Chronik ein, was er erlebt. Unermüdlich setzt er auch seine Korrespondenz fort. Die Schreibarbeit fällt ihm während der Reise nach Dover und danach auf dem Schiff nach Georgia sehr schwer. Die Pflicht zu Briefkorrespondenz und Tagebuch ist in dem Anstellungsvertrag als Seelsorger der lutherischen Salzburger in der englischen Kolonie Georgia präzise beschrieben. Nicht anders sieht der fast gleichlautende, wenngleich schmaler dotierte Vertrag für Israel Christian Gronau aus, seinen jüngeren Assistenten, der mit ihm nach Amerika gekommen ist. Gronau hält sich als Schreiber zurück. Nur wenn Boltzius unterwegs ist, führt der Jüngere das Tagebuch. Dann beginnt er nicht mit der Autorenangabe: *Ich, Boltzius*. Dann heißt es im Diarium: *Ich, Gronau*. Das kommt aber nicht sehr oft vor. Der Assistent ist nicht gern allein in Eben-Ezer. Er trägt nicht gern die Verantwortung. Er ist Lehrer und Prediger, noch ist er unsicher in seinen Entscheidungen. Ist Boltzius unterwegs, hofft Gronau darauf, dass dieser wohlbehalten, vor allem aber sehr bald von seinen Reisen zurückkehrt. Deshalb wartet er oft ab, verschiebt Entscheidungen in Eben-Ezer, bis Boltzius wieder im Ort ist.

Neben den wenigen Dokumenten, die Boltzius an Bord mitgenommen hat oder die er sich später nachschicken lässt, verfügt er über die Kopie seines Berufungs- und Anstellungsvertrags, der am 31. Oktober 1733 in Augsburg ausgefertigt worden war. Das Dokument ist am Reformationstag zwei Jahre nach der Unterzeichnung des Reichsemigrationspatents durch den Salzburger Fürsterzbischof von Dr. Samuel Urlsperger unterzeichnet, dem Senior des Evangelischen Ministeriums in Augsburg und Pastor an der Hauptkirche St. Anna. Seit 1731 ist Urlsperger im

Besitz einer Vollmacht der englischen Krone für die Aussiedlung der Salzburger Protestanten nach Georgia und zugleich verantwortlich für die Kolonistenkasse, deren finanziellen Grundstock die Engländer gelegt haben. Längst wird sie mit Spenden aufgefüllt, die Bürgerinnen und Bürger, Fürsten, Herzöge und Könige, das Evangelische Corpus und Kirchengemeinden zur Verfügung stellen.

In der Vocation des Herrn Predigers Boltzius in Eben-Ezer hält Urlsperger fünfzehn Positionen für die Entsendung fest. Wenn ihn das Schreiben ermüdet, liest Boltzius seinen Anstellungsvertrag als künftiger Prediger in Georgia nach. So findet er trotz aller Erschöpfung wieder die Kraft, weiterzuschreiben, Zeile für Zeile, Seite um Seite sein Tagebuch zu führen. Die Tagebücher gehen nach London und Augsburg. Dort sollen sie gelesen, diskutiert, redigiert und dann in Halle gedruckt werden. Die Welt will wissen, wie es den Salzburgern in Georgia ergeht. Immer wieder einmal gehen nach England abgesandte Tagebücher auf dem Schiffstransport verloren. Manche Tagebuch-Fortsetzungen, für den Versand verpackt, landen im Savannah-Fluss, denn die Boote der Siedler in Eben-Ezer laufen immer wieder auf eine Sandbank auf, manchmal kentern sie auch. Dann müssen alle Informationen von ihm noch einmal aufgeschrieben werden. Vertrag ist Vertrag. Berufung ist Berufung.

Beider Anstellungsverträge, für Boltzius und für Gronau, definieren ihre seelsorgerischen Aufgaben, den Schulplan und ihre künftigen Rechte als Seelsorger während der Überfahrt, als künftige Prediger in Georgia und Lehrer in der Gemeinde Eben-Ezer bis in die Details. Pfarrer sind Amtspersonen.

… Zwölftens wird er, Herr Bolzius, sich von selbst dessen bescheiden, zum Ueberflusse aber darauf gewiesen, daß er mit obbemeldten hochangesehenen Lordscommissairs, wie auch mit der hochlöblichen Societät de promouenda Christo cognitione in Engeland, und nicht weniger mit mir, (durch welchen er unmittelbar und zunächst diese Instruction und seine Vocation empfangen), fleissig und beständig correspondire, von Zeit zu Zeit den ganzen Zustand der ihm anvertrauten Gemeinde und alle in sein Amt laufende und dabey vorfallende Umstände hinlänglich und gewissenhaft berichte, und solchs zu thun keine Gelegenheit versäume. Zu welcher Obliegenheit Beförderung ihm dienlich und nöthig seyn wird, daß er nie mit Briefschreiben warte, bis die Schiffe abgehen wollen: sondern, daß er iederzeit, auf alle unvermuthete Fälle

einer sich eräugenden Gelegenheit, eine nach und nach verfertigte und continuirte schriftliche Nachricht bey Händen und parat habe. Diesem so viel genauer und zugleich bequemer nachzuleben, wird dienlich seyn, ihm auch hiemit injungiret, daß er

Dreyzehentens, ein ordentlich und richtiges Reise- und Amtsdiarium halte, und darinn vörderst seine und seines Amtes, und dahinein laufende, Vorfallenheiten, hiernächst auch andere den Statum Americä betreffende, oder sonst dem gemeinen Wesen sonderlich der Kirche Christi diensame, Dinge verzeichne. Da ihm auch

Vierzehentes, zum Behuf seiner Gemeinde, Gelter zugesendet, oder durch wohlthätige Hände eingereichet würden: hat er darüber eine accurate und gewissenhafte Rechnung, nach Einnahme und Ausgabe, zu führen, und von Zeit zu Zeit gehörigen Orts vorzulegen.

IV.
Salzburg

Es gibt Geschichten, die lange Zeit erzählt werden. Dass die Protestanten im Salzburger Land oft in die Wälder gehen. Sie haben Beile dabei, als würden sie Holz schlagen. Im Wald aber graben sie ihre Bücher und Bibeln aus, denn sie dürfen sich nicht öffentlich versammeln. Wer nicht lesen kann, lässt sich vorlesen. Oder erzählen. Irgendwann, so hoffen sie, werden Lehrer aus den protestantischen Ländern in Deutschland zu ihnen kommen. Vielleicht auch Prediger. Bis dahin unterrichten sie sich selbst. Ihre Frauen dürfen sie nicht begleiten. Das wäre zu auffällig. Frauen gehen nicht ins Holz.

Man wird sich wundern, wie man dergleichen Bücher in ein Land bekommen, welches mit so guten Pässen verwahret, daß es nicht leicht möglich ist, etwas verdächtiges dahinein zu bringen. Und man hat auch Ursache sich darüber zu verwundern. Es ist genug, wenn man weiß, daß sie dieselben theils von ihren Eltern und Vor-Eltern geerbet, theils aber von Augspurg und Nürnberg geholet. Diese Bücher nun mußten sie auf das allersorgfältigste verbergen, wollten sie anders derselben nicht wieder verlustigt werden. Sie verwahreten dieselben demnach, gleich den kostbarsten Schätzen, in den allerverborgensten Winckeln. Man versteckt sie theils unter die Dächer, theils in die Mehl-Säcke, theils im Walde in die hohlen Bäume, theils aber vergrub man sie in die Erde. Es war also nicht möglich gewesen, daß die Vorfahren unserer Emigranten durch die vielfältig ausgestandenen schweren Verfolgungen dieser edlen Schätze konnten beraubet werden, weil sich stets Gelegenheit findet, etwas zu verbergen und zu vergraben an solchen Oertern, da es Menschen wol müssen ungesucht lassen.

Im Jahr 1728, so erzählen die Salzburger, hatte Papst Benedict XIII. die offizielle Grußformel für die Bürgerinnen und Bürger in Salzburg vorgeschrieben: »Gelobt sei Jesus Christus!« Wie sollte darauf geantwortet werden? Rom hatte auch dies festgelegt: »Von nun an bis in Ewigkeit!«. Wer sich an diesen Standard hält, kommt zweihundert Tage früher aus dem Fegefeuer. Wer sich der Grußformel verweigert, muss ein Abtrünniger sein, ein *Rebeller*, ein Sektierer. Wer den päpstlichen Gruß auf seinem Sterbebett noch aussprechen kann, erhält sogar einen Ablass von zweitausend Jahren. Das ist großzügig, denn das Fegefeuer brennt quälend lang. Fast ewig. Da sind solche großzügigen Ablässe willkommen. Der Gruß grenzt ein und er grenzt aus. Er unterscheidet die Guten von den Bösen. Die Katholiken von den Protestanten. Die Rechtgläubigen heften Zettel mit dem Gruß an ihre Türen. Wer die Grußformel benutzt, ist einer von uns. Die evangelischen Salzburger aber weigern sich, die vorgeschriebene Formel anzuerkennen.

Hierzu kam noch, daß dieser Gruß auf das schändlichste gemißbrauchet wurde. Kamen die Spieler in ihre Spielhäuser; so war das erste, was sie sagten: Gelobet sey Jesus Christus! Und der ander antwortete: Von nun an bis in Ewigkeit. Kamen die Säuffer in ihre Sauffhäuser; so war man mit dem Gruß gleich fertig: Gelobet sey Jesus Christus. Truncken die Sauff-Brüder einer dem andern zu, oder reichte ein Spieler dem andern die Charten zu, so sagte man nicht Prosit, sondern so war das erste und das letzte: Gelobet sey Jesus Christus! Und: Von nun an bis in Ewigkeit …

Fromme Worte als ein Ritual für die Säufer. Die Unruhe im Salzburgischen wächst, als der Fürsterzbischof Jesuiten in sein Land holt. Der neue Herrscher will energisch aufräumen. Zu lange schon weht der Freigeist. Alle wissen, dass Jesuiten bisher nicht einreisen durften. Jetzt sind sie da, und es werden immer mehr. Die meisten einheimischen Priester sind ungebildet, sie sind dumm. Viele leben im Konkubinat. Sie sind geldgierig. Sie werden als Spione des Herrschers wahrgenommen, als Steuereintreiber, als Pfründeinhaber. Alle Einwohner werden verpflichtet, den jesuitischen Bußpredigten zuzuhören. Nach der Predigt fragt ein Jesuit einen verdächtigen Bauern:

Welche Strafe verdienen lutherische Ketzer?

Der Bauer: Das weiß ich nicht.

Der Jesuit: Ich weiß es. Sie gehören auf den Scheiterhaufen.

Der Bauer: Dann gehöre ich auch dahin. Ich bin evangelisch.

Der Bauer wird angezeigt.

Auch so begannen die Verfolgung und die Unterdrückung der Evangelischen im Fürsterzbistum. Anzeigen, Denunziationen und Hausdurchsuchungen. Die Priester lassen sich oft von Soldaten und Justizbeamten begleiten. Wenn Bücher entdeckt werden, werden sie beschlagnahmt. Wem sie gehören oder bei wem sie gefunden wurden, erhält eine Geldstrafe oder eine Gefängnisstrafe. Buchbesitzer, Vorleser und Laienprediger werden in Ketten gelegt. Die Bücher werden zerhackt und verbrannt.

Als im Saltzburgischen ein grosser Schober Bibeln verbrannt wurde, flogen aus dem Feuer die Blätter heraus, auf welchen die Worte stunden: Himmel und Erde werden vergehen, aber meine Worte vergehen nicht. Man sammlete dieselben Blätter sofort wieder zusammen, und warff sie zum andernmal ins Feuer. Sie kamen aber wieder von neuen gantz unversehrt und unbeschädigt herausgeflogen. Darauf wurden sie von den Feinden zerrissen, und mit Füssen getreten.

Eine der ersten Buchverbrennungen im Salzburgischen dauert zwei bis drei Tage. Alle evangelischen Bücher sollen vernichtet werden. Das Volk braucht keine Bücher. Schon gar nicht lutherische und pietistische Schriften. Das Feuer lodert und der Teufel der Widerspenstigkeit, der Anarchie und des Widerstands wird durch die Bücherverbrennungen ausgerottet. Die dicken ledernen Einbände der Bücher lassen sich nicht leicht zerhacken. Aber auch in Einzelstücke zerlegt, verbrennen sie oft nicht. Ist das ein Zeichen des Himmels?

Ohnweit Radstadt soll folgendes Wunder geschehen seyn. Als die Saltzburger durch den Anfall der wütenden Soldaten in der grössesten Not waren, und es inzwischen wegen einbrechender Nacht gantz dunckel worden, daß man auch keinen Weg mehr sehen konnte, war es nicht anders, als ob ein Stern vom Himmel, und mitten unter sie gefallen wäre. Der schein desselben machte es so helle unter ihnen, daß sie Weg und Steg vollkommen erkennen, und sich in Sicherheit setzen konnten. Unter und bey den Soldaten aber blieb es gantz dunckel, daß sie die armen Verfolgten nicht mehr weiter verfolgen konnten.

Die Razzien werden verschärft. Bei Hans Käsewurm werden Bücher von Veit Dietrich und Johann Arnds »Paradiesgärtlein« entdeckt, ein Augsburger Evangelien- und Epistelbuch. Beschlagnahmt werden die Druckfassungen der Gesänge über die Psalmen Davids und die bei den Protestanten bekannten Sendbriefe des legendären Joseph Schaitberger.

Der Bergmann Joseph Schaitberger, einem Kreis heimlicher Lutheraner zugehörig, stammt aus Dürrnberg, zwei Meilen von Salzburg entfernt. Seine Eltern (der Vater stammt aus Dürrnberg, die Mutter aus Berchtesgaden) halten sich an den lutherischen Glauben. Von seinem Bruder, einem Schulmeister, lernt er schreiben und lesen. Im Alter von fünfundzwanzig Jahren heiratet er, seine Frau Magdalena Kemmlen aus Berchtesgaden stirbt kurz danach. Schaitberger heiratet nun Catharina Brockenberger. 1686 wird er des Landes verwiesen. Er schlägt sich nach Nürnberg durch.

Man hatte sich feste vorgesetzet, keinen wiederum ins Land zu lassen, welcher einmahl daraus war verbannet worden, es mochte mit Recht oder Unrecht geschehen seyn. Viel weniger gedachte man daran, daß man jemanden etwas für seine Güter auszahlte, damit er ehrlich aus dem Lande reisen könnte. Denn man wolte sie lieber alle um ihr gantzes Vermögen bringen.

Trotz Lebensgefahr kehrt er dreimal nach Salzburg zurück, um seine beiden hier verbliebenen Töchter aus der ersten Ehe zu sich zu holen; beide sind katholisch. Die dritte Tochter stirbt früh. Vierundzwanzig Jahre ist eine der anderen beiden alt, als sie dem Vater nach Nürnberg nachreist, um ihn zum Katholizismus zu bekehren. Es kommt anders. Sie bleibt dort, verlässt ihren Mann, nimmt den evangelischen Glauben an und verdient ihren Lebensunterhalt kümmerlich mit der Fertigung von Strickwaren.

Schaitberger ist inzwischen ein berühmter Mann. Für seine Dürrnberger Freunde verfasst er Sendbriefe und das Salzburger Lied »I bin a armer Exulant«, das überall im Salzburgischen gesungen wird, heimlich, leise, während der Transporte dann öffentlich wie später in Preußen und in Georgia. Jeder Salzburger Exulant kennt die Strophen des Salzburger Liedes auswendig, diese Hymne der Hoffnung, diesen Gesang aus der Tiefe des Elends.

I bin ein armer Exulant.
A so thu i mi schreiba,
Ma thuet mi aus dem Vaterland
Um Gottes Wort vertreiba.

Das waß i wol, Herr Jesu mein,
Es ist dir ah so ganga,
Itzt will i dein Nachfolger sein,
Herr, machs nach deim Verlanga.

Ei Pilgrim bin i holt nunmehr,
Mueß rasa fremde Strosa,
Das bitt i di, mein Gott und Herr,
Du wirst mi nit verlosa.

Den Globa hob i frey bekennt,
Des dorf i mi nit schäma,
Wenn mo mi glei ein Ketzer nennt,
Un thuet mirs Leba nehma.

Ketta un Banda wor mi mein Ehr,
Um Jesu willa z'dulda
Un dises mocht die Glaubens-Lehr
un nit mein bös Verschulda.

Gott wie du wilt, i gib mi drein,
Bei dir will i verbleiba,
I will mi gern dem Willa dein
Geduldig unterschreiba.

Mueß i glei in das Elend fort,
Will i mi do nit wehra,
So hoff i do, Gott wird mi dort
Oh gute Fründ beschera.

Mueß i glei fort in Gottes Nom,
Un wird mir alls genoma.
So waß i wol, die Himmels.Cron
Wer i onmahl bekomma.

So mueß i heut von meinem Haus
Die Kinderl mueß i losa,
Mein Gott! es treibt mi Zähre1 aus
Zu wandern frembde Strosa.

Mein Gott, führ mi in eine Stodt,
Wo i dein Wort kan hoba,
Darin will i mi früh un spot,
In meinem Herzel loba.

Soll i in diesem Jammerthol
Noch länger in Armuth leba,
So hoff i do, Gott wird mi dort
Ein bessre Wohnung geba.

Der dieses Liedel hot gemocht,
Der wird hie nit genennet,
Des Papstes Lehr hat er verocht
Un Christum frei bekennet.

Schaitberger findet schließlich Asyl in Nürnberg und arbeitet dort als Holzhauer und Drahtzieher. Endlich wird er im Jahr 1732 in das Karthäuser-Kloster der zwölf armen Brüder aufgenommen: ein Privileg, das sonst nur begüterten Bürgern zugestanden wird. Die Schriften des inzwischen weithin bekannten Autors werden in Pressburg, in der Steiermark, in Kärnten und im Salzburgischen verbreitet. Als einige Jahre später der

Augsburger Senior des Evangelischen Ministeriums Samuel Urlsperger von einem Kaufmann hört, wie schlecht es den Schaitbergers finanziell geht, lässt er ihm aus der Kolonisten-Kasse für die künftigen Siedler in Georgia einen ansehnlichen Geldbetrag zukommen. Bisher galt der große Protestant Schaitberger als verstorben. Mit der ansehnlichen Geldspende aus Augsburg kann er seine Tochter unterstützen.

Das Exulantenlied bleibt im Salzburgischen verboten. Seine Schriften bleiben verboten. Die lutherischen Bücher stehen ohnehin immer noch auf dem Index der gefährlichen Publikationen, die beschlagnahmt werden.

Man wird sich wundern, wie man dergleichen Bücher in ein Land bekommen, welches mit so guten Pässen verwahret, daß es nicht leicht möglich ist, etwas verdächtiges dahinein zu bringen. Und man hat auch Ursache sich darüber zu verwundern. Aber ists nicht GOtt ein geringes, die Menschen mit Blindheit zu schlagen, daß sie nicht sehen müssen, ob sie es gleich sehen? Man glaubet besser zu thun, wenn man die Art und Weise, wie diese nach GOttes Wort hungrige und durstige Seelen solche Bücher hinein gebracht, vielmehr verschweiget, als offenbar machet. Es ist genug, wenn man weiß, daß sie dieselben theils von ihren Eltern und Vor-Eltern geerbet, theils aber von Augspurg und Nürnberg geholet.

Auch Mathäus Eschenbach verließ mit seiner Familie das Land. Er ist sechsundvierzig Jahre alt. Seine Frau ist elf Jahre jünger. Eines Tages eine Razzia. Es werden Bücher gefunden. Eschenbach ist gänzlich eingeschüchtert. Er schwört der evangelischen Religion ab und verspricht, wieder ein treuer Sohn der römisch-katholischen Kirche zu werden. Seine Frau weigert sich. Sie lässt sich nicht überreden. Sie schwört nicht ab. Deshalb wird sie mit Hagedornstöcken auf den nackten Unterleib geschlagen. Ihr Körper ist vom Prügeln völlig entstellt. Die Narben behält sie ein Leben lang. Die Eheleute beschließen, ihren kleinen Laden und damit ihren Lebensunterhalt aufzugeben. Sie wandern noch vor dem Erlass des Reichsemigrationspatents aus und kommen am 16. Februar 1729 in Nürnberg an. Dort wird ihnen geholfen. Sie beziehen ein kleines Haus. Eva Eschenbach ist traumatisiert. Ihre Angstzustände werden schlimmer.

In Regensburg wohnt inzwischen Georg Frommer, geboren in Salzburg. Dort leben sein Vater und einige Verwandte. Als der Vater stirbt, will Frommer die Erbschaft regeln. Er reist in seinen Geburtsort.

Nach erlangter besondern Erlaubniß in gedachtes Bißthum zu reysen, trat er demnach im August-Monath des 1730. Jahres seine Reyse dorthin in GOttes Namen an. Kaum war er aber angekommen, so ließ ihn der Pfleger von Werffen, Frantz Nomann von Motzel, schon aufsuchen, und am 23. August im Schergen-Hause in ein stockfinsteres Gefängniß setzen, und daselbst an eine in der Mauer befestigte Kette an der rechten Hand und am rechten Fuß so kurtz schliessen, daß er weder aufstehen, noch sich umwenden, und mit der rechten Hand zum Munde kommen konnte. Er mußte fast verhungern und verdursten im Gefängniß, und konnte oft nicht einmal so viel von dem Schergen erhalten, daß er ihm etwas Wasser gebracht, damit er den Durst stillen können. Wolten die Schergen nach ihm sehen, oder ihn examiniren, brachten sie ein Licht mit, und droheten ihm alle Marter an, wenn er nicht bekennen wollte, was er doch nicht zu bekennen wusste. Man gab ihm nemlich Schuld, er habe Lutherische Bücher ins Land gebracht, und dieselben den Einwohnern verkaufft: Man stellte deßwegen Zeugen wider ihn auf, die ihn davon überführen solten: Aber man konnte ihn dennoch nicht mit Grunde der Wahrheit davon überzeugen, wie sehr man sich auch deßhalb bemühete. Die Zeugen, die wider ihn aufgestellet wurden, waren mehrentheils Leute, die weder ihn, noch er sie kannte. Folglich konnte es nicht anders seyn, es mußte mit dem Beweise schlecht ablauffen. Der Pfleger ließ ihn endlich, da man gar nichts auf ihn bringen konnte, nach neun Wochen in ein leidlichers Gefängniß bringen, und das Eisen von der Hand abnehmen. Funfzehn Wochen nachher aber ward ihm auch das Fuß-Eisen abgenommen, und erhielt Freyheit ausser dem Gefängniß herum zu gehen. Und wie Frommer muthmassete, so mußte der Pfleger von Hofe aus wohl Befehl erhalten haben, daß er mit den Gefangenen billiger verfahren solte. Endlich überreichte des Gefangenen Bruder dem Pfleger, welcher solches ausdrücklich befohlen, das Erbtheil, welches der Gefangene von seinem Vater und Base zu fordern hatte, und bestund solches in zweyhundert und achtzehen Gulden und fünff und viertzig Kreuzer. Hiervon zog der Pfleger für Nachsteuer und Arrest-Kosten fünff und neuntzig Gulden und funffzig Kreutzer und zween Pfennige ab, und ließ Frommern, der so viel Ungemach ausgestanden, das Seine zu Hause versäumet, und nicht gewusst, ob er sein Weib und Kind lebendig oder tod wieder finden würde, mit dem übrigen Gelde lauffen.

Die Salzburger erzählen sich, dass es Bücherverbrennungen schon Jahrzehnte vorher gegeben habe. Die Verfolgungen der Evangelischen im Zillertal lösten schon hundert Jahre zuvor Unruhen aus. Damals waren

Soldaten abkommandiert worden, um das Land zu durchstreifen. Nicht ohne Hintersinn wurden sie bewusst in den Häusern der Evangelischen einquartiert, die für den Unterhalt aufkommen mussten. So mussten sie ihre eigenen Aufpasser bezahlen. Der Fürsterzbischof befahl, dass die Ketzer weder Handel noch Wandel betreiben dürfen; wer sich nicht bekehrte, kam in Haft. Zwei Monate Bedenkzeit wurden eingeräumt. Richtig glauben, also römisch-katholisch glauben – oder das Land verlassen. Das war die Wahlfreiheit damals. Nun dürfen die Toten der Evangelischen nicht mehr auf geweihten Friedhöfen bestattet werden. Kirchliche Hochzeiten mit einem protestantischen Ehepartner werden verboten. In Radstadt und Wagrain greifen die Soldaten hart durch. Befehl ist Befehl. Rosenkranz und Teilnahme an der Messe sind Pflicht. Bücherbesitz wird strengstens bestraft. Als Maximilian Gandolf regiert, werden Joseph Schaitberger und ein anderer vorgeladen.

Als sie nun vor gedachtem Gericht erschienen, fragte man sie, wo sie ihre Lutherischen Bücher hätten? Und warum sie nicht in die Kirche und zur Beichte giengen? Sie gaben hierauf gehörige Antwort, und bekannten ungescheuet, was sie glaubeten. Man warff sie darauf ins Gefängniß, legte sie in Ketten und Banden, und nach dreyen Tagen führte man sie geschlossen als die größesten Übeltäter nach Saltzburg vor das Hof-Gericht. Hier legete man ihnen abermal die Frage vor: Ob sie Lutherisch oder Papistisch wären? Da sie denn frei bekandten, daß sie die Lutherische Lehre für die in GOttes Wort gegründete Lehre erkenneten. Darauf mussten sie funfzig Tage ins Gefängniß wandern. Man schickte alsobald zwey alte Capuciner zu ihnen, die sie in dem Papistischen Glauben unterrichten, und sie wieder bekehren sollten. Aber die guten Leute richteten wenig aus: Denn Wahrheit mußte doch Wahrheit bleiben. Und da der Ertz-Bischoff den Gefangenen die Gnade erwieß, daß er ihnen die Bibel verstattete, so war es nicht möglich, daß die Patres ihren Einwürfen begegnen konnten, weil sie dieselben alsobald aus dem geoffenbarten Worte GOttes widerlegeten. Da nun auf diese Weyse nichts bey ihnen auszurichten war, versuchte mans auf eine andere Art. Man verfuhr so unmenschlich mit den Gefangenen, daß es ihnen fast das Leben kostete. Man drohete ihnen stets das Leben zu nehmen, oder sie auf das wilde Meer zu schicken.

Man nahm ihnen ihre Berg-Arbeit: Man entzog ihnen den Besitz von ihren väterlichen Erb-Gütern: Man untersagte ihnen dieselben zu verkauffen: Man suchete alle Evangelische Bücher bei ihnen auf: Man brachte derselben einen guten Theil im Jahr 1684. zusammen: Man zerschnitte und verbrannte dieselben auf den Tag St. Veit, und endlich mussten sie noch als Übertreter der Römischen Kirche vierzehen Tage bey Wasser und Brodt zur Straffe arbeiten.

Andere aber zogen mit Weib und Kindern heimlich zum Lande hinaus. Denn da sie sahen, daß von der Obrigkeit so scharff mit ihnen verfahret wurde: So suchten sie nur der Verfolgung und Marter zu entgehen, und verließen das Ihrige freywillig. Die meisten aber blieben bey allem Leyden, Marter und Verfolgung dennoch getrost und unverzagt. Man forderte sie zwar noch mal vor, und fragte sie: Ob sie von ihrem ketzerischen Glauben nicht abstehen, und Papistisch bleiben wollten: Aber sie blieben bey der einmal erkannten Wahrheit, und bekannten sich zu der ungeänderten Augspurgischen Confession ohne allen Scheu. Und diese schaffete man mit leerer Hand zum Lande hinaus: Ihre Kinder und Güter aber behielt man mit Gewalt zurück. Dieß geschahe im Jahr 1684. 1685. und 1686. Es waren ihrer an der Zahl mehr als tausend, die vertrieben wurden, und über sechshundert Kinder hatte man zurückbehalten.

Die evangelischen Salzburger kennen sich in der Heiligen Schrift besser aus als die römisch-katholischen Priester und Ordensbrüder. Die theologische Bildung im Klerus und in den Orden ist schlicht. Die meisten Priester leben nicht im Zölibat, jeder weiß, wie viele Kinder sie haben. Mitten im Winter bei starkem Frost werden die Andersgläubigen aus dem Land geworfen. Das geschieht im Jahr 1685. Dem letzten Flüchtlingstreck werden fünfundvierzig Kleinkinder entrissen. Unter den Vertriebenen sind alte Menschen zwischen siebzig und achtzig Jahren. Zehn Frauen und vier Männer finden sich mit dem Raub ihrer Kinder nicht ab. Sie kehren um. Ihre Aktion bleibt erfolglos. Mit neu ausgestellten Reisepässen werden sie aus dem Land gejagt. Doch an der Grenze werden ihnen die Dokumente weggenommen, sie werden wieder zurückgejagt.

Der Kurfürst von Brandenburg interveniert bei dem Fürsterzbischof, er möge mit den Protestanten »gelinder« verfahren. Der Terror im Salzburgischen hat sich längst herumgesprochen. Die Evangelischen Stände beim Reichstag in Regensburg protestieren. Die Antwort des katholischen Herrschers in der Residenzstadt Salzburg verblüfft: Die Salzburger Protestanten würden keiner offiziell im Heiligen Römischen Reich Deutscher Nation anerkannten Religion angehören. Sie seien Ketzer. Der Westfälische Frieden gelte nicht für sie. Deshalb besorgen sich die

Lutherischen aus dem Defereggental gültige Religionspapiere. Sie bekennen sich zur Augsburgischen Konfession. Diese Konfession ist durch die Beschlüsse des Westfälischen Friedens offiziell anerkannt. Mit den Papieren gehen die Protestanten zurück in ihr Tal.

Sie langeten auch am 12. May gedachten 1687. Jahres in der Windisch-Mattrey würcklich an, in Hoffnung, ihre Kinder und hinterlassenes Vermögen abzuholen. Aber siehe da ein neuer Anblick! Wolf Adam Lasser, der dasige Saltzburgische Pfleger, bey dem sie sich meldeten, fuhr sie mit grossem Ungesthüm an, ehe er sie einmal gehöret. Er bewillkommnete sie mit folgenden Worten: Ihr Lutherischen Hunde, was thut ihr allhier? Wo sind eure Pässe? Man zeigete ihm dieselben zwar vor: aber er sahe sie nicht einmal, sondern schnaubete sie folgendermassen an: Ihr Lutherischen Hunde, ich will euch setzen lassen, daß ihr gesetzt seyn sollet.

Darauf gieng er von ihnen, holete einen Geistlichen herzu, und ließ sich hernach die Rantzen von ihnen hergeben, um zu sehen, ob sie Lutherische Bücher bey sich hätten. Da man nun ein Buch bey einem von diesen Leuten fand, besahe es der Geistliche, nahm es zu sich, und sagte: Diß sey eben das rechte. Wenn seine Leute backen würden, wolte ers in Ofen schieben. Endlich giengen diese beyde, der Pfleger und der Geistliche, fort, liessen die armen Leute ins Gefängniß führen, und die gantze Nacht hindurch mit zwanzig Personen bewachen. Des andern Morgens stellete sich der Scherge ein, und forderte im Namen des Pflegers vier und dreyssig Gulden Straffe von ihnen. Sie entschuldigten sich zwar anfänglich mit ihrer Armuth. Aber als man ihnen die Kleider auszuziehen drohete, stellete einer unter ihnen auf sein im Thal noch habendes Vermögen einen Schuld-Schein aus, welchen er von neuen, ohne die Abschriffts-Gebühr mit neun Batzen bezahlen mußte. Und diß wars alles, was sie auf ihrer beschwerlichen Reyse, davon sie sich so große Hoffnung gemacht, ausrichteten. Man wolte sie nicht weiter lassen, sondern man ließ sie mit zwanzig Mann und zween Schergen über den so genannten Tryernberg führen, und ihnen die Wege weisen.

Schaitberger und seine Freunde kennen die alten Geschichten. Heimlich erzählen sich die Protestanten, wie sie behandelt werden. Pantaleon Fürtenbach, vornehmer Geistlicher des Erzbischofs, nennt die Protestanten in einem Brief nach Augsburg *Rebellen, Zauberjäckel, Leibeigene des Teufels, Hexenmeister. Satansbrut und Teufelsgeschmeiß.* Diese Schandsäcke planen in den verteufelten Schlupfwinkeln ihrer Herzen den Aufstand. Die Protestanten wollen ganz offen den Aufruhr. Deshalb werde vom Kaiser in Wien wie von seinem Landesvater in Salzburg verlangt, augenscheinlich verdächtige Personen aus dem Land zu weisen und nicht mehr einreisen zu lassen. Kehren sie zurück, sollen sie sofort eingesperrt werden.

Oder man lege ihnen den Kopf vor die Füße oder führe sie zum Scheiterhaufen.

Dies alles bleibt lebendig, denn die Evangelischen erzählen sich, was sie von den früheren Zeiten wissen. Sie sehen sich in einer Linie mit ihren Vorfahren, die als Betrüger und Blender denunziert und verjagt worden sind. Das ändert nichts an ihrer eigenen Verfolgung, aber es macht sie ihnen etwas leichter. Denn sie sind nicht allein. Den Nachfahren der Mutigen wächst durch die Erinnerung an ihre Vorfahren ebenfalls Mut zu.

Zwei Männer werden zum Reichstag nach Regensburg entsandt, um dort über die Grausamkeiten des Pflegers von Werfen zu berichten und den protestantischen Diplomaten eine Bittschrift zu überreichen. Wie Hunde werden sie traktiert, heißt es in dem Schreiben, zudem werden die Evangelischen auf jede Weise um ihr Geld gebracht. Besonders brutal behandelt der Pfleger den Bauern Ruprecht Winter. Er ist todkrank. Ein Priester, von niemandem aus der Familie gerufen, von niemandem willkommen geheißen, will ihm die letzte Absolution erteilen. Unter einer Bank entdeckt er ein Exemplar von Luthers Hauspostille. Winter wird vor Gericht geladen. Doch er ist nicht transportfähig. Dennoch wird der Bauer von Schergen des Pflegers abgeholt.

Diß geschahe auch, obgleich der arme Mann in dem allerelendsten Zustande sich befand. Die Schergen stelleten sich so fort ein, rissen ihn mit unmenschlicher Grausamkeit aus dem Bette, schmissen ihn nebst seinem Weibe auf den Wagen, schlossen beyde mit Füssen aneinander, schleppeten sie eine gantze Meile Weges, wie das Vieh, fort, und überbrachten sie endlich dem unchristlichen Pfleger. Dieser warff sie ins Gefängniß, und bestraffte sie zuletzt um hundert Gulden am Gelde. Eine herzliche Pflege eines Pflegers, die er an einem drey und siebentzig jährigen todt-krancken Mann erwiesen! Ja er wusste es noch wohl künstlicher zu machen, wenn er sein grausames Pfleg-Amt recht exerciren wollte.

Immer häufiger stellen die Beamten und Soldaten, die Ordensbrüder und Priester den Evangelischen die Frage nach ihrem Bekenntnis. *Wie denkst Du über das Fegefeuer?* Das Fegefeuer wird zum Symbol für die Glaubwürdigkeit. Ein Mann aus Saalfelden, festgenommen bei einer illegalen Hausversammlung, sagt:

Entweder kommen die Armen nicht in das Fegefeuer oder die Reichen können nicht aus dem Feuer geholt werden.

Nachts darauf wird er abgeholt und inhaftiert. Seine Frau erleidet kurz danach eine Fehlgeburt. Wenn ein Armer stirbt, sagt der Gefangene, gibt es kein Dankgebet. Stirbt ein Reicher, so erhält er drei oder mehr Seelenmessen. Der Saalfeldener wird deshalb zu einer hohen Geldstrafe verurteilt. Unkostendeckung, heißt es. Er wird gezwungen, binnen vierzehn Tagen seinen Besitz zu verkaufen und mit seiner Ehefrau das Land zu verlassen.

Niemals soll er wiederkommen.
Raus aus dem Land!

Eis und Schnee, die über dem Land liegen, spielen keine Rolle. Die drei Kinder muss er zurücklassen. Ihm wird ein Reisepass nach Tirol ausgestellt. Da er nicht gesund ist und deshalb nicht arbeiten kann, kommt er wieder zurück. Erneute Festnahme. Handfesseln. Zwei Stunden Fußmarsch. In der Zelle wird er kreuzweise in Eisen gelegt.

Die Wohnung einer gewissen Ursula Piltz wird durchsucht. Die Aktion wird von Paris Ignatius Gottlieb Staudacher von Wißbach geleitet, Pfleger zu Däxenbach, sowie einem Geistlichen und einem Gerichtsdiener. Johann Spangenbergs Postille, ein verbotenes evangelisches Buch, wird entdeckt. Auch hier: Gefängnis. Ausweisung. Ihr Mann und ihre vier Kinder müssen zurückbleiben.

In Radstadt, St. Johann, Gastein, Taxenbach, Goldegg, Abtenau die gleiche Prozedur: *Andres und Adam Förstnern, Ruprecht Maulickern, Hannß Döcheln, zwey Leute vom Guth Häußelhoff, Johann Pommern, Weinleutnern, Paul Dechetshöfern, Ruprecht Röthenbacher, und Simon Klammern, zusammen mit eilff Personen, ließ er solches Elend, Unbarmhertzigkeit und Grausamkeit empfinden, daß es entsetzlich ist anzuhören. Sie wurden alle in*

Eisen und Bande geleget, in fürchterliche Gefängnisse geworffen, in denselben mit Hunger und Frost gemartert, theils mit Ochsen-Ziemern durch das blosse Hemd auf den Rücken geprügelt, und braun und blau geschlagen, daß man ihr jämmerliches Schreyen auf der Gassen bis zu des grausamen Pflegers Hause hören konnte.

Hans Klammer wird von einem Nachbarn denunziert. Ruprecht Reinbacher behauptet, Klammer besitze verbotene Bücher. Kein einziges Exemplar wird bei der Hausdurchsuchung gefunden, Klammer wird dennoch inhaftiert. Der gute Nachbar gilt als glaubwürdig. Es gibt viele gute Nachbarn. Aber weder sie noch die Razzia bringen schlüssige Beweise bei.

Dem ungeachtet aber warff man ihn in ein Gefängniß, darinn er weder Sonne noch Mond sehen konnte: Man schloß ihn an den rechten Fuß mit einer Ketten, ließ ihn Frost, Hunger und Durst empfinden, und in unaussprechlichem Ungemach verderben. Maß ließ ihn in solchem Elende gantzer vier Wochen sitzen, ehe sein vermeyntliches Verbrechen einmal untersuchet wurde. Und als man ihn endlich ins erste Verhör brachte, fragete ihn der Pfleger zu Werffen unter andern:

Welche Religion ihm am besten gefiele, die Evangelische oder Papistische?

Da er denn bekannte: Die Evangelische gefiele ihm am besten, weil dieselbe in heiliger Schrift gegründet stehe.

Er bat dabey um Erlaubniß, daß er nebst seinem Weibe und Kindern emigriren dürfte. Aber man warff ihn dagegen wieder ins vorige Gefängniß, und ließ ihn in demselben noch gantzer acht Wochen lang das grösseste Elend empfinden. In den letzten drey Wochen führte man ihn zwar in ein leidlicher Gefängniß, darinnen er doch noch das Tages-Licht sehen konnte, und kurtz vor Ostern im Jahr 1731. als er alles mit der grössesten Gedult ausgestanden hatte, entließ man ihn gar der Gefangenschafft. Aber der Abschied vom Pfleger war desto empfindlicher. Es hieß: Klammer solte sich beyzeiten aus dem Lande machen, weil er ihn nicht länger sehen, und auch nichts mehr von ihm hören möchte. Seine Antwort darauf war: Wo ich bin, da müssen mein Weib und meine drey Kinder auch seyn. Aber der Pfleger versetzte drauf: Euer Weib soll euch in kurtzem folgen. Die Kinder aber sind noch jung und unverständig. Sind sie aber erst erwachsen und zu Jahren kommen, wollen wir sie euch auch schon nachschicken. Und mit diesem Bescheide mußte Klammer das Land räumen. Sein Weib aber erhielt Befehl, fünf und funfftzig Gulden Unkosten für ihren Mann zu erlegen.

Die Bezirksamtsleute treten in einen Wettbewerb der Brutalität ein. Der Gasteiner Pfleger fordert seine rechtschaffenen Katholiken auf, aus dem Tal in das Gebirge aufzusteigen, um die lutherischen Hunde umzubringen und ihnen ihren Besitz wegzunehmen. Das machen wir nicht, beschließen die Katholiken unter sich. Aber wenn die Ketzer aus dem Gebirge in das Tal herunterkommen, dann werden wir uns verteidigen und uns unserer Haut zu wehren wissen. Bisher haben die Protestanten uns nichts angetan. Der dem Pfleger eng verbundene Priester beschimpft die Evangelischen besonders heftig als Mörderknechte und Teufelskinder.

Wer Kritik an der Kirche, am Papst, am Fürsterzbischof, an den Ordensleuten und Priestern übt, hat das Recht verloren, ein Bürger zu sein. Wer nicht als Bürger gilt, kann leichter denunziert, auch leichter deportiert werden. Wem die Kirche ihren Segen versagt, der ist nichts wert. Immer höher werden die Geldstrafen für den Besitz verbotener Druckerzeugnisse. Bestraft wird, wer der Heiligen Messe fern bleibt oder sich eines anderen »Verbrechens« schuldig macht.

Simon Ratzenberger muss hundert Reichstaler Strafe zahlen, weil er in der Fastenzeit einmal eine Wurstsuppe gegessen haben soll.

V.
Eben-Ezer

Die neue, dreizehnte englische Kolonie Georgia wird in einem Land angelegt, das bereits besiedelt ist. Die meisten Indianer sind nicht sesshaft, aber sie sind da. Sie jagen und sie pflanzen. Mal hier, mal dort. Das Land ist groß. Es ist Indianerland. England bemüht sich darum, mit den Indianern eine friedliche Koexistenz zu führen. Die englischen Siedler haben sich daran zu halten. Den Indianern kann es deshalb nur guttun, wenn die tüchtigen protestantischen Salzburger in Georgia angesiedelt werden: am großen Strom.

Der Savannah-Fluss gleicht in den heißen Zeiten einem Rinnsal. In den Regenmonaten aber zeigt er sich als riesige Wasserfläche mit starker Strömung. Die Salzburger fürchten die Sümpfe, die stehenden Wasser und die morastigen Tümpel, sie fürchten die Stürme und das Hochwasser, sie leiden unter den heftigen Kälteinbrüchen und den Hitzeperioden. Das Klima in Georgia ist wechselhaft. Gemäßigte Temperaturen gibt es selten.

Und gewiß, es scheinet, als seye eine Thür zur Bekehrung der Indianer geöffnet; denn ein Oberster oder Haupt der Indianer, Tomo Chachi, the Meckow of Gammacraw, genannt, ein Mann eines vortrefflichen Verstandes, ist so begierig, ihre jungen Leute in Englischen Wissenschaften, und folglich in der Christlichen Religion, unterweisen zu lassen, daß er ohnangesehen seines hohen Alters mit mir herüber gekommen, um Mittel und Hülfe zur Unterweisung ihrer Leute auszuwircken. Er ist ietzo bey mir, und hat einen jungen Knaben, den er seinen Enckel und nächsten Erben nennet, mit sich gebracht. Dieses Kind hat schon das Vater Unser in Indianischer und Englischer Sprache gelernet.

Tomo Chachi ist König der Yamacraw-Indianer, er stammt von den Creek-Indianern ab. Der britische Hof lädt ihn und seine Familie ein, nach England zu kommen. Vermittler des Kontakts ist der Gouverneur von Georgia, James Edward Oglethorpe. Boltzius lernt ihn später kennen und schätzen. Zwischen ihnen entsteht ein Vertrauensverhältnis, fast eine Freundschaft. Immer wieder schreibt Boltzius in seinem Tagebuch und in seinen Briefen, wie sehnlich der Gouverneur in Savannah erwartet wird, während er noch auf dem Atlantik zwischen England und Georgia unterwegs ist. Immer warten sie alle auf Entscheidungen des Gouverneurs, die seine Beauftragten in der Provinz als Vertreter nicht treffen wollen. Wo immer sich Oglethorpe aufhält, gibt es viel für ihn zu tun. Seine Reiseplanung ist wetterabhängig. Oft verschiebt sich seine geplante Ankunft. Die Salzburger aber wissen: Er wird kommen und er lässt uns nicht allein. Oglethorpe ist Mitglied des englischen Parlaments. Zugleich besitzt er große Ländereien in jener Kolonie Georgia, die er für die britische Krone gegründet hat.

König Tomo Chachi und seine Familie treffen in London ein. Samuel Urlsperger, Senior des Evangelischen Ministeriums der Stadt Augsburg und Pfarrer an der Hauptkirche St. Anna, veröffentlicht einen Bericht von Gouverneur Oglethorpe über den Staatsbesuch in seinen periodisch erscheinenden *Ausführlichen Nachrichten von den Salzburgischen Emigranten, die sich in America niedergelassen haben,* die er seit dem Jahr 1741 in gedruckter Form publiziert.

Ich werde die Indianer auf meinen Gütern auf dem Lande so lang lassen, bis ich in die Stadt gehe; alwo ich das Glück haben werde, Ihnen meine Aufwartung zu machen, und Ihnen alles weitläuftiger zu erzehlen, worüber Sie sich erfreuen und verwundern werden.

Tomo Chachi versteht seine Reise nach London gemeinsam mit seiner Gemahlin und mehreren Begleitern als diplomatische Mission. Die ältesten Männer seiner Nation haben beschlossen, mit der neuen Kolonie in Frieden zu leben, bevor die ersten Salzburger im Land eintreffen und die Engländer in Georgia ihre Kinder nachholen. Die Indianer erwarten sich für ihre Jugendlichen Bildung und Ausbildung. Denn es geht ihnen schlecht. Mit der Kolonie Carolina haben sie nichts im Sinn. Georgia gefällt ihnen besser. Gouverneur Oglethorpe erkennt die Chancen für die englische Siedlungspolitik und für die von ihm besonders geschätzten Salzburger Exulanten. Sie sind für ihn ein bescheidenes, fleißiges, munteres und frommes Volk. Sie sind zuverlässiger als die Spanier und Franzosen in den anderen Kolonien, ihnen traut er nicht. Die Salzburger werden die Angst vor bewaffneten Auseinandersetzungen mit den Spaniern noch kennenlernen.

Vorgedachte Personen, nebst noch drey Indianischen Hauptleuten und einem Dolmetscher, verfügten sich den 4ten Aug. 1734, nachdem sie in England angelanget, in Gesellschaft des Herrn Oglethorpe nach Kensington, und wurden bey Ihro Majestäten dem König und der Königin, und dem gesamten Königl. Hause in folgender Ordnung zur Audientz geführet: Der Ceremonien-Meister, Herr Clement Cotterell, holete dieselben in drey Königl. Kutschen, iede mit 6 Pferden bespannet, ab. Ihre Gesichter waren nach ihrer Art ausserordentlich schön gemahlet, ihr Leib aber mit neuen Kleidern nach Mohren-Weise bedecket. Als sie nach Kensington kamen, wurden sie unten von der Leibwacht, und auf der Treppe von der vornehmsten Leib-Guarde, welche zunächst vor Ihro Majestät herzugehen pfleget, mit ihren Streit-Aexten empfangen, und darauf von dem Herzog von Graffton Lord Cämmerling durch gedachten Herrn Clement Cotterell Ihro Majestät dem König präsentiret, welchen Tomo Chachi also anredete:

»An diesem Tage sehe ich die Majestät von Dero Angesicht, die Grösse von Dero Hause, und die Zahl von Dero Volcke. Ich bin kommen, zum Besten der gantzen Nation, die Creeks genannt, den Frieden zu erneuern, welchen sie schon eine geraume Zeit mit den Engländern unterhalten haben. Ich bin in meinen alten Tagen herüber kommen, und ob ich gleich nicht so lange leben kann, daß ich einigen Vortheil für mich selbst davon sehen werde; so bin ich doch zum Besten der Kinder von allen Nationen der Ober- und Nieder-Creeks gekommen, daß diese in der Erkäntniß der Engländer mögen unterrichtet werden. Dieses sind die Federn von dem Adler, welcher der geschwindeste von den Vögeln ist, und in unsern Gegenden flieget. Diese Federn sind ein Friedens-Zeichen in unserm Lande, und sind von Stadt zu Stadt herum getragen worden; und wir haben sie hieher gebracht, Euch solche, o grosser König, als ein Zeichen eines ewigen Friedens zu überlassen. O grosser König, was für Worte Ihr mir sagen werdet, diese will ich getreulich allen Königen der Nationen der Creeks wieder sagen.« Worauf Ihro Majestät beliebten, folgende sehr gnädige Antwort zu geben.

»Ich bin sehr erfreuet über diese Gelegenheit, Euch meiner Hochachtung gegen die Völcker, von welchen Ihr kommet, zu versichern, wie mir denn nicht weniger die Versicherungen, so Ihr mir von ihnen gebracht habt, angenehm gewesen sind. Auch nehme ich das Geschenck als ein Zeichen ihrer aufrichtigen Zuneigung gegen mich und mein Volck mit verbindlichstem Danck an. ich werde allezeit bereit seyn, ein gutes Vernehmen zwischen ihnen und meinen eigenen Unterthanen zu erhalten, und Euch bey aller Gelegenheit die Proben meiner besondern Freundschaft und Hochachtung sehen zu lassen.«

Ganz England bestaunt die königliche Indianerfamilie. Sie wird auch von der Königin empfangen. Der König der Indianer erklärt, er sei froh, diesen Tag zu erleben und die Gelegenheit zu haben, der Mutter eines so großen Volkes zu begegnen. Sein Volk sei mit jenem der Majestät verbunden, es lebe in der untertänigsten Hoffnung, die britische Königin werde eine allgemeine Mutter und Beschützerin der Indianer und ihrer Kinder sein.

Eine Begegnung mit Seiner Königlichen Hoheit, dem Prinzen von Wales schließt sich an. Anwesend sind der Herzog von Cumberland, die Königliche Prinzessin von Oranien und die Prinzessinnen Amalia, Caroline, Marie und Louise. Mit drei Kutschen aus dem königlichen Marstall werden die Indianer in ihr Quartier zurückgebracht. Die neue Kolonie Georgia wird immer populärer. Tomo Chachi dankt den Engländern für die Entsendung der weißen Leute, seine Indianer hätten eine große Sehnsucht nach Bildung und Ausbildung. Als er bemerkt, dass der anwesende Erzbischof an einer Unpässlichkeit leidet, bricht er seine Rede ab und bittet um den Segen des Geistlichen. Er ist ihm so wichtig wie die Garantieerklärungen der Mächtigen.

Vor dem neuen Paradies liegen Sandbänke. Am 11. März 1734 läuft das Schiff mit dem ersten Transport der vertriebenen Salzburger vor der Küste von Georgia auf. Aus den Tonnen wird das Trinkwasser abgelassen, um Auftrieb zu bekommen. Einen Tag später befreit die Flut das Schiff. Das Meer liegt still. Kein Windhauch ist zu spüren. Am Sonntag fährt die Schaluppe flussaufwärts. Boltzius hält in seinem Tagebuch fest, dass er an beiden Ufern des Flusses lustige Gegenden mit vielen Vögeln sieht. Die Stimmung an Bord ist prächtig. Unterwegs war das oft ganz anders. Doch der Eintritt in das neue Paradies ist für die Salzburger, die aus einer anderen Welt kommen, zwiespältig. Sie freuen und sie fürchten sich.

Der Fluß selbst ist dreymal so breit als die Saale, wo sie am stärckesten ist, und breiter als der Rhein, auch 16 bis 25 Fuß tief, hat viele Fische und Austern. In Charlestown kam ein teutscher Zimmermann auf unser Schiff, um mit nach Georgien zu gehen; denselben nöthigte der Capitain, daß er sich entschloß, auf einem Kahn voraus in das Städtchen Savannah zu reisen, wohin er auch noch gestern Abend, weil es nur zwo Stunden von unserm Schiffe ist, gekommen war. Hier machte er es kund, daß unser Schiff auf dem Sande läge, und unsere Leute die Gegend nicht recht wüsten. Darauf sich ein verständiger Schiffer resolviret, uns zu Hülfe zu kommen. Dieser brachte unser Schiff bey angelaufener Fluth geschwind an Ort und Stelle, und das geschahe gegen 12 Uhr zu Mittage. An dem Ort, wo unser Schiff anlanden solte, hatten sich fast alle Einwohner der Stadt Savannah, die seit einem Jahre ziemlich angebauet ist, versammlet, löseten etliche Canonen, und machten ein Freuden-Geschrey: worauf unsere Schiff-Knechte und die übrigen Engländer im Schiff auf eben solche Weise antworteten. Einige von uns wurden mit einem Boot gleich abgeholet, und theils in der Stadt, theils im Walde und in dem neu angelegten Garten der Trustees herumgeführet. Inzwischen wurde eine gar gute Mahlzeit für uns zugerichtet. Die Saltzburger aber, welche noch im Schiffe mit frischem Fleisch gespeiset wurden, bekamen hernach am Lande sehr schönes gesundes Englisches Strang-Bier. Und weil ihnen sonst viel Liebe und Freundlichkeit von den Einwohnern erzeiget wurde, und ihnen die schönen Gegenden vom Lande wohl gefielen, waren sie sehr frölich und lobeten GOtt. Wir musten, nebst dem Herrn Commissario und Herrn Zwiflern, in des Predigers Herrn Qunicy Hause logiren, welcher auf einige Monate zu seinen Eltern nach Neu-England gereiset ist, und uns eben in Charlstown begegnete.

König Tomo Chachi, gerade aus England zurückgekehrt, lebt nicht weit entfernt von ihrem Ankunftsort. Die Nachbarschaft zu den Indianern ist also kein Problem. Die Salzburger sind tief gerührt, dass sie von einem Juden bewirtet werden, der wie sie seine Heimat verloren hat. Er soll aus Frankfurt am Main stammen. Nach der langen Reise soll ihnen eine warme Reissuppe serviert werden. Dafür hat er gesorgt. Als sie sich am 14. März treffen, um zum ersten Mal an Land ihre Betstunde abzuhalten, hören einige Juden andächtig zu. Zwölf jüdische Familien sollen hier wohnen. Sie verstehen Deutsch. Nicht sehr gut, aber genug, um den deutschen Worten folgen zu können. Die Kirche ist aus Brettern zusammengefügt, es gibt keinen Chorraum, keine Fenster. In den Häusern sind die Fenster nicht mit Glasscheiben, sondern mit Papier und Leinwand abgedichtet. Manche Fenster verfügen sogar nur über Fensterläden.

Stadtbewohner führen die Salzburger zu den Indianern. Deren Zustand ist erbärmlich. Lernt ihre Sprache, sagt der Gouverneur. Hier an Land wird überall Rum ausgeschenkt. Der süß schmeckende Branntwein stammt aus Jamaica. Trinkt ihn auf keinen Fall, wird ihnen gesagt, der Rum hat vielen bei uns den Tod gebracht. Aber die Salzburger trinken ohnehin aus Gewohnheit und Überzeugung am liebsten Wasser. Nur wenn sie harte körperliche Arbeit leisten müssen, genehmigen sie sich einen Becher Bier, falls es Bier gibt. Selten, sehr selten.

In den ersten Wochen in Georgia stellen die Salzburger fest, dass Einkäufe sehr teuer sind, mit Ausnahme von Gemüse und Obst. Papiergeld war ihnen bisher unbekannt. So wundern sie sich, dass ihnen Geldscheine als Wechselgeld herausgegeben werden, wenn sie mit Gold- oder Silbermünzen bezahlen. Das Papiergeld gilt als Währung in ganz Carolina. Entsetzt sind sie darüber, dass es so viele Schwarze gibt; ganze Schiffsladungen mit Sklaven treffen ein. Sie werden öffentlich verkauft. Es sollen um die 30 000 Sklaven in Carolina sein. Man sagt, sie seien heimtückisch. Die Salzburger wundern sich nicht darüber, denn sie sehen, wie schlecht die Schwarzen behandelt werden. Auf den beiden Inseln St. Thomas und St. Jonas sollen die Sklaven gegen ihre dänischen und schwedischen Arbeitgeber rebelliert haben.

In den Gärten wachsen Kohl, Rüben, Rettich, Salat. Sie treffen einen Deutschen, der für die örtlichen Zeitungen schreibt. Vor drei Wochen ist ein Schiff verbrannt, der Schiffsjunge hatte mit Feuer hantiert. Herr von Reck, der englische Kommissar und Reisebegleiter der Salzburger, hält in seinem Tagebuch fest, wie sich der Seehafen Charleston, diese blühende Handelsstadt den Ankömmlingen aus Europa zeigt: Die meisten Häuser sind aus Holz, aber es gibt auch etliche Steinhäuser. Brot ist teuer, denn weißes Mehl stammt entweder von den Plantagen der Großgrundbesitzer, aus den nördlichen Kolonien oder aus England. Dagegen ist Reis billig. Gouverneur Oglethorpe zeigt Kommissar von Reck eine Karte der neuen Kolonie Georgia. Suchen Sie eine Region aus, sagt er, wo Sie die Salzburger ansiedeln wollen. Von Reck entscheidet sich für ein Areal, das 21 Meilen entfernt von Savannah liegt. Kleine Flüsse, Hügel, Bäche, Quellen und Grasflächen sind eingezeichnet. Mangroven und sumpfige Wälder sind nicht zu erkennen. Hier soll das neue Salzburg entstehen. Die freie Stadt.

Das neue Paradies. Das gelobte Land. Die Salzburger werden mit Wein bewirtet, der unter allen ausgeteilt wird. Abends brennen Feuer, die das Ungeziefer fernhalten sollen. Von Reck werden drei Pferde zur Verfügung gestellt. Er soll das neue Stadtareal besichtigen. Er und seine Begleiter brechen am frühen Morgen auf. Bald bleiben sie in tiefen Bächen und Mooren stecken. Sie kommen nicht weiter und kehren um.

Jetzt ist der Gouverneur bereit, das Gebiet für den neuen Ort selbst zu erkunden. Er verschiebt seine Abreise nach England. Tomo Chachi stellt als Begleitung den obersten Krieger Tuskenovi zur Verfügung. Sie fahren mit dem Schiff sechs Meilen auf dem Savannah-Fluss stromaufwärts. Dort steht ein Haus, das von einem Einwanderer mit dem Namen Musgrove errichtet wurde.

Nachdem wir in einem Gezelte, so wir unter dem Schatten eines Baumes an den Ufer des Flusses verwichene Nacht aufgeschlagen hatten, wohl geruhet, begleitete ich den Herrn Oglethorpe zu Pferde: der Herr Sprecher aber, und die übrigen gingen zu Wasser. Wenn iemand fragen würde: wie es möglich seye, ein Land, so mit Wald bedecket, und darin viele Flüsse und Moräste aller Orten anzutreffen sind, zu passiren? so dienet zu wissen, daß, seit dem sich die Colonisten in Georgien niedergelassen, die Wege durch gezeichnete Bäume, in einiger Abscheelung der Rinde, gemacht worden, welche weisen, wo man sich hinwenden, und wo man die Flüsse passiren solle. Kaum hatten wir einen Morast mit Rohr bedeckt duchwatet, so gelangten wir an einen Fluß, welcher keine Furth und hohe Ufer hatte. Die Indianer warfen sich hinein, und führten unsere Pferde schwimmend hinter sich hindurch; wir aber krochen über einen grossen Baum, welcher niedergehauen, und über den Fluß statt einer Brücke geleget worden. Nachdem wir einige Meilen weiter geritten, auch noch einen andern Fluß passiret, überfiel uns die Nacht. Unser Nacht Quartier nahmen wir auf einem kleinen Hügel, machten um uns herum ein Feuer, lagerten uns mit denen Indianern, und verzehreten mit einander einen Indianischen Hahnen, welchen uns unsere Indianische Jäger zum Abend-Essen gebracht.

Erste Frühlingstage. Aber es ist heiß wie an den heißesten Hundstagen in Deutschland. Boltzius, der Schreiber, berichtet, dass die Hitze den Früchten auf dem Feld und in den Gärten kaum schadet. Denn in den Nächten liegt Tau auf dem Land. Jedes Haus in Charleston verfügt über einen Gemüsegarten. Der Apotheker Zwifler studiert sogleich die

Pflanzen. Die Stadtanlage ist sorgfältig vermessen. Die Stadtbewohner besitzen Pferde, Hühner und Kühe. Trotzdem sind Eier und Milch sehr teuer. Die Kühe tragen Glocken. So ist es leichter, die Tiere im Wald zu finden, wenn sie gemolken werden sollen. Die Salzburger kennen diese Art von Viehhaltung nur von den Almen zu Hause. Überall fehlt es an Platz für Ackerland. Jedes Feld muss dem undurchdringlichen Urwald abgetrotzt werden. Die Rodungsarbeiten sind mühsam. Zweimal am Tag gehen die Einwohner in die Kirche. Boltzius und Gronau predigen. Die Engländer staunen über die Glaubensfestigkeit und Bibelkenntnisse der Salzburger. Die Gottesdienste dauern jeweils eine Stunde. Für die Salzburger ist die Teilnahme selbstverständlich. Zu lange war ihnen jeder Gottesdienstbesuch verboten, jetzt freuen sie sich über die große Freiheit.

Boltzius hat auch als Seelsorger viel zu tun. Deshalb schickt er Gronau mit auf die Erkundung der neuen Stadt, die noch keine Häuser, nur einen Namen hat. *Eben-Ezer*. Den Salzburgern wird der Hausrat gestellt, wie es auch bei anderen Kolonisten üblich ist. Kessel, Töpfe, Schüsseln, Sägen, Schippen, Gewehre und Gerät für die Feldarbeit. Es sind auf vierzehn Tage Brot, Mehl, Fleisch, Reis, Bohnen und Zucker vom Gouverneur übergeben worden. Es ist geregelt, dass sie ihre Vorräte jeweils auf ein Vierteljahr im Voraus erhalten, um selbstständig wirtschaften können. Dazu hat Oglethorpe jedem Salzburger sechs Pfund Brot als Geschenk reichen lassen. Der Jude, der sie am ersten Tag mit seiner Reissuppe begrüßt hatte, ist wieder da. Eine Salzburgerin hat gestern Abend in der Dunkelheit seiner Ehefrau aus Versehen zu viel Geld herausgegeben. Beide jüdischen Eheleute stammen aus Deutschland. Er will den Betrag nicht behalten. Die Salzburger sind tief beeindruckt. Boltzius hat eine neue Tagebuchserie abgeschlossen. Sie soll mit einigen Briefen im Gepäck des Gouverneurs Oglethorpe nach England mitgenommen werden, der gestern hier eintraf. Er will wieder sehr schnell nach Europa aufbrechen. Morgen geht es nach Charleston, dort auf das Schiff. Da kommt ein Ereignis dazwischen.

Den 25ten. Heute wurde hier in Savannah eine Execution gehalten. Ein Mann aus diesem Orte war wegen Aufwieglung anderer, und noch einiger Laster angeklaget, und davon überführet worden, weswegen er 300 Streiche unter dem Galgen bekommen solte, wovon er heute die ersten hundert bekommen. Man ist hier sehr ernstlich in Bestrafung der Excesse. Wenn dis auch nicht wäre, würde wenig Sicherheit und Ruhe seyn. Man höret hier sehr viel von der rothen Ruhr, daran viel Leute kranck liegen und sterben. Vermuthlich kommt sie von der grossen Hitze und der unordentlichen Lebens-Art der Leute in dieser Gegend her.

Den 27sten Mart. Der schon gedachte Malificant solte heute die zweyte 100 Streiche bekommen: über 50 waren ihm auch schon gegeben worden. Als dis ein Indianer sahe jammerte es ihn, und lief um den Malificanten in einem Kreise oft herum, und schrye: No christian, no christian! etc. Das ist nicht Christlich etc. Und weil man mit Peitschen noch nicht aufhören wolte, so umfasste er den armen Sünder, und hielt an jenes Statt seinen Rücken dar. Wodurch die Richter bewogen wurden, dem Proceß ein Ende zu machen, und dem Kerl die übrige Strafe zu schencken.

Ende März wird es sehr kalt. Aber die Salzburger genießen die Abkühlung. Noch sind sie mit dem Klima nicht vertraut. Sinken die Temperaturen, dann gibt es weniger lästige Insekten. Die Ankömmlinge helfen den Einwohnern in Charleston bei der Rodungsarbeit in den Wäldern, sie arbeiten auf den Schiffen mit. Sie wollen sich nützlich machen, bis sie in ihre neue Stadt aufbrechen können. Sie verdienen sich etwas Geld für Stoffe und Schuhe. Es fehlt an Fußbekleidung, es fehlt an Textilien. Täglich kommen Siedler vorbei, um in den lutherischen Schriften unterrichtet zu werden. Boltzius hat viel zu tun. Zwischendurch taucht von Reck auf. Er berichtet, dass es zu gefährlich sei, den Fluss für die Boote schiffbar zu machen. So bleibt nur der Landweg durch Mangroven, Wälder und Sümpfe zum neuen Eben-Ezer. Einige Wege sind markiert. An den Bäumen wurde die Rinde abgeschält. Die Wegzeichen sind nicht leicht auszumachen.

Verantwortlich für die vierteljährliche Zuteilung der Lebensmittel, der Haushalts- und Ackerbaugeräte, auch der Tiere für die künftige Landwirtschaft ist im Auftrag des englischen Königs und des Gouverneurs der Kolonie Georgia der Bürgermeister, der das Store-Haus verwaltet. Herr Causton ist sehr gastfreundlich. Am 2. Mai werden die Habseligkeiten der Salzburger auf die Boote geladen. In Eben-Ezer stehen schon die ersten Holzhäuser. Nun kann es losgehen. Doch das Boot ist voll, denn die schwarzen Sklaven, ein Leih-Geschenk für sechs Monate, sollen mit an Bord. Einige Salzburger bleiben mit sperrigem Gepäck zurück. Die anderen sind verärgert, weil sie nicht ohne ihr Gepäck abreisen wollen. Boltzius will später mit dem Gepäck nachkommen. Sie haben so lange nichts mehr besessen. Das meiste war ihnen in Salzburg geraubt worden.

Manches ging verloren. Einiges wurde auf der Reise unbrauchbar. Wind und Wellen, Stürme und Regen auf dem Atlantik haben eine zerstörerische Gewalt. Nun besitzen sie endlich wieder ein paar Sachen. »Wir können das alles doch nicht liegen lassen«, sagen sie. Bürgermeister Causton stellt noch einmal Proviant für die Reise zur Verfügung. Unter den Zurückbleibenden sind Männer, die einem Juden bei der Rodungsarbeit helfen wollen. Mit ihm reden sie über Gott und die Welt. Seine Frau und er interessieren sich sehr für die lutherische Religion.

Am 5. Mai ist das Boot wieder zurück. Jetzt ist Aufbruchszeit für Boltzius. Unterwegs erkrankt Lackner schwer. Er leidet seit Tagen an Diarrhöe, wird immer matter und kurzatmiger. Er wird von allen sehr geschätzt, weil er ein kluger Kopf ist. Zwifler kann ihm nicht helfen. Auf der Bootsreise nach Savannah stirbt er. Es ist der 13. Mai.

Gronau ist von Eben-Ezer zurückgekommen. Das Klima dort tut ihm nicht gut, deshalb will er hier in Haberkorn bleiben. In der neuen Stadt sind vier Sklaven weggelaufen. Sie sollten Bretter für die Häuser sägen und Wege bauen. Tag und Nacht stehen sie unter Aufsicht. Die Salzburger haben eine gewisse Sympathie für sie: Wer so schlecht von seinen Herren behandelt wird, der muss einfach weglaufen. Aus Eben-Ezer trifft die Nachricht ein, dass der Bau von sieben kleinen Brücken über Moräste und Creeks gelungen sei. Da werden die Schwarzen aufgegriffen.

Die weggelaufenen Negers sind aufgefangen, und hieher nach Haberkorn geliefert worden. Wenn sie ihre gewöhnliche Strafe werden bekommen haben, (sie werden halb nackend an einen Baum gebunden, und mit einigen langen Spiß-Ruthen sehr zerhauen, wobey sie fast den gantzen Tag hungern und dursten müssen,) so werden sie unsern Saltzburgern am Häuser-Bauen wieder helfen müssen.

Die Arbeit macht durstig. Weil es kein Bier gibt, bereiten die Salzburger ein Ersatzgetränk nach einem Rezept der Engländer zu. Sie nehmen einige Stücke Sassafras, Sirup und statt des Hopfens einige grüne Tannentriebe. Alle Zutaten werden in einem Wasserkessel aufgekocht. Einige Siedler fügen eine Prise indianischen Korns hinzu. Wer hier schon länger lebt, schätzt das Bier als Kraftgetränk, die Salzburger trinken nach wie vor lieber Wasser. Ganz selten mischen sie etwas Wein dazu, wenn sie sich sehr schwach fühlen. Am Abend setzt ein starkes Gewitter ein.

VI.
Savannah

Am 21. November 1732 reist Johann Oglethorpe, Königlicher Kommissar für die Kolonie Georgia und Mitglied des Britischen Parlaments, mit dem Schiff von London in die neue Kolonie, um die Aufnahme von neuen Siedlern vorzubereiten. An Bord sind Handwerker, die beim Bau von Städten und Dörfern, Kirchen und Schulen helfen sollen. Während der siebenwöchigen Reise sterben zwei Kinder. Eines ist eineinhalb Jahre alt und war bereits erkrankt. England verspricht den künftigen Kolonisten ein Himmelreich auf Erden, schriftlich garantiert es Privilegien und bürgerliche wie gesellschaftliche Freiheiten. Zwei Jahre später dokumentiert Christoph Sancke in Leipzig die Verheißungen der englischen Krone für alle, die nach Amerika gehen wollen.

1. *Sollen diejenigen, so nicht auff eigne Kosten dahin gehen können, gantz frey an bestimmten Ort gebracht, und niemahls zuviel Personen auff ein Schiff gethan werden, damit man hierdurch allen Kranckheiten vorbauen möge.*
2. *Wird man sie mit nöthigen Gewehr versehen, damit sie im Stande seyn, sich wider die Anfälle ihrer Feinde zu wehren. Sie sollen Lebens-Mittel auff ein Jahr bekommen, oder so lange, biß sie sich angebauet haben. Man will ihnen Korn und allerley Saamen zur Besäung ohne Entgeld reichen, auch denenselben, die nicht auff eigne Kosten dahin reisen, 50. Morgen Acker zu besitzen übergeben.*
3. *Können die andern, welche die Reise auff ihre Kosten dorthin unternehmen, noch mehr erhalten, nach dem ihre Familie starck oder schwach ist.*

4. *Wenn einige als Bediente auff anderer Kosten mit gehen, sollen sie nach Verlauffung ihrer Dienst-Jahre auch ihre Freyheit erlangen, und ihnen einiges Land gegeben werden.*
5. *Sollen sie alles Land als ihr Eigenthum besitzen, und auch nach ihrem Tode auff ihre Kinder beerben.*
6. *Sollen sie alle Rechte geniessen, welche die Engelländer und andere Einwohner daselbst besitzen, auch mit ihnen völlige Sicherheit erlangen.*
7. *Werden sie Kirchen und Prediger bekommen, die ihnen GOttes Wort in ihrer Mutter-Sprache predigen.*
8. *Sollen die Commissarien, welche vor die Wohlfahrt des Landes Sorge tragen, ihre Prediger und Schuldiener salariren.*
9. *Will man ihnen Städte bauen, daß 100. Familien beysammen wohnen können.*
10. *Wird man das Land, so sie bekommen, in 3. Theile eintheilen. Ein Theil davon soll zum Hauß und Hoffe, der 2. zum Garten, und der 3. zum Ackerbau und Viehzucht angewendet werden.*
11. *Bestehet die vornehmste Nahrung in Seidenbau.*
12. *Will man ihnen vollkommne Sicherheit verschaffen. Innerhalb 400. Meilen wohnen wenig Indianische Familien um sie. Und diese leben auch mit der Englischen Nation in Friede und Einigkeit. Der bekannte Hafen Port-Royal liegt nur 30. Meilen von ihnen, wo sich immer Englische Schiffe befinden, die ihnen leichtlich zu Hülffe kommen können, wenn sie auch solten von andern angefallen werden. Nicht nur zu Port-Royal, sondern auch auf der Insul Bahamas liegen stets starcke Garnisonen, welche ihnen allemahl zu helffen bereit seyn. Von der grossen Marcktstadt Charles wohnen sie 120. Englische Meilen, wohin sie ihre Waaren bringen, und glücklich verhandeln können.*

Geradezu traumhafte Perspektiven eröffnen sich für die Salzburger, die ihren bisherigen Albträumen entkommen wollen. Über die Handelswege und die offenen wie geheimen Mitteilungen, die nach Salzburg geschmuggelt werden, spricht sich die neue Chance herum, Siedler in Amerika zu werden. Als die ersten Gruppen der Salzburger die Freie Reichsstadt Augsburg erreichen, eine der Wegstationen für die Emigranten, zeigt sich aber, dass sie den Verheißungen nicht ganz trauen. Ihnen wurde schon so vieles versprochen. Deshalb fragen sie bei den Lord-Kommissaren der englischen Krone ganz genau nach.

Ja, die Kolonie Georgia gründet sich auf das Prinzip der Gewissensfreiheit.

Ja, ihre Seelsorger werden finanziert, bis sie deren Gehalt in Georgia einmal selbst übernehmen können.

Ja, sie werden und dürfen in der Kolonie zusammenbleiben, es soll ihnen an nichts fehlen.

Ja, es wird Schulen für ihre Kinder geben.

Nein, sie werden sich ihrer Landestracht nicht schämen müssen. Ihre Sprache und ihre Sitten sollen geachtet werden.

Ja, alle Felder und Güter, die ihnen in Georgia zugeteilt werden, dürfen sie ihren Kindern vererben.

Nein, sie werden in Amerika nicht wie Knechte und Mägde ohne eigenen Besitz behandelt. Sie sollen alle Rechte und Freiheiten genießen, auf die auch andere königliche Untertanen Anspruch haben.

Eine neue Welt öffnet sich. Ein Königreich der Freiheiten für sie, denen so viele Rechte im Salzburger Kirchenstaat vorenthalten worden waren.

VII.
Salzburg

Ruprecht Junger, der Salzburg schon 1726 verlassen hat und seitdem in Regensburg wohnt, hat zwei Kinder zurücklassen müssen. Der Kirchenstaat raubt systematisch. Auch Kinder. Junger schreibt sieben Jahre später an den Salzburger Erzbischof mit der Bitte, die Söhne Matthias und Georg freizugeben. Sie werden von seinem katholischen Bruder Johann, Bauer in Gastein, versorgt und im richtigen Glauben erzogen.

Nachdem ich Ruprecht Junger, aus der Casteyn gewester Bergknapp bey dem Goldberg, wegen Ergreiffung der Evangelischen Religion vor 7. Jahren aus dem Lande zu ziehen befehliget worden, deme ich sogleich nebst 2. Kindern, wie auch mein Eheweib einige Zeit hernach, williglich nachgekommen, damahlen aber 2. von meinen Kindern, benanntlich Matthias und Georg, als welche bey meines Eheweibs Abzug nicht zugegen gewesen, zurück lassen müssen, so habe mich genöthiget gesehen, Ew. Hochfürstl. Gn. den 29. Octobr. abgewichenen Jahrs um Exhibirung obbemelter meiner 2. Kinder in aller Unterthänigkeit supplicando anzugehen, welches Gesuch aber wider Vermuthen fruchtloß gewesen, da auch nachgehends bey Ew. Hochfürstl. Gn. allhier in Regenspurg sich befindenden fürtrefflichen Gesandtschafft hierum geziemend angesuchet, so ist mir zu meiner besondern Betrübniß die Antwort zu Theil worden, wie besagte meine Kinder, weilen ich vor deme Evangelische Bücher in denen Saltzburgischen Landen verhandelt haben solle, verfallen wären. Wann nun aber ich vor meinen beschehenen Abzug mein lebtag nicht aus meinem Vaterlande gekommen, noch weniger einig dergleichen beschuldigten Handel jemahlen getrieben, sondern lediglich die Evangelischen Bücher, so mir von guten Freunden ins Hauß gebracht wurden, gelesen, darüber ich auch zu 2. mahlen harte Gefängniß-Straffe erdulten müssen: So lebe der tröstlichen Hoffnung, Ew. Hochfürstl. Gn. werden um so weniger Bedencken tragen können, mir ermeldte meine 2. Kinder ohne jemands Hinderniß aus dem Lande gnädigst folgen zu lassen, als solche mein Verlangen in denen allgemeinen Rechten und Reichs-Constitutionibus, besonders dem Westphälischen Frieden offenbahr und bestens gegründet, wenn auch posito sed quam minime concesso, obige Beschuldigung wegen des Bücher-Handels sich in der That befunden, würde dennoch die Vorenthaltung meiner in vätterlicher Gewalt stehender 2. Kinder an statt einer Bestraffung sich nimmermehr justificiren lassen. Demnach ergehet an Ew. Hochfürstl. Gn. nochmahlen mein unterthänigst-gehorsamstes Bitten, dieselben geruhen gnädigst mir meine obbenannte Söhnlein, welche sich dermahlen in Ew. Hochfürstl. Gn. Landen bey meinem Bruder Johann Junger, Bauersmann in der Casteyn aufhalten – an Überbringern dieses, Georg Plaschelbergern heraus folgen zu lassen.

Die Antwort fällt knapp aus. Die Söhne hätten beschlossen, katholisch zu bleiben. Die Söhne allerdings, das erfährt Junger, wurden nicht gefragt. Wer evangelische Bücher in das Land bringt, verwirkt sein väterliches Erziehungsrecht. Da Ruprecht Junger in Regensburg wohnt, muss er die verbotenen Schriften in Salzburg eingeschleust haben. Das muss nicht bewiesen werden. Das ist doch ganz offensichtlich. Der Chronist Christoph Sancke fällt aus seiner Rolle als sachlicher Schreiber. Er ist entsetzt: *Eine üble Regierung, wo es so hergehet.*

Die Namenslisten der betroffenen Salzburger lesen sich wie eine Kartei von Straftätern. Seit 1731 werden in Salzburg, wenngleich illegal, Bücher über die Verfolgung und Vertreibung der Protestanten verbreitet, sie werden in den Generalstaaten gelesen und weitergegeben, in England, in Preußen, in Kurbaiern, auch in Wien. In katholischen Regionen bleiben Berichte und Bücher weiterhin verboten, aber ihre Verbreitung kann nicht verhindert werden. Das Entsetzen und die allgemeine Entrüstung über den Salzburger Kirchenstaat nehmen zu. Namentlich listet der Schreiber Christoph Sancke die wichtigsten Initiatoren der Verfolgung zu einem Zeitpunkt auf, als die Emigration noch längst nicht abgeschlossen ist.

Ganz oben auf der Liste steht der Salzburger Fürsterzbischof. Leopold Anton Eleutherius Freiherr von Firmian, seit dem 3. Oktober 1727 im

Amt. Seine Bildung wird als schlicht beschrieben. Er vertraut seinen Ministern, allen voran seinem Hofkanzler Cristiani (der nie einen Bergbauernhof betrat), er gibt ihnen Vollmachten und scheint nur eine unzulängliche Kenntnis von den Maßnahmen gegen die Protestanten im Land zu haben. Seine Vision ist es, die Baupläne für das Schloss Leopoldskron zu realisieren, koste es, was es wolle. Ständig wird die Steuerlast angehoben. Eine der treibenden Kräfte, den Salzburger Kirchenstaat zu verteidigen und seinen Ruf wiederherzustellen, ist Hannibal Felix, Graf von Thurn und Valsassina, Domdechant in Salzburg. Neben ihm der Schwabe Ferdinand Joseph Freiherr von Rehling, Präsident der erzbischöflichen Kammer. Im Juli reisen die beiden Freiherren nach Wien, um die inzwischen entstandenen Vorbehalte des Kaisers gegen den Salzburger Kirchenstaat auszuräumen. Sie bereiten eine Werbeaktion für Katholiken in anderen Ländern vor, die möglichst schnell die Protestanten im Fürsterzbistum Salzburg ersetzen sollen, falls man sie endlich und endgültig loswerden kann. In Wien erhalten sie die Zusage, kaiserliche Truppen würden zur Verstärkung nach Salzburg kommen. Überall werden Gerüchte verbreitet, die *Rebeller* würden mit Gewalt einen Aufstand planen und die Waffenarsenale des Staates besetzen. Zentrale Schaltstelle aber ist der Hofkanzler Hieronymus Christiani di Rallo, der vor allem die schriftlichen Erklärungen abfasst. Die Zahl der wechselseitigen diplomatischen Noten nimmt ständig zu. Von Rall, wie di Rallo genannt wird, muss über eine große Schreiberwerkstatt verfügen. Die Lage wird immer komplexer, die protestantischen Gesandten in Regensburg haben sich längst eingeschaltet, immer mehr Staaten werden im Kirchenstaat vorstellig.

Geradezu eingebrannt haben sich im Bewusstsein der verfolgten Salzburger und ihrer evangelischen Freunde in anderen Ländern die Namen jener Mächtigen, die sich besonders als Protestantenverfolger profiliert haben:

Johann Caspar von Bekhen, Syndicus der Stadt Salzburg.

Joseph von Schedizeni, Hofkammerrat und Pfleger in Hallein, der sich in Hallein noch sehr tolerant gezeigt haben soll, sich später aber von jedem Mitgefühl und Verständnis trennt.

Franz Xaver von Schettinger, Dechant in Werfen. Er soll die Idee gehabt haben, Jesuiten in das Land zu holen.

Franz Freiherr von Mozl, Regierender in Werfen. Er, der als einer der schlimmsten Verfolger der Lutherischen gilt, erkrankt bald so schwer, dass er jetzt auf einmal die evangelischen Salzburger vor ihrer Emigration nicht zu hart verfolgen will. Seine Frau glaubt an eine göttliche Strafe. Der Herr vergisst nicht, was der Mensch anderen Menschen antut. Deshalb bittet sie ausgerechnet die Evangelischen, für ihn zu beten.

Xaver Schertzhauser, Stadt- und Landrichter zu Radstadt. In seinem Bezirk werden die meisten Rebellen angezeigt. Da wundern sich auch die systemtreuen Kollegen über eine solche Ausbeute an Staats- und Religionsfeinden. Schertzhauser muss ein Fälscher der Statistiken sein, um sich als besonders loyal und fleißig gegenüber seiner Regierung darzustellen.

Paris Ignatius Gottlieb Staudacher von Wißbach, Rat in Salzburg, Landmann und Richter zu Taxenbach. Er wird ausdrücklich in der Namensliste der Verantwortlichen für die Unterdrückung und Verfolgung der Protestanten erwähnt.

Die Namen der vielen kleinen Beamten und radikalen Priester werden nicht aufgeschrieben. Zu groß wäre die Liste.

Eines Tages trifft eine dreiköpfige Delegation des Salzburger Hofes im Bergland ein. Natürlich ist der Hofkanzler dabei. Nun wird amtlich mitgeteilt, dass alle Evangelischen in einer Liste erfasst werden sollen. Die lutherischen Männer und Frauen treffen für sich sofort eine doppelte Entscheidung: Absoluten Gehorsam gegenüber dem Landesfürsten zu beweisen, zugleich aber die volle Religionsfreiheit zu fordern. Sie werden verpflichtet, auf den Ämtern ihre Konfessionszugehörigkeit anzugeben. Drei Konfessionen sind nach dem Westfälischen Frieden anerkannt: Römisch-katholisch, evangelisch oder reformiert. Diese drei Bekenntnisse beschützt der Kaiser in Wien. Jeder soll Farbe bekennen. Solche Listen taugen notfalls auch für den Zweck, die *Rebeller* namentlich zu ermitteln, nicht nur ihre Rädelsführer, sondern alle, die ihnen verbunden sind. So sollen alle auf ihre Ämter gehen, um sich erfassen zu lassen.

Welche Konfession?

Evangelisch.

Katholisch-evangelisch oder lutherisch-evangelisch?

Die Salzburger antworten: lutherisch-evangelisch.

Aus allen Landesteilen treffen böse Nachrichten ein. Gehen Protestanten an Priestern vorbei, werden sie von ihnen angespien. In der einen Kirche heißt es: wer Maria nicht anbetet, kommt in die Hölle. Auf der anderen Kanzel wird gepredigt: Die Evangelischen seien des Platzes in der

Kirche nicht wert. Wieder woanders wird die Taufe eines Kindes nicht genehmigt. Ein getauftes Kind muss einen katholischen Vater haben. Ist der Vater evangelisch, wird die Taufe verweigert. So tauft im Juni 1732 ein Zimmermann sein Kind selbst. An der Haustaufe nehmen viele Bauern teil. Die Worte der Taufliturgie stammen aus Luthers Katechismus. Das bringt dem Zimmermann zweiunddreißig Wochen Gefängnis ein, denn er will sich in Wien über die Verweigerung des Taufsakraments beschweren, wird aber schon in Linz festgenommen. Die Lehre vom Fegefeuer, die Anbetung der Heiligen, der Pflichtgruß »Gelobt sei Jesus Christus«, der Rosenkranz: Das ist der Predigtstoff für die Bußprediger, der selig macht. Wer den lutherischen Gedanken anhängt, wandelt schon in der Finsternis. Von den Kanzeln wird jeder Abweichler verflucht. Er wird bedroht. Er wird beschimpft. Er und die Seinen werden verunglimpft. Eine Weile lässt sich das aushalten, dann nicht mehr. Die Protestanten wehren sich.

So ward man des Krams überdrüssig, und bekam einen Eckel, dergleichen länger anzuhören. Man gieng daher in vielen Gerichten Trupp-weise mitten unter der Predigt aus den Kirchen hinaus, wenn der Pfaffe in dem grössesten Eyfer war, und ließ ihn immer hinschelten. Diß geschahe vornemlich im Radstädter Gericht, in der Flachau, in St. Johannis und Wagrain. Der erste, der aus der Kirche lieff, und den andern vorgieng, war Martin Rappold in Milbach; welchem hernach alle andere Evangelisch-gesinnte, die in der Kirche zugegen waren, nachfolgeten. Es geschahe dieses am 29. Julii, welches der Sonntag nach Jacobi war. Und von der Zeit an kamen die Evangelischen Saltzburger nicht mehr in die Papistischen Kirchen wie vorher: Sondern sie erbaueten sich in ihren Häusern entweder allein, oder mit ihren Nachbaren. Ihre Versammlungen waren oft viertzig Personen starck; da denn einer, der lesen konnte, mit heller Stimme las, die andern aber zuhöreten. Und wenn das lesen vorbey, so sungen und beteten sie untereinander.

Bald werden diese heimlichen Versammlungen in den Häusern der Evangelischen verboten. Jede Versammlung ist anzumelden. Der Stadtrichter in Radstadt warnt Thomas Scharffeltern: »Wenn es noch ein einziges Treffen in deinem Haus gibt, dann zünden wir es an. Alle, die drinnen sind, werden verbrennen. Dafür werden wir schon sorgen.«

So treffen sich die, die für sich und ihre Familien Freiheit der Religion wünschen, auf dem Fluss Schwarzach. Mehr als dreihundert Salzburger aus allen Bezirken sind dabei. Sie gründen einen Bund und versprechen sich, im schlimmsten Fall für ihre Glaubensfreiheit auch zu sterben. Wer sich nicht als Evangelischer bekennen will, darf zurückbleiben. Sebastian und Hans Meyerhofer gehen zum Beispiel nicht mit. Michael Gaßner aus Radstadt aber geht voran. Die Versammlung bildet einen Kreis. Es geht um Bedenkzeit und um Mut. Ein Fass Salz ist dabei. Jeder taucht einen Finger ein, leckt ihn ab. Alle erinnern sich später an diesen Salzschwur. Wer das Salz zu sich nimmt, wird in eine Liste eingeschrieben. Dann fallen sie auf ihre Knie und beten. Am dritten Tag wird der Kommission die Liste der eingeschriebenen lutherischen Protestanten überreicht. Es sind 20 678 Namen aus allen Bezirken Salzburgs. Werfen, Bischofshofen, St. Johann/ St. Veit, Goldegg, Taxenbach/Radstadt, Wagrain, Großarl, Gastein, Abtenau und Leogang bei Saalfelden. Die Abgesandten des Fürsterzbischofs wollen diese Zahl nicht glauben. Das kann nicht sein, sagen sie, dass so viele Salzburger die katholische Kirche verlassen wollen. Das sind Fälschungen, sagen sie noch Jahre nach der Vertreibung. Da sind Agenten dabei. Das sind ausländische Spione. Als die Richtigkeit der Namenslisten ermittelt wird, nehmen sie die Liste schließlich an und schicken sie an den Hof in der Residenzstadt. Das geschieht im Juli 1731, vierzehn Tage vor Jacobi.

Immer wieder fragen die Lutherischen die Regierungsvertreter und Bezirksfürsten, weshalb ihre Religion nicht anerkannt wird. Sogar der Kaiser des Heiligen Römischen Reichs Deutscher Nation beschützt die Religionsfreiheit. Weshalb die brutalen Repressionen?

Die Antwort: *Wenn man Vögel fangen wolte, muss man nicht mit Knütteln darunter werffen.*

Einen Monat nach dem Salzschwur auf der Schwarzach wird überall eine Bekanntmachung an die Hauswände und Türen genagelt. Weil die Aufwiegler sich weiterhin heimlich getroffen hätten, dabei die Katholiken und die Kirche verleumdet und beiden mit Feuer und Schwert gedroht hätten, gilt ab sofort das allerstrengste Verbot jeder Versammlung. Jede Versammlung ist illegal. Die Anweisung ist nicht hinnehmbar.

Eine Delegation der Protestanten soll sich in Wien beim Kaiser beschweren. Ihr gehören an: Millauer, Gaßner, Vorwaldner, Schweiger, Schadreiter, Langbrandtner, Reiter, Hertzog, Frommer, Reinbacher, Zauchlehner, Hundsdorffer, Rappold, Oberpühler, Steiner, Käsewurm, Forstreuter, Kreuzahler, Trincker und Hohleitner. Um kein Misstrauen bei der Regierung zu erwecken, machen sie sich einzeln auf den Weg. Erst in Österreich wollen sie sich treffen. Doch schon in Linz werden sie festgenommen. Sie sollen ihre Pässe abgeben. Doch die Delegierten besitzen keine Reisedokumente. Sie sind heimlich aufgebrochen. Jetzt verlangen sie einen kaiserlichen Passierschein, um zum Reichstag in Regensburg zu gehen. Dort wollen sie sich an den kaiserlichen Gesandten wenden. Sie erhalten schließlich die Papiere. Darin wird verfügt, dass die Salzburger von Konvois begleitet werden sollen, angeblich um ihre Sicherheit zu garantieren. Nach eineinhalb Tagen werden sie von einem Grafen aufgehalten und nach Linz zurückgeschickt. Die Passierscheine werden einbehalten. Dreiundzwanzig Tage sitzen sie fest, sie gelten als Aufrührer. Acht Soldaten bewachen die in einer Stube Internierten, aber sie werden immerhin gut behandelt. Wachtmeister und Feldwebel kümmern sich dreimal täglich um die Salzburger, versorgen sie mit Essen und Getränken. Bettzeug und Betten werden gestellt. Endlich der Aufbruch. Kaiserliche Soldaten begleiten sie nach Salzburg zurück.

Dort werden sie erneut verhaftet. Neun Klafter unter der Erde liegt das Verlies. Besuche sind verboten, das gilt auch für Familienangehörige. Wenn Geld für die Gefangenen abgegeben wird, damit sie Nahrungsmittel kaufen können, wird es abgenommen. Die Gefangenen sehen keine einzige Münze. Peter Reinbachers Frau bringt einundfünfzig Gulden vorbei, achtunddreißig davon wurden von Nachbarn gespendet. Als die inhaftierten Evangelischen das Verließ endlich verlassen dürfen, wird ihnen ein wesentlich geringerer Anteil des Geldes ausbezahlt.

Immer wieder erzählen sich die Leute die unglaubliche Geschichte von Peter Heldensteiner und Nicolas Forstreuter, die mit einem dritten Salzburger nach Berlin reisen sollen. Die Delegation, die sich an den Reichstag in Regensburg wenden will, hat die drei Männer wegen der großen Not der Evangelischen im Salzburger Land gebeten, sich für alle Fälle auch an den Preußischen König zu wenden. Täglich treffen in der Donaustadt Regensburg neue Klagen aus dem Fürsterzbistum Salzburg ein. Die Delegation geht davon aus, dass von den evangelischen Ständen des Reichstags nicht so schnell Hilfe geleistet werden kann. Deshalb brechen die drei Protestanten auf. Die größte Wegstrecke gehen sie zu Fuß, gelegentlich benützen sie einen Wagen. Der Weg nach Preußen ist weit. Unterwegs stürzt einer der Männer vom Wagen, seine beiden Beine werden überrollt. Er ist nicht mehr reisefähig: Seine Knochen sind gebrochen und zerquetscht. Er muss zurückbleiben. Als Heldensteiner und Forstreuter in Berlin ankommen, dürfen sie über die Zustände zu Hause berichten. Beide besitzen kein Geld mehr, der Reiseetat ist längst aufgebraucht und das nachgeschickte Geld aus Salzburg wurde abgefangen. Die wenigen Geldbeträge, die ihnen unterwegs gespendet wurden, lassen sie bei ihrem verunglückten Freund zurück. Er bedarf der Hilfe. Er braucht das Geld nötiger als sie. Sie können notfalls unterwegs arbeiten und Geld verdienen. Doch nun sind sie völlig mittellos in der Stadt Berlin. Dass sie erst einmal über ihre Glaubenskenntnisse ausgefragt werden, wissen sie. Solchen Prüfungen hält jeder Salzburger Evangelische stand. Dann erhalten sie eine gute Nachricht: Der Preußische König will einige Tausend Salzburger Protestanten aufnehmen, ihnen Haus und Hof, Äcker und Wiesen geben, Erbarmen zeigen und ihnen das volle Recht als preußische Staatsbürger verleihen. So könnte die Zukunft aller verfolgten Protestanten im Fürsterzbistum Salzburg also aussehen. Die beiden Männer können es kaum fassen, dass ihnen der König Geld aus der Hofkasse zukommen lässt, als er von ihrer Not erfährt. Er spendet ihnen eine stattliche Summe für die Rückreise. Das sind seit Langem die schönsten Nachrichten und Ereignisse. Heldensteiner und Forstreuter weinen vor Freude und Dankbarkeit. Bald reisen sie nach Regensburg zurück.

Einige Männer werden nach Wien geschickt, um dem Kaiser zu berichten. Sie werden unterwegs festgenommen und werden wieder zurückgeschickt. Die Salzburger Regierung wendet sich an den Kaiser in Wien. Sie habe es mit Rebellen zu tun. Ein Aufstand sei geplant. Überall im Land gäbe es Aufruhr der *Rebeller*. Der Kaiser erwähnt in einem Befehl den Inhalt des Schreibens, das er von der Salzburger Regierung erhalten hat. Der kaiserliche Befehl muss überall ausgehängt werden. Der Zimmergeselle Martin Millauer bietet sich an, unter Eid auszusagen, dass sich die Einwohner in Werfen, in Bischofshofen und an anderen Orten weigern, das kaiserliche Patent öffentlich auszuhängen. Stattdessen wird es überall öffentlich vorgelesen.

Der Ertz-Bischoff zu Saltzburg habe Sr. Kayserl. Majestät unterthänigst und schleunigst zu vernehmen gegeben, daß ein grosser Theil seiner Unterthanen, insonderheit von denen, die in den Gebürgen und Thälern ansässig und wohnhafft wären, sich gegen ihn empöreten. Es hätten dieselben unter dem Vorwand und Deckmantel einer ihnen zugefügten Religions-Bedrückung einen Aufstand erreget, sich hin und wieder im Lande zusammen rottiret, das Gewehr ergriffen, sich gegen Fürstliche Beamte gesetzt, mit Feuer, Raub und Mord gedrohet, und Schmäh- und Läster-Worte gegen ihren Landes-Fürsten, und den Christ-Catholischen Glauben ausgestossen. Seine unterthänigste Bitte wäre also diese gewesen: Se. Kayserl. Majestät möchten gnädigst geruhen, diesem Übel zu steuren und abzuhelffen. Daher ermahneten Se. Kayserl. Majestät solche Leute durch dieses Patent auf das ernstlichste: Sie solten sich zur Ruhe begeben. Solten sie aber gegen ihren Landes-Herren einige Religions- oder andere rechtmässige Beschwerden zu haben vermeynen, so solte ihnen erlaubet, ja geheissen seyn, selbige vor Dero allerhöchsten Person ungescheut, frey und ungehindert schriftlich alsobald anzubringen. Es solte sodann allen Beschwerden, ohne Ansehen der Person oder Religion, mit Recht und Billigkeit abgeholffen werden.

Gerüchte kommen auf. Sie werden bewusst gestreut. Aus allen Landesteilen treffen alarmierende Meldungen ein. 20 000 Bauern sollen sich in den Wäldern versteckt haben. Frauen und Kinder haben die *Rebeller* in die Berge gebracht. Mordkommandos ziehen umher. Kein Katholik kann seines Lebens sicher sein. Der Kaiser muss dringend Soldaten schicken, damit wieder Ruhe im Land ist! Überall sind Spione unterwegs. Sie schnappen Gerüchte auf, horchen die Evangelischen aus, beobachten sie, schreiben alle Aussagen gegen die Protestanten, auch wenn es sich erkennbar um Denunziationen handelt, in ihre Berichte hinein. Es dauert nicht mehr lange, bis die ersten beiden kaiserlichen Bataillone im Fürsterzbistum Salzburg einmarschieren. Sie gehören dem Regiment Wurmbrandt an. Ihnen folgen zwei Bataillone aus dem Starenbergischen Regiment, dann folgen die Elitetruppen des Prinzen Eugen, die aber bald von den *Tokkewitzischen Kurassieren* abgelöst werden. Ende September des Jahres 1731 rücken allein in Werfen 500 Soldaten ein. Für Unterkunft und Verpflegung werden nach dem bereits bewährten Modell des letzten Jahrhunderts ausgerechnet die Evangelischen herangezogen. Sollen sie doch jetzt richtig bluten. Die Lutherischen schütten die Lager auf. Hafer, Heu, Stroh, Holzbetten werden für die Besatzer herbeigebracht. Mindestens vier Monate soll das Militär bleiben. Die Katholiken müssen nichts bezahlen. Bei einem evangelischen Bauern sind über fünfzig Soldaten einquartiert. Der Beschluss, eine Sondersteuer einzurichten, kommt nicht zustande. Die Besatzung kostet täglich mehr als 8 000 Gulden.

Insgesamt müssen die Evangelischen ungeheure Summen aufbringen. Eine Katastrophe.

Als die ersten Informationen vom bevorstehenden Einmarsch der fremden Truppen eintreffen, bricht Gewalt aus. Mit aller Härte wird jetzt unbarmherzig gegen die Evangelischen vorgegangen, damit sie sich den Soldaten nicht widersetzen. Alle Pässe sind besetzt. Wer von einem Bezirk in einen anderen unterwegs ist, muss sich als Katholik ausweisen können. In den Nächten werden die Evangelischen aus den Betten geholt. Sie dürfen sich nicht anziehen. In Nachthemden stehen sie vor den Soldaten. Sie werden beschimpft und verspottet. Aus dem Schlaf gerissen sehen sie erbärmlich aus. Lächerlich. Sie dürfen keine Schuhe anziehen. Es ist sehr kalt in diesen Tagen.

Man riß die Männer von ihren Weibern und Kindern weg, und schleppte sie mit Gewalt fort: Man band ihnen die Hände auf den Rücken: Man zog ihnen über das Gesichte und den gantzen Kopff eine lederne, oder auch von dickem Tuch gemachte Kappe, theils zu ihrer Verspottung, theils aber auch, daß sie nichts sehen noch hören könnten: Man schnürte ihnen den Hals mit einem Strick zu, daß sie keine Lufft schöpffen konnten: Man schloß sie zum Theil auf Wagen, und fuhr sie so fort, ohne daß sie wussten, wo sie hinkamen: Andere aber hielt man mit Schlägen dazu an, daß sie mit solchen verbundenen Augen so schnelle, als die Pferde lauffen mußten. Wolten diejenigen, denen die Hände in Ermangelung der Stricke noch frey gelassen waren, sich etwas Lufft machen, und die Kappen in die Höhe ziehen, so schlug man ihnen mit Knütteln auf die Hände und Finger, daß sie die Kappen nicht einmal anrühren durfften, und in solchem jämmerlichen Zustande ohn Zweiffel hätten ersticken müssen, wenn sie die Güte des Höchsten nicht wunderbarlich erhalten hätte. Und so bald sie an den ersten Ort kamen, wo ein gefängniß war, stieß man sie in dasselbe hinein: Man prügelte sie in denselben auf das erbärmlichste, man schloß sie in Eisen und Banden, und man fragete sie spöttisch: Ob die ketzerischen Protestanten, der Brandenburger, der Schweitzer, der Schwede, der Engelländer, der Däne und Holländer ihnen nicht bald zu Hülffe kommen, und sie aus ihren Händen erretten würden?

Siebzig Menschen werden sofort in die Gefängnisse gebracht. Am 8. und am 10. Oktober werden die Gefangenen auf ihrem Marsch in die Residenzstadt Salzburg von Soldaten eskortiert. Die katholischen

Bürgerinnen und Bürger drohen den vorbeigetriebenen Protestanten schlimmste Bestrafungen an. Ihr behauptet, schreien sie, Christus sei am Kreuz verzweifelt. Pfui! Das ist eine Gotteslästerung! Die Bürger spucken auf die Gefangenen. Junge vornehme Leute laufen dem Gefangenentransport entgegen, sie sind besonders frech. An der Stadtgrenze von Salzburg wird das Gedränge immer größer. Die Salzburger steigen auf Dächer, Türme und Mauern. Die Bauern kommen, schreien sie. Die Gefangenen schweigen. Die Lutherischen wehren sich nicht. Sie gehen aufrecht den Weg weiter. Sie werden zum Rathaus gebracht. Einige wenige Zuschauer zeigen, dass sie Mitleid mit den Evangelischen empfinden. Das Schlimmste aber kommt im Gefängnis auf sie zu. Denn die in der Nacht aus ihren Betten gerissenen Evangelischen werden mit Scheinhinrichtungen konfrontiert.

Es wird ihnen Angst gemacht. Wenn sie genug Angst haben, werden sie aufgeben. Darauf kommt es an. Deshalb darf niemand zimperlich sein. Milde haben die Abtrünnigen nicht verdient.

Hier warff man nun diese unschuldigen Seelen in die tieffsten Löcher unter der Erden, darinn sie zwölff, funffzehen, bis zwey und dreyssig Wochen in Dampff und Stanck deß Gefängnisses bey der grössten Kälte liegen, und vor Hunger und Durst fast verschmachten mußten. So lange sie im Gefängniß lagen, höreten sie von nichts anders, als von den grössesten Grausamkeiten, die man ihnen anthun, und von den gewaltsamsten Todes-Arten, damit man sie belegen würde. Es hieß: Sie sollten geköpfft, gerädert, geviertheilet und ersäufft werden. Man machte ihnen allerley Blendwerck vor, daß sie glauben mußten, es sey würcklich an dem, daß man sie auf solche Art vom Leben zum Tode brächte. Unter andern ließ der dortige Commandant Machinen in Manns- und Weibes-Gestalt auskleiden. Er rief dem Scharff-Richter dabey mit vollem Halse, daß es die Gefangenen hören mußten, zu: Jetzt solte er einem von den ketzerischen Hunden den Kopff abhauen, ihn hernach viertheilen, und morgen und in den folgenden Tagen, solten noch mehr und noch schärffere Executiones verrichtet werden. Eine Weile darauf rief er dem Nachrichter abermal zu, und fragete: Wie es mit der Execution abgelauffen: Der Scharffrichter antwortete: Ihro Excellenze, alles sehr gut. Darauf ließ man die Machinen vor dem Loche des Gefängnisses, theils ohne Kopff, theils geviertheilet hinunter, daß die Gefangenen glauben solten, es wäre eine wahrhafftige Execution an ihren Glaubens-Genossen vollzogen worden. Der Kercker-Diener kam hernach zu den Gefangenen hinunter, erzehlete, was eben jetzt für eine scharffe Execution vorgegangen, und meldete ihnen dabey im Vertrauen, daß es ihnen nicht anders gehen würde, sondern man wäre fest entschlossen, sie alle miteinander auf gleiche Weise hinrichten zu lassen, wo sie von ihrem ketzerischen Glauben nicht abstehen würden. Dergleichen Dinge nahm man mehr mit ihnen vor, in Meynung, daß sich die guten Leute dadurch solten schrecken lassen, und die Evangelische Wahrheit verläugnen. Aber sie blieben aller Drohungen ohngeachtet bey der Lehre des Heil. Evangelii fest und beständig, liessen sich durch nichts schrecken, sondern sagten stets mit freudigem Muthe und großer Standhafftigkeit frey heraus: Man möchte ihnen diß zeitliche Leben in GOttes Namen nehmen; das ewige aber solte man ihnen wol lassen. Die Lehre, die Christus seinen Jüngern und Aposteln hinterlassen, könnten sie nicht verläugnen, und ehe sie davon abtreten wolten, wolten sie lieber um des willen alle Marter, Quaal und Todes-Pein gedultig ausstehen.

Joseph Pilzegger wohnt im Bezirk St. Johann. Er ist Bauer in Gerhabspach. Er trifft sich immer wieder mit anderen Evangelischen, sie beten und singen zusammen. Das kann den Nachbarn nicht gefallen. Sie zeigen Pilzegger an. Der Bauer ist loyal gegenüber der Regierung. Nur seinen Glauben will er frei ausüben. Am 22. September, eine Stunde vor Mitternacht, rücken zweihundert erzbischöfliche Soldaten an. Razzia. Hausdurchsuchung. Auch er darf sich nicht ankleiden. Pilzegger wird gefesselt. Die Soldaten schlagen ihm mit Fäusten ins Gesicht. Er wird von ihnen mitgerissen. Frau und Kinder schluchzen.

»Du hast zu Feuerbrand und Mord in den Dörfern und Städten aufgerufen!«, sagen die Beamten.

»Lüge!«, antwortet er.

»Du bist ein Mörder und ein Brandstifter«, sagen sie zu dem verschreckten Mann im Nachthemd.

Dreizehn Tage liegt er angekettet in einem Verließ. Dann Verhöre in Salzburg. Der Bauer bestreitet jeden Vorwurf. Nein, niemals hat er heimliche Nachrichten zu den evangelischen Gesandten des Reichstags in Regensburg geschickt. Nein, niemals hat er die Brandenburger, Engländer, Holländer, Dänen und Schweizer um Hilfe angerufen. Ich bin kein Rebell! Ich habe keine Gewalt angewendet! Pilzegger wehrt sich gegen jeden Versuch, ihn wieder zum Katholiken zu machen. Er lässt sich nicht einreden, dass er ein Aufständischer ist. Die Vernehmungsbeamten erkennen, dass sie nicht vorankommen. Sie haben nicht den geringsten Beweis für einen Tatverdacht. Joseph Pilzegger bleibt standhaft, auch als ihm erneut gedroht wird. Mit Drohgebärden sind sie wirklich erfahren. Doch der Mann bleibt unbeeindruckt.

Weg, weg, aus dem Lande, ihr ketzerischen Hunde, der Fürst ist ein Papist: Er will sein Land rein haben, und das Unkraut ausjäten: Er kann aus Tyrol und andern Orten Papisten genug in eure Stelle haben, welche eure Güter mit Freuden besitzen werden. Und damit jagte man ihn wieder ins Gefängniß. Als er nun in demselben zwey und dreyssig Wochen und drey Tage lang ausgehalten, ward er gleich den andern von seinen Ketten und Banden befreyet, und des Landes verwiesen. Man gab ihm, wie allen andern, die im Gefängnisse gelegen, statt eines Passes ein Schreiben mit, darinnen er als der ärgste Rebelle und boßhafftigste Mensch von der Welt beschrieben wird. Dieser Mann hatte zu Gerhabspach ein Gut von zehntausend Gulden, welhs er mit dem Rücken ansehen mußte, ohne einen eintzigen Kreutzer davon mit auf die Reyse bekommen zu haben.

Hans Hoyer und Bartholomäus Hoyer sind Brüder. Hans kann lesen und schreiben. Deshalb liest er bei den illegalen Hausversammlungen aus den verbotenen Büchern vor, auch aus der Heiligen Schrift. Am 25. September kurz vor Mitternacht umstellen Schützen mit geladenen Gewehren sein Haus. Hoyer schläft noch. Er wird aus dem Bett gerissen und sofort in Ketten gelegt. Seine Hände bluten, so fest werden die Ketten angezogen. Es geht schon auf den Winter zu, es ist eiskalt. Im Nachthemd wird Hoyer drei Stunden von den Schützen bis zum Schloss Lichtenberg gezerrt. Acht Tage Haft bei Wasser und Brot im Gefängniskeller. Dann geht der Trupp mit dem Gefangenen nach Lofer. Auf den Gipfeln liegt schon der erste Schnee. Sechsunddreißig Soldaten aus dem Regiment des Prinzen Eugen bringen ihn zum Schloss in Salzburg. Die Ketten werden abgenommen, Hoyer wird in ein fensterloses Verließ ganz unten in einem Turm geführt. Er ist am Verhungern. Ganz selten wird ihm ein kleines Stück Rindfleisch mit etwas Brühe gereicht, morgens gibt es ein paar Mal Branntwein mit Knoblauch. Das hilft für ein paar Augenblicke gegen den Gestank der Fäkalien in diesem Verlies. Nach drei Wochen ist Hoyer schwer krank. Der Feldarzt muss ihn behandeln. Danach wieder Haft im Turm.

Auch Bartholomäus Hoyer wird mitten in der Nacht aus dem Schlaf gerissen. In den Nächten gibt es keine Zeugen, kein Licht. Verhaftungen erfolgen, wenn es dunkel ist. Hinrichtungen werden stets vollzogen, bevor es hell wird am Horizont. Hoyer wird nicht wesentlich anders als sein Bruder behandelt. Acht Tage Haft im fensterlosen Verließ. Kaum Trinkwasser. Dann Verschub nach Lofer. Von Lofer geht es auf einem Wagen nach Salzburg. Dort gibt es keinen Prozess. Ohne Urteil werden ihm zweiunddreißig Wochen strenge Haftstrafe auferlegt. Seine Ehefrau Magdalena Riedelsperger hört danach, dass er entlassen wurde. Mit ihren sechs Kindern zieht sie ihrem Mann nach. Um ihre Emigration zu finanzieren, darf sie eine einzige Kuh verkaufen. Ein Notverkauf. Der Verkaufserlös ist viel zu niedrig. Wer des Landes verwiesen wird, hat nichts zu verhandeln, hat keine guten Geschäfte zu machen. Hoyers Mutter ist fünfundsiebzig Jahre alt. Ihr wird verboten, sich ihrem Sohn und seiner Familie als Emigrantin anzuschließen. Da schickt sie ihrer Familie einen ansehnlichen Geldbetrag nach. Die Kinder können das Geld gut brauchen. Der volle Betrag kommt nicht an. Die Behörden beschlagnahmen die Hälfte der Summe.

Der Schreiber Göcking wird ungeduldig. Er verknappt seinen Stil und setzt Tatbeschreibung neben Tatbeschreibung. Für ihn gibt es offensichtlich zu viele Berichte, die sich gleichen, zu viele Übergriffe, deren Muster sich voneinander kaum unterscheiden. Er addiert. Er listet auf. Er dokumentiert. Alles, was er aufschreibt, hat er selbst gehört. Alles ist furchtbar. Nichts darf vergessen werden. Nicht eine einzige Geschichte.

Die von Stefan Hauge zum Beispiel. Er ist siebzig Jahre alt, als er im Schlaf in seinem Haus von Soldaten überfallen wird. Wie ein Hund wird er am Strick um den Hals nach Werfen gezerrt. Hohn und Spott begleiten ihn, bis ein kaiserlicher Offizier einschreitet. Bei seiner Haftentlassung soll sich Hauge nach einunddreißig Wochen bei seinem Fürsten auch noch für die Großzügigkeit bedanken, ihn laufen zu lassen. Wie die anderen muss er sein Land verlassen. Er bittet darum, dass ihm seine Ehefrau Elisabeth Rachelin und seine sechs Kinder folgen dürfen. Sie sind hier gut versorgt, wird ihm geantwortet. Sie müssen bleiben. Du gehst allein!

Bei Matthias Käsewurm, einem ledigen Knecht, wird ein Buch gefunden, Erklärungen zu Davids Psalmen. Der Richter verfügt, das Buch und die Hände zusammenzubinden. So erkennt jeder auf Anhieb Täter und Tat. So kann er besser verspottet werden. Mit einem spanischen

Rohrstock schlägt der Richter den Knecht zusammen, er schlägt ihn in sein Gesicht und auf die Nase, er prügelt auf seine Schienbeine ein. Die Gewaltorgie steigert sich. Der Knecht kann nicht mehr auf den Beinen stehen. Schwer verletzt wird er in ein Verließ gebracht. Drei Tage später bereut der Richter seine brutale Aktion. Er bittet um Verzeihung. »Ich war betrunken. Das kommt ja wohl unter Männern öfters vor.« Er übernimmt die Kosten für eine vierzehntägige medizinische Behandlung durch einen Militärarzt mit niedrigem Rang. Als Käsewurm schließlich nach Salzburg gebracht wird, schenkt ihm der Stadtrichter eine Geldmünze. Der Knecht hat sie sein Leben lang aufbewahrt.

Matthias Bacher, Schmied in Goldegg. Zweiunddreißig Wochen Haft, bis Hände und Füße aufgeschwollen sind. Bacher setzen die Insekten zu. Die Verhöre dauern jeweils vier Stunden. Er muss immer stehen.

Der zweiundsiebzigjährige Vierleitner wird so eng gefesselt, dass eine Geschwulst entsteht. Man lässt ihn ohne Wundversorgung tief unter der Erde im Verließ liegen.

Der Kirchenstaat Salzburg greift hart durch. Das spüren nicht nur die evangelischen Ketzer und *Rebeller*. Der Hof des Fürsterzbischofs leitet auch gegen Verdächtige aus Nachbarländern Ermittlungen ein. Der preußische Stall-Commissario Johann Lanoi Carl Precemeter, der im bayerischen Reichenhall festgenommen wird, muss deshalb ähnliche Repressionen erleiden. Er verfügt über gültige Reisedokumente des Königs von Preußen und seiner Gesandtschaft in Regensburg. Sein Auftrag: Er soll in der Steiermark luttenbergische Weine einkaufen und im oberen Pinzgau bei Salzburg Pferde erwerben. Er wird verdächtigt, einem Boten in Saalfelden illegal Briefe zugestellt zu haben, der sie weiter in das Gasteiner Gebiet mitnehmen sollte. Im Gerichtshaus gibt es keinen Platz für die Vernehmung. Deshalb findet sie im Haus von Martin Auffschneider statt. Tag und Nacht wird der aufgegriffene preußische Einkäufer bewacht. Salzburg soll die Gültigkeit seiner Reisepapiere bestätigen. Als sie zurückkommen, ist das Siegel des preußischen Königs abgerissen. Das vorher versiegelte Reisegepäck ist geöffnet und durchsucht worden. Dabei wurden zwei Briefe entdeckt. Einer war ihm in Regensburg von einem Emigranten zugesteckt worden, er ist an Georg Schweiger in Gastein adressiert. Den anderen sollte Rosina Moser erhalten. Im Umschlag steckt ein Zettel mit der evangelischen Beichtordnung. Wer reist, der schmuggelt auch. Deshalb ist niemand von den Ermittlern überrascht, dass sich im Gepäck auch Bücher, ein königlich-preußisches Garantieversprechen für Emigranten, Reisekarten nach Preußen und Berichte von Emigranten befinden, die in Preußen bereits angekommen sind. Dies alles ist höchst verdächtig. Precemeter wird verhört. Der bayerische Anwalt Prockhammer, Pflegs-Commissarius und Saltz-Mayr-Amts-Castner in Reichenhall, ist misstrauisch. Doch der Salzburger Kirchenstaat empfiehlt die Freilassung des Einkäufers. Zudem darf er sich frei durch das Salzburger Land bewegen. Die Regierung scheut diplomatische Verwicklungen. Falls der Stall-Kommissar wieder mit illegalen Briefen oder Büchern erwischt wird, muss er aber mit einer strengen Strafe rechnen.

Die Erinnerungen an solche Ereignisse haben sich tief in das Gedächtnis der Emigranten eingegraben, die nach Amerika aufbrechen wollen. Auch wenn jeder Tag neue Herausforderungen mit sich bringt, neue Erfahrungen und Überraschungen, tragen sie diese Geschichten mit sich über das Meer.

Leise reden die Emigranten miteinander, wenn sie sich solche Geschichten erzählen. Jeder kennt eine andere. Aber jetzt sollen sie volle Bürgerrechte in Georgia erhalten, Arbeit und Besitz und die Möglichkeit, ihren Kindern Haus und Land zu vererben. Das können sie kaum fassen. Aber ihre leisen Hoffnungen werden zunehmend Gewissheit. Ihre Skepsis schlägt in Vertrauen um. Kaum einer von den Salzburgern weiß, weshalb sie, die aus dem Land vertriebenen *Rebeller*, von aller Welt so umworben werden. Aber wohin sonst sollten sie gehen?

Kaum haben sie ihrer Heimat den Rücken gekehrt, achten sie auf jedes Zeichen, jede Geste, jedes Wort, die über ihre Zukunft etwas verraten. Die im Druck veröffentlichten Berichte über die Willkür der Behörden, die rohe Gemeinheit der hohen und niedrigen Beamten, die Verfolgung und die Vertreibung der Salzburger Protestanten, die Ungeheuerlichkeiten und die staatliche Missachtung des Westfälischen Friedensschlusses mit seiner Bestandsgarantie für die evangelischen Bekenntnisreligionen – alle diese Berichte hatten bereits in den ersten Wochen des Jahres 1732 London erreicht. Die *Society for the Propagation of the Gospel Christi in the Foreign Parts*, diese *hochlöbliche Gesellschaft* beschließt umgehend einen großzügigen Finanzplan. Zunächst gehen erhebliche Mittel der

Missionsgesellschaft an den Senior des evangelischen Ministeriums zu Augsburg, Samuel Urlsperger, der aus seiner früheren Tätigkeit als Hofprediger in London vielen Mitgliedern der Gesellschaft persönlich bekannt ist. Er genießt höchstes Vertrauen. Zudem wird mit den *Trustees for Establishing the Colony of Georgia in America* darüber verhandelt, auf Kosten der Gesellschaft bis zu dreihundert evangelische Emigranten als Siedler in der 13. Kolonie der britischen Krone aufzunehmen. Urlsperger schreibt in dieser Zeit unentwegt Briefe, um den Salzburgern zu helfen. Er sammelt alle ihm zugänglichen Informationen, denn er will später eine periodisch erscheinende Zeitung herausgeben, damit das Schicksal der evangelischen Salzburger nicht aus dem öffentlichen Bewusstsein in Deutschland verschwindet. Heinrich Neumann, Sekretär der englischen Missionsgesellschaft, fragt offiziell in Augsburg an, ob sich nicht eine Gruppe der Salzburger entschließen könne, nach Georgia auszuwandern.

So wird Augsburg zur Schicksalsstadt. Jeder Einzelne, der hierherkommt, steht vor der Entscheidung, britischer oder preußischer Untertan zu werden. Nur ganz wenige Exulanten finden Arbeit bei ihren Gastgebern und bleiben.

VIII.
Georgia

Boltzius schreibt in seinem Tagebuch aus Eben-Ezer täglich die Wetterlage am Savannah-Fluss auf. Schon in den ersten Tagen seit der Abreise aus Halle hielt er seine Wetterbeobachtungen fest: Er beschreibt jede Veränderung. Schiffsreisen sind wetterabhängig. Boltzius beobachtet die Wolken und den Wind auf dem Atlantik sorgfältig. Im Wetter entsteht die Zukunft. Es bestimmt, ob sie früher oder später beginnt. In Georgia wechselt das lokale Klima schnell. Die Tage werden unterbrochen von Gewittern mit Blitzen und Donner, von unerwarteten Temperaturstürzen, von Wolkenbrüchen und stickigen Aufheiterungen. Dann steigt der unangenehme Dunst über den Wäldern, Mangroven und Sümpfen auf.

Der Spinat wächst gut. Weil in den Gärten zu wenige Kräuter angepflanzt sind, suchen die Salzburger in den Wäldern nach essbaren Pflanzen. Der Apotheker Zwifler ist ein guter Ratgeber. Die jungen Zwiebeln sind köstlich. Unter den Heilkräutern finden sie viel Ysop. Die schwarzen Sklaven führen die neuen Kolonisten zu den wilden Bienenstöcken im Wald, sie schenken ihnen eine große Portion Honig. Fische, Vögel und Wild gedeihen nur in jenen Regionen, in denen die Indianer nicht jagen. Zwölf Kühe sind als Geschenk reicher Leute aus Carolina eingetroffen, zwanzig Rinder sind insgesamt zugesagt. Der Weg ist verschlammt, Wagen kommen nicht durch, und die Salzburger verfügen ohnehin nicht über Fuhrwerke. Gepäck und Proviant werden auf schlittenähnlichen Brettern über die Wege und Pfade geschleift. Jetzt sind die Salzburger knapp vier Monate im Land.

Vier Männer und zwei Frauen sind inzwischen gestorben.

Ein Mann zeigt zwei Klapperschlangen herum, die er getötet hat. Gegen ihre Bisse sollen Wurzeln helfen, die wie Schwarzwurzeln aussehen. Am besten ist es, die Wurzeln auf die frische Bisswunde zu legen.

Auf einem kleinen Boot erreicht ein Indianer mit seiner Frau und zwei Kindern die Gegend von Haberkorn nahe Eben-Ezer. Er schenkt den Salzburgern einen ganzen Hirsch. Das Wildbret wird unter allen, die hier leben, in ganzen Stücken ausgeteilt. Als Dankesgabe überreichen ihm die Salzburger Reis, Brot, braunen Zucker und Sirup. Schon am Abend kommt der Indianer wieder und bringt noch einen halben Hirsch mit. Der Indianer soll deshalb mit einem Glas Branntwein bewirtet werden. Er findet das Getränk widerlich.

Ein junger Salzburger beginnt einen lautstarken Streit mit einem Zimmermann, der ihm sein Handwerkszeug beschädigt haben soll. Darüber wird beraten. Er muss sich entschuldigen. Streit gehört nicht hierher. Am 4. Mai sind endlich die neuen Kühe da. Gestern kam eine Schaluppe mit zehn großen Fässern, angefüllt mit verschiedenen Sorten von Samen für die Gärten und zugewiesenen Felder. Die Rinder laufen Tag und Nacht in den Wäldern herum. Manchmal entfernen sie sich so weit, dass die Kuhglocken nicht mehr zu hören sind. Sollen die Milchkühe gemolken werden, müssen sie von Hunden zusammengetrieben werden. Gouverneur Oglethorpe schreibt den Siedlern, dass er ihnen demnächst Schweine, Hühner und Enten schicken wolle.

Immer mehr Salzburger erkranken. Boltzius und Gronau teilen sich die Arbeit auf. Boltzius fährt zu Krankenbesuchen nach Haberkorn, Gronau bleibt in Eben-Ezer.

Die Salzburger sollen sich Grund für die Äcker und Gärten auszusuchen. In den dichter besiedelten Gegenden der Umgebung gibt es eine freie Auswahl von Grundstücken schon längst nicht mehr, hier aber kann das Land aufgeteilt werden. Die Gegend ist eigentlich schön, und sie liegt gerade richtig zwischen der Kolonie Georgia und der Kolonie Carolina im Grenzgebiet. Der Warenverkehr zu Lande kommt durch diese Region. Deshalb tauchen immer wieder Handlungsreisende in Eben-Ezer auf. Die Salzburger beginnen mit ersten Versuchen einer Landwirtschaft im neuen Land. Jeweils zwei Bauern tun sich zusammen, um sich gegenseitig zu helfen. Ein alter Mann singt der erkrankten Huberin Lieder vor, bis er nicht mehr singen und schnaufen kann. Hin und wieder wird er bewusstlos. Niemand ist so richtig gesund hier. Aus Brettern soll eine Kirche gezimmert werden, sie soll zugleich als provisorisches Wohnhaus für die beiden Geistlichen dienen, bis stabilere Holzhäuser stehen. Der Kirchenbau kommt nur langsam voran, es gibt bloß einen einzigen Zimmermann in Eben-Ezer. Eine kranke Frau klagt darüber, dass sie ihre Kinder in Salzburg zurücklassen musste. Wer kümmert sich jetzt um sie? Werden sie richtig erzogen? Ihre Sorge und ihr Kummer machen sie nicht gesünder.

Mitte Mai kommt es zu einem Zwischenfall. Gronau führt jetzt das Tagebuch, Boltzius ist noch unterwegs. Beiden wurde vom Gouverneur die weltliche Aufsicht über Eben-Ezer angetragen: Sie sind also auch Bürgermeister und Sheriff. Amtspersonen sind sie ohnehin. Beide tragen täglich ihre Amtskleidung als Pfarrer. Der Stoff wird immer dünner. Das schwarze Tuch glänzt. Es sieht schäbig aus. Beide wissen das längst, aber was sollen sie machen? Der Zimmermann beschimpft die schwarzen Sklaven, die heute kaum gearbeitet haben. Das sei ihnen so angeordnet worden, sagen sie. Offensichtlich gab es Streit unter ihnen. Gronau soll vermitteln. Ein Schwarzer hat den Zimmermann mit der Axt bedroht. Gronau ist der Konflikt unheimlich. Er bittet den Apotheker Zwifler, die Schwarzen herbeizuholen. Er soll sich aber bewaffnen. Die Arbeitsverweigerer werden zu Gronau gebracht. Lange wird über den Streit verhandelt. Gronau ist sich nicht sicher, was er in dieser Situation tun soll. Boltzius kann er nicht fragen. Da beendet der Zimmermann selbst den Streit. Alle sollen sofort wieder an ihren Arbeitsplatz zurückgehen. Der Schwarze aber, der ihn mit der Axt bedrohte, erhält einige Schläge zur Bestrafung.

Weil ich ietzo allein bin, so sehe viel mehr ein, was es zu bedeuten habe, andern vorzustehen, indem dis und jenes, darein mich nicht so gleich zu finden weiß, vorfället. Ist aber mein Collega da, so überlasse ich ihm das meiste, und bin damit zufrieden, wie ers macht.

Am Mittag wird eine Herde von Ochsen, Kühen und Kälbern heraufgetrieben. Auf den Gouverneur ist Verlass. Sechs Ochsen werden geschlachtet. Die Gemeinde hatte bisher zu wenig Nahrungsmittel, abgesehen von dem geschenkten Wildbret. Einen Bienenstock, den die Schwarzen gefunden haben, legen die Salzburger neben ihre Hütte. Vielleicht gelingt die Bienenzucht. Mit einem brennenden Holz aber räuchern die Schwarzen in der Nacht den Stock aus. Ein Salzburger erwacht und löscht den Brand. Die Glut hatte schon fast das Holzhaus erreicht.

Der Apotheker Zwifler will einen Ofen bauen, deshalb sucht er Materialien für den Kaminbau. Inzwischen arbeiten wieder drei Zimmerleute an den Häusern. Die Dächer sollen nicht mit Schindeln, sondern mit Brettern gedeckt werden. Das ist einfacher und man ist schneller fertig. Abends reitet Gronau nach Haberkorn zum Krankenbesuch. Er kann die Rückkehr von Boltzius kaum erwarten. Die Verantwortung belastet ihn. Boltzius ist mit Kommissar von Reck gut in Savannah angekommen. Alle sind erleichtert, denn auf dem Reiseweg lauern viele Gefahren.

Es regnet und regnet. Für die Pflanzen ist das sicher gut. Am Abend kommt ein Indianer. Er hat Hunger. Gronau bewirtet ihn. Unter einem Baum schläft sein Besucher auf einem Tuch. Er hat um sich herum sein Hausgerät, ein Fell, ein kleines Beil und einen Kessel verteilt und eine Flasche aufgestellt. Am frühen Morgen bricht er in den Wald auf. Am frühen Nachmittag bringt er ein erlegtes ganzes Reh auf seinem Rücken mit. Gronau freut sich, den Kranken endlich wieder eine kräftigende Nahrung bringen zu lassen.

Die vier tüchtigsten von den sechs schwarzen Sklaven, die den Salzburgern geliehen waren, werden abgeholt. Das war so nicht ausgemacht worden. Jetzt wollen die anderen mitgehen. Wie soll hier etwas vorankommen? Die Krankenbesuche, die Organisation und Verteilung der Lebensmittel, die vielen Gespräche mit den Salzburgern, deren Seele schwer belastet ist, der Unterricht für die Kinder, die Bauvorhaben und die öffentliche Ordnung, die Kontaktpflege mit den Indianern: Wie im Flug vergehen die Tage. Die Nächte brechen früher herein, als es allen lieb ist.

Heute empfingen wir die fröliche Nachricht, daß Herr Causton ein Boot nach Haberkorn mit einigen Leuten geschickt habe, welche einen Theil unserer da liegenden Provision zu Wasser näher nach unserm Orte bringen solten. Unsere lieben Zuhörer waren hierüber sehr erfreuet, und machten sich so gleich einige auf in die Gegend, wo die Sachen ausgeladen werden müssen, zu reisen, und dazu eine kleine Hütte aufzurichten. Ohngefähr 2 oder 3 Englische Meilen werden wir alles müssen zu Lande nach Eben-Ezer bringen, weil das viele Rohr und Buschwerck, wie auch die häufig in dem Flusse liegende Bäume hindern, daß ein Boot nicht gantz zu uns kommen kann. Inzwischen ist dieser Weg lange nicht so weit, und so böse, als der von Haberkorn hieher. Diesen Nachmittag kamen die beyden Leute, welche die Passage zu Wasser nach unserm Orte ausgefunden haben, selbst zu uns und verlangten einige

Saltzburger, die mit ihnen reisen, und sich den Weg bekannt machen möchten. Sie wolten bey Herrn Causton dafür sorgen, daß uns nächstens ein gut Boot geschicket würde, in welchem wir für alle unsere Leute auf einmal so viel Provision hinauf bringen könten, als sie auf ein gantz Vierthel Jahr nöthig hätten. Mit der Zeit, wenn unsere Anzahl grösser werden solte, würde der Fluß bis nach Eben-Ezer, wiewol mit vieler Mühe, können gereiniget und brauchbar gemacht werden. Jetzo müssen die Sachen eine starcke Stunde von hier ans Land gesetzt und mit Pferden herauf gebracht werden.

In der letzten Nacht gab es ein aufgeregtes Geschrei. Ein Sklave hat einen anderen mit dem Messer verletzt. Sieben Wunden werden am Bein gezählt. Am Morgen verteilt Boltzius etwas Wein unter den Kranken. Sonst gibt es kaum Medizin. Bürgermeister Causton hat Ingwer, Zucker und eine besondere Pfeffersorte geschickt, erst ein paar Tage später trifft ein neuer Lebensmitteltransport ein: eingesalzenes Fleisch, Heringe, Käse, Butter, Mehl, Reis und indianisches Korn. Dies alles wird eine Weile ausreichen. Der Gouverneur spendiert Boltzius ein junges Pferd. Jetzt wird das Reisen leichter. Eine Tonne Brot ist auch dabei. Es gibt ja noch keinen Backofen. Als kleine Entschädigung für den Verlust der in Charleston eingekauften Artikel, die auf dem Transport beschädigt worden sind, wird Wein mitgeliefert. Ein paar neue Siedler treffen ein, sie stammen nicht aus Salzburg, wollen aber hier in Eben-Ezer wohnen. London muss jeden Zuzug genehmigen, bis dahin gilt die Vereinbarung: Wer sich hier ansiedelt, muss mindestens ein Jahr bleiben. Huber ist gestorben. Seine Familie ist bei der Beerdigung sehr gefasst. Gott wird wissen, weshalb der Mann nicht mehr leben darf. Leid haben alle bisher genug erfahren. Da sind neue Siedler nicht unwillkommen. Boltzius treibt die Siedler jetzt an, per Boot endlich eine gute Passage auf dem Savannah-Fluss ausfindig zu machen.

Alle unsere Saltzburger, die sich nicht kranck befinden, sind an den Weg gegangen, ihn auszuhauen, und so zuzubereiten, daß auf Pferden und Schlitten unsere Provision nächstens heraufgebracht werden könne. Es verursachet ihnen zwar dieses Wegmachen abermal viel Mühe, indem sie auch über einige Sümpfe und den Fluß Brücken schlagen müsen, welches sie aber, wegen des davon zu hoffenden Nutzens, nicht achten. Die meisten haben ihre Strümpfe, Schuhe und Beinkleider völlig ruiniret; weswegen man an den Herrn Causton geschrieben, und ihn um gedachte nöthige Stücke gebeten hat.

Es gibt neue Sorgen. Die Sklaven, die die Bretter für die Holzhäuser zuschneiden sollen, werden endgültig abgezogen. Bürgermeister Causton will sich um Ersatz bemühen. Seit drei Monaten nehmen die Niederschläge zu. Die meisten vor Kurzem angelegten Wege sind unpassierbar, die neuen Holzbrücken werden durch die Fluten weggerissen. Es ist lebensgefährlich, nach Haberkorn, Charleston oder Savannah zu reisen.

In der Feuchtigkeit gedeihen die Blaubeeren gut. Sie sind zwei bis drei Mal größer als Blaubeeren in Deutschland und vor allem sehr schmackhaft. Die Salzburger kochen die Beeren ab.

Die Reisenden, die gelegentlich in Eben-Ezer vorbeikommen oder die von den Salzburgern in den Städten angetroffen werden, erzählen ganz andere Geschichten als sie. Einige von ihnen hatten sich deshalb zur Auswanderung nach Amerika entschlossen, weil sie sich dort eine Existenz als reiche Siedler versprachen. Auf einigen Schiffen aber stirbt die Hälfte der Passagiere. Viele verhungern, viele verdursten, viele erkranken. Es gibt für sie keine Verpflegung. Jeder ist für sich selbst verantwortlich. Wer die Kosten für die Überfahrt nach Ankunft nicht an den Kapitän auszahlen kann, wird als Arbeitskraft verkauft. Sie sollen dann so lange als Sklaven arbeiten, bis die Schiffspassage finanziert ist. Manche sind halb tot, als sie an Land kommen. Einige waren siebzehn, andere sogar vierundzwanzig Wochen an Bord. Nicht immer stehen die Winde günstig, und der Atlantik ist rau. Die Wirklichkeit stellt sich anders dar als in den Briefen, in denen das neue Leben in Amerika in den schönsten Farben beschrieben wurde. Wer kein oder nur wenig Geld hat, kann kein Haus erwerben, kein Vieh kaufen. Er kann in Freiheit nicht überleben, weil er keine Arbeiter anstellen kann. Schon die Rodung wilder Flächen ist keine Arbeit für einen einzelnen Siedler. Es dauert zudem lang, bis auf den neuen Flächen Früchte wachsen. Erst dann beginnt eine bescheidene Selbstversorgung. Boltzius und Gronau versuchen zu helfen. Als Siedler aber taugen diese Auswanderer nicht. Inzwischen treffen Schiffe ein, die Material mitbringen. In London wurde beschlossen, für die Salzburger Rinder und Schweine anzuschaffen, ihnen Reisvorräte zur Verfügung zu stellen und Boote zu schenken. Zudem wird der Sold für fünfundzwanzig bewaffnete Reiter in der Region garantiert. Sie sollen das Verhalten der Indianer beobachten, damit die Salzburger ungefährdet ihre neue Stadt aufbauen können.

Die Kolonie Georgia liegt auf dem 32. Breitengrad. Der Fluss Savannah ist die Grenze zwischen South-Carolina und Georgia, der Fluss

Altamaha ist zugleich die Trennungslinie zwischen Georgia und den spanischen Kolonien. In den Flüssen leben Austern, Störe und alle anderen Arten von Fischen, hinter beiden Flussufern stehen undurchdringliche Wälder mit uralten Bäumen. Der englische Kommissar von Reck, der mit dem ersten Transport der Salzburger hierhergekommen ist, reist öfters durch die Kolonien.

Die Luft ist gesund, und kann, wenn man die Moräste austrocknet, und den Wald mehr niederhauet, daß der Wind durchstreichen kann, noch verbessert werden. Das Clima ist warm, und in Monat Junio, Julio und Augusto heiß, dagegen die Nächte sehr kalt sind. Sonst ist daselbst gleichsam ein beständiger Frühling, und wenn gleich zu Winters-Zeit des Morgens ein Reif fället; so schmeltzet doch solchen die Sonne in etlichen Stunden wieder weg, so daß man Winter und Sommer in dem Acker arbeiten kann. Die Ufer am Meer und an den Flüssen sind sehr niedrig. Doch findet man auch hohes Land und Hügel, wenn man weiter ins Land gehet. Das Erdreich ist hin und wieder ziemlich fruchtbar; doch ist der Boden sehr unterschieden. Man findet einen sandichten Boden, einen leimichten Boden, einen schwartzen schweren und fettigen Boden, und Moräste, wo es sehr wässericht ist. Jeder ist zu seinem Zweck nützlich. der sandichte Boden ist zu Winters-Zeit, da es am nässesten, am fruchtbarsten, und zu allerhand Wurtzeln und Garten-Gewächsen, auch zu Tobac sehr brauchbar. Der leimichte dienet zum Ackerbau, und Ziegel daraus zu brennen. der schwere Boden ist gut zu Indianischem Korn und allerhand Getreide, auch Hanf und Flachs zu bauen. Die Moräste und wässerichten Oerter sind die besten zum Reißbau; welcher hier die einträglichste und nützlichste Frucht ist.

In denen Flüssen, die eine Communication mit der See haben, findet man See-Krebse, Krabben und Humber, Austers, die süsser denn die See-Austers sind, auch Delphins, so die Engländer Porpus nennen. Weiter hinauf ins Land fänget man in den Flüssen Störe, Aale, Catt-Fisch, so ein treflich wohlschmeckender Fisch ohne Schuppen ist und einen grossen breiten Kopf hat; Baarse etc. Schildkröten, Crocodille, die einige von den Indianern auch essen.

Eine Art sehr kleiner Fliegen incommodiren die Fremden gar sehr, indem sie so empfindlich beissen, daß die Leute im Anfange gantz schwellen. Mit der Zeit aber wird man es gewohnt, und thun sie einem nichts mehr, wenigstens empfindet man nichts mehr davon.

Georgia gleicht an heiteren Tagen einem Paradies. Hier wachsen Früchte, die aus Westindien, Jamaica und Barbados bekannt sind, es gibt Zuckerrohr, Zitronen, Limonen, Pfeffer, Baumwolle, Tee, Kaffee, Ananas, Oliven, Wein. Aus den Austernschalen wird weißer Kalk für die Bauarbeiten hergestellt, auch wenn die Häuser selbst aus Holz errichtet werden. Sie sind wegen der starken Stürme niedrig, meist einstöckig. Darüber der Dachboden und das Dach. Die Stadt Savannah, achtzehn englische Meilen entfernt von Eben-Ezer, umfasst nicht ganz siebzig Häuser. Die Stadt ist in Planquadrate eingeteilt; im Zentrum jedes Quadrats ist ein großer Platz für Versammlungen und Märkte angelegt. Die Bevölkerung besteht aus Weißen, es gibt hier nicht so viele Schwarze wie in Charleston. Außerhalb der Ortschaft hat Gouverneur Oglethorpe einen Stadtgarten anlegen lassen, eine Allee führt dorthin. Dieser botanische Garten soll Versuchszwecken dienen. Auf zehn Feldern sammeln die Siedler von Savannah Erfahrungen mit Probepflanzungen von Olivenbäumen, Maulbeer- und Feigenbäumen, europäischen Früchten, Pfirsichbäumen und Gemüse. Kohl und Erbsen gedeihen prächtig. In der Mitte des Stadtparks erhebt sich ein künstlich angelegter Hügel. Die Indianer erzählen, er sei über dem Leichnam eines ihrer ältesten Kaiser aufgeschüttet worden.

Selbst größere Schiffe erreichen Savannah auf dem Fluss. Tagsüber und in den Nächten ist eine Stadtwache im Dienst. An dieser bewaffneten Bürgerwehr beteiligen sich auch die jüdischen Siedler, sie nehmen wie die anderen Bürger an militärischen Übungen teil. Die Juden besitzen in Savannah ein uneingeschränktes Bürgerrecht. Vierzehn Meilen landeinwärts vom Fluss Savannah liegt Josephs-Town. Dort leben vor allem Schotten. Und wieder sieben Meilen hinter Josephs-Town liegt das Dorf Haberkorn mit seinen englischen Kolonisten. In dieser Gegend sind Boltzius und Gronau immer wieder unterwegs. Selten reisen sie bis Charlestown. Denn diese Marktstadt ist über einhundertzwanzig englische Meilen von Eben-Ezer entfernt. Es ist anstrengend, mühsam und nicht ungefährlich, auf dem Fluss und über die große Meeresbucht dorthin zu fahren.

Die neue Kolonie Georgia liegt in Carolina. Dort erforscht Freiherr von Reck die Pflanzen- und Tierwelt. Er staunt über die Wälder mit Eichen, Föhren, Zypressen, Buchen, Pappeln, Zedern, Kastanienbäumen, Walnuss- und Lorbeer-Bäumen, über die Weinstöcke, über Rehe, Hasen und viele Arten von Federvieh. Er berichtet über die Siedlungspolitik in

Georgia. Die Häuser sollen nicht zu einsam liegen, damit sich die Siedler als Nachbarn gegenseitig beistehen können. Das zugewiesene Land wird für jeden Siedler in drei Areale aufgeteilt: ein Grundstück für Haus und Hof in der Stadt, ein Acker für die Landwirtschaft und etwas weiter entfernt davon Felder für die Viehzucht. Die Städte haben eine Kapazität für einhundert Familien. Eigentlich sind es Dörfer, aber sie haben eine urbane Struktur. In einem Umkreis von vierhundert Meilen wohnen nur wenige indianische Familien, die im Frieden mit ihren englischen Nachbarn leben wollen. Die englischen Kriegsschiffe liegen in Port Royal vor Anker. Im Ernstfall könnte also Verstärkung von den Bahamas angefordert werden. Dort ist eine Garnison einquartiert. Zu Lande können Milizen aus Süd-Carolina herbeigeholt werden. Eben-Ezer ist eine sichere Stadt. Die Salzburger sind meist unter sich, sie freunden sich aber zusehends mit ihren Nachbarn an. Jeder ist auf den anderen angewiesen in dieser Welt. Auch in der kleinen Welt von Eben-Ezer.

Der Saltzburger Stadt ist an dem breitesten Fluß angeleget, welcher, wie die Stadt, Eben-Ezer genannt worden, zu einer ewigen Erinnerung, daß uns GOtt bis hieher geholfen! Er ist schiffbar, und zwölf Fuß tief. Ein kleiner Bach, dessen Wasser so klar ist als ein Crystall, fliesset mit einem sanften Geräusche auf der einen Seite der Stadt; ein anderer mit einem stärckeren durch dieselbe, beyde in den Fluß Eben-Ezer. Der Wald ist hier nicht so dick, als an andern Orten. Die angenehmen West-Winde erhalten eine kühle Erfrischung, ohnerachtet der grossen Sonnen-Hitze. Man findet daselbst schon schöne Wiesen, auf welcher man eine grosse Quantität Heu mit weniger Mühe machen könnte; Hügel, so gut zu Weinbergen. Die Myrten-Stauden, so man sehr häufig antrifft, tragen grüne Beeren, aus welchen man, wie vorgedacht, durchs Kochen ein grünes Wachs nimmt, so zum Lichter-Ziehen sehr dienlich. Sasafras, die Wurtzel China und Kräuter, wovon man den Indigo macht, siehet man hier in grosser Menge. Es ist daselbst auch viel wilder Wein, und die gantze Gegend so bequem und gut, daß man in vollem Galopp, ohne Aufenthalt, viele Meilen reiten mag. Die Jagd anlangend, so giebt es hier Adler, wilde Indianische Hahnen, Rehböcke, Hirsche, Schmahl-Thier, Gemsen, wilde Ziegen, wilde Kühe, Pferde, Hasen, Rebhühner, Büffel-Ochsen etc. Die nächsten Nachbaren von Eben-Ezer sind die Spanier und Frantzosen. Es liegen aber grosse Wildnisse, Moräste und Flüsse dazwischen, so daß man keine Communication mit ihnen hat. Jetzo sind die Indianer derer

Engländer ihre Alliirte und Freunde, deren 100 ein feindliches Corps von 2 bis 3000 Mann in kurtzem aufreiben können, eines theils, indem sie ihnen, weil sie des Landes kundig, den Proviant abschneiden, so daß sie Hungers sterben müssen; andern theils, indem sie hinter den Bäumen ihre Kriege führen, da sie sich in das Rohr, welches wie Bäume groß ist, und in die Moräste verstecken, und den Feind mit List überfallen.

Auch wenn den Salzburgern in den ersten Wochen Sklaven zur Verfügung gestellt worden waren, um die Bretter für den Hausbau zu sägen, so wollen sie doch die Sklaverei nicht hinnehmen und schon gar nicht Sklaven in ihre Dienste nehmen. In Georgia ist der Sklavenhandel verboten. Deshalb gibt es für arme, aber tüchtige Neusiedler genug Arbeit. Jeder weiß, dass sich die Lage in Carolina anders darstellt. Die Hauptstadt Charleston ist ein einziger Sklavenmarkt. Dort verschulden sich die Siedler sogar, um Sklaven zu kaufen. Wer über viele Schwarze verfügt, lässt sie ein Handwerk lernen. Wenn Sklaven dafür nicht geeignet sind, müssen sie Landarbeit leisten. Die Straßen in Charleston sind voller Menschen, die Tag und Nacht und sogar an Sonntagen arbeiten müssen. Dieser Ausbeutung entspricht die unmenschliche Verknappung an Lebensmitteln für sie. Da wächst der Zorn der Schwarzen auf die Weißen. Immer wieder flackern örtliche Unruhen auf. Bei den Weißen steigert das ihr grundsätzliches Misstrauen gegenüber den Afrikanern. Tückisch sollen sie sein. Untreu und gefährlich. Faul. Versoffen.

Wenn schwarze Sklaven ihren Dienstherrn unerlaubt verlassen, dann wird sofort eine Suchaktion gestartet. Werden sie erwischt, ist die Strafe hart. Halbnackt werden sie an einen Baumstamm gebunden und mit langen Ruten bis zur Bewusstlosigkeit geschlagen. Essen und Trinken gibt es nicht. Die Neuankömmlinge sind bestürzt. Solche Unmenschlichkeit kann Gott nicht wollen. Die Salzburger ertragen sie nicht.

Darüber reden sie miteinander, denn niemand will das Unrecht in sich hineinfressen. Wie einst in Salzburg trennen sie scharf das Böse vom Guten. Da soll nichts verändert werden: nichts in ihrer Sichtweise und nichts in ihrer Sprache. Sie merken kaum, dass sie sich langsam verändert. Wenn sie Boltzius oder Gronau bitten, für sie Briefe an die zurückgebliebenen Familien, an ihre Wohltäter und Freunde zu schreiben, weil die meisten das Schreiben und Lesen nicht gelernt haben, dann diktieren sie ihre Zeilen in ihrer vertrauten Umgangssprache. Dann klingt die Sprache des

Salzburger Lands in ihren Schriftsätzen an. Aber allmählich schleichen sich englische Begriffe in ihre Sätze ein. Irgendwann bricht Boltzius nicht mehr mit dem Boot, sondern mit dem *boat* auf. Für manche Pflanzen und Tiere fehlen ihnen noch die Bezeichnungen. Aber sie lernen schnell, hören aufmerksam zu, vor allem, wenn die Indianer sprechen. Von ihnen lernen sie einige indianische Wörter.

Die Salzburger staunen über die schwarzgelbe Hautfarbe der Indianer, ihre streifenförmig mit roter und schwarzer Farbe bemalten Gesichtern. Brechen Indianer zu einer Auseinandersetzung mit anderen Stammesbrüdern auf, so schminken sie mit Naturfarben ihr Gesicht als böse Fratze. Normalerweise tragen sie keine Kopfbedeckung. Ihre Frisur ist kurzgeschnitten, auf dem Wirbel sogar kräftig gestutzt. Kleiden sie sich festlich, dann stecken sie sich weiße Federn auf den Kopf und an die Ohren, ein unübersehbares Zeichen ihrer Tapferkeit. Um die Frisur knoten sie rote Bänder.

Ihre Schuhe schneiden sie aus einer Hirschhaut, und schnüren sie an die Füsse. Die Weiber sind gantz bekleidet, fast wie in Teutschland die Bauer-Weiber. Welche aber keine Kleider haben, bedecken sich gantz mit einer wollenen Decke, und bezeigen darin mehr Schamhaftigkeit als die Englischen Dames. Sie gehen auch mit entblösstem Haupte, und flechten ihre Haare ein, welche aber die Witwen um und in das Gesichte fliegen lassen.

Die Kinder und Jugendlichen werden bei den Indianern zur Tapferkeit, zum Fleiß und zur Treue erzogen. Ehrbezeugungen zu genießen und andere zu ehren: Darauf kommt es an. Wer sie in ihrer Ehre beleidigt, erntet unversöhnlichen Hass. Wenn sie Waren tauschen, dann bieten sie Felle und Pelze an. Dafür bekommen sie von den Kaufleuten Reis und Rum. Auch Wollsachen brauchen sie. Geld und Gold nehmen sie nicht an, Geschenke teilen sie untereinander auf. Ein Zehntel erhält der König.

Der König lebt wie sie, genießt keine Privilegien. Er teilt die Zeit ein. Er bestimmt den Zeitpunkt für den Aufbruch zur Jagd, er entscheidet, wann sie ihre Nahrungsmittel einsammeln. Er allein verfügt, welche Kranken mit Medikamenten versorgt werden. Die Indianer bauen keine Häuser. Baumrinde und Felle bedecken ihr Lager rund um eine Feuerstelle. Freiheit heißt für sie, eine Gegend zu verlassen, die keine Nahrung mehr bringt. Von Reck schreibt voller Bewunderung, dass sie Laster kaum kennen. Raub, Diebstahl und Lügen sind ihnen unbekannt. Gelegentliche Ausnahmen werden hart bestraft. Wer als Ehebrecher erwischt wird, dem werden Nase und Ohren abgeschnitten. Wer herumhurt, verliert auch seine Kopfhaare. So werden Unordnung und unordentliche Täter für jedermann sichtbar ausgestellt. Wer Not leidet, dem wird geholfen.

König Tomo Chachi erfährt, dass einige englische Siedler erkrankt sind. Ihre Lebensmittelvorräte gehen zur Neige. Er bricht deshalb mit zehn Indianern zur Jagd auf und versorgt die Siedler mit reichlich Wild. In ihrer Sprache entdeckt Kommissar von Reck keine Begriffe für Obszönitäten. Ungern versprechen sie den Siedlern etwas, wenn sie nicht sicher sind, das Versprechen einlösen zu können. Privatbesitz gibt es kaum, allenfalls eine Decke, eine dürftige Hütte, einen Topf und eine Flinte.

Die Indianer beobachten die Salzburger genau. Sie sind von ihnen tief beeindruckt. (Das berichtet von Reck.) In den ersten Jahren kann Gouverneur Oglethorpe an die Indianer keine Viktualien abgeben. Die Bestände an Lebensmitteln sind zu knapp. Er erklärt der Frau des Dolmetschers, der den indianischen König nach London begleitet hatte, ein Vater müsse sich zuerst um seine eigenen Kinder kümmern. Die Indianer widersprechen. Für sie stehen die Fremden an erster Stelle jeder Zuwendung, dann erst kommen die Kinder. Frau Musgrove spricht Indianisch. Ihr Vater ist Engländer, ihre Mutter Indianerin. So klärt sie die Salzburger darüber auf, dass die indianische Sprache im Stamm des Königs Tomo Chachi etwa eintausend Worte umfasst, die sich am besten in der griechischen Schrift abbilden lassen. Immer wieder wünschen sich die Indianer, dass ihre Kinder in den Schulunterricht der Salzburger gehen dürfen. Sie träumen davon, mehr zu wissen. Sie verlangen nach Bildung. Sie wollen die Sprache der Salzburger lernen. Das hatten die Salzburger schon kurz nach ihrer Ankunft in Savannah gehört. Ein alter Mann hat den Indianern einst erzählt, dass ihr höchstes Wesen jemanden schicken werde, der ihnen den Weg zur Weisheit zeigen wird. Das können nur diese Salzburger Siedler sein. Die Einwohner von Eben-Ezer denken deshalb darüber nach, den indianischen Kindern das Lesen und Schreiben beizubringen. Sie legen Buchstaben auf dem Boden aus, die sie mit Silber- und Goldfarbe bemalt haben. Sie wollen unbedingt die Sprache der Indianer lernen. Ein erfahrener Mann aus Carolina, der die Sprache beherrscht, rät ihnen dringend ab. Ihr müsst ständig unter ihnen leben, sagt er. Es gibt keine Lehrer. Es gibt keine Bücher. Jedes indianische Wort hat verschiedene Bedeutungen. Die Salzburger lassen sich ihren Wunsch nicht ausreden. Schließlich gibt er ihnen manchen guten Rat.

Es gibt immer wieder gute Nachrichten. Haberkorn ist jetzt mit dem Boot erreichbar. Die Bootsstrecke muss noch markiert werden, denn die Creeks sind unübersichtlich. Es ist ganz leicht, sich zu verfahren. Wenn vier Salzburger die Ruder des Bootes bedienen, dauert die Reise dorthin einen ganzen Tag, manchmal auch länger. Immer wieder liegen Baumstämme über dem Wasser.

Es gibt auch schlechte Nachrichten. Skorbut breitet sich aus und Arzneien fehlen. Zwifler hat keine leichte Zeit. Einige Salzburger haben starke Schmerzen. Sie werden wohl an der Ruhr leiden, der roten Ruhr, einer bakteriellen Darmentzündung. Ein Mann aus Eben-Ezer wird nach Savannah geschickt, um Medikamente zu besorgen. Andere fahren inzwischen nach Haberkorn, um ein paar Schweine und technische Geräte abzuholen. Dort erfahren sie, dass kein Boot für den Transport zur Verfügung steht. Bürgermeister Causton und der Landvermesser schauen in Eben-Ezer vorbei. Sie sind mit den Fortschritten beim Häuserbau sehr zufrieden. Sie geben gute Ratschläge für die Landwirtschaft und nehmen die weiteren Wünsche der Salzburger auf. Ein Glasermeister namens Rheinländer will sich mit seiner Frau und seinen Kindern in Eben-Ezer ansiedeln. Jetzt ist er noch in Haberkorn. Bald wird er eintreffen. Gute Handwerker sind willkommen und alle zuständigen Behörden haben seinen Zuzug genehmigt. Zudem versteht er viel von Ackerbau und Viehzucht. Er hat einen guten Leumund.

Kurz vor der Abreise sterben vier seiner sechs Kinder.

Zwei Salzburger fahren ihm entgegen, um ihm beim Transport seines Gepäcks zu helfen. Boltzius bietet ihm ein Häuschen an, das provisorisch bewohnbar ist. Später einmal soll er sich ein eigenes Haus bauen.

In der Gemeinde Purrysburg sind fast alle Einwohner erkrankt. Zudem haben sie kaum Nahrungsmittel. Boltzius ist ständig unterwegs, um nach den Kranken zu sehen. Rheinländer erkrankt ebenfalls an der Ruhr. Seine Arme und Beine sind hässlich aufgeschwollen. Er hat Schmerzen. Aber er beklagt sich nicht. Der Hausbau stockt. Die Salzburger wollen auch ohne Zimmerleute für Boltzius ein kleines Haus bauen. Es kommt vor allem darauf an, dass das Haus gut abgedichtet ist. Denn nach Wolkenbrüchen dringt die Feuchtigkeit in die Holzhütten ein. Der Pfarrer fährt nach Savannah, um mit Bürgermeister Causton zu verhandeln. Es kann doch nicht sein, dass entgegen der bisherigen Planung den Salzburgern plötzlich neue Grundstücke zugewiesen werden sollen, obwohl die meisten Häuser zumindest im Rohbau stehen. Solche Entscheidungen müssen doch jeden in Eben-Ezer verwirren und ängstigen. Er bringt aus Savannah die dringend benötigten Schuhe für die Siedler mit, dazu einen Ballen Leinwand. Stoffe sind rar. Die Salzburger besitzen keine wetterfeste Kleidung, gute Schuhe haben sie längst nicht mehr. Die meisten gehen barfuß auf die Felder. Die Zimmerleute haben vier Häuser nicht fertiggestellt. Das zugesagte Vieh wird nicht geschickt. Als Trost gibt es drei Ochsen. Wieder schreibt Boltzius an den Bürgermeister. So kann es nicht weitergehen in Eben-Ezer. Hier wächst die Angst vor den Stürmen. Auch Boltzius hat Angst, dass der nächste Hurrikan seine Hütte umweht. Um sie herum stehen nur grüne dürre Bäume, die keinen Windstoß abhalten können. Seit Neumond regnet es stark. Der Sturm gewinnt an Kraft.

Gestern Abend hatten wir wider Vermuthen ein starck Donnerwetter mit starcken Blitzen und Regen, welches auch fast die gantze Nacht angehalten hat.

Hinter beiden Uferböschungen des Flusses liegt wunderbares und fruchtbares Land, aber die Häuser müssen auf sumpfigen Grundstücken gebaut werden. Die Fläche für die Gärten ist viel zu klein, um einen Ertrag zu erwirtschaften. Es ist Zeit, Rüben, Kohl und Petersilie anzubauen. Im nächsten Monat muss ausgesät werden. Die vier Häuser im Rohbau sind noch nicht beziehbar. Die Zimmerleute sagen, sie hätten anderswo einen wichtigen Auftrag. Die Pferdepost, alle vierzehn Tage zwischen Charleston und Savannah unterwegs, kommt nicht mehr durch Eben-Ezer. Es heißt, der Postweg solle eingestellt werden. Rheinländer wird gesund, jetzt erkrankt seine Frau. Der erfahrene Landwirt und Glasermeister zeigt den Salzburgern, wo sie weiße und gelbe Rüben anpflanzen können, Kraut, Kresse, Salat, Spinat, Rettich. Vielleicht auch Weizen. Dieses Land haben die Salzburger bisher als unfruchtbar angesehen. Boltzius und Rheinländer beschließen, wieder einmal nach Savannah zu reisen, um dort über eine Lösung für die Probleme zu verhandeln.

Bis Eben-Ezer sind mehrere Kanonenschüsse aus Savannah zu hören. Diese Signale bedeuten etwas. Aber niemand weiß, worum es geht. Wahrscheinlich ist ein Schiff mit neuen Siedlern angekommen. Als den Salzburgern Grundstücke und Felder angewiesen wurden, haben sie den Zuzug weiterer Siedler eingeplant. Wer neu kommt, soll nicht das schlechteste Land erhalten. Deshalb werden große Areale fruchtbaren Landes freigehalten. Zwei Zimmerleute sind wieder da. Sie wollen die Häuser fertig bauen. Sie berichten, dass in Savannah keineswegs ein neues Schiff eingetroffen ist. Die Kanonenschüsse waren ein Freudenzeichen, weil in der Stadt bekannt wurde, dass Gouverneur Oglethorpe nach vierwöchiger Reise wohlbehalten in London angekommen war.

Zwölf Kühe und vier Ochsen sind dem Hirten entkommen. Er hat nicht aufgepasst. Der Verlust der Ochsen gefährdet die Versorgung mit Fleisch. Die Tiere werden in die Wälder gelaufen sein. Erst nach dem Ende des Winters sollen sie aufgespürt werden. Die Salzburger nehmen sich vor, den Flussweg erneut frei zu machen, Büsche und Bäume müssen aus der Fahrrinne entfernt werden. Der Wasserstand des Savannah-Flusses ist jetzt kurz vor dem Winter niedrig. Gemeinsam muss die Arbeit gelingen. Die Zimmerleute haben ihren Arbeitsplatz wieder einmal verlassen und sich auf den Heimweg gemacht. Uns fehlen die notwendigen Essensrationen, sagen sie zu Boltzius.

Er verliest bei der regelmäßigen Versammlung öffentlich einen Brief des Kommissars von Reck. Der Brief stammt aus Boston in Neu-England.

In Boston hatten einige Kaufleute von Reck den Vorschlag gemacht, sich zu Hause um die Ausreise weiterer Salzburger zu bemühen.

Sie wollen die Kosten für die Überfahrt übernehmen, dazu den Unterhalt auf zwei bis drei Jahre. Sie bezahlen eine Grundausstattung mit Werkzeug und Geräten für die Landwirtschaft. Erst wenn es den Kolonisten gut geht, sollen sie mit der Rückzahlung in Raten beginnen. Das ihnen zugewiesene Land soll ihnen nach der Tilgung der Schulden als Privatbesitz gehören, sie können es ihren Kindern vererben, ohne eine Steuer dafür zu bezahlen. Außerdem wird ihnen garantiert, dass sie eine vollkommene Glaubens- und Gewissensfreiheit genießen werden und dass sie ihre Regierung aus ihrer eigenen Nation ernennen dürfen.

Solche Nachrichten tun den Salzburgern gut. Denn es fehlt nicht an Ängsten, Sorgen und täglichen Enttäuschungen. Das Leben ist hart, aber immerhin sind sie freie Menschen. Wenn sie einmal den Mut verlieren, erinnern sie sich an die Salzburger Zeiten. Es waren schreckliche Zeiten. Der Atlantik trennt ihr Heute vom Gestern. Aber sie bleiben gierig darauf, Neues aus ihrer alten Heimat zu erfahren. Der treueste Briefschreiber ist Samuel Urlsperger aus Augsburg. Viele Briefe kommen auch aus Halle.

Von Bürgermeister Causton trifft die schriftliche Mitteilung ein, er habe den Transport eines Fasses Reis und eines großen Postens Rindfleisch veranlasst. Alles kann in Haberkorn abgeholt werden. Da der Flussweg noch immer nicht geräumt ist, werden die Salzburger zu Fuß die Lebensmittel auf dem Rücken nach Eben-Ezer tragen müssen. Sie fürchten, dass das Fleisch bei ihrer Ankunft verdorben ist.

Inzwischen herrscht Frost. Die Holzhäuser sind zugig, Glasfenster gibt es noch immer nicht, und die Ritzen zwischen den Brettern lassen den kalten Nord- und Nordwestwind fast ungehindert in die Häuser eindringen. Nachts brennen offene Feuer in den Zimmern. Es gibt keine Öfen. Aber wenn die Sonne aufgeht, wird es schnell warm. Doch mit jedem neuen Tag nimmt die Wärme ab. Einige Salzburger arbeiten daran, den Fluss für die Boote weiter zu räumen. Vier Männer, die nach Savannah geschickt worden waren, kommen mit einem neuen Boot zurück. Der Bürgermeister will es unter der Bedingung bezahlen, dass die Salzburger künftig ihre Lebensmittelrationen selbst in Savannah abholen. Dort stehen zu wenig Transportmittel zur Verfügung.

Aus Savannah ist zu hören, dass angeblich bald weitere 200 Salzburger eintreffen sollen. Sie sollen sich aber nicht in Eben-Ezer, sondern in Purrysburg ansiedeln.

Braumberger, der seit Langem an den Folgen des Skorbuts leidet, stirbt.

Vor zwei Jahren, auf den Tag, sind die Salzburger in Augsburg aufgebrochen, um sich in Amerika eine neue Existenz aufzubauen. Jeder erinnert sich daran, was alles geschehen ist. Boltzius spricht darüber. Jetzt schweigen die Leute, sie sind tief bedrückt. Hans Gruber liegt im Sterben. Er kann sich aus eigener Kraft im Bett nicht mehr bewegen. Ein Salzburger Ehepaar übernimmt die Pflege.

Bürgermeister Causton hat ein Fass Potates zum Pflanzen geschickt. Sie schmecken süß, sättigen und sehen ähnlich wie die Kartoffeln in Deutschland aus. Über die Hälfte ist wegen des langen Transports von Haberkorn verschimmelt. Die restlichen guten Erdäpfel werden in die Erde gelegt. Irgendwann wird doch endlich etwas wachsen in Eben-Ezer. Boltzius trägt in seinem Tagebuch das Jahr 1733 ein. Bald ist Jahreswechsel.

IX.
Salzburg

Als Erzketzer gilt für den Salzburger Kirchenstaat der Hittauer Schmied Rupert Stulebmer. Er ist sechzig Jahre alt. Er soll ein Rädelsführer sein, der Tausende von Salzburgern bewegt hat, dem Katholizismus abzuschwören. Ein Schmied wird sicher auch Gewehre und Degen produzieren. Das ist höchst wahrscheinlich. Der Mann ist verdächtig. Dreiunddreißig Wochen und zwei Tage wird er eingesperrt. Täglich wird er beschimpft.

Du Höllenhund!
Du ketzerischer Dieb!

Stulebmer hungert im Gefängnis. Erst nach vierzehn Wochen wird er zum Verhör abgeführt. Sechzehn Stunden dauern die Vernehmungen. Die Obrigkeit behauptet, der Schmied habe Bäume gefällt, ausgehöhlt und mit Eisen beschlagen: Das sind gefährliche Waffen. Er soll sechshundert Schwerter geschmiedet haben, dazu Spieße und Stangen mit spitzen Nägeln. Er soll Geld nach Regensburg geschickt haben. Er soll einen Botendienst bei den Evangelischen organisiert haben. Die Anklageschrift umfasst mehr als einhundertfünfzig Punkte. Wenn ich vierzehn Tage ohne Unterbrechung schlafe, sagt Stulebmer, und wenn ich vierzehn Tage ohne Unterbrechung träume, sagt er, dann würde ich solche närrischen Träume nicht im Entferntesten haben. Kern der Anklage ist die Behauptung, der Schmied habe 20 000 Evangelische im Wald versteckt, Frauen und Kinder zu ihrem Schutz in die sicheren Berge geführt. Er soll öffentlich zum Mord an den Regierenden aufgerufen haben. Als Beweis, sagen die Beamten, liegen Zeugenaussagen vor. Es fehlt nicht an Denunzianten und Agenten. Einige Spione sind den Evangelischen namentlich bekannt. Die meisten aber sind nicht enttarnt. Es können die Nachbarn sein. Reisende. Priester. Stulebmer führt an, dass die Gefängnisse voll wären, wenn sie alle Evangelischen einsperren würden. Wir sind sehr viele! Die Regierung solle die Zahl der Evangelischen nicht unterschätzen. Er hält die Vernehmungen nicht mehr aus. Es geht ihm nicht gut, er ist unterernährt. Deshalb gibt er auf. Er sieht keinen Sinn darin, weiter die Wahrheit zu sagen, denn die Wahrheit will niemand hören.

Ob er das Schloß Saltzburg nicht stürmen und einnehmen wollen?
Ja, er habe es stürmen und einnehmen wollen.
Ob er nicht die Herren todtzuschlagen sich vorgenommen?
Er gab zur Antwort: Ja, er habe es thun wollen.
Ob er nicht das gantze Amt verführet, und andere mit aufgehetzet hätte?

Stulebmer, welcher mit bey dem Tische saß, an welchem der Commissarius und Secretarius sich befand, sprung vom Stuhle auf, erwischte seinen Hut, den er vor sich liegen hatte, schmiß ihn in den Winckel, und sagte: Man solte den Zeugen glauben, und ihm das Urtheil darauf schöpffen. Wenn er zehen Köpffe hätte, so gäbe er sie her. Darauf hieß man ihn sich wieder niedersetzen, und sagte zu ihm in Güte: Wir wollens euch doch noch einmal fragen. Antwortet und saget nur die Wahrheit.

Er versetzte darauf: Mit der Wahrheit kömmt man hier nicht durch. Was meynen die Gnädigen Herren wohl, wenn ich nur drey oder viermal hier vor Gericht mit Lügen angestochen käme, wie würde man mit mir wol umgehen? Die Amt-Leute und Richter schreiben hier gantze dutzend her, und es wiederfähret ihnen deßwegen doch nichts. Man bedeutete ihm abermal: Man müßte ihm doch die Fragen vorlegen. Denn zu dem Ende wären sie allda versammelt. Stulebmer antwortete darauf: Das sey ihm schon recht, daß man ihm die Punckte vorlegte. Aber daß man ihn zwingen wolte, ihre Lügen für Wahrheiten auszugeben, das stehe ihm nicht an. Man sahe nun wohl, daß mit dem Manne nichts auszurichten stund.

Daher schickte man ihn wieder in sein voriges Gefängniß, und ließ ihn in demselben noch sieben Wochen lang sitzen. Bald darauf gab man zehen von den Gefangenen loß, und nicht lange nachher wurden noch ihrer viertzig auf freyen Fuß gestellet, und zum Lande hinaus gejaget. Sechse aber behielt man von ihnen zurück. Und unter diesen befand sich auch Stulebmer. Diese sahen nun gar keine Hoffnung zu ihrer Befreyung vor sich. Stulebmer drohete man täglich: Man wolle ihn mit glühenden Zangen zwicken, er solle geviertheilet werden, eins von den Theilen würde man vor sein Hauß aufstecken, man würde Riemen aus seinem Leib schneiden, und was dergleichen mehr war. Aber er achtete alle die Drohungen nicht, sondern wünschte vielmehr, daß doch der Tag nur erst einmal heran nahen möchte, da auf solche Weise seine Quaal, die er im Gefängniß ausstehen mußte, ein Ende nähme.

Stulebmer wird nach seiner Haftentlassung des Landes verwiesen. Wie für die anderen Gefangenen gilt auch für ihn das strikte Verbot, vor der Abreise sein eigenes Haus noch einmal zu betreten. Deshalb wird er sofort deportiert. Statt eines Reisedokuments erhält er ein Schreiben, in dem seine vermeintlichen Verbrechen aufgelistet sind. Es trägt das Datum vom 16. Mai 1731.

Ein anderer Salzburger Protestant war außerhalb des Fürsterzbistums unterwegs. Als er wieder zurückkehren will, wird er in Tirol aufgehalten. Das Bargeld wird ihm abgenommen, er wird auf einem Pferd angeschmiedet. Trotz des schlechten Wetters lässt man Pferd und Reiter lange warten. An Händen und Füßen gefesselt wird er nach der Ankunft in Kufstein inhaftiert, von dort nach Innsbruck gebracht. Dann kommt der Befehl: *Wieder zurück nach Kufstein. Zu Fuß!*

Die Füße bluten, wegen der Fesseln kann er kaum gehen. Schließlich soll ihn ein Pferd ziehen. Wie ein Füllen an das Pferd angeleint, stolpert er hinterher. Geht er zu langsam, wird ein Hund auf ihn gehetzt. Der Hund bellt. Er bleckt sein Gebiss. Der Weg führt durch sumpfiges Gelände.

Zacharias Lämmerhofer: acht Wochen vor Weihnachten in seinem Haus von Regierungssoldaten überfallen. Die Haustür wird gewaltsam aufgebrochen. Sechs Wochen Haft in einem eiskalten Verließ, die Füße sind angekettet. Das Wasser in seinem Gefängnisloch friert ein. Lämmerhofer erkrankt. Ein Erbarmen gibt es erst, als feststeht: Er wird deportiert. Die hohe Geldstrafe für den Besitz von Büchern wird ihm wieder ausbezahlt. In jedem Sprengel gelten andere Gesetze.

Martin Millauer: ein Zimmergeselle aus Nürnberg. Er erfährt, dass sein Vater in Salzburg inhaftiert ist; der Mann gehört zu jener Delegation, die sich an die evangelischen Gesandten in Regensburg und an den Kaiser in Wien um Hilfe wenden hatte sollen. Millauer bittet um Erlaubnis, seine Mutter im Bezirk Werfen zu besuchen. Es wird ihm gestattet. Doch kurz nach der Einreise wird er vorgeladen. Wo sind die Reisedokumente? Er besitzt keine und wird deshalb nach einer Vernehmung durch den Sekretär des Hofkanzlers eineinhalb Jahre in Salzburg eingesperrt. Danach kann er gehen. Am besten ist es, wenn er das Land sofort verlässt. Bis an die bayerische Grenze wird er von Wachen begleitet.

Der Druck auf die Evangelischen, sich wieder zur einzig wahren Religion des römischen Katholizismus zu bekennen, wird stärker. Immer häufiger werden Soldaten und Justizbeamten eingesetzt. Die beliebte Methode: abführen, einsperren, hungern lassen. Drohungen. Verhöre. Immer wieder durchsuchen Staatsdiener zum Beispiel das Gut Schüppelhof von Hans Frichtelhofer in Abtenau. Seine Frau hat gerade entbunden, sie ist bettlägerig. Als die Soldaten wieder einmal ihr Haus betreten, wächst ihre Angst. Bei früheren Razzien hat sie sich immer mit ihrem Mann versteckt. Das ist jetzt nicht möglich. Sie hält den Terror nicht mehr aus, springt aus dem Bett und kriecht in den Backofen. Der Ofen ist glutheiß. Nach zwei Tagen stirbt sie an den Folgen der Verbrennungen.

Peter Reinsbachers Frau wird vorgeladen. Auch ihr Mann sollte mit der Delegation der Evangelischen nach Wien gehen. Die Reiseroute wurde von den Behörden verboten, deshalb war Regensburg sein vorläufiges Ziel. Die Evangelischen Stände des Reichstags müssen unbedingt erfahren, was hier vor sich geht. Vierzig Wochen sitzt Reinsbacher im Gefängnis: in Linz, in Salzburg und in anderen Orten. Reinsbachers Frau wird mitgeteilt, ihr Mann habe sich inzwischen zum Katholizismus bekannt. Auch von ihr wird deshalb verlangt, ebenfalls wieder katholisch zu werden. Sie bittet um Bedenkzeit. Dann weigert sie sich zu konvertieren. Zudem erfährt sie, dass die Behörden sie angelogen haben. Peter Reinsbacher und seine Frau emigrieren mit ihren Kindern. Das ist noch ein großes Glück. In vielen anderen Fällen werden die Kinder zwangsweise von den Eltern getrennt.

Thomas Wagener ist bei Aktionen gegen die Glaubensverräter besonders eifrig. In allen Ämtern werden die Bücher der Evangelischen beschlagnahmt, zerrissen, zerhackt, verbrannt. Auch die Pfarrer weigern sich, Bücher zurückzugeben. Aber ein Priester in Salzburg schenkt den lutherischen Protestanten ein katholisches Buch mit Heiligengeschichten. »Das zeigt Ihr vor«, sagt er, »wenn bei euch eine Razzia stattfindet. Dann werden sie euch in Ruhe lassen.« Ein anderer Protestant hat seine Bibel im Rauchfang versteckt. Sie wird nicht gefunden. Da er aber unter dringendem Tatverdacht steht, tatsächlich eine Bibel zu besitzen, wird er bei Androhung strengster Strafe gezwungen, sie abzuliefern. Der Amtsvorstand beschwert sich. Die ihm ausgehändigte Bibel stinkt nach Rauch. Deshalb hat er sie verbrannt. Jetzt kann sie nicht mehr stinken.

Der Pfaffe zu St. Veit, Johann Conrad Eckardt, sahe mit grosser Ungedult an, daß es mit Verbrennung solcher Bücher so sehr langsam zugieng. Er gab daher die gottlose Anleitung, man solte die Blätter in dergleichen Bibeln und Büchern, ehe sie ins Feuer geworffen würden, vorher voneinander breiten, damit sie von den Feuer-Flammen um so viel eher verzehret werden könnten.

Jeder im Salzburger Land weiß, dass die freisinnigen Bücher der *Rebeller* nicht ausgerottet werden können. Bei geöffnetem Fenster liest niemand in den verbotenen Schriften. Werden aber die Vorhänge zugezogen, wächst der Verdacht bei Soldaten und Spionen. Sie sind überall und zu jeder Zeit unterwegs. Aber es gibt viele Verstecke. Wenn das Land neue Bücher braucht, werden sie immer noch heimlich hereingeschmuggelt, obwohl sich Reisende und Händler meist einer Leibesvisitation unterziehen müssen. Alles wird kontrolliert, überall wird kontrolliert. Der Staatsfeind ist überall. Da gilt höchste Wachsamkeit. Ohnehin wächst die Unruhe. Nicht nur die evangelischen Länder fordern die Salzburger Regierung auf, sich an den Vertragstext des Westfälischen Friedens zu halten und die Unterdrückung der Evangelischen einzustellen.

Fürsterzbischof Firmian unterschreibt am 31. Oktober 1731 das Reichsemigrationspatent. Für den Text ist der Hofkanzler verantwortlich. Der letzte Tag im Oktober gilt bei den Evangelischen als Reformationstag. Im Patent ist zu lesen, dass der Fürsterzbischof über die Religionsabweichler tief enttäuscht ist. Hat er nicht eine Kommission zu den Evangelischen schicken lassen, die ihre Beschwerden untersuchte?

Sie sollten doch bis auf Weiteres ruhig bleiben, sich nicht versammeln, keine Predigten veranstalten, bis die fälligen Entscheidungen getroffen würden. Daran haben sich die Aufwiegler aber nicht gehalten. Im Gegenteil: Sie haben katholische Priester bedroht, sie haben den Papst beschimpft, einer hat ihn Antichrist genannt. Schluss damit! Jetzt wird allen befohlen, das Land zu verlassen. Sie werden schon sehen, wo sie bleiben. Der Befehl muss überall ausgehängt werden, er muss an die Hausmauern genagelt werden. Jede Verweigerung wird bestraft. Jeder Hof, jedes Haus, an deren Türen das Reichsemigrationspatent nicht angebracht ist, wird registriert.

Alle unangesessene Einwohner, Taglöhner und Dienstboten beyderlei Geschlechts, welche das zwölfte Jahr erreichet hätten, solten innerhalb acht Tagen mit Sack und Pack abziehen. So auch mit denen, die bey den Fürstlichen Berg-, Saltz- und andern Bergwercken, Holtz-Trifften, Schmeltz-Hütten, und in andere Wege, es sey, wo es wolle, inner dem Gebirge, oder auf dem flachen Lande, von ihm, als Landes-Fürsten bey seiner Cammer oder Land-Arbeit entlassen seyn, keine weitere Bezahlung erhalten, und nach acht Tagen gleichfalls aus dem Lande ziehen. Ferner solten alle Bürger und Handwercker, die sich zur Evangelischen Religion bekannt hätten, ihr Burger- Handwercks- und Meister-Recht sofort verlohren haben. Die angesessene Einwohner aber, sowol männlichen als weiblichen Geschlechts, welche unbewegliche Güter und Häußer besässen, solten etwas länger Zeit zu ihrer Emigration haben; nemlich diejenigen, so unter hundert und funfzig Gulden im Vermögen hätten, solten einen Monat, die andern, welche hundert und funfzig biß fünfhundert Gulden besässen, zwey Monat Frist haben, ehe sie abziehen dürfften, und binnen solcher Zeit möchten sie das Ihrige, so gut sie könnten, verkauffen.

Der Befehl im Reichsemigrationspatent widerspricht eindeutig dem fünften Artikel des Westfälischen Friedens. In den evangelischen Staaten wird es als Skandal beurteilt, dass die lutherischen Salzburger ihre Bürgerrechte und ihre Berufsrechte als Handwerker und Meister verlieren. Beim Reichstag in Regensburg gibt es eine große Empörung im *Evangelischen Corpus.* Dort gehen die schnell gedruckten Schriftstücke mit dem Wortlaut des Emigrationspatents von Hand zu Hand. Die katholischen Gesandten wiegeln ab. Es hätte ja doch noch viel härter kommen können. Für den Anfang sind ja nur zweihundert Menschen betroffen. Haus und Hof können von katholischen Salzburgern verwaltet werden. Was man denn wolle? Sogar Kinder dürfen emigrieren. Der Fürsterzbischof hat den Vollzug freundlicherweise bis auf den Georgstag ausgesetzt. Und die Güter der Evangelischen lassen sich doch auch später verkaufen.

Die Salzburger bitten um Aufschub. Längst ist die kalte Jahreszeit angebrochen. Es ist frostig im Land. Es wäre doch viel besser, viel menschlicher, erst im Frühling das Land zu verlassen. Dann könnten Gutsherren wie Knechte gemeinsam ausreisen. Die Petition wird im Schloss abgegeben. Niemand glaubt an einen schnellen Vollzug des *Reichsemigrationspatents*. Jeder geht seiner Arbeit weiter nach, niemand packt seine Sachen. Auf den Feldern muss trotz des Wintereinbruchs vieles gerichtet werden. Trotz des Versammlungsverbots treffen sich die Evangelischen. Sie wollen beraten, wie ernst die Lage ist. Sie schwanken zwischen Resignation und Hoffnung. Bis zum 24. November 1731.

An diesem Tage zeigete man, daß es Ernst wäre, die Ketzer zu verjagen. Zwey Compagnien von den Printz-Eugenischen Soldaten rücketen gantz unvermuthet in das St. Johannis-Gericht ein, und suchten die Emigration in den Gang zu bringen. Man kann sich leicht vorstellen, wie es hierbey hergegangen. Wo man dergleichen Leute antraff, trieb man sie wie das Vieh fort. Man mochte sie auf den Feldern oder Wäldern, auch Aeckern oder Wiesen, auf Bergen oder in Thälern, auf der Strasse oder zu Hause antreffen, so hieß es: fort, fort. Fand man sie ausserhalb des Hauses, so durffte niemand wieder zurück gehen, etwas aus seinem Hause zu holen. Traff man sie in den Häusern an, so vergönnete man ihnen nicht einmal die nöthigen Kleider mit sich zu nehmen. Sie mußten alles stehen und liegen lassen, und zum Theil nacket und bloß davon gehen. Daß dem also sey, hat der Augenschein gelehret. Denn als sie der Commissarius auf der Evangelischen Gräntze in Empfang nahm, fand er sie zum Theil so nackt und bloß, als sie von Mutter-Leibe kommen waren.

Matthias Wieland aus dem Radstädter Gericht auf der Durach hatte nicht allein zweyhundert fünff und achtzig Gulden bey seinem Schwager und andern guten Freunden ausstehen, sondern er hatte auch einen guten Vorrath an Lebens-Mitteln in seinem Hause. Die Soldaten aber kamen ihm gantz unvermuthet über den Halß, und nöthigten ihn, daß er so, wie er gieng und stund, mit ihnen fort mußte. Man ließ ihm nicht einmal so viel Zeit, daß er etwas von seinen guten Kleidern mitnehmen, und die zehen Gulden, die er in seiner Lade hatte, worunter die Helffte seiner Kinder Pathen-Geld war, heraus holen konnte; vielweniger daß er erst hätte hineylen und seine Schuldner mahnen dürffen. Er mußte alles verlohren geben, und hat nachher, wie es fast allen seinen Mit-Brüdern gieng, wenig erfahren, wer das Seinige zu sich genommen. Was für Verwirrung bey solchen Umständen entstund, ist mit keiner Feder zu beschreiben.

Die Männer wußten nicht, wo sie ihre Weiber suchen solten. Die Weiber sahen nicht, wo sie ihre Männer finden könnten. Die Kinder konnten nicht von ihren Eltern Abschied nehmen. Die Eltern vermochten nicht ihren Kindern den letzten Seegen zu lassen. Herren und Frauen konnten ihren treuen Dienstboten den verdienten Lohn nicht reichen. Knechte und Mägde durfften so wenig ihren Lohn einfordern, als ihre zu Hause habende Kleider abholen. Und dieses Elend war noch grösser, wenn Ehegatten getrennet wurden. Es traff sich offt, daß ein Ehemann Papistisch, und dessen Ehefrau Evangelisch; oder daß eine Frau Papistisch, und ihr Mann Evangelisch war. Beyde wolten gern beyeinander bleiben: Aber man wusste sich offt von beyden Seiten nicht in den Stand der Verläugnung zu schicken, und alles zu verlassen. Ein Mann mußte daher offt seinem wegziehenden Weibe nachweinen, und eine Frau mußte vielmals ihrem sonst geliebten Ehemann mit Thränen den Rücken kehren, und ihm auf ewig gute Nacht geben. Ja öffters fand sichs, daß der Ehe-Gatte, welcher zurück blieb, noch eyfrig Papistisch war, und hernach an dem wegziehenden Theil noch seinen blinden Eyfer ausließ, wenn er sich nicht wolte bewegen lassen, mit zu heucheln, der Wahrheit abzusagen, und in der Blindheit zurück zu bleiben. Davon hat man hier in Berlin ein gantz besonderes Exempel gesehen.

Eine Frau, mit der ich selbst gesprochen, hatte einen noch eyfrig Papistischen Mann. Sie war aber von der Wahrheit der Evangelischen Lehre in ihrem Hertzen überzeuget. Sie las daher in ihrem Vaterlande zuweilen in Evangelischen Büchern, sang und betete fleissig. So offt sie nun ihr Mann darüber antraff, so offt prügelte er sie hefftig deßwegen. Sie fassete demnach den Schluss, der Ehre GOttes wegen ihr Vaterland, Mann, Hauß und Hof zu verlassen. Und diß hielt sie vor ihrem Mann gar nicht heimlich. Er suchte sie zwar auf alle Weise von ihrem Vorsatz abzubringen. Als er aber endlich nichts mehr bey ihr ausrichten konnte, fassete er die eine Hand, hieb ihr mit dem in Händen habenden grossen Messer zwey Finger ab, und sagte: das nimm denn zum Andencken mit, daß du von der Papistischen Religion abtrünnig worden.

Wo immer die Protestanten zusammengetrieben werden, kommen Salzburger von überall her und verlangen, dass sie ebenfalls deportiert werden. Sie schließen sich den Kolonnen freiwillig an. Die Soldaten greifen zur Gewalt. Erste Schüsse fallen. Die Gewehre sind mit Schrot, Kugeln und Viertel-Kugeln geladen. An einem Abend wird mehr als fünfzig Mal geschossen. Granaten werden geworfen. Jemand will verhindern, dass der Knecht Johann Turner abgeführt wird. Ein Soldat schlägt ihn mit dem Gewehrkolben, bis der Schaft zerbricht. Ein Schuss löst sich. Die Kugel durchschlägt Turners Jacke und seine Lederhose. Die vierzehn Löcher in seiner Hose zeigt er noch Jahre später herum, als seine Verletzungen längst verheilt sind. Die Hose ist sein Beweisstück für die Brutalität der Soldaten gegenüber den Evangelischen. In Radstadt werden Granaten geworfen.

Die Kolonnen streben der Residenzhauptstadt zu. Dort sollen die Lutherischen Reisedokumente bekommen. Sie haben kaum Bargeld dabei. Niemand verkauft ihnen Lebensmittel oder bietet ihnen Trinkwasser an. Als sie von Soldaten durch die Straßen von Salzburg eskortiert werden, wird ihnen kein Stück Brot gereicht. Es sind doch nur *Rebeller*. Gut, dass sie aus dem Land geworfen werden! Die Vertriebenen organisieren eine spontane Sammlung. Wenn alle zusammenlegen, wird das Geld schon reichen. Fünfzehn von ihnen werden durch eine Tür an eine mit Blut bespritzte Stelle geführt. *Hier sind Leute von euch gestorben!*

Noch könnten die Protestanten widerrufen. Sie haben eine letzte Chance. Wird sie nicht genutzt, dann werden diese schrecklichen Leute auf diesem Platz den Tod finden. *Wir fackeln nicht lange herum!*

Es wird gelogen, um sie zu bekehren. Aber die Drohung hat keine Wirkung auf sie. Sie widerstehen. »Dann sterben wir hier wie unsere Brüder«, sagen sie.

Achthundert Salzburger werden, endlich mit Pässen und Ausreise-Scheinen ausgestattet, zu den Booten gebracht. Niemand weiß, ob das Ziel der Deportation nicht doch die Türkei sein soll. *Gott wird uns beschützen!* So reden sie und sie stellen sich hintereinander in Reihen an, um auf die Boote zu kommen. Die Schiffsleute haben Angst, dass sie überladen sind. Aber die Salzach führt viel Wasser. Die nächsten Stationen: Tittmoning, Waging, Teisendorf. Achtzehn Tage warten sie auf die Passierscheine des baierischen Kurfürsten. Der Amtmann in Teisendorf mustert die Salzburger. Fünfzig, die so aussehen, als verfügten sie noch über Bargeld, lässt er vorladen. Jedem nimmt er einen halben Reichstaler ab. Den achthundert Ausgewiesenen folgen sofort weitere fünfhundert nach. Doch immer wieder werden die Salzburger plötzlich zurückgehalten. Sie sollen erst einmal ihre Arbeit in der Landwirtschaft abschließen. Zudem fehlt es der Salzburger Regierung noch an einer effektiven Organisation für die Deportation. Es spricht sich auch am Hof allmählich herum, dass ganze Ortschaften verwaisen. So schnell kann kein Ersatz für die Höfe gefunden werden. Die Bergwerke haben keine Arbeiter mehr.

Wer vorerst zurückbleibt, erlebt neue Unterdrückungen. Besonders unangenehm sind die in das Salzburger Land geholten Bußprediger. Die Jesuiten reden auf sie ein. Sie schreien. Sie drohen. Sie beleidigen. Sie warnen. »Viele Evangelische sind inzwischen versklavt worden!«, rufen sie aus. »Andere wurden längst auf Wagen abtransportiert! In Schweineställen müssen sie schlafen und das Futter mit den Tieren teilen!«

Wer nicht an die heilige Maria glaube, und nicht alle Gesetze des Pabsts halte, der sey verdammet, und könne nicht seelig werden. Der Pabst, und sonst keiner, sey in geistlichen Sachen der eintzige Gesetzgeber. In der Bibel müssten sie als gemeine Bauers-Leute nicht lesen, denn sie wäre zu hoch für sie, und der gemeine Mann saugete nur aus der Bibel, wie die Spinnen aus den Blumen, das Gifft. Sie solten aber vielmehr bey dem bleiben, was die christliche Kirche sage; denn sie wären nur tumme Leute, die von der Bibel keinen Verstand hätten. Man hielt ihnen ferner die Grösse des Fegfeuers, und die Krafft des Ablasses vor, und sagte ihnen dabey, daß sie in der Evangelischen Kirche dawider keinen Trost finden würden, weil der Pabst seinen Ablaß niemanden mittheile, als denen, die sich zu der allein seeligmachenden Römischen Kirche wendeten. Und auf solche Weise setzte man an die guten Leute mit dem Bekehren. Man legte ihnen endlich einen Eid vor, den sie abschwören, und sich dadurch wieder in den Schooß der Römischen Kirche aufnehmen lassen solten.

Wer nicht schwört, wird auf der Liste für den nächsten Transport, der das Land verlässt, namentlich eingetragen. In Einzelvernehmungen wird gesagt:

Dein Mann ist wieder katholisch. Deine Frau ist wieder katholisch.

Den Frauen wird gesagt: Dein Mann soll in die Emigration gehen. Lass ihn nur. Du musst nicht mitgehen. Du könntest hierbleiben. Wenn du wieder katholisch wirst, darfst du heiraten, wen du willst.

Matthäus Rohrmoser und Thomas Empacher sind Ohrenzeugen für ein Gespräch zwischen Johann Adam Haerl, Berg- und Schmelz-Verweser in Lent, und Philipp Reinbacher, den er vorgeladen hatte. Wann er endlich seinen Eid auf die katholische Kirche ableiste? Niemals, sagt Reinbacher, ich lebe und sterbe mit dem Evangelium. *Ich scheiße auf Dein Evangelium*, schreit Haerl. Sein Schreiber ist dabei.

Reinbacher muss das Land verlassen. Seine Frau und seine sechs Kinder werden zurückgehalten. Später läuft ihm seine Frau weinend eine halbe Meile nach. Vergeblich. Sie holt ihn nicht mehr ein.

Überall wird gedroht. Ein vierzehnjähriger Bub hat genug vom Kirchenstaat und seiner Macht. Er will sich den Emigranten anschließen. Seine Angehörigen kündigen an, ihn umzubringen, wenn er nicht bleibt. Ein Vaterunser soll er noch beten. Einer setzt den Degen auf seine Brust. Wie stehts? Der Junge kümmert sich nicht darum. »Ich gehe!«, sagt er.

Ein Mädchen wird von seiner Mutter und seinen Brüdern unter Druck gesetzt. *Die Lutherischen werden mit dem Wagen über Deinen Körper fahren, sie werfen Dich zu den Schweinen!* Die Drohung macht keinen Eindruck auf das Mädchen. Es reißt sich los. Unterwegs stürmen ihr dreißig Reiter entgegen. Sie sind offensichtlich alarmiert worden. Gewehre werden auf das Mädchen angelegt. Offensichtlich aber versagen sie. Es klickt nur, wenn die Soldaten abdrücken. Kein Schuss fällt. Es ist nur Theater, nur Täuschung.

Bis zum St.-Georgs-Tag sollen die meisten Lutherischen das Land verlassen haben. Die Grenzen sind geschlossen. Alle Briefe, die gefunden werden, sind beschlagnahmt. Sie werden aufgerissen. Es heißt, künftig werde jedem, bei dem ein Buch gefunden würde, die rechte Hand abgeschlagen. Die Pfarrer laufen von Haus zu Haus. Wer den Eid schwört, darf hierbleiben. »Wir werden noch erleben, wie Euch die Raben die Augen aushacken«, predigen sie. Wer sich nicht auf dem Amt meldet, soll von den Soldaten vorgeführt werden. »Wir haben lange genug gewartet!«

Der angesetzte Termin auf Georgien konnte demnach kaum herannahen, so ließ man in allen Gerichten denen Evangelischen bereits ankündigen, daß sie sich fertig machen solten, mit Sack und Pack aus dem Lande zu ziehen. Schon am Sonntag vor Georgi verkündigte mans ihnen auf öffentlichem Platze, da die Leute eben nach der Kirche giengen, daß es jedermann anhören mußte. Es ward ihnen gleich dabey gesagt, an welchem Tage sie aufbrechen solten. Die Zeit aber, die ihnen bestimmet wurde, gieng nicht über sechs, höchstens biß acht Tage. Und damit die Zahl auf einmal nicht gar zu groß wurde, so ward dabey befohlen, welche reysen, und welche bleiben solten. Jene reiseten mehrentheils mit Freuden davon; diese aber warteten gemeiniglich mit Schmertzen auf den Tag ihres Abzuges. Der Befehl ward indeß mit einer solchen Schärffe vollzogen, daß niemand zurück bleiben durffte, er mochte seyn, wer er wolte. Alte, krancke, gebrechliche und schwache Leute waren auch nicht davon ausgenommen. Viele Schwangere, die keinen Tag mehr sicher waren, mußten ohne alle Barmhertzigkeit fort. Einige, die an eben dem Tage, der ihnen zur Abreyse bestimmet war, niederkommen waren, wurden damit nicht einmal verschonet. Andere aber, denen man angekündigt hatte, daß sie noch bleiben solten, biß ihnen ein Tag zu ihrer Ausreyse bestimmt würde, durfften gleichfalls nicht im geringsten dawider handeln. Hieraus entstund nun eine unerhörte Verwirrung, und ein unbeschreibliches Elend. Man trennete dadurch vielmals die Ehen, die Anverwandten, die Nachbarn und Bekannten, und niemand wusste, wo er die Seinigen suchen, und wie er sie wieder finden solte. Und diß geschahe alles nur deßwegen, daß man den Leuten ihren Jammer noch grösser, und ihr Unternehmen recht sauer machen möchte.

Die Behörden teilen die zur Ausreise gezwungenen Evangelischen in verschiedene Kategorien ein. Auch vor Gott ist niemand gleich. Die gefährlichste Gruppe sind die *Rebeller*. Das sind jene Salzburger, die anderen etwas vorgelesen oder vorgesungen haben sollen. Sie wurden überführt oder denunziert. Ihr Verbrechen wird in den Pass ebenso eingetragen wie ihre Haftstrafen. Unbefristet werden sie aus dem Salzburger Land gewiesen, zum Teil auch aus dem ganzen Heiligen Römischen Reich. Diesen Universalanspruch maßt sich der Kirchenstaat an.

Wer nicht eingesperrt war, aber dennoch den Eid auf die katholische Religion nicht ableisten will und sich zu den Evangelischen bekennt, wird als *Refractorio* im Pass eingetragen. Ohne Eintrag werden nur die Pässe jener Salzburger versehen, die der Kirchenstaat loswerden will, denen aber keine Vorwürfe zu machen sind. Das sind Leute, die über ihre Gesinnung nicht reden. Sie schweigen und verhalten sich ruhig. Aber ihre Nachbarn wissen so einiges, das sie den Leuten in den Ämtern in das Ohr wispern. Schriftlich wird diesen Protestanten bestätigt, dass sie freiwillig aus dem Land ziehen wollen, obwohl sie dazu gezwungen werden.

Wieder andere wie der Weber Ruprecht Katzenberger müssen ein ganzes Jahr auf ihre Emigration warten, sollen aber ihr Arbeitsgerät abgeben. Ihnen wird ein Berufsverbot erteilt, nicht anders als den Bauern und Bergleuten, die sich als Evangelische bekennen. Arbeitslose haben keinen Anspruch auf Unterstützung.

Noch glauben viele Katholiken im Gottestaat Salzburg, dass sie sich an den Hinterlassenschaften der vertriebenen Evangelischen bereichern können. Noch erkennen sie nicht, dass ihr ohnehin nicht mehr ausgelasteter Bergbau verrottet und dass die Dörfer und Höfe verwaisen. Es gibt keine katholischen Fachkräfte, die auf Anhieb die gesamte Arbeit übernehmen können. Mägde und Knechte verfügen nicht über einen eigenen Landbesitz. Alle anderen aber sind durchaus begütert. Da ist viel zu holen, auch wenn auf manchen Höfen Schulden liegen. Einigen wird ihr Vermögen im Wert von mehr als zwanzigtausend Gulden abgenommen. Bargeld, Haus und Hof, Wiesen und Felder. Manche evangelischen Bauern besitzen zweihundert Rinder. Ohne Viehzucht ist die Wirtschaft nicht zu halten.

Es ist den Evangelischen verboten, das Vieh zu verkaufen. Es ist ihnen verboten, Haushaltsgeräte und Werkzeug zu verkaufen. Viele werden gezwungen, katholische Bürger zu benennen, die Haus und Hof übernehmen können. Immerhin wird der enteignete Besitz schriftlich bestätigt. Aus den Listen werden später die Summen addiert, die bei Reparationszahlungen den Salzburger *Exulanten* zustehen.

Hans Steiner, Bauer am Windfeld-Lehen. Ruprecht und Lucas Posenick. Georg Schwaiger. Christoph Zweylinger. Ruprecht Embacher. Jacob Hundrisser. Magdalena Schock. Leonhard Schwab. Joseph Bichler. Balthasar Resch. Matthäus Steinbacher. Hans Brandstätter. Michael Reinbacher. Wolf Elmethaler. Georg Forstreuter.

Sie alle werden betrogen und bestohlen. Alle, die auf der Ausweisungsliste stehen, müssen eine Soldatensteuer bezahlen. Wegen ihrer Umtriebe musste der Landesherr schließlich Soldaten engagieren. Das Militär kostet viel. Deshalb sollen die *Rebeller* kräftig bezahlen. Es wäre ja noch schöner, wenn sie ihr Vermögen ins Ausland brächten. Im Juli 1732 wird ein Trupp von neunhundert Menschen aus den Bezirken Radstadt und Werfen zusammengestellt. Er soll Salzburg so schnell wie möglich verlassen. Ein Kommissar nimmt ihnen das Restgeld ab. So kommen vierhundertfünfzig Gulden zusammen. Auf dem Amt wird er angewiesen, jedem Exulanten vierzig Gulden als Reisegeld wieder auszuzahlen. Aber einen Teil davon werdet Ihr mir geben, sagt der Kommissar. Die Salzburger zahlen. Später dann kommen auch die Justizbeamten und verlangen ihren Anteil. Die Salzburger zahlen. Nur schnell weg hier!

Ein Mann und eine Frau kommen in Haft. Beide sind evangelisch. Ihr Kind wird täglich vor dem Gefängnis so lange misshandelt, bis es schreit. Der Mann kann das nicht ertragen. Er wird wieder katholisch. Die Frau wird aus dem Land gejagt. Den Mann kann sie vergessen, ihr Kind nicht. Aber sie darf es nicht mitnehmen.

Am 26. Julii 1732. wurden aus dem Goldegger Gericht fast alle auf einmal fortgeschaffet. Diesen fuhr man insonderheit der Kinder wegen hart mit. Man nahm sehr vielen dieselben entweder so gleich bey ihrer Abreyse ab, oder die Eltern mußten sich ihrer Kinder noch berauben lassen, wenn sie bereits viele Meilen mit denselben gereyset waren. Es meldeten sich demnach von diesem Trupp ihrer viere auf einmal, welche in dieser ihrer Noth zu Ihro Königlichen Majestät von Preussen ihre Zuflucht nahmen. Der erste war Georg Reinbacher, welcher anfänglich von Weib und Kind verjaget war. Da man nun endlich seine Frau auch emigriren ließ, und dieselbe ihr Söhnlein von siebenzehen Wochen mitzunehmen verlangete, wolte es die Obrigkeit ihr durchaus nicht abfolgen lassen. Man schickete es zu des George Reinbachers Eltern, welhe in der Rauris wohneten, und Papistisch waren. Die Mutter aber ließ man allein reysen.

Ruprecht Wallner, Bauer aus Goldegg, ist bereits mit seinen vier Kindern unterwegs. Seine katholischen Freunde holen ihn ein und nehmen ihm die achtjährige Tochter ab. Für alle Kinder hat er gültige Ausreisegenehmigungen. Das interessiert aber niemanden. In einem Bezirk wird großzügiger verfahren, in einem anderen härter. Noch gibt es für die Emigration kein einheitliches Ausführungssystem.

Als sie nun durch die Stadt giengen, führete die Mutter ihre drey Kinder an der Seite. Die Soldaten in Saltzburg aber kamen auf sie zugelauffen, rissen ihr die Kinder von der Seite weg, und brachten sie in die Wache. Die Mutter lieff ihren Kindern nach, und bat um GOttes Willen, man möchte ihr doch die Kinder wieder zurück geben. Aber sie ward von den Soldaten zur Thür hinaus gestossen, mit dem Bedeuten: Sie bekäme die Kinder nicht wieder. Es sey scharffer Kayserlicher Befehl angekommen, die Kinder nicht aus dem Lande zu lassen; sonst würden sie sich nicht unterstehen, ihnen die Kinder zu nehmen. Bey diesem großen Winseln und Lamentiren der Frau wegen des Kinder-Raubs kam der dortige Hof-Cantzler dazu, und wies sie mit folgendem Bescheide ab: Sie solte doch ihrer Kinder wegen nicht ein so großes Geschrey und Lerm machen. Er habe von der Sache nichts mehr als lauter Mühe und Verdruß. Er könne auch davor nichts. Denn es sey starcker Befehl vom Kayser da, die Kinder zurück zu behalten, und dieser müßte vollzogen werden. Mit solchen Unwahrheiten mußte sich also die gute Frau abeisen lassen, und ihre Kinder ihr nachweinen sehen.

Wer sich der Trennung widersetzt, wird geschlagen. Hans Hofer hat seine Tochter bereits auf dem Wagen untergebracht. Wenn es möglich ist, werden Kinder und Frauen auf Wagen transportiert. Wenn nicht, müssen sie zu Fuß gehen. Als der Wagen losfährt, wird das Kind vom Gerichstdiener heruntergerissen und auf das Amt gebracht. Als der Vater dort vorstellig wird, wird er mit dem Rohrstock geschlagen. Ein Schlag trifft sein Gesicht. Hofer verliert ein Auge.

Vierzig Meilen schleppt Elisabeth Gaßner ihr Kind auf den Armen mit sich. Ihr Mann, ein verkommener Schneider mit schlechtem Lebenswandel, kommt nicht mit. Er will katholisch bleiben. Da hat er weniger Probleme. Sie hat Bayern bereits erreicht. Aber man hat ihr den Gerichtsboten nachgeschickt. Der nimmt das Kind weg. Auf fremdem Territorium.

Viele Salzburger stellen Anträge, ihre Kinder mit ausreisen zu lassen. Sie verhandeln sogar direkt mit dem Hofkanzler. Thomas Käsewurm aus Radstadt, unter der Begleitung von fünfzig bis sechzig bischöflichen und kaiserlichen Soldaten deportiert, kehrt mit einem Reisedokument der Stadt Ulm zurück, um seine Kinder abzuholen. Sie sind nicht mehr hier, wird ihm gesagt, sie sind nach Wien gebracht worden. Das ist eine Lüge. Käsewurm wird heimlich zugesteckt, dass die Kinder doch hier sind. Trotz aller Verbote und Einschüchterungen gibt es eine heimliche, gut funktionierende Kommunikation unter den Menschen, die sich kennen und einander vertrauen. Käsewurms Kinder sollen dem Haus des Grafen König zugesprochen worden sein. Der Kammerdiener verbürgt sich schriftlich für den Verbleib der Töchter: Margareta lebt bei dem Domherrn Graf König. Eva bei dem Graf von Latron. Anna lebt bei ihm. Frei werden die Kinder erst dann sein, wenn sie ihren Lebensunterhalt verdienen können. Immerhin darf der Vater die Töchter kurz sehen. Wenn er jetzt nicht endlich das Land verlässt, kommt er in Haft. Käsewurm beschwert sich bei den evangelischen Gesandten des Reichstags in Regensburg. Dann reist er wieder nach Salzburg. Das ist lebensgefährlich für ihn. Aber er will seine Töchter abholen. Der Hofkanzler sagt: *Zahle die Unterhaltskosten, dann sind die Kinder frei!* Er zahlt. Aber die Kinder werden trotzdem nicht herausgegeben. Er muss ohne seine Töchter wieder abreisen.

Adalarius Hertzog vermisst zwei Kinder. Er weiß, wie erfolglos jeder Appell an die Salzburger Regierung ist. So schreibt er an den König von Preußen. Das Schreiben fällt ihm schwer, aber er schreibt. Die Kanzleisprache ist ihm nicht vertraut. Er schreibt, wie er spricht.

Ich Aedelärg Hörtzog zu Liebman in Salfelden, befehle mich, und bitte diemuethigst umb GOttes willen, man wolle sich doch meiner 2. Kinder erparmen, mit Namen Hans und Philipp, Alter 5. und 4. Jahre. Umstent, weill ich zu Saltzburg pin gefangen gelegen, hab ich gesagt, ich laßte khein Seell von den meinigen zurugg. Man soll das Guet verkhauffen, Weib und Kind mir zuekhommen lassen. Darauf sich der Marthin Schwaiger, Khrammer in der Albm, understandten, meinem Weib fürgelogen, ich wär Cadolisch worden, so miessen die Pueben nach meinem Glauben erzogen werden; sie aber innichlich gebetten, und gesagt, sie woll es am Jingisten Tag von ihren Henten vorderen, aber nur ausgelacht worden. Zu Augspurg haben mir die Herrn Chomisary, die uns verhört haben, gesagt, so pald mir zu unserem Chinig chommen, soll ich mich anmelten, sie werden sich gewisslich unser erparhmen. So bitt ich noch einmall nach meiner Ainfalt und Grobheit, sie wollen uns Hilff laisten; GOtt der ein Belaner alles Guetten, wird Eichs vergelten.

Jeder weiß, wie sinnlos es ist, in die verlorene Heimat zurückzukehren, um die eigenen Kinder nachzuholen. Aber Väter kehren zurück, Mütter kehren zurück. Manchmal werden sie eingesperrt, in Werfen sogar in der Kirche. Erst wenn die Kinder weit genug weggebracht worden sind, dürfen die Eltern wieder den Internierungsort verlassen. Nur durch List schaffen es manche, ihre Kinder zu behalten. Auch Barbara Brandlinger soll ihr Kind abgeben. Es wurde mir gestohlen, sagt sie. Dabei hat sie es Richtung Bayern vorausgeschickt. Der Gerichtsdiener glaubt ihr. Die Mutter schafft es, mit ihrem Kind das Land zu verlassen.

Eine andere Frau erzählt, dass ihr Mann und seine katholischen Eltern die Ausreise ihres Kindes verbieten wollten. Alle drei reden lange auf sie ein. Schließlich sagt sie: Nun gut. Ich gehe also ohne die Kinder. Dann stellt sie einen Koffer in die Stube. Ihr Mann steht daneben. Ich hole gleich das andere Gepäck, sagt sie. Sie geht aus der Stube. Heimlich ergreift sie ihr Kind und flieht. Der Mann wartet lange auf sie. Als er sie suchen will, ist sie schon weg.

Das Land leert sich. Im Bezirk St. Johann bleiben nur fünfzehn Bauern zurück. Bis zum Sommer haben 3 962 evangelische Salzburger ihre Heimat verlassen. 442 schwören den katholischen Eid. Sie bleiben. In Wagrain gehen alle bis auf zehn Familien. In Goldegg, St. Veit, Taxenbach und Gastein sieht es nicht viel anders aus. Die Pässe werden wieder geschlossen. Die Emigration geht doch viel zu schnell. Damit hatte niemand gerechnet. Wer zurückkommen will, um seine Besitzansprüche geltend zu machen, wird nicht eingelassen. Bald sind 14 000 Menschen deportiert oder ausgereist. Die Konvois werden jetzt von Gerichtsdienern und Kommissaren bis an die Grenze bewacht. Das Kontingent der Soldaten ist mit Eskorten überfordert. Die Salzburger Regierung spielt auf Zeit. Die evangelischen Regierungen und die Gesandten in Regensburg werden vertröstet. »Alles geschieht nach Recht und Ordnung,« heißt es.

»Ja, selbstverständlich«, heißt es, »der Westfälische Friede wird von uns beachtet. Aber sicher doch, die Familien unserer Untertanen werden nicht auseinandergerissen. Das sind doch alles böse Gerüchte!«

Die evangelischen Gesandten des Reichstags in Regensburg fordern ultimativ, die Gefangenen aus der Haft zu entlassen. Sie wissen genau, was sich in Salzburg ereignet. Mögen die Pässe auch gesperrt werden, so gibt es doch unkontrollierte Wege durch die Wälder und Berge. An zuverlässigen Nachrichten aus dem Krisengebiet fehlt es in Regensburg nicht. Dem Fürsterzbischof wird eine Untersuchungskommission angedroht. Der Kaiser will ihr freies Geleit zusagen. Eine kleine Hoffnung, aber keine Gewissheit.

X.
Eben-Ezer

Endlich wieder ein guter Tag. Die Postreiter, die seit einiger Zeit Eben-Ezer nicht mehr aufgesucht haben, werden künftig wieder hierher kommen. Alle vierzehn Tage bringen sie Briefe und Pakete. Das soll jetzt so bleiben. Die Indianer tauchen nicht mehr auf. Neulich noch haben sie Reis, Mehl und Bohnen abgeholt, dafür wieder einmal frisches Wildbret geliefert. Ständig melden sich neue Familien in Eben-Ezer an. Sie kommen nicht aus Salzburg. Weil es nicht genug Hütten gibt, zimmern sie sich Notunterkünfte oder schlafen unter freiem Himmel. Der Fluss führt viel Wasser, deshalb werden die Männer, die in Savannah neue Lebensmittel abholen sollen, lange unterwegs sein. Boltzius kann endlich ein anderes Haus beziehen. Unten wird er wohnen, im oberen Stockwerk soll sich die Gemeinde versammeln. Das Haus ist etwas besser abgedichtet als die erste Hütte. Auch Gronau soll endlich ein eigenes Haus bekommen, aber die bisher zugeschnittenen Bretter reichen für einen Neubau nicht aus. Er ist geduldig. Irgendwann wird es so weit sein. Gronau hat geheiratet. Boltzius erwähnt die Hochzeit nur am Rand seiner Tagebucheintragungen. Er selbst wird auch bald heiraten. Auch darüber schreibt er fast nichts. Vielleicht hat Samuel Urlsperger in Augsburg die zu privaten Eintragungen aus dem Tagebuch entfernt, das wie bisher weiter in gedruckter Form verbreitet werden soll, um Spenden für die Salzburger einzuwerben.

Die letzten wärmeren Novembertage sind vorbei, jetzt gefriert schon das Wasser in den Eimern. Neben dem Schulhaus wird ein Vorrats- und Geräteschuppen errichtet. Bisher musste der Lebensmittelvorrat in Boltzius' kleiner Wohnung gelagert werden. In dem Schuppen schläft auch die

Frau, die im Haushalt der Schule und beim Kochen mithilft. Boltzius will einen Garten anlegen. Ohne Selbstversorgung kommt hier niemand aus; auf dem Markt in Haberkorn und Savannah gibt es kein frisches Gemüse und Charleston ist viel zu weit entfernt. Bevor es ganz kalt wird, stehen wieder Bretter zur Verfügung. Gronau und seine Frau können deshalb in das neue kleine Holzhaus einziehen, das für sie errichtet wurde.

Nachts fällt die Kälte ein. Die Eisschicht, die alles überzieht, ist zwei Zoll stark. Solche Vereisung der Natur haben die Salzburger zu Hause nur selten erlebt. Ihre Winter waren meist von trockener Kälte begleitet. Der Schulunterricht wird in ein Privathaus verlegt, das über einen Ofen verfügt. Auch die neuen Häuser haben keine gemauerten Kamine. Zwar hat Bürgermeister Causton die Mauersteine für den Kaminbau längst zugesagt, aber ihr Transport ist schwierig. Irgendwann werden sie schon angeliefert werden. Es kommt nicht auf Tage und auf Wochen an. Es ist viel zu tun. Die Salzburger sind geduldig. Ohnehin vergeht die Zeit schnell. Aber die Kälte wird immer eisiger. Es ist schwer, sich daran zu gewöhnen, dass es tagsüber noch warm ist, nach dem Sonnenuntergang aber klirrender Frost über Eben-Ezer fällt.

Die Leute können die Rückkehr von Gouverneur Oglethorpe kaum erwarten. Wenn er im Land ist, ist die Ordnung in der Kolonie Georgia besser. Dann sind die Transporte pünktlich. Aber es gibt keinen Grund, sich über den Bürgermeister Causton zu beklagen. Er hilft, so gut er kann, er ist großzügig und gastfreundlich. Wer aus Savannah zurückkommt, lobt ihn über alle Maßen. Tagsüber regnet es jetzt, schon in der kurzen Dämmerung gefriert die Nässe. Die Augen der Kinder tränen wegen des Qualms im Unterrichtszimmer der Privathütte, aber es ist für sie hier immer noch besser als im eiskalten Raum des provisorischen Schulhauses. Boltzius hat an den Gouverneur geschrieben: Der Bau einer Kirche und einer Schule sind dringend erforderlich. Auch den Gönnern in Deutschland hat er schriftlich über diesen Notstand berichtet. Er ist überzeugt, dass bald Hilfe aus Europa kommt.

In den ersten Dezembertagen, niemand hat damit gerechnet, wird es noch viel kälter. Auch in den Häusern ist es eiskalt. Es gibt keine warmen Stuben. Sie sind überdies immer noch schlecht gegen Kälte, Hitze, Regengüsse und Sturm abgedichtet. Niemand besitzt Winterbekleidung. Der Fluss führt Hochwasser. Viele neu angelegte Gärten werden überschwemmt. Die Anpflanzungen werden ausgespült, das Wasser reißt die

Erde mit sich fort. Immerhin kommen aus Savannah gute Nachrichten. Das nächste Kontingent an Lebensmitteln soll bis Purrysburg gebracht werden, wo es dann die Salzburger mit dem Boot abholen können. Am 24. Dezember heiratet der Apotheker Zwifler. In Deutschland beginnt das Weihnachtsfest. Hier in Eben-Ezer fallen die Tage nicht besonders festlich aus. Immerhin können Lebensmittel unter den Bedürftigen ausgeteilt werden, es gibt noch eingesalzenes oder geräuchertes Rindfleisch, Reis, Bohnen und etwas Mehl. Der Bürgermeister, schreibt Boltzius, möge auch Samen schicken. Die letzte Saat ist nicht aufgegangen, und die Gärten müssen jetzt bestellt werden. Aus Savannah wird mitgeteilt, dass neunundvierzig Salzburger eingetroffen sind. Sie werden demnächst als neue Siedler nach Eben-Ezer kommen. Die Aufregung und die Anspannung in Eben-Ezer sind groß. Welche Nachrichten werden die Nachzügler aus Salzburg mitbringen? Gronau reist ihnen entgegen. Aber die für die Neuen geplanten Häuser sind noch nicht fertig. So werden Boltzius' und Gronaus alte Hütten repariert. Ein Dach über dem Kopf ist zunächst das Wichtigste. Wer keinen Platz findet, soll bis auf Weiteres in den Familien einquartiert werden, eine Selbstverständlichkeit für die Salzburger. Uns wurde ja auch geholfen, sagen sie.

Völlig unerwartet tauchen einige indianische Familien auf. Die Armut der Indianer entsetzt die Salzburger seit Langem. Boltzius schreibt nach London und macht einige Vorschläge. Ein Dolmetscher wäre dringend erforderlich. Ob Gouverneur Oglethorpe vielleicht jenen Mann als Dolmetscher nach Eben-Ezer schicken könne, der ihn kürzlich nach London begleitet hat? Der Mann beherrscht einige Stammessprachen. Boltzius schreibt viele Wörter auf, die er von den Indianern lernt. Wichtig ist es, ihren Kindern Unterricht zu geben. Ihren Lebensunterhalt können die Indianer durch die Jagd selbst leisten.

Zwei Salzburger haben den ganzen Tag Bänke für die Gottesdienste und die Versammlungen geschreinert. Aber der Raum über Boltzius' Wohnzimmer ist zu klein, wenn die neuen Siedler eintreffen. Es wird Zeit, endlich den Kirchenbau voranzubringen. Vielleicht geht es vorwärts, wenn der Gouverneur aus London zurück ist. Die Quartiere für die Neuankömmlinge sind vorbereitet. Noch aber sind sie nicht in Eben-Ezer eingetroffen.

Boltzius notiert das Datum des 9. Januar 1735. Zwei Waisenkinder sind schwer krank. Sie werden vom Ehepaar Mooshammer gepflegt.

Beide bemerken nicht, dass ein Knabe stirbt. Ganz still ist er einfach eingeschlafen. Was braucht Eben-Ezer? Eben-Ezer braucht dringend ein Haus für die Kranken. Ein kleines Hospital. Räume für die Pflege der Bettlägerigen. Der Plan duldet keinen Aufschub.

Gegen Abend kamen die lieben Saltzburger von Haberkorn zu Lande hier an, wodurch uns allen eine hertzliche Freude erwecket wurde. Der Commissarius Herr Vatt war auch bey ihnen, Herr Gronau aber ist bey einem todt-krancken Manne geblieben, der zu Wasser nachgebracht wird. Nachdem ich mit den lieben Leuten GOtt für seine ihnen und uns erzeigte Wohlthaten gelobet hatte, suchte man sie nach Vermögen mit Wohnungen und Essen zu versorgen. Ihre Provision wird ihnen nachgeschickt werden. Ich vernehme auch, daß Herr Causton mit dem Feld-Messer nächstens zu uns kommen werde, den Leuten ihre Wohn-Plätze und Aecker anzuweisen. Die mit uns nach America kommen sind, werden des Landes und der hiesigen Umstände gantz gewohnt, und sehnen sich nicht wieder zurück, zumal da sie in allen Prüfungen GOtt und sein Wort zum Trost haben.

Mein lieber College kam mit einigen Saltzburgern zu Wasser an. Einen todt-krancken Mann haben sie nicht weiter, als bis Purysburg bringen können, alwo sich ein christlicher Mann, mit Namen Tullius, freywillig erboten, ihn in sein Häuschen aufzunehmen, und fein zu pflegen, als seinen Bruder. Der Name des krancken Saltzburgers ist Glantz. Weil morgen unser Boot wieder nach Haberkorn fähret, so wird mein lieber College noch einmal nach Purysburg reisen, um zu sehen, ob er noch am Leben, oder seine Beerdigung zu veranstalten. Die von Londen und Teutschland empfangenen Briefe sind uns überaus erbaulich und höchstdienlich zu unserm Unterricht in vielerley Umständen gewesen.

Der Apotheker Zwifler freut sich über eine neue Lieferung an Heilkräutern. Er versorgt die Kranken weiterhin, so gut er kann, ohne Geld von ihnen anzunehmen. Inzwischen sind Geldspenden und Handwerkszeug eingetroffen. Gronau ist wieder da. Der Mann aus Salzburg ist in Purrysburg gestorben. Eine Aussaat in den Gärten und auf den Feldern ist wegen der Kälte nicht möglich. Normalerweise wird in den zwölf Tagen nach Weihnachten gesät, aber im Augenblick ist der Erdboden gefroren.

Schopachers Kind stirbt. Am 30. Januar sind Rufe zu vernehmen. Alle reden durcheinander. Bürgermeister Causton und der englische Kommissar von Reck treffen auf der Durchreise in Eben-Ezer ein. Sie wollen das

Land erkunden. Vielleicht gibt es endlich bessere Anbauflächen, vielleicht auch einen neuen Standort für die Stadt der Salzburger.

Das zweite Waisenkind stirbt.

Causton und von Reck reden mit den Leuten. Boltzius notiert am Abend, worum es in den Gesprächen ging. Sein Zimmer ist kein guter Platz, um das Tagebuch zu führen. Im Haus ist es kalt, das Licht ist düster, seine Finger sind klamm.

Die neu angekommenen Saltzburger halten beym Herrn Commissario sehr an, an einen guten Ort, wo gut Erdreich ist, gesetzet zu werden. Er gibt sich auch alle Mühe, den Herrn Causton und andere Vorsteher dahin zu bewegen, daß sie der Leute Bitte Gehör geben, zumal da iedermann, der unsere Gegend siehet, ein gar schlechtes Urtheil fället. Der Herr Commissarius ist der gedachten Sache wegen nach Savannah gereiset, und hätte mich gern mitgenommen, um zu sehen, wie weit man beym Herrn Causton und andern hierin kommen könnte: meine Umstände aber wolten es nicht zulassen, von der Gemeine auf einige Tage wegzureisen. Das kalte Wetter scheinet ietzt völlig nachzulassen, und ists auch des Nachts warm und angenehm.

Man trifft sich täglich, um die gemeinsame Arbeit zu besprechen. Die Salzburger wollen sich als dankbare Bürger erweisen. Niemand entzieht sich den festgelegten Produktionsrichtlinien in der Landwirtschaft. Jetzt im Februar sollen endlich Indianisches Korn und Bohnen angepflanzt werden. Bürgermeister Causton will das so. In Carolina wird erst später ausgesät und angepflanzt. Die Frauen der Salzburger wollen mitarbeiten. Sie haben sich Felder zuweisen lassen, um Beete anzulegen.

Heute nach dem Nachmittags-Gottesdienst ist Christian Steiner, der lange kranck gelegen, gestorben. Er war ein fleissiger Arbeiter, und hat sich auf seinem Krancken-Bette unterweilen bekümmert, daß er an der Feld- und anderer Arbeit durch diese Kranckheit gehindert würde, und müste andern zur Last liegen. Die neuen Saltzburger haben eine grosse Begierde, bald im Acker arbeiten zu können, zumal da die Saat-Zeit immer näher heran kommt. Jetzo sind sie noch mit Hinaufbringung ihrer Provision beschäftiget, womit es theiles wegen des weiten Weges, theils wegen des starck laufenden Strohms etwas schwer und langsam hergeht. Einige, die etwas Zeit gewinnen, helfen andern im Acker-Bau, wie denn auch die erstern Saltzburger grosse Liebe gegen die ankommenden spüren lassen.

Zugesagt wird, dass bald der Zimmermann aus Savannah eintreffen soll. Drei Häuser hat er gebaut, jetzt soll er die drei genehmigten Gemeinschaftshäuser errichten. Gronau wohnt immer noch in seiner Hütte, deren Wände doch nicht so gut abgedichtet sind, wie er es sich erhofft hatte, aber zum Glück ist er nicht krank geworden. Demnächst sollen Schultafeln angeliefert werden. Dann kann den Kindern Lesen und Schreiben beigebracht werden. Die Nächte sind so kalt, dass die Saat erfroren ist. In der provisorischen Schule sind zwei Klassen gebildet worden. Die Kinder kommen gerne und freuen sich, wenn sie etwas Neues lernen können. Die Eltern legen Wert darauf, dass die Kinder unterrichtet werden. Den Unterricht teilen sich Boltzius, Gronau und der Lehrer Ortmann.

Viele Säcke mit Pflanzensamen sind auf der letzten Schiffsreise durch das Salzwasser vernichtet worden. Wahrscheinlich waren sie an Bord schlecht verstaut. Was an Samen brauchbar ist und eingesät wird, blüht nicht auf. Dabei war die Anschaffung für die Spender nicht billig. Die Nächte sind noch kalt, aber die Regentage sind angenehm warm. Das ist gut für das Land. Die Salzburger haben wenige Stunden entfernt von Eben-Ezer Pfirsichbäume entdeckt. Sie dürfen sie ausgraben und in ihrem Ort einsetzen. Bisher gibt es in der ganzen Kolonie keine Bäume, die essbare Früchte tragen. Viel besser sieht es in der Umgebung von Charleston und in der Stadt aus. Die reichen Engländer besitzen schöne, gut gewachsene Obstbäume. Boltzius wundert sich, dass alle Welt glaubt, bei den Salzburgern gäbe es so viele Früchte. Eigentlich wächst noch überhaupt nichts richtig. Täglich wird gerodet, alle arbeiten mit. Bei Sonnenaufgang brechen die Salzburger auf, wenn es zu heiß wird, gehen sie zurück. Die Arbeit ist anstrengend. Die Stürme nehmen zu. In Eben-Ezer sind die Böen nicht ganz so kräftig wie im Umland, denn der Ort ist von hohen Wäldern umgeben.

Alte Salzburger kommen zu Boltzius. Ob er einen Dankesbrief verfassen könne? Ihnen wurde neulich Balsam ausgeteilt, ein Heilmittel für fast alles. Zwifler empfängt einen Kasten mit Arzneien. Ein medizinisches Lehrbuch, das Boltzius in zwei Exemplaren besitzt, gibt er an den Apotheker ab. *Doktor Richters Unterricht vom menschlichen Leib und Leben.* Zwifler wird das Buch sehr nützlich sein.

Es hatte sich der Mann, den Hr. Causton zum Bretter-Schneiden hergeschickt, nebst seinem Knecht im Walde verloren, war aber von einem

Saltzburger, der ihn ohngefehr angetroffen, wieder auf den rechten Weg gebracht worden. Er meldete nach seiner Zurückkunft, daß er bey seiner Verirrung gutes Land von mehr als tausend Aeckern angetroffen hätte, und wundere er sich, daß solcher Ort hier in EbenEzer nicht bekannt sey, da er doch nur eine Stunde von hier liege. Damit man nun hinter die Wahrheit kommen möchte, so ging der Herr Commissarius nebst mir und zwey Saltzburgern in selbige Gegend, fanden aber alles so wässerich und schwammich, daß es zum Ackerbau nicht zu gebrauchen, war auch gar ein schmaler Strich, so, wie es uns schon vorher von einigen Saltzburgern, die alle Gegenden wohl durchsuchet und das beste hin und wieder ausgelesen haben, war beschrieben worden. Hin und wieder haben die Leute am Flusse einige Stückchen gutes Land gefunden, doch, weil auch viel Sand darunter ist, will der Same nicht recht fortkommen.

Es sind keine guten Tage mehr. Madreiter hat Schwellungen an beiden Füßen bis zur Hüfte hinauf. Die Medikamente helfen ihm auch nicht gegen seinen Herzdruck und den schlimmen Husten. Auf dem Postweg kommt die Nachricht von der Einberufung des Fort-Kommandanten in Ogitzschy. Die spanischen Indianer bereiten offensichtlich einen Angriff der Kolonie Georgia vor.

Schopacher stirbt.

Als Boltzius in dessen Haus kommt, ist er schon tot. Zwifler teilt an die Salzburger Selleriewurzeln aus, er hat sie mit einigen Heil-Kräutern am Savannah-Fluss gefunden. Die Nächte sind immer noch eiskalt, tagsüber leiden alle unter großer Hitze. Die Feuchtigkeit dringt in die Holzhäuser, viele Siedler haben weder Bettwäsche noch Betten. Alles ist feucht. Beide Schweighofers sind krank. Sie hatten Wildfleisch gegessen. Wer kümmert sich um ihre drei Kinder? Einige Salzburger waren auf die Jagd gegangen und haben einige Rehe geschossen.

Madreiter stirbt. Boltzius notiert den 30. April als Todestag.

Immerhin sind die nächsten Lebensmittelkontingente zugesagt. Der Bürgermeister will auch einige schlachtreife Ochsen zur Verfügung stellen. Die letzten von ihm gespendeten Ochsen und einige Kühe waren in den Wald gelaufen. Jetzt werden Leute losgeschickt, um sie zu suchen. Drei entlaufene Pferde werden gefunden, die Rinder bleiben spurlos verschwunden. Ein Indianer bringt das Pferd von Boltzius zurück, das entlaufen war. Er erwartet als Belohnung einige Flaschen Rum. Stattdessen wird er bewirtet und mit etwas Geld beschenkt. Rum gibt es nicht. Der Indianer ist zornig. Er gestikuliert wild. Er ist betrogen worden. Aber Rum schenken die Salzburger nicht aus, schon gar nicht an die Indianer, die im Rausch so schnell aggressiv werden.

An diesem habe ich eben dis observiret, was man mir schon von mehrern gesaget hat, daß sie nemlich, so lange sie nüchtern sind, sich stellen, als verstünden sie kein Englisch, wenn sie aber zu viel getruncken haben, so ist ihnen die Zunge gleichsam gelöset. Dieser Indianer sprach mit mir durch einen Dolmetscher, ob er wol die Englische Sprache selbst ziemlich reden kann.

Die Suche nach den Kühen und Ochsen bleibt weiter vergeblich. Die Leute kehren enttäuscht aus den Wäldern zurück. Aber die neue Brücke ist seit heute begehbar. Der Wasserstand ist so weit gefallen, dass die Pfosten in den Schlick gesetzt werden konnten. Wer mit dem Pferd aus Savannah kommt, spart sich so große Umwege, vor allem wenn der Fluss anschwillt. Zwei Pflanzer aus Carolina schauen vorbei. Einer will nach Genf reisen, er wird die Briefe aus Eben-Ezer nach London mitnehmen und dort ein gutes Wort bei den *Trustees* einlegen. Die Salzburger brauchen unbedingt ein neues, ein besseres Land. Das haben sie immer wieder gesagt, Boltzius hat deshalb schon öfter nach London und Augsburg geschrieben. Er ist sich ganz sicher, dass London die Genehmigung für eine neue Stadtfläche und für bessere Äcker und Felder erteilt. Land gibt es genug, gutes Land, aber es muss ausgemessen werden.

Herr Causton kam diesen Nachmittag zu uns, und brachte so wol den Hrn. Capitain Thomson, der die letzten Saltzburger von Rotterdam nach Londen gebracht hat, als auch zwey andere Einwohner von Savannah zu uns, denenselben, davon zwey nach Londen zurück gehen, unser Land zu zeigen. Man hat auch dismal nicht unterlassen, ihnen die Umstände der Saltzburger und ihr schlechtes Land, theils aus Erfahrung, theils nach Aussage anderer angesehenen und verständigen Engländer, vorzustellen. Der Herr Capitain Thomson wird hoffentlich berichten, wie er es hier befunden, weil wir ihn für einen unpartheyischen Mann, der die Saltzburger, nach ihrem eigenen Bekenntniß, liebet, ansehen. Die Provision, die Herr Causton nur bis an unsere Landung durch die Engländer bringen lässt, macht so viele Unkosten, daß man sich darüber verwundert, und haben hernach die armen Leute mit Herbringung derselben doch noch viele saure Tage, so, daß man von ihnen in einem besondern Verstande sagen muß, daß sie wol recht im Schweiß ihres Angesichts bey der ietzigen grossen Hitze (da sie täglich theils auf ihrem Rücken etwas hertragen, theils mit einem kleinen Wagen herführen) ihre Provision essen müssen. Wäre man näher am Flusse, würden weder so grosse Unkosten, noch auch so viele Beschwernisse nöthig seyn. Das beste, was man von unserm Lande sagen kann, ist dieses, daß es gute Vieh-Weide gebe und gar plaisirlich ist.

Mit dem zweiten Salzburger-Transport kommen geschickte Handwerker nach Eben-Ezer. Nikolaus Rieselsperger und ein Mann mit dem Namen Rothenberger können fast alles herstellen, sofern sie Handwerkszeug haben. Ein Nachbar gräbt einen Keller, findet aber eine frische Wasserquelle. Ganz rein ist das Wasser nicht, es taugt aber zum Gießen der Gärten. Der Keller wird nicht mehr ausgehoben. Ein Engländer, verlobt mit einer Indianerin, erzählt, dass ein Indianer die entlaufenen Rinder gesehen haben will. Sechs Kühe und vier Ochsen: ein Wunder, wenn sie gefunden werden. Es geht voran. Zwei Kühe tauchen wieder auf. Ein paar Salzburger verfügen noch über einige Rinder, die Milch geben. Sie produzieren die so rare Butter. Ein Schmied, ein Schlosser und ein Drechsler sind unter den neuen Siedlern. Riedelsperger kann gerben. Ein Schuhmacher meldet sich. Fässer können inzwischen gebaut werden. Boltzius legt Listen an, in die er den Wert für die enteigneten oder zwangsverkauften Bauernhöfe in Salzburg einträgt. Vielleicht gibt es später einmal Verhandlungen über eine Wiedergutmachung. Es ist sinnvoll, jetzt schon die Forderungen zu erfassen. Die Briefe werden Herrn Thomson nachgeschickt; vielleicht erreichen sie ihn noch vor der Abreise, damit er sie nach London und nach Augsburg weitersenden kann. Bürgermeister Causton hat einige Scheffel Reispflanzen gestiftet. Er macht die Auflage, Bäume, Büsche und Wurzeln in einem Sumpfgebiet zu entfernen und dort versuchsweise Reisfelder anzulegen.

In den Wäldern werden wieder Bären und Wölfe entdeckt. Noch halten sie sich von den Rindern fern. Boltzius erfährt, dass einige Wechsel über größere Beträge in Charleston nicht angenommen werden. Es stellt sich heraus, dass sie von einem Falschmünzer hergestellt wurden. Er besitzt noch fünf solcher Papiere, die möglicherweise wertlos sind. Endlich treibt der Pflanzer Bryan aus Carolina fünfunddreißig Kühe und fünfunddreißig Kälber nach Eben-Ezer, die schon längst zugesagt worden waren. Die Tiere werden unter den Salzburgern verlost. Wer eine Kuh oder ein Kalb erhält, macht sich an den Bau eines Stalls. Die Rinder sind im Gehege wild. Werden sie aber mit Salz in den Stall gelockt, sind sie schnell ganz zahm. Niemand im Land baute bisher Ställe. Von einer wirtschaftlichen Viehhaltung aber verstehen die Salzburger mehr als die Engländer in Georgia. Das Wetter ändert sich ständig. Wolkenbrüche und Wind sind äußerst unangenehm.

Nach der überaus grossen Hitze ist diesen Nachmittag ein sehr starckes Donnerwetter entstanden. Der Wind, welcher dabey wehete, war so ungestüm, daß der Regen fast durch alles durchgedrungen, und das Gewächse in den Gärten fast alles darnieder geschlagen ist. Bey solchen Umständen sind wir in unsern schlecht verwahrten Häusern elend dran, denn da der Regen durchdringet, so kann man fast nichts trockenes in denselben behalten. Auch selbst meines lieben Collegen Haus, welches unter allen am besten gebauet, ist doch nicht so verwahret, daß nicht der Regen häufig durchdringen solte. Mr. Bryan, der neulich die Kühe hergebracht hatte, kam heute von Savannah wieder zurück an unsern Ort, theils das Geld für einige besonders mitgebrachte Kühe zu empfangen, theils aber sich zu erkundigen, ob er den Saltzburgern, die er liebet, noch mit mehrern Kühen dienen könnte. Weil die Leute gewohnt sind mit Kühen umzugehen, und sie sich dieselben auf allerley Weise in dieser Wüste zu Nutze machen können; so wurden noch dreyzehn Stück mit so viel Kälbern von ihm verlanget, die er ihnen auch für baare Bezahlung überlassen will, weshalb einige Männer mitreisen müssen. Milch und Butter ist gar theuer hier im Lande, sonderlich bey uns, da wir von andern Leuten so weit entfernet sind. Überdem haben sie auf dem schlechten sandigten Erdreich des Viehes gar nöthig. Der Brettschneider, der neulich aus seiner Arbeit gegangen, ist heute mit seinen Knechten wieder zu uns gekommen, seine Arbeit fortzusetzen. Und weil er sechs Knechte mitgebracht, so wird er hoffentlich den Saltzburgern mit Zumuthung einiger Hülfe bey seiner Arbeit nicht beschwerlich seyn. Es sind ietzt zwey Indianer bey uns, die vor einigen Tagen in Haberkorn viele Ungelegenheit gemacht haben. So lange sie nüchtern sind, ist nichts übels zu besorgen, sondern sie halten sich unter uns stille, und geniessen alle mögliche Liebe. Man hat vernommen, daß der hergekommene Brettschneider dem einen Indianer starckes Getrancke, Rohm genannt, für einen Dienst versprochen habe; ich habe ihm aber sagen lassen, daß er sich in acht nehmen möge, wider die Ordre der Herren Trustées zu handeln, als welche durch Verbietung dieses starcken Geträncks denen Unordnungen unter Christen und Heyden vorbeugen wollen. Diejenigen Saltzburger, die einiger Kühe wegen nach Pellichokelis gereiset waren, sind wiederkommen, und wissen von der Freundlichkeit des Hrn. Bryans viel zu rühmen, haben auch funfzehn schöne Kühe mit eben so viel Kälbern hergebracht. Wir warten mit Verlangen auf denjenigen Mann, der von Herrn Causton Befehl hat, vierzehn Stück fette Ochsen an unsern Ort zum Schlachten zu bringen, weil Saltzfleisch in dem sehr heissen Wetter zu essen nicht gesund seyn kann.

So kommen und gehen die Tage in Eben-Ezer. Die schwangeren Frauen und die Frauen im Kindbett erhalten Extraportionen von Rindfleischsuppe, weil sie sehr schwach sind. Die Kühe werden mit Seegras gefüttert, es bekommt ihnen gut. Inzwischen gibt es Sicheln und Rechen, um Heu zu machen. Für die Viehzucht eine große Verbesserung. Eine Sägemühle, die früher einmal gebaut wurde, verrottet zusehends, weil sie nicht für den Gezeitenhub angelegt war. Wegen Ebbe und Flut ist es unmöglich, neue Mühlen zu bauen. Drei Männer aus Purrysburg treffen völlig entkräftet ein. Sie hatten sich in den Wäldern und Sümpfen verlaufen, hörten dann aber das Singen der Salzburger. Sie folgten dem Gesang und fanden Eben-Ezer.

Der Dolmetscher, der den Indianerkönig nach London begleitet hatte, lebt nicht mehr. Die Nachricht stimmt die Siedler traurig, aber der Tod ist ihr ständiger Begleiter in Georgia. Der Herr hat gegeben, er wird auch nehmen. Es ist auch ein ständiges Auf und Ab in der Natur, es gibt keine Verlässlichkeit. Das Land macht, was es will.

Weil Schuhe immer noch unbezahlbar sind, schnitzen die Salzburger Holzpantoffeln, die mit einem kleinen Riemen am Fuß befestigt werden. Gehen und stehen lässt es sich mit ihnen, aber für die schwere Landarbeit taugen sie nicht. Das Korn, die Bohnen und die Kürbisse wachsen gut. Ein Ochse wird geschlachtet. Sechs Ochsen sollen als Zugtiere für die Arbeit genutzt werden. Die Sägearbeiten kommen gut voran. Jetzt endlich liegt genug Baumaterial da, um die Gemeinschaftshäuser und ein besseres Haus für Gronau zu errichten. Boltzius wird ungeduldig. Der Gouverneur soll endlich die Genehmigung für einen Umzug der Siedlung erteilen. Das kann nur Oglethorpe entscheiden. Alle warten auf ihn.

Es hat ja keinen Sinn, das knappe Geld in neue Häuser zu investieren, wenn wirklich ein Umzug der Gemeinde anstehen sollte. Aber niemand weiß das genau. Viele Briefe sind unterwegs. Irgendwann einmal wird die Entscheidung fallen. Dann wird der Brief mit der Genehmigung eintreffen, endlich eine neue Stadt zu bauen.

Ein Gewitter zog eben über das Land. Die schweren Wolken kamen weißgrau angeflogen, dann verwandelten sie sich in tiefschwarze Gebirge am Himmel. Der Wolkenbruch war so stark, dass die Gärten wieder einmal überschwemmt sind. Viele Pflanzen sind vernichtet. Boltzius erlebt das zum dritten Mal.

Ruprecht Steiners Kind ist tot.

Es konnte keine Nahrung mehr bei sich behalten. Zwiflers Pulver konnte nur die Schmerzen etwas lindern.

Nach dem starken Regen wieder Dürre. Die Felder vertrocknen. Die Ernte auf den sandigen Flächen am Fluss wird knapp ausfallen, obwohl sie doch gedüngt wurden. Die Indianer, die gelegentlich vorbeikommen, werden aufdringlich. Einer dringt in das Haus von Boltzius ein und bettelt um kleine leere Flaschen. Ständig betteln die Indianer, obwohl sie verpflegt werden. Für die Kranken in der Gemeinde schicken die Londoner zwölf Dutzend Maß Madeirawein. Er wird als Arznei verwendet. Noch gibt es viele Kranke in Eben-Ezer.

Die umstrittenen Wechsel sind eingelöst worden, Boltzius kann aufatmen. Die Lage ist noch nicht hoffnungslos. Sie sind auf ihrer langen Reise immer beschützt worden. Weshalb soll ihnen jetzt der Segen, der auf ihnen liegt, weggenommen werden? Sie singen und sie beten und sie arbeiten. Die Unwetter ziehen heran und sie ziehen weg. Die Flüsse schwellen an und sie schwellen ab. Kinder werden in Eben-Ezer geboren und Kinder sterben in Eben-Ezer. Morgen ist ein neuer Tag.

XI. Salzburg

Was alles wird über die Köpfe der Salzburger hinweg geschrieben und verhandelt und beschlossen! Der Kaiser in Wien solle endlich den Fürsterzbischof in die Schranken weisen. Die Evangelischen Delegationen und Gesandten bei dem Regensburger Reichstag stellen Forderungen. Preußen und England schalten sich ein. Die Generalstaaten schalten sich ein. Wenn der Fürsterzbischof die Evangelischen so schlecht behandelt, dann könnten sie ja die Katholiken in ihrem Land ähnlich schlecht behandeln. Die ersten Pläne dafür liegen vor. Niemand soll gegen seinen Willen zum Verlassen des Landes gezwungen werden. Wer bleiben will, soll mindestens drei Jahre lang bleiben dürfen. Es ist ja vieles zu regeln. Die bischöflichen Hofbeamten schreiben zurück. Sie wehren sich gegen jede Einmischung von außen.

Weg sollen sie, die Rebeller, schnell aus dem Land, fort!

Notfalls mit Gewalt! Bisher hat das gut funktioniert. Die Schlimmsten sind ja schon vertrieben. Das muss nicht öffentlich zugegeben werden. Aber so und nicht anders muss gehandelt werden. Niemand lässt sich gerne androhen, dass der englische, der preußische und der dänische König sich einschalten werden, falls der Kaiser in Wien nicht energisch genug durchgreift. Den Evangelischen schwirrt der Kopf. Sie besprechen die Lage ganz offen, wenn sie sicher sind, dass keine Spione dabei sind. Aber ganz sicher sind sie nie. Die protestantischen Staaten drohen, sich gegen die katholischen Länder zu verbünden und den Salzburgern zu helfen.

In Innsbruck teilt der kaiserliche Geheime Rat und Vizekanzler des Kaisers, Johann Franz von Gentilotti, dem Salzburger Landesherrn unmissverständlich mit, der Kaiser sei über die bischöfliche Vertreibungspolitik äußerst beunruhigt. Sie stört seine außenpolitischen Pläne. Die bisherigen Maßnahmen im Fürsterzbistum seien überzogen, das Verfahren sei barbarisch. So geht es hin und her. Die Aufregung in Europa nimmt zu. Der Kaiser bemüht sich um Vermittlung. Zugleich mahnt er an, den Westfälischen Frieden zu beachten. Der Fürsterzbischof gibt sich verblüfft. Alles sei doch genauestens beachtet worden. *Ich schütze doch nur Bürger und Staat in Salzburg.* Dem Kaiser werde es bestimmt gelingen, die evangelischen Delegationen in Regensburg von der Richtigkeit und Angemessenheit des Vorgehens der Salzburger Regierung zu überzeugen. Man behalte doch nur die Rädelsführer in Haft. Alle anderen seien bekanntlich frei. Sie dürfen sogar ihre Besitzangelegenheiten regeln. Was man denn sonst noch von der Salzburger Regierung verlangen wolle?

Aus England trifft die Nachricht ein, der König in London wolle die verfolgten Salzburger beschützen, ihnen Freiheit und Bürgerrechte schenken und ihnen Land in der neuen Kolonie Georgia anbieten. Auch aus Preußen ist zu hören, dass ein Angebot an die Verfolgten auf dem Weg sei. Dann liegt das Angebot Friedrich Wilhelms auf dem Tisch.

Wir ersuchen auch alle Chur-Fürsten, Fürsten und Stände des Reichs, deren Lande durch besagte Emigranten werden berühret werden müssen, dieselbe frey, sicher und unaufgehalten passiren, ihnen auch zu Fortsetzung ihrer mühseeligen Reyse dasjenige, was ein Christ dem andern schuldig, erweisen zu lassen, geruhen; gestalt Wir solches bey allen sich dazu findenden Gelegenheiten danckbarlich zu erwiedern willig und bereit sind; übrigens aber oft erwehnten nach Unsern Landen gehenden Saltzburger-Emigranten hierdurch die gnädigste Versicherung ertheilen, daß denselben zu Regenspurg, wie auch folgends in Unserer Stadt Halle, und so weiter durch Unsern zu ihrer Führung abgeordneten Commissarium die ordinaire Diäten gleich andern, nach Unsern Preussisch Landen vorhin abgegangenen Colonisten, nemlich für einen Mann täglich hiesigen Geldes vier Groschen (oder funffzehn Kreutzer) für eine Frau oder Magd drey Groschen, (oder eilff Kreutzer, einen Pfennig) und für ein Kind zwey Groschen, (oder sieben und einen halben Creutzer) gereichet, ihnen auch bey ihrer Etablirung in Preussen, alle diejenige Freyheiten, Privilegia, Rechte und Gerechtigkeiten, welche anern Colonisten daselbst competiren und zustehen, ebenfalls zu gute kommen sollen. Daferne auch wider alles bessere Erwarten sie an dem Abzuge verhindert, oder auch, daß sie an ihrem hinterlassenen Vermögen verkürtzet oder beeinträchtiget, und des vollständiges Genusses derer Friedens-Schluß-mässigen Beneficiorum widerrechtlich priviret werden wolten; So wollen Wir solches nicht anders, als wann es Unsern angebohrnen Unterthanen wiederfahren wäre, achten und halten, und sie desfalls durch die dazu überflüssig in Händen habende Mittel und Wege Schad- und Klag-loß stellen, in der gesicherten Hoffnung, es werden alle Evangelische Puissancen, wo nicht bereits ein gleiches darunter resolviret haben, dennoch Unserm Exempel folgen, und Uns allenfalls in dieser Sache mit allem behörigen Ernst und Nachdruck, wenn es dessen bedürffen solte, assistiren und beystehen …

Berlin, den 2. Febr. 1732. Friedrich Wilhelm

Der Reichstag berät. Der Kaiser sondiert. In Berlin und London wird verhandelt. Der Dänische König droht erneut Repressalien für die Katholiken in seinem Land an.

Se. Königliche Majestät von Schweden schicketen auch einen Befehl nach Cassel: Man solte alle Papisten aufschreiben, die sich in den dasigen Ländern aufhielten. Man that auch solches, und fand, daß sich ihre Zahl auf dreyssig tausend belauffe. Ihro Hochmögenden die Herren General-Staaten von Holland legeten ihren Ernst hierinn nicht weniger an den Tag. In Hollands ists allen Religions-Verwandten erlaubet, ihren GOttes-Dienst öffentlich zu halten; nur den Papisten nicht. Diese müssen in ihren Privat-Häusern zusammen kommen, wenn sie nach ihrer Art GOtt dienen wollen. Aber an einigen Orten waren sie weiter gegangen, als es ihnen sonst verstattet gewesen. Man nahm ihnen daher diese angemaßte Freyheit wieder. Diß geschahe insonderheit an den Orten, welche die Holländer in den Österreichischen Niederlanden inne haben. Hier hatten die Papisten noch viele Kirchen im Besitz. Man schickete aber bey diesen Umständen einen Befehl dahin ab, und ließ verschiedene Papistische Kichen verschliessen. Diejenigen Papisten, die in der Meyerey bey Hertzogenbusch wohnen, kamen bald darauf mit einer Bitt-Schrifft ein, und baten, man möchte ihnen doch die freye Religions-Übung lassen, wie vorhin. Aber man schlug es ihnen rund ab.

Auge um Auge, Zahn um Zahn. In Salzburg gilt weiterhin der kommende St.-Georgs-Tag als letztes Datum für die allgemeine Ausreise der

Lutherischen. Die Regierung tue mehr, als sie müsse, heißt es. Diplomatische Noten gehen hin und her. Die Kanzleischreiber sind mehr als ausgelastet. Die Lampen werden nicht mehr gelöscht. Boten sind ständig unterwegs. Diplomaten verhandeln Tag und Nacht. Die Deportation von mehr als 22 000 Menschen aus ihrem Land wird deshalb kaum verzögert. Die Vertreibung verläuft wie geplant. Der Preußenkönig Friedrich Wilhelm entsendet als seinen Kommissar Johann Göbel nach Regensburg. Während er letzte Forderungen stellt, erscheinen schon gedruckte Mitteilungen, Göbel sei beauftragt, die Salzburger Protestanten nach Preußen zu bringen. Er fordert die Salzburger Regierung unmissverständlich auf, Familien nicht mehr zu trennen. Wer nach Preußen auswandern will, muss auswandern dürfen: sofort und ohne weitere Reglementierungen durch den Kirchenstaat. Zudem soll genug Zeit eingeräumt werden, die Vermögensverhältnisse der Evangelischen zu klären und Grundbesitz wie Gerätschaften zu einem angemessenen Preis verkaufen zu können.

Die Salzburger *Rebeller* wollen nicht mehr warten. Viele ihrer Freunde und Verwandten sind schon deportiert worden. Jetzt zirkulieren überall in den Bergen und in den Tälern die Nachrichten, auch die in Salzburg ausharrenden Protestanten seien in Preußen, in Dänemark, am Niederrhein oder in der dreizehnten englischen Kolonie Georgia, »wer weiß das schon so genau?«, herzlich willkommen. So brechen sie auf wie zu einer Flucht, ohne Besitz, ohne Habseligkeiten und ohne ihre Angelegenheiten zu regeln. Niemanden hält es noch im Land. Der Terror nimmt zu. Die Spione sind überall. Es sind Wochen des Zwangsabschieds von Familie und Freunden und Tage der massiven Unterdrückung.

Es kann alles nur besser werden.

So gehen sie fort, arm, fast panisch, für den harten Winter nicht richtig gekleidet. Niemand winkt ihnen nach. Sie winken auch nicht zurück. Wem denn auch? Ganz selten sind heimliche Abschiede zu beobachten. Über dem Salzburger Land lasten die Wolken, winterschwer und drohend.

XII.
Baiern

Viele Erinnerungen nisten im Kopf. Wenn die Salzburger zusammensitzen, dann tauchen diese Erinnerungen wieder auf und sie erzählen. Jeder hat etwas zu erzählen. Überall im Land glichen die Fragen der Bußprediger an die Salzburger dem Stil von Vernehmungen.

1728 kommen die Jesuiten in das Land, bislang galt in Salzburg ein strenges Einreiseverbot für Jesuiten. Der neue Herr des Kirchenstaats ist erst kurz im Amt. Er ist auf die Unterstützung der Jesuiten und anderer Ordensbrüder angewiesen. Die Bußprediger tragen eine schwarze Kutte, darüber einen kurzen Mantel. In der Hand schwarze Pilgerstäbe mit langen Knäufen. Sie kommen aus Tirol, beginnen ihre Aktionen deshalb in Radstadt. Vierzehn Tage bleiben sie an einem Ort. Sie nennen sich selbst *Bußprediger.* Büßen sollen die Protestanten. Die Jesuiten predigen dreimal am Tag, lesen die Messe, veranstalten Prozessionen. Auch Geißelungen werden beobachtet. Die Bußprediger stehen in den Städten auf dem Marktplatz, sie predigen in Gärten und auf freiem Feld. Eine kleine Bühne wird gezimmert, sie wird mit Tüchern und grünen Zweigen verziert. Die Evangelischen gehen an ihnen schnell vorbei. Kein Laut ist zu hören. Sie schweigen. In Werfen und Golling ist es ihnen möglich, die Bußprediger zu passieren, in anderen Orten werden sie bestraft, wenn sie nicht stehenbleiben und zuhören. Es fehlt nicht an Überwachung. Ein Amtmann ist für vierhundert Familien zuständig, jeweils zwölf werden von einem eigenen Ratsmann beobachtet.

Die evangelischen Männer stehen vor den Bußpredigern auf der rechten Seite, die Frauen auf der linken. In den ersten Tagen sind die meisten Predigten noch im Ton gemäßigt. Dann werden die Worte schärfer, die Gesten heftiger. Dann wird gegen die evangelischen Salzburger angebrüllt. Der Schulmeister muss einmal vom Friedhof einen Totenkopf herbeiholen. *Gott wird euch mit der Qual des Fegfeuers bestrafen und euch wegwerfen, so wie ich den Totenkopf wegwerfe*, schreit der Bußprediger. Die Salzburger sind entsetzt. Auch Kinder werden gezwungen, den katholischen Umhang, das Skapulier, zu tragen und den Rosenkranz in ihren Händen zu halten. Wenn die Prediger von Strafe reden, dann halten sie das Kruzifix hoch über den Kopf. Einer wirft voller Zorn das Kreuz auf den Boden.

Zur Hölle mit den Evangelischen!

Die Kinder sollen auf den Gräbern Buße tun, im Übrigen müssen sie ihre Eltern anzeigen, falls diese verbotene Bücher besitzen. Ein Marienbild wird mit einem Tuch verhüllt. Die Heilige Jungfrau will solche Ketzer nicht anschauen. *Betet den Rosenkranz!* Die Protestanten schweigen mit offenem Mund. Einige Prediger peitschen sich bis auf das Blut, das bis in die erste Reihe der Umstehenden spritzt. Unter der Kutte tragen sie kein Hemd. Am nächsten Morgen entblößen sie ihren Rücken. Keine einzige Verletzung ist zu sehen. Gott ist auf der Seite der katholischen Religion. Das ist der Beweis. Er war nur durch Betrug möglich. Das Blut ist kein Blut des Predigers. Die Geißeln sind mit scharfen Messern versehen. Die Bußprediger schlagen sich, bis die Rechtgläubigen wimmern und schreien, sie möchten doch endlich mit dieser Grausamkeit aufhören. Aber die Messerbleche sind nicht aus Metall. Alles ist Theater. Die Metallstücke sind doppelwandig und mit roter Flüssigkeit gefüllt. Die Salzburger verstehen schnell, was ihnen vorgespielt wird. Die Priester führen die Sünder im Schneckengang auf dem Feld herum. Junge Mädchen und unverheiratete Frauen müssen weiß gekleidet sein.

Auf einmal heißt es, Andersgläubige sollen aus der Gruppe hervortreten. Denn ein räudiges Schaf steckt die ganze Herde an. Niemand tritt hervor. Jeder hat Angst, dass das Volk mit Steinen nach ihm wirft. Im Wirtshaus nehmen die Bußprediger die Beichte ab. *Verführer* sollen angezeigt werden. Bibeln und ketzerische Bücher müssen abgegeben werden, damit sie verbrannt werden können. Acht Tage dauern die Beichtsitzungen an.

Diese Geschichten tragen die Salzburger in sich, als sie ihr Land verlassen. Sonst haben sie ja fast nichts dabei. Sie singen, sie beten. Hoffnung ist ihnen geblieben und die Gewissheit, dass sie dieses Tal der Finsternis bald hinter sich lassen können. In Dänemark, in England, in den evangelischen Fürstentümern, in den paritätisch verwalteten Reichsstädten, in Preußen: Überall wird für die Salzburger gesammelt.

Die ersten Vertriebenen stehen in der Silvesternacht 1731 vor den Toren Augsburgs. Sie werden nicht eingelassen. Die Nacht ist sehr kalt.

Im gesamten Deutschland werden Kollekten erhoben. Wer nicht freiwillig für die Exulanten spenden will, wird angezeigt. Es gilt eine Frist von acht Tagen. Vierzigtausend Reichstaler kommen schnell zusammen. In den Generalstaaten wird gesammelt, von überallher kommen Geldbeträge für die Emigrantenkasse nach Regensburg. Der englische König schickt dreitausend Gulden, die Stadt Hamburg über achtzehntausend. Die Holländische Kirche bringt dreihundertachtundreißig Gulden auf. Ein Kaufmann in Asien schickt über Venedig zwanzig Gulden.

Einen Monat nach der Ankunft des ersten Trupps vor Augsburg wird Johann Göbel vom Preußischen König zum Staatskommissar für alle Salzburger ernannt, die nach Preußen auswandern wollen. Er soll ihnen entgegenreisen und dafür sorgen, dass keine weiteren Verfolgungen der Emigranten stattfinden. Jeder Vertriebene erhält Zehrgeld. Männer empfangen jeden Tag vier Groschen, Frauen drei Groschen, Kinder zwei Groschen. Das müsste fürs Erste reichen. Einige Flüchtlingskommissare reisen aus Holland im Auftrag des dortigen Königs nach Augsburg, Kaufbeuren und Memmingen. Sie haben das Mandat, bis zu vierhundert Salzburger nach Holland zu bringen. Niemand will in dieses Land am Meer reisen, bis auf einige fünfzig, von denen sich ein paar bereits bis Ulm durchgeschlagen haben sollen, während andere noch in Kaufbeuren darauf warten, wie es in ihrem Leben weitergeht. Unkoordiniert werden immer neue Transporte mit Salzburger Exulanten angekündigt. Im Juli 1732 stehen weitere achthundert Emigranten auf dem Lechfeld. Niemand weiß, wie viele noch kommen werden.

Später berichten sie Göcking und ihren preußischen Gastgebern, wie die Zwangsemigration begann. Der Hofkanzler des Kirchenstaats ruft ihnen zu: *Grüßet in Deutschland Luthers Hure Katharina!* Soldaten marschieren auf, um die Emigranten bis zur bayerischen Grenze zu begleiten.

Die Glocken des Doms und der Kirchen in Salzburg läuten. Sie läuten nicht für die Emigranten.

Hier kam uns ein Herr mit fünff Stadt-Knechten entgegen, welcher alles singen, laute lesen und beten, wie auch in den Wirths-Häusern das Toback-rauchen ernstlich untersagte. Es ward auch alles Disputiren von Glaubens-Sachen und Göttlichen Wahrheiten verboten; wornach wir uns im gantzen Lande richten solten. Ihre spöttliche Reden beantworteten wir folgender massen: Wer niemand erschaffen kann, der kann auch niemand verdammen. Als wir über die Bayrische Gräntze kamen, übernahm uns ein Augspurgischer Commissarius, und führete uns bis in die Reichs-Stadt Memmingen. Daselbst wurden wir herzlich aufgenommen. Nun sahen wir erst, was Licht und Finsterniß war, da die Evangelischen Prediger uns das Wort GOttes rein und lauter vortrugen. Wir hielten uns zwey Tage daselbst auf, und man hat daselbst auf dem Rathhause einem jeden einen halben Gulden gegeben.

Göcking hört genau zu. Am 16. Mai werden in Werfen vierhundert Evangelische zusammengerufen. In vierzehn Tagen haben sie das Land zu verlassen. Die Ausstellung der Ausreisedokumente wird extra berechnet, sie kosten jeweils zwei Kaisergroschen. Am Pfingstfest beginnt die Ausreise über Golling. Noch einmal wird kassiert. In Abtenau kommen weitere zweihundert Menschen hinzu, die ausreisen müssen.

Wegen der Religion wurden wir in Golling hart angefochten. Von dannen zogen wir nach Hallein, eine Stadt zwey Meilen von Saltzburg. Hier kam eine große Anzahl Volcks zusammen, welche uns mit Spott-Worten hart zusetzten, und sagten: O ihr blinden Leute! wie übel werdet ihr betrogen. Denn ihr schnurgerade dem Teufel zugehet. Wir antworteten ihnen aber: Sie solten uns nur zufrieden lassen. Wir wollen es bey GOtt selbst verantworten. Sie würden unserntwegen vor dem gerichte GOttes entschuldiget seyn. Wir kehreten daselbst in einem Wirths-Hause ein, das Mittags-Brod zu essen: Da dem eine grosse Anzahl Glaubens-Brüder zu uns kamen. Denn nahe bey Hallein liegt der sogenannte Dürnberg, allwo lauter Evangelische Berg-Leute, oder Saltz-Arbeiter sich aufhalten. Es ist auch aus diesem Orte der bekandte Scheitberger vertrieben. Diese Leute trösteten uns hertzlich, und wünscheten uns mit vielen Thränen den Seegen GOttes an. Sie sagten zu uns: Sie wären auch willens sich bey der Herrschaft öffentlich zu bekennen, und uns nachzukommen.

In Salzburg immer neue Beschimpfungen. Soldaten wachen darüber, dass die Kinder nicht mitgenommen werden. Grau ist der Himmel über den Kuppeln der Stadt, Regen und Schnee begrenzen die Sicht. Das Nachtquartier ist nicht geheizt. Jeder Einzelne wird aufgeschrieben, jede Person muss einen halben Taler zahlen. Letzte Versuche, die Emigranten zu bekehren. Worte, Drohungen. Aber niemand konvertiert. Ein Transport geht über Teisendorf. Alle warten auf die Genehmigung des Kurfürsten, durch Bayern ziehen zu dürfen, sie warten vierzehn Tage. Am 20. Januar 1732 übernimmt der preußische Staatskommissar die Kolonne der sechshundert Exulanten. Zu diesem Zeitpunkt ist der erste Transport noch vor den Mauern der Stadt Augsburg stationiert. Die Staatenlosen haben keinen Zutritt in die paritätisch verwaltete Stadt, und auf die Versprechungen des Preußischen Königs gibt im katholischen Magistrat der Stadt niemand etwas. Anders denkt der evangelische Magistrat.

Vier Tage vor Jahresende 1731 kommen achthundert Menschen vor Kaufbeuren an. Die Stadttore sind bereits verschlossen, es ist Abend. Viele Emigranten sind zu Hause Dienstboten gewesen, sie sind ärmlich gekleidet. Draußen singen die Exulanten ihre Salzburger Lieder. Um sieben Uhr abends werden sie eingelassen, einer nach dem anderen. In Privathäusern, auch in den Wohnungen vieler Stadtpolitiker und in Wirtshäusern wird ihnen ein Quartier angeboten. Viele Salzburger tragen trotz der Kälte keine Hemden. Die Soldaten haben sie direkt von der Feldarbeit geholt und in den Transport eingegliedert. Die Kaufleute in Kaufbeuren schenken ihnen deshalb Kattunstoffe, Leinwand und Flor, damit sich die Emigranten besser vor der Kälte schützen können. Die Kranken werden im Hospital versorgt. Bücher, Kleidung, Essen, Getränke, Geld: Die Bürger Kaufbeurens sind großzügig. Einige machen spontan das Angebot, mindestens fünfzig Emigranten gegen Bezahlung in ihre Dienste zu nehmen. Weil die Quartiere nicht für alle ausreichen, werden Empfehlungsschreiben für die Nachbarstädte ausgestellt. Kempten nimmt einhundertfünzig Menschen aus Radstadt auf, Memmingen dreihundertsechsundzwanzig aus dem Bezirk St. Johann. Aus Augsburg kommt die Nachricht, einhundertsiebenundneunzig Salzburger aus Wagrain, Saalfelden, Gastein und St. Veit sollten sich auf den Weg Lech abwärts machen. Das gesamte Stadtparlament erweist den Emigranten seine Ehre. Als die Salzburger die Kirche verlassen, stehen die Ratsmitglieder Spalier.

Darauf zogen sie drey Hauffen aus der Stadt, die Begleiter giengen voran, und die Emigranten folgten Paar-weise nach. Viele Bürger aus der Stadt giengen auch mit um sie zu begleiten. Die Krancken und Kinder wurden auf vier wohlbespanneten Wagen fortgeführet, und das in die Kirchen-Becken gefallene Geld bekamen sie mit zu ihrer Verpflegung. So reyseten denn diese armen Leute am 30. December als eine Heerde Schaafe voller Gedult und Gelassenheit ihre Strasse. Zwey Hauffen kamen auch glücklich an die Oerter, wohin sie gedachten. Der dritte aber, der auf der Strasse nach Kempten begriffen war, und folglich durch des Abts von Kempten Gebiete reysen mußte, konnte für dißmal den Durchzug nicht erhalten, sondern mußte seinen Rück-Weg nach Kauffbeuern wieder nehmen. Hierüber wurden die guten Leute gar nicht ungedultig, sondern giengen mit aller Gelassenheit wieder zurück, und hielten ihren abermaligen Einzug unter mehrmaliger Anstimmung der Lieder: Eine feste Burg ist unser GOtt; und Ich bin ein armer Exulant. Man nahm sie daselbst auch nochmals willig auf, verlegete sie in das Wirths-Haus zur güldenen Crone, versorgete sie die Nacht über mit Speise und Tranck, und ließ sie des folgenden Tages in aller Stille nach Memmingen reysen. Wie man sich nun in Kauffbeuern gegen diese ersten verhalten, so hat man es auch hernachmals bey mehrmaliger Ankunfft solcher Vertriebenen gemachet. Man verlegte sie in die Evangelischen Gast-Höfe, man versorgete sie in denselben nach Nothdurfft, die Prediger gaben sich auch alle Mühe, sie zu unterrichten und zu trösten, und mit einem Worte: Man that alles, was nur immer möglich war, und nahm nach und nach mehrere von ihnen in geist- und leibliche Verpflegung auf, daß sich die Zahl derselben endlich an die hundert und dreyssig belieff.

Auch Kempten ist eine Stadt, die helfen will. Was den ersten Transporten noch nicht gespendet werden konnte, wird jetzt doppelt vergolten. Sechsundneunzig Salzburger, vor allem Dienstboten und Lehrjungen, werden eingestellt. Das Selbstbewusstsein wird gestärkt, wenn der Lebensunterhalt durch die eigene Arbeit finanziert werden kann. Wer keine Anstellung findet, wird dennoch gut versorgt. Immer wieder werden den Emigranten Geld und Medikamente, Bücher und Textilien zugesteckt. Für ihr Reisegeld wird überall gesammelt, die Eintreibung der Spenden übernimmt ein Ratsherr. Diese Exulanten sind keine Fremden, sie sind Freunde. Freunden in der Not muss geholfen werden. Da gilt für niemanden eine Ausrede. Am achten Tag des Aufenthalts werden einige Salzburger in Leutkirch einquartiert. Sie fühlen sich wie im Paradies.

Memmingen wartet auf Menschen, die im Voraus vom Kirchenstaat Salzburg als böse Menschen angekündigt wurden. Als die Salzburger kommen, entdecken die anfangs skeptischen Memminger Menschen, die nicht jammern. Sie betteln nicht. Sie halten eine strenge Ordnung ein, sind fröhlich gestimmt, sie singen, sie sind unaufdringlich und dankbar. Mehr als eintausend Reichstaler sammeln die Bürger. Denn unterwegs müssen die Salzburger immer wieder Zahlungen leisten. Für die Transportmittel, Wagen, Pferde und Futter, für Genehmigungen und Passierscheine. Die Stadtverwaltung bittet die Emigranten, ihr im Kirchenstaat zurückgelassenes oder eingezogenes Vermögen aufzulisten. Jeder einzelne Name wird aufgeschrieben. Niemand soll übersehen werden, niemand soll während der Emigration verloren gehen. Die Namensverzeichnisse helfen auch bei der Suche nach Familienangehörigen, wenn weitere Emigranten aus Salzburg kommen. Die Stadtverwaltung appelliert mit Nachdruck an die Evangelischen Gesandten des Reichstags in Regensburg, den Salzburger Fürsterzbischof darum zu bitten, das hinterlassene Vermögen an die Lutherischen auszuzahlen. Die Antwort aus Salzburg fällt vage aus. Dies werde geschehen, schreibt die Hofkanzlei. Aber sie nennt keine Frist.

So viel Gutes wie in Memmingen erwartet die Salzburger nicht überall. Schwer trennen sie sich von den Bürgern an der Iller. Sie wollen jetzt nach Augsburg aufbrechen. Dort werden sie die weiteren Entscheidungen abwarten. Sie wissen, dass sie dort vertraute Freunde treffen werden. Aber Augsburg ist noch eine gute Wegstrecke entfernt. Im Winter zeigt sich die Lechebene besonders grau und nebelig. Der Fluss und sein Grundwasser schaffen ein feuchtes Klima auch an frostigen Tagen. Das ganze Land ist von einer Eisschicht überzogen, auf die es geschneit hat. An einem Pferd sind zwei Futterkrippen befestigt, in diesen beiden Holztrögen liegen kleine Kinder. Frauen und Kinder können auf Wagen sitzen, sofern der Transport bezahlbar ist oder wenn ihn die Bürger finanzieren, die Männer gehen zu Fuß. Ein Salzburger trägt eine hölzerne Wiege mit seinem Kind auf dem Rücken. Darüber reden die Menschen noch viele Jahre später.

Am Nachmittag des Silvestertags 1731 erreicht der erste Zug der Exulanten die Stadt Augsburg. Die Salzburger erkennen im Dunst über der Lechstadt die Zwiebeltürme des Rathauses mit dem Doppeladler, die Spitzen des Doms und den Turm des Münsters von St. Ulrich und Afra. Eine kleine grüne Turmspitze, einen Steinwurf von St. Moritz entfernt, ragt über der St.-Anna-Kirche in den Winterhimmel. Von hier aus wurden ihnen Bücher nach Salzburg geschickt und seit sie in die Emigration gingen, half ihnen die Gemeinde Samuel Urlspergers mit großzügigen Spenden. Von hier kamen immer Hoffnungszeichen, von hier kam Trost.

Augspurg, eine grosse, schöne, wohlverwahrte und ansehnliche Reichs- und Handels-Stadt nahe an den Bayrischen Gräntzen. Ist ein Ort der Welt, an welchem man Evangelischer Seits diese vertriebenen Glaubens-Brüder mit Liebe und Barmhertzigkeit aufgenommen, so ists gewiß von den Evangelischen Einwohnern in Augspurg geschehen. Und je mehr man es diesen gutthätigen Hertzen zu verleyden suchte, je mehr ward das Verlangen bey denselben angefeuret, ihre Liebe Strom-weise über die Saltzburger auszugiessen. Man wird deßwegen etwas umständlicher davon handeln, wie die Evangelischen Einwohner dieser Stadt ihre Liebe gegen ihre Glaubens-Genossen an den Tag geleget. Und damit die Sache um so viel ordentlicher vorgetragen werde, wie man sich gegen diese Leute, so wol in geistlicher, als leiblicher Verpflegung verhalten, so wollen wir zeigen, was vorher geschehen, ehe man Catholischer Seits disen Leuten den freyen Duchzug und die nöthige Verpflegung verstattet, und hernach, was nachher geschehen. Man legte von Seiten der Papisten den Evangelischen allerhand Hindernisse in den Weg, den vertriebenen Saltzburgern gütlich zu thun. Und dieses währete bis auf den 15. May 1732. Aber eben dieses hatte bey den wohlthätigen Evangelischen Einwohnern in Augspurg keine andere Würckung, als diese: Man ließ sich keine Zeit, Mühe und Umstände verdriessen, seine Wohlthaten an den Mann zu bringen.

Die Stadt aber bleibt für sie verschlossen. Der katholische Teil der Stadtverwaltung weigert sich kategorisch, die *Rebeller* einzulassen. Die Kinder des evangelischen Waisenhauses spenden ihre wenigen gesparten Kreuzer. Ein Kind gibt alles ab, was es hat. Es sind zwei Gulden. Die Wirte und Bierbrauer beider Konfessionen sind spontan bereit, die Salzburger vor der Stadt einzuquartieren. Sie erklären sich bereit, die Verpflegungs- und Übernachtungskosten für fünfhundertfünfzig Menschen zu übernehmen. Die katholischen Bäckermeister und die Metzger gehen zu den Emigranten, um ihnen eine erste Brotzeit zu überreichen. Dabei ist es gar nicht einfach, zu ihnen zu gelangen.

Der katholische Bürgermeister besitzt die Schlüsselgewalt über die Stadttore, die er vorzeitig schließen lässt. Wer zu den Emigranten gehen will, muss das einzige Tor auf der entlegensten Seite der Ringmauer passieren. Man soll es den Helfern ja nicht zu leicht machen. In der Stadt wird verhandelt. Die Tore sollen endlich geöffnet werden. Die Emigranten sind durch eine Ankündigung des Baierischen Kurfürsten gemeldet, er hat ihnen freies Geleit und seinen besonderen Schutz auf kurbaierischem Boden versprochen. Die evangelische Stadtregierung protestiert gegen die Schließung der Tore. Es wird geredet, es wird geschrieben. Erklärungen gehen hin und her. Aber die Stadttore bleiben für die Emigranten versperrt. Selbst vornehme Augsburger Bürgerinnen und Bürger eilen aus der Stadt zu den Salzburgern. Dann gehen sie eben um die Stadtmauer herum, wenn es nicht anders möglich ist. Einige reiten.

Mehr als tausend Menschen begrüßen die Emigranten. Sie werden in Gartenhäusern, Sägemühlen und Wirtshäusern untergebracht. An der Spitze des Zugs geht ein Kaufbeurer Delegierter voraus. Auch er setzt sich für die Vertriebenen lutherischer Konfession ein. Der evangelische Magistrat fordert die Pfarrer der Stadt auf, sich in den Predigten mit Kommentaren möglichst zurückzuhalten und über die Vertreibung nicht zu reden. Das Klima in der Stadt ist vergiftet genug. Da soll die katholische Seite nicht proviziert werden. Wie ein Lauffeuer verbreitet sich die Information über die Ankunft der Salzburger.

Paarweise waren sie hinter dem Delegierten hergegangen: vorne die Männer, dann die Kinder, hinten die Frauen, auf beiden Seiten des Zugs von vielen Augsburgern begleitet, die dem Zug entgegengeeilt waren. Im Lazarett vor dem Gögginger Tor werden die Salzburger vom Senior des evangelischen Ministeriums, Samuel Urlsperger, herzlich begrüßt. Es wird gepredigt und gebetet und gesungen. Das kennen sie, das ist wie daheim. Urlspergers Frau ist eine der Ersten, die zu ihnen aus der Stadt hinausgeht. Katharina von Jägersberg weiß, wie sie die ersten Hilfsmaßnahmen organisieren muss. Im Schauer'schen Garten hält Urlspergers Stellvertreter eine Rede. Es bleibt aber nicht bei Worten allein.

Das Lazarett liegt eine Viertelstunde vor der Stadt, der verordnete Umweg um die Stadtmauer herum bleibt als Schikane bestehen. Die evangelischen Magistratsmitglieder der Städte Augsburg, Memmingen und Kaufbeuren bilden einen Krisenstab, um die Salzburgerhilfe wirksamer zu organisieren. Es sollen viele Vertriebene nach Augsburg noch unterwegs sein. Je früher die nachkommenden Emigranten gemeldet werden, umso leichter wird es sein, sie vor der Stadt einzuquartieren und zu verpflegen. Immer wieder wird Geld ausgeteilt. Vor allem warme Kleidung wird benötigt. Zwei reiche Familien bringen Stoffe, Mäntel und Bücher für die Salzburger. Am 8. Januar 1731 sind die ersten einhundertsechzig Salzburger versorgt. Kaum haben diese ersten Hilfsmaßnahmen begonnen, werden weitere fünfhundert Emigranten angekündigt. Bürgermeister Morell empfängt sie vor der Stadt in Haunstetten. Erneut werden die Reisedokumente geprüft, der Name jeder einzelnen Person aufgeschrieben. Einige Bürger bringen in ihren Kutschen Emigranten in die Stadt. Das ist strengstens verboten. Andere Bürger verbergen sie unter ihren Mänteln. Die katholische Stadtverwaltung ist empört. Das ist ein Rechtsbruch. *Die Salzburger haben in der Stadt nichts zu suchen.* Es gelingt, alle Salzburger in evangelischen Häusern außerhalb der Stadt unterzubringen. Die Stadttore bleiben verschlossen.

Die Postkutscher, die Boten und die Handwerker werden wie auch die reisenden Kaufleute abgewiesen. Bis auf das eine Tor bleibt die Stadt hermetisch abgeriegelt. Auch zwei vornehme Reisende auf dem Weg zum Kurfürsten dürfen die Stadt nicht betreten. Die Sperrung der Stadttore gilt für alle, auch für jene Salzburger, die von einigen Bürgern der Stadt angestellt werden sollen, um etwas Geld zu verdienen. Schließlich wird der Druck der Bürgerinnen und Bürger immer größer, deshalb werden drei Tore bis drei Uhr am Nachmittag geöffnet. Sofort strömen die Augsburger aus der Stadt heraus. Sie haben Medikamente dabei, Essen und Getränke für die Emigranten. Mehrmals am Tag gehen die Urlspergers vor die Stadt.

Die Metzger spenden mehr als zweihundert Pfund frisches Fleisch. Die evangelischen Augsburger sind empört, als sie von den Schikanen erfahren, unter denen die Salzburger während ihres Marsches zu leiden hatten. Besonders berührt sie, was ihnen der zehnjährige Bub Balthasar Brandstätter und sein Ziehvater Stephan Ballsteiner aus dem Bezirk St. Johann erzählen. Seit seinem zweiten Lebensjahr ist Balthasar ein Waisenkind. Ballsteiner, der den Jungen wie ein Vater aufgenommen hat, will ihn mit in die Emigration nehmen. Der Gerichtspfleger lehnt seinen Wunsch ab, sperrt den Knaben im zweiten Stock ein. Balthasar springt aus dem Fenster, bleibt unverletzt, rennt dem Transport nach und findet tatsächlich seinen geliebten Ziehvater, den er seitdem begleitet.

Jakob Alstetter ist auf dem Weg nach Augsburg, zusammen mit seiner hochschwangeren Ehefrau. Die Wehen setzen ein, sie muss fünf Stunden vor Augsburg zurückbleiben. Bürgermeister Morell schickt eine Hebamme zu ihr. Sofort nach der Geburt wird der Säugling katholisch getauft. Vater, Mutter und Kind aber werden vertrieben. Niemand will sie zur Herberge aufnehmen. Als dies der Augsburger Sägemühlenbesitzer Johann Arnold Wocker erfährt, lässt er sofort zwei Pferde einspannen, nimmt Betten, Kissen und Decken mit und erreicht die drei um Mitternacht. Er bezahlt die Verpflegung, stellt ein Bett für die Wöchnerin auf, holt die Familie in seine Sägemühle und nimmt sie ganze fünf Wochen auf. Später bezahlt er ihren Transport bis Oettingen, organisiert die Weiterreise und bewirtet weitere Exulanten. Überdies teilt er das Reisegeld aus, das ihm Samuel Urlsperger aus der ihm anvertrauten Salzburgerkasse mitgegeben hat. In Oettingen übernachtet auch der Preußische Kommissar Göbel, der im Auftrag seines Königs unterwegs ist. Er soll die Salzburger, die sich für Preußen entscheiden, bis nach Berlin bringen. Noch aber haben sich die Salzburger nicht entschieden, wohin sie gehen werden.

Die Lage in Augsburg ist dramatisch. Der Evangelische Magistrat der Stadt Augsburg beschwert sich beim Kaiser in Wien über die Torsperren und über die unverhältnismäßigen Auflagen gegen die Emigranten. Ein weiteres Schreiben geht an die evangelischen Delegierten des Reichstags in Regensburg. Die reichsstädtische Zutrittssperre für die Emigranten muss sofort aufgehoben werden. Immer mehr Bürgerinnen und Bürger beweisen ihre Solidarität mit den vertriebenen Salzburgern. Die Kapuziner-Mönche steigen auf die Dachböden ihrer Klöster, um alles genau beobachten zu können. Sogar die katholischen Studenten weinen, als sie erleben, wie die Emigranten singen und beten. Die Salzburger zeigen sich wie immer diszipliniert und bescheiden. Niemand drängt sich vor. Wohin sie auch immer gehen: Sie bilden lange Schlangen. Immer zwei gehen zusammen. Wer Geld oder Sachspenden bekommt, teilt sie sofort mit den anderen. Es dauert nur wenige Monate, bis sich das Wunder ereignet, von dem sie träumten. Die Staatenlosen werden Bürger der Königreiche Preußen und England. Damit rechnen nicht einmal die Katholiken. Das verändert die Lage radikal. Denn bisher gilt: Solange die Salzburger vor der Stadt einquartiert sind, bleiben die Stadttore für sie verschlossen. Sobald sie abgereist sind, werden die Tore geöffnet. Kommt der nächste Transport, werden die Eingänge wieder versperrt. Die Augsburger bringen kleine Bierfässer zu den Emigranten, Milch für die Kinder und immer wieder Geld. Diese Menschen, die nichts besitzen, bedürfen jeder Hilfe. Die Salzburger sind überwältigt von solcher Zuneigung.

XIII.
Eben-Ezer

Herr Oglethorpe hat einen sehr liebreichen Brief an mich geschrieben, der uns in unserer Meynung, daß Er noch recht väterlich gegen uns gesinnet sey, bestätiget. Er meldete unter andern, daß Er sehr wünsche, daß ich die Indianische Sprache lernen möchte, als wozu die Frau Mosgravin mir gute Gelegenheit geben würde, welcher ich diesen Brief zeigen, und sie versichern möchte, daß Er ihre Liebe und Mühe vergelten wolle. Ich kenne diese Frau gar wohl, habe auch unter andern diesen Vorschlag, durch sie zu einiger Erkäntniß dieser Sprache zu kommen, dem Herrn Hof-Prediger Ziegenhagen gethan, der auch deshalb, wie aus seinem Briefe ersehe, mit dem Hrn. Oglethorpe geredet hat. Die Frau Mosgravin ist seit kurtzer Zeit Wittwe worden, und hat in ihrer weitläuftigen Haushaltung so viel zu thun, daß sie, wie in England vermuthet worden, nicht zu uns nach EbenEzer wird kommen und sich hier einige Zeit aufhalten können, daß daher nöthig seyn würde, daß ich mich eine Zeitlang bey ihr aufhielte; welches für ietzo auch gar viele Schwierigkeiten hat.

Sonderlich liegt mir die Gemeine sehr am Hertzen, und fallen oft solche Dinge vor, die mir eine Reise von ein oder zwey Tagen schwer machen. Die Wahrheit ists, daß wir beyde Lehrer mit unsern Zuhörern in solcher Verbindung der Hertzen stehen, daß es wol auch unsere Feinde erkennen. Wolte ich nun dorthin wöchentlich auch nur einmal reisen, so gehen, wenn ich auch mit dem ledigen Boot herunter fahren will, zum wenigsten zwey Tage drauf, wo ich über Haberkorn reise, über Purysburg aber ists weiter. Man kann zwar näher zu Lande bis zu der Wohnung der gedachten Frau kommen, aber wenn es geregnet hat, ist Lebens-Gefahr dabey, weil das Pferd durch tiefe und lange Schwämme und wässerige Oerter schwimmen muß. Vielleicht werden die

Wege nach der Ankunft des Hrn. Oglethorpe ausgebessert, welches ja seyn solte, weil es die Post-Passage von Charles Town nach Savannah ist: und auf diese Weise könnte man in vier oder sechs Stunden bis dorthin kommen, sich einen Tag aufzuhalten, und zur Gemeine wieder zurück zu kehren. In etlichen Stunden könnte man so viel von ihr hören oder zu Papier bringen, daß man etliche Tage privatim daran zu lernen hätte. Die Frau Mosgravin versprach mir allen möglichen Beystand in Erlernung der Sprache, da ich ihr neulich des Hrn. Oglethorpes Brief zeigete.

Jetzt soll in Eben-Ezer ein Schlachthaus gebaut werden. Ein Backofen ist das nächste Projekt. Dazu ist Baumaterial erforderlich, das bisher wegen des Niedrigwassers im Fluss nicht hierhertransportiert werden konnte. Im Ort ereignet sich so viel, dass Boltzius nur mit schlechtem Gewissen seine zwei- bis dreitägigen Reisen nach Savannah, Haberkorn und Purrysburg unternehmen kann. Nachts blitzen Gewitter über dem Land. Es ist sehr kühl, viele Salzburger sind krank. Der Vorrat an Medikamenten wird immer knapper. Boltzius schreibt viele Briefe. An Samuel Urslperger in Augsburg, an Prof. Gotthilf August Francke in Halle, an den Londoner Hofprediger Ziegenhagen. Er berichtet, wie es hier in Eben-Ezer vorangeht. Er schreibt seine Predigten auf, protokolliert sorgfältig seine seelsorgerlichen Gespräche. In London und Augsburg wie in Halle werden seine Zeilen aufmerksam gelesen und besprochen. In den Antwortschreiben erhält Boltzius Ratschläge, Trost und Anweisungen. Es ist gut, dass er nicht allein in Eben-Ezer als Prediger ist, Israel Christian Gronau ist ihm ein guter Gesprächspartner. Er ist überzeugt davon, dass seine Freunde in Europa in Gedanken und Gebeten bei ihm sind. So lassen sich diese Zeiten des Übergangs besser aushalten. Auch mit Gouverneur Oglethorpe steht Boltzius in ständiger Verbindung, sofern eine andauernde Kommunikation mit dem prominenten und einflussreichen Reisenden zwischen England und Amerika möglich ist. Der Admiral, Gouverneur und Parlamentarier ist viel unterwegs.

Moshammer ist tot.

Die Salzburger kommen mit dem Sägen von Brettern für die Bauprojekte gut voran. Die Tageshitze nimmt zu, deshalb schaffen sie kein größeres Tagespensum, als zwanzig bis dreißig Fuß Bretter zu schneiden. Das Haus für Gronau ist fast fertiggestellt. Im Haus von Boltzius müsste endlich ein Kamin aufgemauert werden, um das Haus bei Kälte heizen zu können. Auf einer Reise nach Savannah findet Boltzius einen Lehrer für die Schule. Er vereinbart mit ihm eine Probezeit von einem Vierteljahr. Das Gehalt wird aus einer Spende bezahlt, die von einer Wohltäterin bei Hannover stammt. Sie wünscht sich ausdrücklich, dass auch indianische Kinder unterrichtet werden. Im Gepäck hat Boltzius wieder Stoffe bei sich, um Hosen und Hemden zu nähen, auch Schuhe hat er eingekauft. Die Salzburger tragen nur an den Sonntagen Schuhe. Inzwischen sind neue ABC-Tafeln und Schulbücher aus Deutschland eingetroffen. Die Anpflanzung der Potates ist misslungen. Nur Kraut ist gewachsen. Ein Pflanzer erklärt, ihr Land sei nicht gut. Ohne Dünger könne nichts auf dem kargen Boden gedeihen. Die Flut kommt und geht, das Hochwasser beschädigt die neuen Brücken. Sie werden repariert. Bald sind sie wieder zerstört. Wieder sind die Gärten überflutet und in den Ställen steht das brackige Wasser. Boltzius hat nicht mitgezählt, wie oft das Land bisher überschwemmt wurde.

Das Gemeindeboot hat im Bootsrumpf mehrere Lecks. Es ist ohnehin schwer steuerbar und kaum zu rudern. Bürgermeister Causton ließ die letzten Lebensmittellieferungen mit einem breiten neuen Boot heraufschaffen. Es fasst mehr Ladung, ist aber viel zu träge. Der Wunsch nach einem schnellen und schmalen Boot ist noch nicht erfüllt. Sechzig neue Hühner und Hähne treffen ein. Die Bohnen wachsen trotz des Hochwassers gut, sie gedeihen auch auf schlechtem Boden. Das Unkraut stört ihr Wachstum nicht. Wieder erschlägt ein Salzburger eine Klapperschlange. Boltzius zählt dreizehn Klappern. Bisher hat noch niemand von der Siedlern eine so gewaltige Schlange gesehen.

Die gar kühlen Nächte haben einige mal wieder nachgelassen, und ist es ietzt wieder des Nachts gar lieblich und angenehm: des Tages aber ists sehr heiß, und mangelt es den Aeckern, wo die Leute Rüben und andere Herbst-Gewächse gesäet, sehr am Regen. Von Mücken werden ietzt Vieh und Menschen, die sonderlich im Walde zu tun haben, sehr gequälet, womit man in den Häusern verschonet wird. Vor dem Jahr, da wir am Fluß nahe bey den Laub-Bäumen wohneten, hatten wir auch, sonderlich des Nachts, grosse Incommodität. Ausser diesen grossen und kleinen Mücken gibt es in diesem heissen und noch unbebauten wilden Lande unzehlig viel ander Ungeziefer; die meisten sind eben der Art, als in Teutschland.

Die Salzburger sind zwar stark in ihrem Glauben, aber Mutlosigkeit breitet sich unter ihnen aus. Trockenes Land ist bei Eben-Ezer nicht zu finden. Gutes Land liegt am Flussufer, das aber häufig überschwemmt wird. Boltzius leidet unter heftigen Fieberanfällen. Fast alle klagen über Fieber, das plötzlich aufflackert, dann wieder zurückgeht. Die Mattigkeit und Erschöpfungszustände nehmen zu. Inzwischen regnet es Staub. Sandstürme haben die Salzburger noch nicht erlebt. Sie bauen für die Wache in Eben-Ezer eine Hütte, in der sie eine Feuerstelle anlegen können.

Nachts ist es immer sehr kalt. Tagsüber werden Eicheln gesammelt, die an den Hängen des Roten Bergs wachsen. Die Eicheln sind viel größer als in Deutschland. Nussbäume werden entdeckt, aber die Nussschale ist dick und die Kerne lohnen kaum das Schälen. Eichhörnchen und indianische Hühner fressen sie gern. Ein Reisender bringt einen Brief von Bürgermeister Causton mit. Das Schriftstück ist nass, offensichtlich ist es ins Wasser gefallen. Er schreibt, dass weitere Hühner abgeholt werden können, außerdem steht ein Pferd bereit, das für die Feldarbeit nützlich sein wird. Überhaupt sollen Pferde nach Eben-Ezer gebracht werden. Irgendwann einmal. Bald treffen siebenundachtzig Hühner ein, auch Gänse und Enten. Boltzius lässt sie Stück für Stück zählen. Die Freude ist groß, denn einige der unlängst gelieferten Tiere sind aus unbekanntem Grund plötzlich verendet. Der Hauskamin kann bald gebaut werden, denn bei einer Exkursion in die Umgebung wurde Material für Verputzarbeiten entdeckt. Die Kamine werden bisher aus Holz gefertigt und teils mit Ziegeln, die in der Sonne getrocknet werden, oder mit einem Lehmverputz feuerfest verkleidet.

Rottenbergers Zwillingstöchter sterben.

Endlich gibt es ein neues, schlankes Boot. In Eben-Ezer wird ein großer Kienholzstapel angezündet. Es gelingt tatsächlich, Teer zu gewinnen. Eineinhalb Tonnen Teer werden gekocht. Der Maurer Tullius hat den Salzburgern die Teerherstellung aus hier vorhandenem Material beigebracht. Ein großer Fortschritt.

Mit dem ersten Mondviertel kommen Regen und mildes Wetter auf. Zwei Indianer werden vorstellig und bitten, die Schlösser ihrer Flinten auszubessern. Sie erhalten ein Frühstück und etwas Reis auf den Weg und werden zum Schmied nach Haberkorn geschickt.

Christian Schweikert stirbt.

Bald sollen in Savannah Schiffe mit elfhundert Kolonisten ankommen. Erbsen werden eingepflanzt, die ein Wohltäter aus Charleston gespendet hat. Die Reisernte fällt nicht so gut wie erwartet aus. Der Reis wird so lange gestampft, bis die Körner aus der Schale fallen, eine Arbeit für die Sklaven. Hier gibt es aber keine Sklaven. Die Salzburger denken über eine Maschine nach. Zu Hause werden Hirse und Gerste maschinell bearbeitet. Der Apotheker und Medicus Zwifler hat einen Fischotter geschossen, neunzehn Pfund schwer. Solche Fischotter haben die Salzburger bereits gesichtet: bisweilen unter Wasser, bisweilen sogar auf Bäumen. Sie tragen große Fische im Maul oder in ihren Klauen herum, manchmal auch Aale. In Pellichokelis gibt es kein Getreide mehr zu kaufen. Was übrig blieb, brauchen die Pflanzer für die nächste Aussaat. Wenn es kein Korn gibt, gibt es wenig zu essen und kein Futter für die Tiere. Endlich trifft Gronau ein, der für Boltzius und die Siedler unterwegs war. Er bringt grobe Stoffe mit. Die Armen unter den Salzburgern brauchen warme Kleidung für die kalten Nächte. Gestern Nacht gab es den ersten Frost. Am Morgen liegt eine dünne Eisschicht über dem Land. Gronau bestellt Grüße vom Indianerkönig Tomo Chachi, bei dem er übernachtet hat. Der König lebt zwar so ärmlich wie die anderen Indianer, wohnt aber in einem schindelgedeckten Haus. Seine Gastfreundschaft ist unbegrenzt. Gronau ist hingerissen. Außerdem wird er bald sein neues Haus beziehen können.

Der Wind weht kalt und heftig. Das Rudern fällt nicht leicht. Morgen geht ein neuer Transport nach Savannah, auch das neue große Boot soll endlich abgeholt werden, das Bürgermeister Causton bauen ließ. Dazu bedarf es einer stärkeren Mannschaft. Gerudert wird im Windschatten der Ufer. Inzwischen errichten die anderen Siedler Zäune um die Felder. Weil kein Feld an ein anderes grenzt, muss jeder Acker eigens umzäunt werden. Die trockenen und sandigen Felder sind deshalb umzäunt, damit die Wölfe und Bären nicht eindringen. In den Nächten bleiben die Salzburger oft draußen, weil sich der Heimweg nicht lohnt. Immer mehr Menschen in Eben-Ezer leiden am Fieber. Die Probezeit für den Lehrer ist abgelaufen, er wird nicht länger beschäftigt werden. Boltzius erklärt nicht, weshalb die Entlassung erfolgt. Die Schweine werden zum Roten Berg getrieben. An seinen Hängen finden sie viele Eicheln und anderes nahrhaftes Futter. Auf dem Weg dorthin sehen die Salzburger herrliches Land, das sie aber nicht besitzen dürfen. Ihnen wurde das Gebiet innerhalb einer Drei-Meilen-Zone zugeteilt.

Am 16. Dezember hören sie ein jämmerliches Geblöke aus dem Kälberpferch. Als die Wache hinausläuft, sieht sie einen Wolf, der auf einem Kalb sitzt. Er hat schon einige Fetzen Fleisch aus dem Tier herausgerissen. Der Wind nimmt bis zur Orkanstärke zu. Er beschädigt die Häuser, die nur auf Holzklötze gesetzt sind. Auch die Bretter auf den Dächern müssen immer wieder erneuert werden. Den Salzburgern wird empfohlen, Holzschindeln zu schneiden. Sie sind auf dem Markt sehr begehrt, und so könnte etwas Geld dazuverdient werden. Am besten eignet sich das Holz von Zypressen für die Herstellung von Schindeln. Drei Tage vor Weihnachten liegen beide Boote am Ufer.

Wieder einmal sind die Kanonen in Savannah zu hören. Ist Oglethorpe endlich wieder im Land? Nein, es wurde zu Ehren seines Geburtstags geknallt, aber der Gouverneur ist noch nicht angekommen. Einige Schüsse wurden auch dem Bürgermeister gewidmet, Causton hat an diesem Tag Geburtstag. Der Schuhmacher aus Purrysburg ist wieder hier. In Savannah liegen keine Lebensmittel für die Salzburger bereit, das Store-Haus ist leer. Dabei steht Eben-Ezer eine ganze Ladung Korn und Reis zu. Einen Tag nach Weihnachten reißt ein Wolf zwei Kälber.

Die Kälber sind in eine schöne und mit vielem Rohr bewachsene Gegend nach unserer Landung zu gethan worden. Solten sie mit den Kühen ausgetrieben werden, würden sie abnehmen und am Wachsthum Schaden leiden, weil das gute Gras um unsern Ort schon weggefressen ist. Einige haben ihre Kühe und Kälber zusammen in eine gute Weide getrieben, wo sie vor andern schön ist, und das Vieh noch keinen Schaden genommen hat. Diese Unbequemlichkeit ist dabey, daß solch Vieh wild wird, und mit Mühe aufs Früh-Jahr, oder wenn es Kälber bekommen hat, an unsern Ort getrieben werden muß. Es soll aber doch nicht schwer wieder zu finden seyn, weil einige Kühe mit Glocken am Halse versehen sind, und sie sich immer in einer Gegend beysammen aufhalten. Auch haben die Leute aus Mangel des Futters viele von ihren Schweinen in eine Gegend, wo Eicheln sind, getrieben, welche aber bald wild werden, und nun mit ihren Jungen, so bald sie einen Menschen erblicken, gleich den Hirschen weglaufen. Andere wilde Schweine werden hier im Lande nicht gefunden.

Boltzius ist stolz auf das Waisenhaus, das die Salzburger in Eben-Ezer errichtet haben. Es steht auf fruchtbarem Boden, sodass ein Garten angelegt werden konnte, gerade noch innerhalb der Ortsgrenze. Einundzwanzig Personen leben in dem Haus. Immer wieder werden für seine Bewohner Rind- und Schweinefleisch, Mehl, Korn, Reis, Salz und Bettdecken gestiftet. Das Geld ist schon aufgebraucht, aber es wird irgendwie weitergehen. Immer geht es weiter in Eben-Ezer. Die Rodung des Geländes war anstrengend. Viele Bäume, Wurzeln und Sträucher mussten entfernt werden. Das Haus besteht aus drei Zimmern. Der Hausleiter und die Witwe Schweighofer wohnen im Mittelbau. Von dort aus haben sie einen Einblick in die Buben- und Mädchenzimmer. Dem Garten zu schließt sich eine Küche mit einer Speisekammer an, hinten sind die Ställe und die Toiletten, aufgeteilt in die Kabinette für Ehepaare, für die Buben und für die Mädchen. Erstmals wurde ein Keller gebaut. Auch die Waschküche ist eine neue Errungenschaft in Eben-Ezer, das sonst keine Waschküchen hat. Samuel Urlsperger lässt Boltzius wissen, dass eine Hebamme von dem Waisenhaus gehört habe und künftig alle ihre Einnahmen für die Waisenkinder in Eben-Ezer stiften wolle. Sieben neue Kolonisten sind eingetroffen. Sie bringen aus Memmingen und Lindau Bücher, Stoffe, Balsam und Handwerkszeug mit. Eine Gottesgabe. Ein englischer Prediger, er heißt Whitefield, war einige Tage hier. Inzwischen ist er nach England abgereist, nicht ohne viele Geschenke zu hinterlassen. Er stellt der Gemeinde ein hervorragendes Zeugnis aus. Es wird nützlich sein, denn der Bau einer Kirche, eines Schul- und eines stabilen Pfarrhauses für Boltzius sind seit Langem geplant. Solche Zeugnisse sind die wichtigste Grundlage für Spendenaktionen in England und Deutschland. Boltzius schreibt in sein Tagebuch, dass von elf im letzten Jahr getauften Kindern nur noch vier am Leben sind. Insgesamt sind einundzwanzig Siedler seit der Ankunft in Georgia gestorben.

Eine Nachricht aus Savannah informiert darüber, dass Gouverneur Oglethorpe erst im Dezember in London sein Schiff bestiegen hat. Seine Verspätung hat einen triftigen Grund: Er musste oder wollte in London den Staatsbesuch des Preußischen Monarchen abwarten. Die Tage vergehen auch so wie im Flug. Die Witwe von Resch, der in den Wäldern seit Langem vermisst wird, will wieder heiraten. Eigentlich spricht nichts dagegen. Aber das Aufgebot muss in London genehmigt werden. Das wird einige Zeit dauern. Frau Schweighofer wird immer kränker, im rechten Arm spürt sie nichts mehr. Sie liegt völlig kraftlos auf ihrem Lager.

Der Schuhmacher packt seine Sachen. Er hat bei den Salzburgern in Summe ganz gut verdient und will wieder nach Hause. Wer zu arm für einen Schuhkauf ist, dem wird von Boltzius und anderen Siedlern geholfen. Die Lebensmittelvorräte sind inzwischen so knapp, dass fremde Kinder nicht mehr verköstigt werden können. Einige Salzburger kommen vom Roten Berg zurück. Sie waren zu Fuß und mit Pferden unterwegs und erzählen, dass etwa zwei Stunden von Eben-Ezer entfernt jenseits des Flusses gutes Land liegt.

Es ist Januar. Allmählich wird das Futter für die Tiere knapp. Viele Vorräte gab es nie, aber jetzt ist die Lage ernst. Heute gab es ein Gewitter, Schnee fiel. Es ist der erste dichte Schneefall, den die Salzburger in Amerika erleben. Die Heuvorräte sind verfüttert. Blätter von Rohr und Schilf fressen die Rinder kaum. Es ist besser, sie im Wald ihr Futter selbst suchen zu lassen. Natürlich besteht die Gefahr, dass sie entlaufen. Wie ein Stachel sitzt die Hoffnung auf ein besseres Land im Fleisch. Ein junger Saltzburger will Boltzius möglichst schnell das neu entdeckte gelobte Land zeigen.

Es ist wegen des trockenen Bodens sehr gut dorthin zu gehen, und ist uns dieser Spatzier-Gang um deswillen auch leicht ankommen, weil wir nun diese fruchtbare vorhin gelobte Gegend selbst gesehen haben. Was wir gesehen, ist über 2000 Morgen Landes, darauf lauter Eichen- und Nuß- wie auch andere Laub-Bäume und Arms-dicke Wein-Reben anzutreffen sind, und soll sich diese schöne Gegend noch weiter hinauf nach Pellachoccolas erstrecken. Es ist allerdings diese Gegend dem so genannten Rothen Berg und der Indianischen Hütte vorzuziehen, weil nicht allein mehr gut Land, sondern auch die schönste Vieh-Weyde daselbst gefunden wird, wie denn der Leute Kühe daselbst Tag und Nacht ihr Futter suchen und reichlich finden. Solte GOtt das Hertz des Herrn Gouverneurs Oglethorpe darauf lencken, ihnen daselbst ihre Plantationen ausmessen zu lassen, würde es ihnen leichter ankommen, ihre Häuser in dem ietzigen Eben Ezer zu bauen; wiewol es hier wegen der vielen Sümpfe fast nicht möglich ist, dort aber trockene und gantz ebene Gegenden gar leicht zu finden sind. Die Gegend scheinet gesunder zu seyn, als wo wir ietzt wohnen, weil dort das Land hoch und an einem bessern und gesundern Wasser, als unser Fluß, lieget. Kurtz, man kann es den guten Leuten gar nicht verdencken, wenn sie nach diesem Lande Verlangen haben, denn es ist, wie man wünschet, wir beyde wollen gerne zwey Jahr in der schlechtesten Hütte wohnen und unsere Häuser stehen lassen, wenn nur diese Leute in diese Gegend zu ziehen Erlaubniß bekämen.

Wieder einmal haben die Wölfe Schweine und Kälber gerissen und aufgefressen. Nur noch Körperteile liegen im Eichenwald. Sollte den Salzburgern ein neues Land zugewiesen werden, dann müssen die Wölfe vertrieben oder getötet werden. Es ist eiskalt, aber die Salzburger sollen mit dem Ruderboot die zugesagten Schweine aus Savannah abholen. Letztes Mal gingen einige Familien bei der Verteilung der Tiere leer aus.

Das Vieh muss jetzt täglich ausgetrieben werden. Rohrblätter und das hoch aufschießende Gras werden abgebrannt, um bessere Weiden anzulegen. Die Eichen und Nussbäume sind dick bemoost, Pferde und Kühe knabbern gerne daran. Das Moos dient als Futterersatz. Das wenige Korn, das in Savannah als Futter für das Federvieh gekauft werden kann, ist sehr teuer und fast aufgebraucht. Wie sollen die nächsten Tage überstanden werden? Bedrückt gehen die Salzburger in die Nacht. Aber am nächsten Tag reisen Gouverneur Oglethorpe und Kommissar von Reck völlig überraschend an. Ein Freudentag. Auch für Boltzius. Denn die *Trustees* in London haben beschlossen, sein Gehalt zu erhöhen. Zudem werden Briefe aus England und Deutschland vorgelesen, die der Gouverneur mitgebracht hat. Eine Kiste mit Medizin wird versprochen und soll demnächst in Eben-Ezer angeliefert werden. Ein Kaufmann in Charleston kündigt an, mehrere Sorten von Saatgut für die Salzburger zu schicken. Oglethorpe besichtigt das Traumland, nach dem sich die Siedler sehnen. Lieber wäre es ihm, wenn alles beim Alten bliebe, aber er lässt sich schließlich von den Wünschen nach der örtlichen Veränderung überzeugen. Das Land jenseits des Flusses kommt allerdings nicht in Frage, denn es ist den Indianern zugesagt. Denkbar aber ist es, den Salzburgern als neues Land für die Landwirtschaft wie für eine neue Stadt das Gebiet am Roten Berg und an der Indianischen Hütte zuzuweisen. Das Indianergebiet soll auf keinen Fall besiedelt werden. Am Fluss selbst dürfen sich nur Engländer niederlassen. Da viele Reisende durch das Gebiet kommen, ist die Kenntnis der englischen Sprache unverzichtbar. Damit tun sich die Salzburger aber schwer. Der Gouverneur fasst den Beschluss: Eben-Ezer bleibt zunächst die einzige Siedlung für die Salzburger, aber das Land zwischen Berg und Hütte dürfen sie landwirtschaftlich nutzen. Er wird nach London über die Lage berichten. Dort wird entschieden, ob es auch eine neue Stadt für die Salzburger gibt: näher am fruchtbaren Land gelegen, gegen Hochwasser und Dürre besser geschützt. Sollte London aber der Bitte und dem Vorschlag nicht folgen, dann kann eine neue Stadt allenfalls auf einem Hügel im Fluss errichtet werden. »Dafür reicht meine Vollmacht aus«, sagt Oglethorpe.

Der Gouverneur, selbst ein Viehzüchter in Georgia, ist von der Landwirtschaft der Salzburger sehr angetan. Er will weitere Siedler schicken, wenn die Salzburger damit einverstanden sind. Auch will er einige englische junge Männer hier ansiedeln, damit sie die Salzburger Viehwirtschaft lernen. Familien aus Purrysburg wollen ebenfalls hier wohnen, weil sie die Siedler sehr schätzen. Das bereits angebaute Land jenseits des Flusses muss wieder geräumt werden. Der englische König will seine Zusage, die er den Indianern gegeben hat, unter allen Umständen einhalten. Aber die Sache mit dem neuen Land, vielleicht auch mit einer neuen Stadt: Sie könnte in Ordnung gehen, falls London zustimmt. Die Salzburger lassen Boltzius unmissverständlich wissen, dass sie das neue Land sofort gegen das alte eintauschen würden, auch dass sie eine neue Stadt errichten werden, wenn es möglich ist.

Sollten künftig weitere Salzburger aus Europa hier ankommen, so will der Gouverneur sie nicht mehr bei Eben-Ezer, sondern am Altamaha-Fluss siedeln lassen. Dann aber, so fordert Boltzius, müssten auch neue Prediger und Lehrer gefunden werden, denn ihre seelsorgerliche Arbeit könnten sie beide, Gronau und er, nicht zwischen zwei Orten aufteilen. Wenn das so ist, sagt Oglethorpe, dann sollen die künftigen Salzburger weiterhin nach Eben-Ezer kommen. Gronau verhandelt inzwischen in Savannah mit den örtlichen Behörden. Wenn neues Land zugeteilt werden sollte, dann müssen endlich die »alten« Salzburger besser bedient werden. Sie haben es bisher nicht gut getroffen in ihrer neuen Heimat. Mit dem Boot werden landwirtschaftliche Geräte zum neuen Gelände gebracht. Alle, alle wollen dort arbeiten. Ihre Söhne wollen nicht zu Hause bleiben, wenn die Eltern die neuen Felder anlegen. Die Siedler beschließen, die Landarbeit als Gemeinschaftsarbeit fortzusetzen. Vier bis sechs Männer bereiten das Gelände vor. Es ist auch praktischer, die Verpflegung für alle vorzubereiten als für einzelne Siedler, die weit entfernt voneinander auf die Felder gehen. Das Fällen der Bäume ist sicherer, wenn nicht alle Leute aus Eben-Ezer an der Waldarbeit beteiligt sind. Denn die Bäume stürzen immer wieder in die falsche Richtung. Das ist gefährlich. Sind nur sechs Männer am Ort, dann ist die Lage überschaubarer. Der Dünger wird auf dem Rücken oder mit Schubkarren auf die neuen Felder ausgebracht, allerdings reicht der Ertrag an Feldfrüchten kaum für zwei Familien.

Boltzius schreibt für den Gouverneur neue Berichte. Zweimal kommen sie als unzustellbar wieder zurück. Morgen will sie ein Bote, der zum Roten Berg unterwegs ist, noch einmal mitnehmen. Unter den neuen Siedlern aus dem Salzburger Land sind einige Bekannte. Die Freude ist groß. Sie haben es besser getroffen als der allererste Transport, denn eine bescheidene Infrastruktur steht inzwischen zur Verfügung. Am Abend des 15. Februar entlädt sich über Eben-Ezer ein heftiges Gewitter. Der Donner ist ohrenbetäubend, die Blitze leuchten grell auf.

Boltzius bittet den Bürgermeister Causton in Savannah, die Briefe an den Gouverneur weiterzuleiten. Oglethorpe will sich das Gelände am Altamaha-Fluss ansehen. Die Planung, auf einem Hügel mitten im Fluss eine neue Stadt anzulegen, bedrückt alle Siedler. Boltzius schreibt die Bedenken der Siedler auf. Er schließt sich ihrer Meinung an.

Auch fand ichs nöthig, von der unbequemen Situation des kleinen Berges am EbenEzer-Fluss, wohin Herr Oglethorpe nach meiner Abreise aufs neue der Saltzburger Stadt zu bauen beschlossen haben soll, dem Herrn Causton etwas zu schreiben, und ihn zu bitten, ein gut Wort für unsere arme Leute mit einzulegen. Es scheinet fast fürietzo unmöglich zu seyn, daß die Leute an den EbenEzer-Fluß gesetzet werden können; Denn 1) ist das Wasser im Fluß, weil es hier sehr breit ist und viele Cypressen-Bäume darinnen wachsen, stehend, so, daß sich viel Unflath sammlet. Also ists, nach der Erfahrung unserer Leute, ungesunder als in EbenEzer. 2) Solte die Stadt hier gebauet werden, so würden der Leute Plantationes sich gar weit in die Ferne erstrecken, weil das gute Land nur an dem Ufer in einem schmalen Striche fortgehet, und ausser dem nichts als sandiges Erdreich anzutreffen ist. Wenn nun die Leute einen so weiten Weg auf ihre Plantationes zur Arbeit gehen müssen, so müssen sie nicht nur den Gottesdienst und die Erbauung in der Wochen versäumen, (welches den meisten ein fast unerträgliche Leiden seyn würde) sondern niemand würde sich auch ihrer Kühe und andern Viehes bey den Häusern annehmen. Erforderte es nun das Heyl ihrer Seelen oder andere äusserliche Umstände, daß sie etliche Tage zu Hause blieben, so würden ihre Plantationen theils durch wilde Thiere, theils durch böse Menschen, sonderlich vorbey fahrende Knechte und Mohren-Sclaven beschädiget werden, oder es müste beständig iemand wachen.

Lanfelder hat sich im Wald verirrt. Eigentlich wollte er nur Heu holen. Mit Gewehren schießen die Salzburger in die Luft, um ihm Orientierung zu geben. Männer mit Fackeln brechen auf, ihn zu suchen. Er hört nichts, sieht auch nichts. Die Nacht übersteht er, weil er ein Feuer entzünden kann, an dem er sich wärmt. Er sagt, er sei völlig verwirrt gewesen. Ratlos. Fast hoffnungslos. Das Feuer hat ihn gerettet.

Die nachgekommenen Salzburger sollen eine Hütte am Roten Berg erhalten. Dort soll bald das neue Land erblühen. In den Häusern von Eben-Ezer gibt es keinen freien Platz mehr. Kommissar von Reck ordnet an, dass Frauen, Kinder und Gepäck aus Haberkorn mit dem Boot abgeholt und zum Roten Berg gebracht werden sollen. Der Kommissar will sich unterdessen in Savannah um die Lebensmittelrationen für die alten und neuen Siedler kümmern. Das neue Land soll vom Landvermesser kartografiert werden. Zwei Männer aus Eben-Ezer sollen ihn begleiten. Peter Gruber heiratet die verwitwete Maria Moshammer. Das Leben geht weiter. Niemand soll allein bleiben.

Auf der Fahrt zum Roten Berg stirbt ein zweijähriges Kind.

Viele der neuen Siedler sind krank angekommen. Boltzius nimmt sich vor, sie möglichst schnell zu besuchen.

Einige von den Schweinen, so vor einigen Monathen verlohren waren, sind nun von den Leuten auf der andern Seite des Savannah-Flusses, dem rothen Berg gegen über, gefunden worden, wohin sie zuschwimmen, wie vermuthet wird, von den Wölfen müssen gejagt worden seyn. Auch haben sie heute die letzten Kühe aus dem Walde herzu gebracht, welches nöthig gewesen, weil nun alle Männer auf den rothen Berg zu arbeiten gehen, und nicht mehr nach solchen Kühen, wenn sie in Walde wären gewesen, hätten sehen können. Von denen ehemals verlohrnen Kühen, theils Anfangs in Haberkorn, theils in der folgenden Zeit in EbenEzer kömmt keine zum Vorschein: Auch müssen wir die beyden geschenckten Ochsen, die auch weglieffen, völlig verlohren geben.

Ein Indianer bringt am vierten März einen ganzen erlegten Hirsch vorbei. Das gab es lange Zeit nicht mehr. Das Hemd des Indianers ist zerrissen, deshalb wird er neu eingekleidet. Das frische Fleisch soll zuerst unter allen Kranken verteilt werden. Seit Neumond setzt nachts und in den Morgenstunden wieder Frost ein. Die Pfirsichblüten haben stark unter der Eiskälte gelitten. Bei Tagesanbruch fällt starker Regen, das Land weicht auf. Die Salzburger haben sich draußen am Roten Berg kleine Hütten gebaut, um sich und ihr Ackergerät vor der Nässe zu schützen.

Auch Frauen arbeiten bei der Rodung mit. Gronau, der bei ihnen ist, meldet sich mit einer Nachricht bei Boltzius: Die Männer und Frauen würden sich sehr freuen, wenn ihnen Essen und Getränke herausgeschickt würden. Sie sind hungrig und haben keine Vorräte mehr. Die Salzburger in Eben-Ezer stellen Lebensmittel für den Transport zusammen: Reis, Bohnen, zweihundert Pfund Mehl, Korn, etwas Salz und zwei lebende Schweine. Die Vorräte sehen in diesen Tagen wieder etwas besser aus, denn immer wieder kommen Indianer mit Wildbret vorbei. Drei ganze Hirsche haben sie geschossen und den Siedlern geschenkt.

Der Schneider ist schwer erkrankt. Er kann nicht mehr aufstehen. Bei einem Krankenbesuch erzählt er Boltzius, dass er mit neun Jahren das Lesen erlernt habe. Seine Eltern hatten entschieden, dass er Schneider werden solle. Nach den Lehrjahren ging er auf Wanderschaft. In Ungarn sei er zum Militär eingezogen worden. In der Gemeinschaft der Soldaten hat er – wie er erzählt – die Irrtümer der katholischen Lehre für sich entdeckt. In Siebenbürgen stationiert, hat er einige gute Predigten gehört, wofür er von den Unteroffizieren mehrfach geschlagen worden sei. Unter den Maul-Christen habe ich am meisten gelitten, weil ich lutherisch dachte. Kaum vom Soldatendienst befreit, verlangten diese Christen von ihm, jeder Mensch müsse bei der ihm angeborenen Religion bleiben. Der Schneider und einige Handwerksgesellen weigern sich. So werden sie immer wieder gedemütigt und bestraft.

Es wird noch kälter. In der Nacht dreht der Wind Richtung Norden. So kalt war es in diesem Winter noch nie. Jeder denkt an den damals so früh einbrechenden Winter, als sie aus Salzburg vertrieben wurden. Zwischen sieben und acht Uhr verdunkelt sich der Mond. Boltzius hat eine totale Mondfinsternis noch nie erlebt. Die Wölfe heulen.

Die Wölfe um unsern Ort thun noch immer dem Vieh der Saltzburger grossen Schaden. Sie haben vor wenig Tagen etliche Schweine nicht weit von den Häusern weggerissen, haben sich so gar an die Kuh-Ställe gemacht, ja sind auf dem Felde mitten unter die Kühe und Kälber gekommen, und haben gestern eine Kuh, die über Nacht von der Heerde zurück im Walde geblieben, aufgefressen. Die Leute haben sich zwar Mühe gegeben, einige nach und nach wegzuschiessen, bis dato aber ist noch wenig ausgerichtet worden. Sie sind auch wegen der Arbeit auf dem neuen Stadt-Platze nicht in EbenEzer. Die unverheyratheten Männer haben ihre Schweine und Feder-Vieh gestern mit hinaus genommen, weil sie nun dort ihre Haushaltung anstellen wollen, und hier ihr Vieh ohne genugsame Aufsicht zurück lassen müßten.

Alle verlangen nach Arzneien. Herr Zwifler ist überall gefragt. Die Grimmigerin liegt im Sterben. Die Salzburger am Roten Berg bauen ihre Hütten mit langen Schindelbrettern, so stabil sind sie, dass es fast ein Wunder ist. Sie bauen, wie Boltzius schreibt, *manierlich und compendieuse, dass ich kein Bedenken haben wollte, selbst darin zu wohnen.* Dabei stehen keine Eisennägel zur Verfügung. Es gibt keine Scharniere, keine Winkeleisen. Aber die Hütten stehen fest. Sie werden auch starken Stürmen standhalten.

Die Grimmigerin ist gestorben. Sie soll auf dem Kirchhof außerhalb der Stadt beerdigt werden. Der Friedhof ist ganz neu angelegt. Er wird umzäunt, damit Schweine und andere Tiere nicht hineinkommen. Die Siedler am Roten Berg roden das Gelände, die Hütten stehen inzwischen. Sie planen die nächsten Arbeitsschritte. Wenn die Zäune fertig sind, kann das neue Lebensmittelkontingent mit dem Boot geholt werden. Dazu Samen von Korn, Bohnen und Potates. Wenn alles gelingt, kann Anfang Mai gepflanzt werden. Bis dahin ist noch viel Gelände zu roden.

Die Krankheitssymptome sind eindeutig: Füße und andere Extremitäten schwellen an. Die Kranken sind so matt, dass sie sich vom Lager nicht mehr erheben können. Es sind Anzeichen von Skorbut. Boltzius ist tief deprimiert. Viele sind krank. Aus der Depression und Mutlosigkeit reißt ihn ein neues Schreiben von Gouverneur Oglethorpe: Den Wohltätern in England tut es sehr leid, dass es den armen Salzburgern bisher so schlecht gegangen sei. Jetzt soll für ihr Bestes gesorgt werden. Der Gouverneur erlaubt die Methode der gemeinschaftlichen Arbeit in der Landwirtschaft, genehmigt die Errichtung eines Provianthauses, verspricht ein besseres Transportboot. Er ist unzufrieden mit der Arbeit des Landvermessers. Das geht so mit ihm wirklich nicht mehr. Der hat ja seine Arbeit nicht abgeschlossen. Oglethorpe wird Druck machen. Im Übrigen folgt er dem Vorschlag von Boltzius, die Lebensmittellieferungen für die Siedler fortzusetzen und Werkzeug auf Kredit zur Verfügung zu stellen, bis aus London auch dafür die Genehmigung kommt. Der Gouverneur nimmt das auf seine Kappe. Im März kommen die Wölfe immer dichter an die Siedlung heran.

Die Wölfe nehmen an Menge und Schadenthun dergestalt an unserm Orte zu, daß die Leute von ihrem Vieh noch mehr verlieren würden, wenn sie es nicht zu seiner bessern Aufsicht an den neuen Ort führeten: Wie sie denn aufs neue einige Schweine zerrissen haben. Sie machen zur Abend-Zeit ein ungemein-häßlich Geheule. Es sind der Leute gar wenige zu Hause, und ist noch viel groß und klein Vieh hier, viele Häuser stehen ledig, welches wol die Ursache seyn mag, daß sie immer dreister werden.

Gronau macht Krankenbesuche am neuen Platz, am Roten Berg. Boltzius zieht aus seiner zugigen Bretterhütte in das Haus von Stephan Ridelsperger, der ihm seine Wohnung überlassen will, bis die Pflanzzeit vorbei ist. Dann, spätestens dann, soll für Boltzius ein eigenes Haus gebaut werden. Hier oder eben am Roten Berg. Er atmet auf. Gewitter ziehen durch, aber er glaubt, dass der kalte Frost und der Reif vorbei sind. Die Frauen setzen die Samen auf den Feldern ein, die Männer roden, und alle freuen sich darüber, dass Dunkelheit und Kälte vorüber sind. Der Apotheker Zwifler eilt zwischen Eben-Ezer und der neuen Siedlung am Roten Berg hin und her, er heilt mit Aderlässen und natürlichen Heilmitteln, von denen er immer mehr versteht. Er regt an, ein Hospital zu bauen, um die Kranken zentral versorgen zu können. Der Plan übersteigt natürlich die Möglichkeiten der Siedler. Deshalb soll den Patienten anders geholfen werden: durch eine Zusatzernährung mit Butter, Mehl, Tee und Zucker. Über dies alles verfügen sie als Einzelne nicht. Boltzius hat eine Idee. Die Kranken können nicht für sich kochen. Die Frauen sind am Roten Berg eingesetzt. Außerdem besitzt fast niemand Töpfe und Pfannen. Deshalb kocht Boltzius dreimal täglich ein nahrhaftes Essen in einem Kessel vor seiner Hütte. Er bittet gegen ein kleines Entgelt einige der Jüngeren, das Essen an die Kranken auszuteilen. Dann schreibt er am Abend einen Brief an Bürgermeister Causton in Savannah, ihm bitte wieder einmal Mehl, Butter, Zucker, Wein und Gewürze zu schicken.

XIV.
Alte Orte

Es ist nicht so, dass die Welt zwischen guten und schlechten Menschen auf einfache Weise unterscheiden kann. Der Schreiber Göcking erinnert deshalb daran, wie viele dem Papsttum und der römisch-katholischen Gesamtkirche verpflichtete Personen versucht haben, den Salzburger Exulanten zu helfen. Nicht alle Katholiken waren Mitläufer, blind folgsame Untertanen oder Befehlsempfänger, die ihr Gewissen ausschalten können.

Viele von denen, die der papistischen Religion zugethan sind, haben unsern Emigranten die Beschwerlichkeit der Reyse auf alle Art zu erleichtern sich bemühet. Diß muß man billig von vielen Hohen und Niedrigen rühmen. Insonderheit aber muß man solchen Ruhm denen lassen, die GOtt zu Häuptern über andere gesetzet, und die den geringern zu befehlen haben. Diese haben sich eben von GOtt, als Werckzeuge gebrauchen lassen, dadurch verhindert worden, daß unsere armen Saltzburger auf ihrer Reyse nicht ein Opffer ihrer Feinde werden müssen. Hätten diese nicht vielmals der Raserey unvernünfftiger Menschen Einhalt gethan, und ihrem Unternehmen gewehret; so würde die geringste Gelegenheit hinlänglich gewesen seyn, diese Flüchtlinge und verscheuchte Tauben in Ketten und Banden zu legen, in die äusserste Gefängnisse zu werffen, sie verhungern und verschmachten zu lassen, und sie noch auf dem Wege aufzureiben. Es hat dennoch genug zu thun gehabt, daß sie vor dergleichen Zufällen und Gefährlichkeiten gesichert blieben, obgleich die schärffsten Verordnungen dagegen ergangen, und alle Thätlichkeiten mit allem Ernst verboten wurden. Schimpff, Schläge, Frost, Blösse, Hunger und Durst sind die Leyden gewesen, die sie von ihren Feinden zu erdulten gehabt;

da doch die Obrigkeit und diejenigen, die etwas zu befehlen haben, solchem Unwesen mit aller Macht gesteuret. Was würde nun nicht geschehen seyn, wenn man der Unbändigkeit und Raserey solcher Leute den freyen Zügel hätte schiessen lassen?

Carl-Albrecht, Kurfürst von Baiern, stellt ein Ersuchen an den Herrscher des Salzburger Kirchenstaats, die Emigranten durch Bayern passieren zu lassen. Viele von ihnen haben die Grenze bereits erreicht. Die ihrer Heimat beraubten Salzburger sollen über Traunstein oder Reichenhall, also über die alte Salzstraße geraden Wegs Richtung Schongau und Landsberg gehen, am Lech dann das Reichsterritorium queren, ohne sich länger in Kurbaiern aufzuhalten. Niemand soll die Menschen schmähen oder beschimpfen. Schwerste Strafen drohen für den Fall der Nichtbeachtung dieser Vorschrift. Am 5. Dezember im Jahr der ersten systematischen Vertreibung 1731 verfasst der Kurfürst ein Patent, das auch die finanziellen Angelegenheiten der durchziehenden Kolonnen regelt. Sie haben sich gegenüber Baiern nicht schuldhaft erwiesen, also gilt ihnen jeder Respekt, wie er auch den katholischen Landeskindern zukommt. Das Patent wird erweitert auf jene sechzig Salzburger, die bereits Regensburg erreicht haben und die sich bei dem von Berlin entsandten Kommissar Göbel als preußische Untertanen eingetragen haben. Sie sollen durch die Oberpfalz Richtung Berlin ziehen, und auch sie stehen unter dem Schutz des Landesherrn. Unterwegs wird den Emigranten immer wieder Reisegeld ausbezahlt, sie werden verpflegt und freundlich aufgenommen. Vor allem darf kein Wegezoll erhoben werden, auch keine Einfuhrsteuer für den armseligen Besitz derer, die gerade noch höchstens ein paar Habseligkeiten mitnehmen konnten. Die meisten haben nichts dabei. Sollten Wirte die Emigranten nicht als Gäste empfangen, so verstoßen sie eindeutig gegen die Weisung des Kurfürsten.

Der Bischof von Passau lässt die aus Dürrnberg stammenden Protestanten durch sein Bistum ziehen. Ihre Route allerdings wird genau festgelegt: Passau darf betreten werden, sonst keine andere Stadt. Am besten wäre es, schlägt der Bischof vor, sie würden dort an Bord der bereitgestellten Boote gehen. Er ermahnt die Wirte, gastfreundlich zu sein und jedes böse Wort gegenüber den Evangelischen zu vermeiden, er lässt zweihundert Gulden unter den Armen verteilen. Zudem sorgt er für Transportwagen gegen geringe Gebühren. So müssen die Emigranten nicht mühsam ihr Gepäck über die Donau setzen. Moderat zeigt sich auch der Augsburger Bischof. Auf die Bitte der Stadt Memmingen gibt er sein Gebiet für den Durchzug frei. Ja, die Salzburger Exulanten sollen keine Probleme haben und Verpflegung wird ihnen selbstverständlich gestellt. Dafür gibt es schließlich Almosen seiner Kirche. Freundliche Garantien für das freie Geleit der Evangelischen kommen auch aus dem Bamberger Bischofspalais und aus dem Haus des Grafen von Oettingen-Spielberg.

Nach der Ankunfft dieser Leute ließ der Herr Graf nicht nur den Commissarium Herrn Göbeln zur Mittags-Mahrzeit einladen, sondern ließ auch denselben ersuchen, er möchte zugleich zwölf Personen von den Saltzburgern mit sich bringen. Beydes geschahe auch. Herr Göbel stellete sich ein, und brachte zwölfe von den Saltzburgern mit. Der Graf ließ sie sofort vor sich kommen, und hielt eine weitläufftige Unterredung mit ihnen. Die erste Frage, die er an sie that, war diese:

Warum sie ausgegangen?

Sie antworteten: Wir sind nicht ausgegangen, sondern man hat uns ausgetrieben.

Er fragete ferner: Warum sie ausgetrieben wären?

Sie gaben zur Antwort, weil sie ihr Leben und Wandel nach GOttes Wort einzurichten sich beflissen, so hätte man sie nicht dulden wollen; da doch GOttes Wort nur allein die eintzige Richtschnur wäre, wornach man leben müßte, wenn man seelig werden wolte. Und Christus, ihr lieber Herr, hätte ja selbst gesagt: Suchet in der Schrifft, denn ihr meynet, ihr habt das ewige Leben darin etc.

Darauf that er folgende Frage an sie: Ob uns denn die Fürbitte der Heiligen nicht nützlich und nöthig wäre? Denn wenn man von einem grossen Herrn etwas haben wolte, so bekäme mans ja eher, wenn ein guter Freund, der bey solchem Herrn gut angesehen wäre, für einen spräche.

Die Antwort darauf war diese: Nein! alle Heiligen wären eben sowol, wie sie, in Sünden empfangen und gebohren. Daß sie aber so heilig hätten leben können, das wäre nur eine Gnade von GOtt. Überliessen sie sich der Gnade GOttes und seinem Geiste, so könnten sie eben solche heilige Leute werden, als jene gewesen. Sie hätten nur einen Fürsprecher, Jesum Christum, der gerecht sey; und denselben müßte man um Fürsprache bey GOtt anrufen. Anderer Fragen und Antworten, die bey dieser Unterredung vorgefallen, zu geschweigen.

Hierdurch ward nun der Herr ungemein gerühret. Er beschloß diese Unterredung ohngefehr folgender massen: Wenn sie so fortfahren und beständig bleiben würden, so würden sie keinesweges verlohren gehen, sondern ewig seelig werden. Darauf führete er sie in ein besonder Zimmer, worinn für sie gedecket war. Er bewirthete und verpflegete sie auf das herzlichste, ließ ihnen Wein und Bier vorsetzen, und befahl seinen Bedienten ihnen aufzuwarten, und alles zuzureichen. Der Graf hielt indessen auch Tafel. Und als sie abgespeiset, schickte er seinen Hof-Rath zu ihnen hinein, welcher zusehen mußte, ob seine angenehme Gäste, wie er sie nannte, auch gut bewirthet würden.

Es waren aber auch ganz andere Geschichten im Umlauf, die nicht so gut klingen wie die Erinnerungen der Salzburger an die freundlichen Städte auf der weiteren Strecke, unter ihnen Donauwörth, Würzburg und Heidelberg. Am Main werden den Salzburgern sechsundzwanzig Wagen zur Verfügung gestellt. Donauwörth bewirtete zuvor mehr als achthundert Emigranten, kurze Zeit später noch einmal mehr als die Hälfte. Was macht es, dass die Katholiken gleichzeitig eine Prozession veranstalten, es gibt keine Unordnung und beide Seiten verhalten sich friedlich. Jeder sieht, dass die vermeintlichen *Rebeller* aus Salzburg recht anständige Leute sind. Die Bediensteten der Grafen von Rotenhan, die sich um mehr als achthundert Protestanten kümmern, streiten sogar darüber, wer sie bedienen darf. Alle reißen sich darum. Schließlich werden den Salzburgern zwei Soldaten mitgegeben, die sie beschützen sollen und die zugleich bei der Quartiersuche in den nächsten Orten behilflich sind.

Aber die anderen. Kaum hat der erste Transport der Emigranten baierischen Boden erreicht, wird ihnen von einem Amtsbediensteten untersagt, in ihren Nachtquartieren zu lesen, zu singen und zu beten. Fünf Wachbeamte begleiten ihn. Sind die Salzburger nicht gehorsam, so wird ihnen der Gehorsam schon beigebracht werden. Je weiter sie ziehen, umso mehr erleben sie Flüche und Beschimpfungen. Als Quartier werden Ställe mit nacktem Boden angeboten, dafür wird ein überhöhter Preis verlangt. Einige Orte verweigern die Aufnahme. Für einen Krug Bier wird doppelt so viel Geld berechnet als für die Einheimischen. Besonders hoch sind die Gebühren für Pferdegespanne und Transportwagen.

An vielen Orten, wo sie durchreyseten, da stunden die Blindlinge Hauffenweise, und rieffen ihnen nach: Fahret alle hin zum Teufel, ihr ketzerischen Hunde! Ihr seyd verflucht! Verdammet seyd ihr! und was dergleichen gottlose Reden mehr waren. Unsere Emigranten mußten alles über sich ergehen lassen.

Zuweilen beantworteten sie dergleichen Schmähungen mit Stillschweigen: Zuweilen aber gaben sie ihnen eine Christliche Antwort. Wurden sie zum Teufel gewiesen, so antworteten sie: Wir fahren zu GOtt: GOtt, der im Himmel wohnet, ist unser Führer. Verdammete man sie, so war ihre Antwort: Wer niemand erschaffen kann, der kann auch niemand verdammen. In einem gewissen Städtlein nahm man ihnen von dem Trupp einen Knaben weg, und weil die Saltzburger solchen nicht von sich lassen wolten, wurden sie unter Anführung eines Pfaffen durch den Pöbel mit Prügeln und Steinen dergestalt grimmig angefallen, daß, wo nicht der Commissarius mit grosser Müh und Aßistentz der Obrigkeit den Tumult gestillet hätte, diese arme Leute sehr grausam wären tractiret worden.

Der preußische Prediger Tobler begleitet einen der ersten Transporte. In Schwaben wird den Salzburgern kein Stroh überlassen, es ist verboten, Speisen zuzubereiten und zu kochen. In Kempten verhält sich der Stadtobere Baron von Freyberg besonders kühn. Einige Tage hatten sich die Salzburger in Kaufbeuren niedergelassen, bis sich vier katholische Ratsherren beschweren. In drei Trupps sollen die Salzburger so schnell wie möglich weiterziehen, nach Kempten durch das klösterliche Territorium des Abtes. Von Freyberg verbietet den Durchzug. Niemand kann ihm Befehle erteilen. Kein Kaiser, kein Bischof, kein Friedensschluss. Bewaffnete Bauern sperren die Dörfer an der Heerstraße nach Kempten ab. Weiß der Fürst davon, der Bischof, der Abt? Der Kemptener Landkommissar Respohrer erscheint bei den Salzburgern. Er ist sichtlich aufgebracht. Eine Genehmigung für den Weitermarsch wird nicht erteilt, soll auch nicht erteilt werden.

Weil man seinen Fürsten wegen des Durchzuges nicht besonders ersuchet; Der Pfleger ohne ausdrücklichen Befehl der Regierung solches nicht thun dürffe; ein Landes-Herr sich vor solchen Leuten in acht nehmen müßte, welche einen schlechten Wandel geführet; niemand Sicherheit stellen würde, wenn eine Feuers-Brunst entstehen möchte; die Stadt Kempten solche Leute nicht einnehmen wolte; der Abt solche Bettler in seinem Lande nicht leyden könnte.

Man beantwortete sie auch sogleich folgender gestalt:

1. Wo der Friedens-Schluß etwas zu erlauben beföhle, daselbst brauche es keines besondern Bittens. Es leyde auch die Sache keinen langen Verzug, weil die armen Leute in Arbeit zu kommen wünscheten.

2. Habe sich ja der Pfleger bereits auf einen Befehl beruffen, diese Leute nicht durchzulassen, folglich müßte ja der Abt Nachricht davon haben, und mit Fleiß wider die Grundgesetze des Reichs handeln wollen.

3. Von ihrem schlechten Wandel wisse man nichts, er müßte denn darinn bestehen, daß sie die Papistische Religion verlassen, und sich zur Evangelischen gewendet hätten.

4. Zündeten sie keine Häuser an, wenn sie auf öffentlicher Strasse giengen: Und dieses sey auch auf ihrer gantzen Reyse noch nicht geschehen.

5. Man habe sich in Kempten allerdings auf diese Gäste angeschicket, und es sey alles nöthige zu ihrer Aufnahme veranstaltet gewesen.

6. Wären sie nicht willens in den Landen des Abts zu verbleiben, weil sie ja der Religion wegen aus dem Vaterlande gewichen.

Die armen Saltzburger mußten indeß wieder zurück. Die Obrigkeit zu Kauffbeuern gab demnach Befehl, sie solten in dem Dorffe Oberbeuren, welches dem Rath der Stadt Kauffbeuren eigenthümlich zugehöret, übernachten. Aber hier wolte der blinde Eyfer gar bersten. Manns- und Weibs-Volck setzten sich mit aller Hefftigkeit dagegen, und der rüstige Herr Pfarrer daselbst gab jetzt einen Heerführer der Unsinnigkeit ab. Man bedeutete ihnen: Sie solten nur eine Nacht allda herbergen: Man versicherte, daß man niemanden beschwerlich fallen wolte: Man stellete ihnen, als Unterthanen, die Pflichten gegen ihre Obrigkeit vor. Allein der saubere Anführer sowol, als dessen Streiter schnaubeten, raseten und schryen mit vollem Halse: Die Herren zu Kauffbeuren hätten ihnen nichts zu befehlen. Sie würden und könnten diese Leute nicht ins Dorf ziehen lassen.

Tausendfünfhundert Salzburger stecken fest. Sie müssen einen beschwerlichen Umweg suchen. Auch aus der Oberpfalz kommen solche Nachrichten. In Neukirchen werden die Emigranten verspottet. Als sie Schnaittach erreichen, begegnen sie einer Prozession. Die Männer ziehen ihre Hüte, die Frauen nehmen ihre Kopfbedeckung nicht ab. So werden ihnen die Hüte vom Kopf geschlagen. Der preußische Kommissar will vermitteln. Er wird vom Pferd gestoßen und festgenommen. Sein Seitengewehr wird ihm weggerissen, einige Salzburger werden verprügelt. Es herrscht nackte Gewalt. Fünfzig Salzburger werden inhaftiert. Der Übergriff auf preußische Untertanen kann nicht toleriert werden. Boten sind unterwegs. Ein politischer Konflikt bahnt sich an. Der Schreiber Göcking ist fassungslos, als er die Augenzeugenberichte hört. Die Salzburger zeigten doch ihre Ehrerbietung gegenüber der Prozession. Sie haben in keiner Weise provoziert, wurden aber verprügelt. Haben sie vielleicht ein Lied gesungen? Das kann nicht verboten sein. Göcking kann seinen Zorn nicht mehr verbergen, als er Zeile für Zeile über diese Eskalation berichtet.

Diß ist gantz was neues, dergleichen auch im Pabstthum selbst noch nie geschehen; Und gleichwol gehet man doch auf Männer und Weiber loß, man prügelt sie gantz entsetzlich, man hauet die Strenge von den Wagen ab, man nimmt viele von ihnen, auch den Commissarium selbst, in Arrest, man stösset den Frauens-Leuten die Hüte herunter, und begehet unter einem solchen nichtigen Vorwand allerhand Gewaltthätigkeiten. O Tummheit des Teufels, dergleichen noch nie erhöret! Die andere Ursache ist: Sie haben ein Lied gesungen; und das ist bey den Papisten nicht erlaubt. Wichtiger Grund zu solchen Grausamkeiten! Ein vortreffliches Kennzeichen der wahren und allein seeligmachenden Kirche!

Es passt in das Bild, dass die Priester in einigen Dörfern ihre Bauern warnen, diese Protestanten zu beherbergen. Die Eimer an den Brunnen in Nördlingen werden abgenommen, damit die Emigranten die Pferde nicht tränken können. Sie selbst bekommen keinen einzigen Schluck Wasser angeboten. Was geht uns der Westfälische Friede an, was der Kaiser in Wien oder der König in Berlin? Aber die Juden in Nördlingen besitzen einen eigenen Brunnen. Sie bringen frisches Wasser, lassen die Salzburger schöpfen, so viel sie wollen. Brot und Bier werden den Emigranten gereicht. Die Juden kennen sich mit Verfolgungen und Vertreibungen aus. »Es sind doch auch Menschen«, sagt ein Jude über die Salzburger. Monate später sammeln die Juden in Frankfurt an der Oder für die Emigranten, sie nehmen sie in ihre Wohnungen auf. Einige Dürrnberger erinnern sich noch genau daran, wie der Jude Salomon in Regensburg zwanzig Salzburgern sein Haus zur Übernachtung anbot. Zwölf Gäste werden ihm zugebilligt. Er verpflegt sie großzügig, er beschenkt sie. Er hat Mitleid mit den Menschen, die noch nicht wissen, wohin sie die Reise führt. Viel später werden jene Salzburger, die sich in Augsburg nicht für Amerika entschieden haben, in Berlin von den Juden beschenkt. In der Synagoge wird gesammelt. Das Geld liefern die Emigranten wieder ab, es soll Bedürftigeren zukommen. Jüdische Frauen spenden zweihundert Ellen Leinwand. »Wir Juden sind Fremdlinge in dieser Stadt«, sagen sie, »ihr seid es auch«.

XV.
Venedig. Salzburg

Ein Jahr folgt dem anderen. Die Vertreibung der Salzburger lutherischen Protestanten liegt jetzt schon fast fünfzig Jahre zurück. Wüst und leer wurde das Land durch die Emigration, aber das ist eine andere Geschichte. Niemand hat die Vertreibung von 22 000 Evangelischen vergessen, denen weitere folgten. Viele Menschen verzeihen dem Kirchenstaat diese Maßnahme nicht. Doch es gibt auch andere. In Venedig erscheint im Jahr 1779 bei Anton Zatta ein Buch aus der Feder des früheren Hofmeisters der hochfürstlich-salzburgischen Edelknaben. Johann Baptist de Casparis; der Autor, Professor zugleich, zählt zu den Gebildeten im Salzburger Hofstaat. Er ist Italiener und schreibt in lateinischer Sprache. Geboren in Trient, bewandert in der römischen Literatur, ist Latein für ihn die ideale Sprache, um seine *Aktenmäßige Geschichte der berühmten salzburgischen Emigration* zu verfassen. Schließlich geht es für ihn um die Darstellung der Vergehen und Verbrechen, die den lutherischen Salzburgern zur Last gelegt werden.

Er verteidigt die Neffen seines Fürsterzbischofs, die als Freimaurer verleumdet werden, er schreibt eine Verteidigung der Heiligenverehrung. Ohne Heilige keine Kirche. Aber sein venezianisches Buch findet kaum Leser, bis es der spätere Publizist Franz Xaver Huber entdeckt. Huber kennt sich in Salzburg aus. Der Bauernsohn ging in Kremsmünster auf das Gymnasium, 1781 kam er als Erzieher zum Collegium Rupertinum. Er übersetzt die Kampfschrift in die deutsche Sprache und lässt sie über die Mayersche Buchhandlung elf Jahre nach der Erstveröffentlichung erscheinen. Inzwischen seit 1799 ein Zeitungsmann in Passau und Verleger des *Kurier an der Donau wie des Wochenblatts für den Bürger und Landmann*, hält er seinem einstigen Landesherrn von Firmian durch die Übersetzung und Publikation der *aktenmäßigen Geschichte* die absolute Treue.

Wie kamen die Menschen niedrigen und hohen Standes in aller Welt denn dazu, die Salzburger Emigranten als Wesen der Unschuld darzustellen? Sie waren doch selbst verantwortlich für ihre Vertreibung, diese ungehorsamen *Rebeller*. Schon die Vorgeschichte der Reformation beweist das Rebellentum, glaubt Huber, so wie er überhaupt der Analyse de Casparis vertraut. Denn der Kirchenstaat hatte seine Agenten überall. Die Übergriffe der Protestanten sind aktenkundig. Die Lutherischen verdienten es wirklich nicht, im Land zu bleiben. Das begann schon sehr früh: das Rebellentum der Abweichler.

Die Waldenser. Die Hussiten. Luthers Freund und Vorgesetzter, Augustinerabt Johann von Staupitz, der unglückseligerweise die Leitung des Klosters St. Peter in Salzburg übernehmen durfte. Eine Fehlentscheidung des Fürsterzbischofs Matthäus Lang. Oder war er besonders schlau, Luthers Sympathisanten aus dessen Nähe hierher zu locken? Sie alle bringen die Rebellion in das Land oder unterstützen sie heimlich. Gegen die Heiligen, gegen den Papst, gegen die Fürsterzbischöfe. Gegen alles, was in der römisch-katholischen Kirche heilig ist. Der lästerliche Beichtvater der ungarischen Königin, Stephan Agricola, der in Salzburg die Traditionen der Kirche bekämpft, von der Kanzel gegen die Geistlichkeit lästert, als Domprediger das Priestertum schlechtmacht und Luthers Lehre lobt. Die Ketzer Paulus Speratus, der sich durch Flucht nach Ungarn jeder Kritik und Verfolgung entzieht, Johannes Mulinus, der noch als halbwegs besonnen gelten konnte, oder der Kapuzinermönch Georg Scherer aus Radstadt: Das sind die Abtrünnigen vom rechten Glauben. Scherer ist meineidig und wird geköpft. »Leider!«, schreibt Huber in seinem Vorwort. Denn die Hinrichtung hat der Erzbischof später bereut.

Und diese aufrührerischen Bauern! Sie wollen die Kriegskosten nicht bezahlen. Sie treffen sich heimlich im Gebirge. Der Rädelsführer wird hingerichtet. Die Bergleute neigen zur Reformation. Ach, klagt Huber, das musste ja so kommen mit den Lutherischen. Immer wieder Unruhe im Salzburgischen, in Mühldorf, in Wagrain, im Lungau. Unruhe und Ungehorsam. Ein Weichling, der Vorgänger des Fürsterzbischofs Georg von Künburg: Der eine kämpft gegen die Weibergeschichten der Pfarrer, gegen den verrotteten Klerus, der andere will den Kelch abschaffen, immerhin wirft er die Evangelischen aus dem Land. Wolf Dietrich von Raitenau greift endlich durch. Ein gescheiter Mann, der von Ökonomie, theologischer Wissenschaft, Staatswirtschaft und Kriegskunde viel versteht. Er schickt Soldaten los, für Ordnung zu sorgen. Die Protestanten bekennen sich *proforma* zum katholischen Glauben, um zu überleben.

Wir, die wir das Glück geniessen, in einem Zeitpunkte, da es erlaubt ist, die Wahrheit ohne Furcht zu suchen, und unter dem Schutze eines Fürsten zu leben, der selbst nach dem Urtheile der Ausländer die Zierde der deutschen Kirche ist: wir dürfen uns nicht mehr scheuen, unsre Meynung über diese, sowohl im theologischen, als politischen Verstande äusserst merkwürdige Ereigniß frey herauszusagen. Zuerst wollen wir die Sache von Seite der Toleranz betrachten. War es billig, daß der Erzbischof 22 000 Unterthanen das Vaterland verlassen hieß, weil sie einer, von der Seinigen verschiedenen Religion, zugethan gewesen? Die Menschen sollten zwar wegen Verschiedenheit ihrer religiösen Meynungen ihre Rechte als Staatsbürger nicht verlieren; allein es kann gleichwohl Fälle geben, wo diese Rechte, nicht so viel der Religion, als der allgemeinen Wohlfahrt des Staates aufgeopfert werden müssen. Traurig genug, wenn diese Aufopferung, so theuer für den Staat, nicht vermieden werden kann. Salzburg ist ein geistlicher Staat. Die Religion ist daher mit der Existenz dieses Staates so enge verbunden, daß der letztere nicht bestehen kann, wenn die erstere nicht aufrecht erhalten wird. Diese Wahrheit muß jedem Unpartheyischen einleuchten, und die Emigrationssache in einem ganz andern Lichte darstellen. Was würde es für Folgen für die oberste Gewalt, für den Fürsterzbischof gehabt haben, wenn sich die akatholische lehre im ganzen Land verbreitet, und endlich die katholische ganz verschlungen hätte! Wahrhaftig der Oberpriester, der Primas von Deutschland würde gezwungen worden seyn, seine Unterthanen um Erlaubniß zu ersuchen, in seiner Burg katholischen Gottesdienst halten zu dürfen.

Den aufgeklärtesten Erzbischof würde ich nicht tadeln, wenn er sich auf solche Art von Unterthanen zu entledigen gesucht hätte, die seiner rechtmäßigen, und mit der Verfassung des ganzen Reiches so enge verbundenen gewalt, daß selbst die letztere aus ihren Fugen treten müßte, wenn die erstere angegriffen würde, hätten gefährlich werden können.

Ach ja. Die Steuern waren zu hoch. Zugegeben. Die Bildung der Pfarrer war schlicht. Auch zugegeben. Die Abgaben für Kauf- und Lehensrechte konnten nicht mehr bezahlt werden. Auch richtig. Aber die

Rebellion hat doch ganz andere Ursachen. Das muss jeder einsehen. Natürlich ist es für den Staat ein großer Aderlass, ein Zehntel seiner Bevölkerung zu entfernen, aber es kam doch Ersatz für sie. Oder war es doch eine Katastrophe? Wer bin ich denn, dass ich den Edelmann de Casparis kritisiere. Es kamen doch neue Kolonisten nach Salzburg. Die übernahmen die Bergwerke und die Bauernhöfe und die Felder und die Kinder. Nein, die Kinder kamen in die Verwahrung der Klöster.

Diese Salzburger *Rebeller* sind keine zuverlässigen Untertanen. Sie sind Aufrührer. Vor allem schwärzen sie die Regierung des Fürsterzbischofs an. Das kann nicht hingenommen werden.

Veit Prämbel geht, bevor er verurteilt wird. Es ist eine Unverschämtheit, dass sich die heimischen *Rebeller* an den Reichstag in Regensburg wenden. Was haben die sich denn zu beschweren? In Regensburg gibt es einen heftigen Streit zwischen den evangelischen und den katholischen Delegierten. Denkschriften werden verfasst. Die sächsischen Gesandten protestieren. Selbst wenn manche Informationen in den Berichten der verfolgten Salzburger etwas übertrieben klingen, muss ja etwas dran sein an den geschilderten Tatbeständen. Niemand am Hof des Kirchenstaats versteht, weshalb die lutherischen Salzburger überhaupt Gehör finden. So geht es hin und her. Der Kurfürst der Pfalz stellt sich taub. Er nimmt eine Denkschrift der Lutherischen nicht an. Den König in Preußen lässt er wissen, dass er den Streit nicht anfachen will. Er will sich nicht einmischen. Die evangelischen Delegierten sollen sich aber bitteschön nicht zu Richtern über den Salzburger Fürsterzbischof aufspielen.

Georg Frommer wandert nach Regensburg aus. Er soll verbotene Bücher verbreitet haben. In Salzburg wird er erwischt und eingekerkert. Er versucht, das Gitter vor dem Fenster aufzubrechen. Durch eine Intervention aus Regensburg kommt er frei. Zurück bei den Delegierten lügt er ihnen etwas vor. Er sei gefesselt worden. Er habe Grausamkeiten erdulden müssen. So ein Unsinn! Wer mit Haft oder einer Geldbuße bestraft wird, ist großer Verbrechen schuldig. Das ist die offizielle Rechtsauffassung. Es gibt keinen Grund, von ihr abzuweichen.

Ursula Pilz lügt, wenn sie behauptet, sie sei wegen eines lutherischen Buches von Mann und Kind weggerissen und über die Grenze gebracht worden. Mann und Kind sind katholisch. Anteil am Familienvermögen hat die Frau nicht. Sie muss und kann deshalb ausgewiesen werden. Sie alle lügen, alle neunzehntausend Abtrünnigen, die bisher ermittelt worden sind.

Jetzt wird im Salzburgischen gegen diese Lügner ermittelt.

Peter Wallner, der gerade aus Regensburg zurückkommt, gesteht, zu den Rebellen zu gehören. Wenn er eingesperrt wird, so droht er, wird das ganze Volk aufstehen und sich widersetzen. Beamte werden bedroht, Geistliche und normale Gläubige. Sie beschuldigen den Bezirksvorsteher von Werfen, er sei ein niederträchtiger, unersättlicher Beamter. Sie lästern den Papst und die Kirche. So kann das nicht weitergehen. Keine Rolle spielt es für de Casparis, ob die Beschuldigungen der *Rebeller* der Wahrheit entsprechen oder Denunziationen und Lügen zu verdanken sind.

Nachdem man in der Stadt Salzburg diese Unruhen vernommen hatte, erhielten die Beamten Befehl, sich von Neuerungen und Gewaltthätigkeit in Religionsgeschäften zu enthalten; die Reden, die Anschläge, die Unternehmungen des Volkes fleyßig zu beobachten: und wenn etwas Wichtiges vorfallen sollte, sogleich die höchste Stelle davon zu berichten. Damit aber die Unruhen nicht noch größer werden möchten, hätten sich die Beamten das Ansehen zu geben, als ob sie sich um die Handlungen des Volkes wenig bekümmerten. Diese Vorschrift sollten auch die Pfarrer beobachten. Aber auch der Verbesserung des Soldatenwesens durfte bey diesen Aussichten nicht vergessen werden. Das ganze Land Salzburg besteht theils aus Gebirgen, die sich gegen Mittag bis Kärnten erstrecken, theils aus flachem Lande, das weit gegen Bayern hin sich öffnet. Die Hauptstadt liegt zwischen dem Gebirg und der Fläche. Wer von der Stadt nach dem Berglande, oder von daher nach der Stadt kommen will, muß einen Platz passiren, der Lueg heißt, und von der Natur schon wegen des engen Weges, und der auf beyden Seiten hoch empor steigenden Felsenberge sehr befestiget ist. Es ward also dem Kommandanten dieses Passes befohlen, strenge Wache zu halten, und die Bergleute nur zu Zweyen vorbey reisen zu lassen; sollten sie aber in Schaaren gewaltthätig herandringen – ohne weitern Befehl zu erwarten, sie mit Gewalt zurückzutreiben. Auch dem Pfleger von Radstadt, Baron von Neuhaus ward aufgetragen, das Zeughaus der Stadt gegen die Unternehmungen der Aufrührer zu sichern, weßwegen ihm auch eine Verstärkung an Soldaten bewilliget worden ist. Denn man wusste, daß sich diese Leute in den vorigen Jahrhunderten äußerst angelegen seyn ließen, dasselbe in ihre Gewalt zu bekommen. Diese Behutsamkeit war nichts weniger, als überflüssig. Denn die Bergbewohner zeigten ja deutlich, was sie im Schilde führten, und hatten schon vorhin öfters Beweise ihrer Untreue gegen den Landesfürsten gegeben, wie man's in der Geschichte aufgezeichnet findet. Oder waren ihre eigenen Aeußerungen anders zu verstehen, indem sie den Gebrauch der augsburgische Glaubensformel auch durch Waffen erzwingen zu wollen vorgaben? Und wie leicht würde es den Unterthanen von sieben Pfleggerichten gewesen seyn, ein Heer von 9 000 Mann zusammen zu bringen?

Wer dieses bedenkt, und zugleich erwäget, daß die Bauern nach Peter Wallners Zurückkunft von Regensburg so zuversichtlich von der Hilfe gegen den Fürsten sprachen, kann leicht den Verdacht schöpfen, daß sie entweder von den protestantischen Gesandten, oder von den lutherischen Pastorn zu solchen Hoffnungen aufgeweckt, und verleitet worden seyen, ihre Pflicht den grossen Versprechungen aufzuopfern.

Sie planen also, die Waffenlager zu erobern. Die Situation ist gefährlich. Der Landesherr will endlich die Klagen der Protestanten prüfen, aber es findet sich zunächst kein Beamter, der freiwillig diese Aufgabe übernehmen will. Es soll eine Revolution geplant sein, heißt es. Dann werden endlich der fürstliche Kammerherr und Vize-Hofmarschall Baron Ferdinand von Rehlingen und der Hofkanzler Christiani di Rallo als Kommissare für die Untersuchung verpflichtet. Die Bauern trauen dem Frieden nicht. Dreiundzwanzig Männer sollen nach Regensburg, nach Wien und zu den protestantischen Fürsten gehen, um die Not der Protestanten darzustellen. Aus Salzburg kommt die Nachricht, dass die Bergbewohner ihre Glaubensfreiheit mit Gewalt durchsetzen wollen. Es heißt, sie würden die Besatzung von Werfen aushungern. Sie verlangen die Todestrafe für den Bezirksvorsteher. Sie verschwören sich am Ufer der Salzach in Schwarzach. Das ist ungeheuerlich. Zur Beratung ziehen sich nach dem Salzschwur die Anführer der Rebellion in ein Nebenzimmer des Wirtshauses zurück. Da sich die meisten persönlich kennen, hat es keinen Sinn, dass Spione das Nebenzimmer betreten. Sie würden viel zu schnell enttarnt.

Die Untersuchungskommission der beiden Hofbeamten erreicht Werfen. Sie haben keine Wache dabei. Jede militärische Provokation ist zu vermeiden. Der Bezirksvorsteher soll sich nicht sehen lassen. Er ist verhasst. Wenn er sich zeigt, werden die Bedrängten kaum offen über ihre Lage reden. Das sollen sie aber. Das Mandat für die Kommission wird öffentlich verlesen. Die Leute jubeln. Der Fürsterzbischof ist doch ein fürsorgender und weiser Mann. Zuerst sollen die Leute aus Werfen ihre Klagen vorbringen. Sie erwähnen die unerschwinglichen Gerichtskosten, die Begräbnisgebühren und die Schikanen durch ihre katholischen Pfarrer. Die Kommission teilt sich auf. In Einzelgesprächen soll berichtet werden, was nicht in Ordnung ist. Fast jeder erklärt sich als Protestant nach der Lehre Luthers. Die Pfarrer, so sagen sie, predigen das Evangelium nicht, sie kassieren bei jeder Gelegenheit und behaupten, dafür gäbe es eine Anweisung des Landesherrn. Die Bezirksfürsten seien unmenschlich grausam. So grausam wie geldgierig. »Nur deshalb haben wir uns in Regensburg beschwert«, sagen sie. Ihre Beschwerde legen sie auch schriftlich vor. Unterzeichnet ist sie von den Evangelischen aus den Bezirken Radstadt, Wagrain, St. Johann, St. Veit, Goldegg, Gastein, Werfen, Bischofshofen, Großarl, Abtenau und einem Ortsteil von Taxenbach. Die Untersuchungskommission reist weiter.

Adam Käswurm ist ganz sicher ein *Rebeller*. De Casparis sieht in ihm den Aufwiegler, der die Lutherischen zu öffentlichen Gottesdiensten anstiftet, und das im Angesicht der Katholiken. Sie musizieren, wenn sie sich in Wirtshäusern treffen, diese Abtrünnigen, sie legen die Bibel auf den Tisch. Sie beschimpfen die einzig wahre Religion. In Taxenbach gehen sie von Haus zu Haus und rufen dazu auf, die alljährlichen Edikte des Landesherrn zu bekämpfen. Ein Katholik schimpft auf die Augsburgische Konfession. Er wird geschlagen. So sind sie, die Rebellen. Überall treffen sie sich zu geheimen Versammlungen.

Rupert Stulebmer ist einer der Schlimmsten. In St. Johann predigt sogar der Wirt wie ein Pfarrer. Er wagt es, ein Kind zu taufen. Die Evangelischen rotten sich zusammen, als sie erfahren, dass ihre Toten nicht mehr auf den geweihten Friedhöfen bestattet werden dürfen und dass sie an den Sakramenten nicht mehr teilnehmen können. Peter Wallner ist aufgefallen.

Ein Evangelischer fordert sogar auf, sich zu bewaffnen. Es wird zugehört und mitgeschrieben.

Johann Rohrmoser aus St. Johann hetzt die Leute in Goldegg auf. Es heißt, die Rebellen fühlen sich militärisch durch die Truppen der protestantischen Alliierten überlegen. Peter Wallner spricht vom drohenden

Untergang der Regierung, der Geistlichen, des Adels und der Bezirksfürsten.

Aus Radstadt wird gemeldet, dass die Häuser der Katholiken und das Waffenlager geplündert werden sollen. Zweihundert Tagelöhner sind bereits vor das Amtsgebäude gezogen. Sie lärmen vor dem Haus. Der Amtmann weigert sich, die Namen der Protestanten aufzuschreiben, als sie dies von ihm verlangen. Ich habe keinen Befehl dazu, sagt er. Dann gehen wir zum Pfarrer, drohen die *Rebeller*, weil wir keine Regierung mehr haben. Vor dem Pfarrhaus entsteht ein Tumult. »Dann holen wir die Waffen«, soll einer gesagt haben. Es wird Befehl erteilt, das Zeughaus abzusichern oder die Waffen wegzubringen. Im schlimmsten Fall sollen sie zerstört werden. Die *Rebeller* sollen sie auf keinen Fall in ihre Hände bekommen. Die Bauern drohen, so wird berichtet, die Hauptstadt zu erobern. Schlimmer noch: Sie wollen das Land einem lutherischen König unterwerfen. Nackte Angst geht unter den Katholiken um. Es gibt mehr Protestanten als Katholiken, glauben sie. Nachts reiten die Abtrünnigen herum, um ihre Verschwörung voranzubringen. Kommen einmal Soldaten in das Land, sagen sie, dann ist es um die Katholiken geschehen. Der Kaiser in Wien soll heimlich ein Protestant sein. Eine unglaubliche Frechheit ist das.

Kundschafter berichten, in Werfen sei beschlossen worden, die Obrigkeit zu ermorden. In St. Johann wird von den Lutherischen sogar ihr militärischer Sieg vorausgesagt. Ein Brief nach Regensburg, so sagen sie, dann wird Salzburg von mehr als tausend Soldaten zerstört. Wer als Katholik bei den Lutherischen einkauft oder ihre Gasthäuser betritt, wird bedroht. Die Alarmrufe kommen aus allen Landesteilen. Pechkränze zum Anzünden, Pulver und Säbel liegen bereit. Dafür allerdings gibt es nicht viele glaubwürdige Informationen der Spione und Denunzianten. Die Regierung bleibt auf die Denunzianten angewiesen. Das sind Menschen, die auf ihrer Seite stehen und die Frieden im Land wollen. Es sind vertrauenswürdige Leute. Deshalb muss etwas dran sein an solchen Gerüchten.

Es wird berichtet, dass die Rebellen beschlossen haben, alle zu erwürgen, die Gewalt gegen sie einsetzen. Niemand mehr soll künftig seine Heimat verlassen. Bald wird alles besser hier zu Lande. Für die Glaubwürdigkeit dieser Ausagen stehen die bezahlten Spione. Ein Staat in Bedrängnis kann nicht darauf verzichten, seine Feinde auszuhorchen. Der Salzschwur liegt in schriftlicher Form vor. Ein Exemplar haben die Behörden zur Hand. Die Evangelischen bereiten einen Krieg vor, er muss verhindert werden. Die Katholiken rufen nach militärischer Unterstützung. Sehr gefährlich ist der Viehmarkt in Taxenbach. Da kommen viele Menschen zusammen. Also werden Soldaten dorthin geschickt. In Laufen gibt es große Vorräte an Wein und Getreide, die den Rebellen nicht in die Hände fallen dürfen. Zweihundert Soldaten sind im Einsatz, Kanonen werden aufgefahren. Der Pass Lueg wird gesperrt. In Werfen sollen alle Bäume rund um das Schloss gefällt werden, damit sich niemand in ihrem Schatten und hinter den Stämmen verstecken kann. Dies wird auch für Golling, Goldegg, Taxenbach, Mittersill, Hirschbichl und andere Orte beschlossen. Es darf keinen Hinterhalt geben, das Schussfeld muss frei sein. Bestimmte Bäume werden gekennzeichnet. Im Alarmfall sollen an ihnen brennende Pechfackeln befestigt werden, die schnellste Art, Hilfe herbeizuholen. Die Mauern der Festung in Salzburg werden ausgebessert, junge Rekruten werden auf den Höhen stationiert. Die Rebellen erhalten aus Regensburg moralische Unterstützung. Dort wird gehetzt. Man hätte dies früher erkennen müssen.

So giengs in Regensburg, da zween Bauern vom Pfleggericht Abbtenau, Andreas Gapp, und Konrad Querberger daselbst anlangten. Der erstere klagte: Er wäre zu Radstadt öfters gefangen gesessen, hart behandelt, und nur unter der Bedingniß entlassen worden, daß er den ganzen Sommer über schanzen, und von der augsburgischen Konfession abstehen sollte; Er hätte sich aber aus Furcht, auch zur Winterszeit schanzen zu müssen, heimlich geflüchtet. Dieser Flucht wegen wäre er durch den Spruch des Pflegers zu Radstadt seines väterlichen Erbes entsetzt worden. Der zweyte gab vor, er hätte sich, dem nämlichen Uebel vorzubeugen, durch die Flucht retten müssen; wäre aber doch der Wuth des Pflegers nicht ganz entgangen, welcher sein Bildniß, statt seiner, auf den Galgen gehängt, und seinen unschuldigen Vater an Geld gestraft habe. Beyde haben gebetten, gegen die Raubsucht der Beamten sicher gestellt, und in den Besitz ihrer verlornen Güter gesetzt zu werden. Ohne Zweifel hat Querberger die Geschichte seines Bildnisses ganz erdichtet, da keine Akte davon vorzufinden ist. Von Gapp hat man sichrere Nachrichten. Er hatte sich öffentlich zur römischen Kirche bekannt, und war im Herzen ein Lutheraner. Seine Verstellung war ruchlos, und unerträglich; denn da er sichs eben am meisten angelegen seyn ließ, die Protestanten im Lande zu mustern, so war er nichts destoweniger unverschämt genug, einiger seiner Mitstädter als Lutheraner anzugeben, und zu bitten, man möchte es ja den übrigen, und besonders ihm nicht zum Nachtheil werden lassen, da er der römischen Kirche so zugethan wäre. Die von Radstadt haben es also beym Fürsten dahingebracht, daß er sie dieses Mannes, der sie mit Plünderung und Mordbrand bedrohte, und durch unablässiges Werben viele an sich zog, und jedermann zur Last fiel, entledigte, und ihn zur Haft setzen ließ. Es ist in der Folge durch eine Denkschrift erwiesen worden, daß sein Vorgeben wegen der Grausamkeit des Pflegers erdichtet sey.

Die Salzburger, die im Auftrag der Salzverschwörer nach Regensburg geschickt werden, tarnen sich. Sie tragen das verordnete Skapulier um die Schultern, in den Händen zeigen sie den Rosenkranz. Dreiundzwanzig Männer sind unterwegs, über Abtenau, Goisern und Ischl. In Wildenstein werden sie an ihrem Dialekt als Salzburger erkannt und festgenommen. Aus Sicherheitsgründen kommen sie in die Haft nach Gmunden. Der Landeshauptmann von Linz alarmiert den Kaiser und verlangt Hilfstruppen. Es wäre eine Katastrophe, wenn die Rebellen in österreichische Gebiete eindringen. Man wartet auf Befehle des Kaisers, wie mit den Gefangenen zu verfahren sei. Gmunden hat keine starken Sicherheitskräfte. Die inhaftierten Salzburger werden an die bayerische Grenze eskortiert und dort freigesetzt. Sie erhalten aber keine Reisepapiere. So gehen sie wieder zurück und werden erneut verhaftet. »Nein«, sagen die Gefangenen, »Gewalt wollen sie nicht ausüben«. »Ja«, sagen sie, »wir waren auf dem Weg nach Regensburg, um dort um Hilfe zu bitten«.

Der Salzburger Fürsterzbischof verlangt die Auslieferung. Die Gefangenen sollen vernommen werden, nicht wegen ihres Glaubens, sondern wegen ihrer Kenntnisse über die geplante Revolution. Der Bezirksvorsteher zu St. Egid erhält den Befehl, in jedem Fall und mit jedem Mittel eine Zusammenrottung des Volks zu vermeiden, wenn die Gefangenen dort ankommen. Wien bleibt nicht untätig. Der Truppeneinsatz wird genehmigt, der Erzbischof möge aber mitteilen, wie er sich den militärischen Einsatz vorstelle. Geplant ist auch der Einsatz von Elitetruppen des Prinzen Eugen, die derzeit noch in Ungarn und Istrien stationiert sind. Sie haben den Marschbefehl bereits erhalten. Die Grenzen werden dicht gemacht.

Hierauf schrieb der Erzbischof an seine Gesandten, »daß er die Truppen aus der Absicht verlangt habe, um den Aufrührern damit Schrecken einzujagen, und sie in Respekt zu halten. Er verlangte von ihnen nicht, daß sie gewaltthätig agiren sollten, sondern bloß daß sie durch die Besetzung der festen Plätze im Gebirge für die Sicherheit der Unterthanen wachen sollten. Tausend Fußgänger würden für das Bergland, und 200 Reiter für das flache hinreichen. Die Gesandten hätten sich also Mühe zu geben, derselben Ankunft, so bald möglich, zu beschleunigen: denn die Bauern würden immer unverschämter; sie verrichteten ihren Gottesdienst ohne Pfarrer, hielten Leichenbegängnisse; verspotteten die Bilder der Heiligen, und dieß alles müßte man ungeahndet hingehen lassen. Auch wäre der Verdacht nicht grundlos, daß die Steyermärker, Kärntner, und Tyroler mit ihnen verstanden wären.

Wien will jede Eskalation vermeiden. So wird ein Manifest verfasst, das der Salzburger Landesherr überall verbreiten soll. Gewalttätigkeiten sind zu vermeiden. Zugleich soll der Druck auf die Protestanten vermindert werden. Salzburg möge sich gefälligst an die Regeln des deutschen Reichs halten. Überall Aufregung, überall Gerüchte.

Der eine weiß, dass morgen der Krieg beginnt.
Ein anderer hat gehört, dass sich die Rebellen in den Bergen verstecken.

Die Wachen auf den Pässen werden verstärkt. Salzburg ist verärgert darüber, dass die auf der Reise nach Regensburg zum zweiten Mal festgenommenen Aufrührer in Linz nicht verhört wurden. Das muss der Kaiser wissen und auch den Verdacht, dass die Bauern nach dem Schweizer Vorbild einen Volksaufstand planen. Prinz Eugen erhält die Weisung, die Gefangenen nach Salzburg zu bringen. Aus vielen Landesteilen wird von Prügeleien berichtet. Es spielt keine Rolle, wer Täter und wer Opfer ist. Nach dem Einmarsch der Dragoner mit den Gefangenen und siebenhundert Infanteristen übernimmt Graf von Überacker im Namen des Erzbischofs die Befehlsgewalt. Jetzt ist die Regierung nicht mehr in Gefahr. Deshalb gibt es in jedem Dorf Festnahmen der Rädelsführer. Ihre Namen sind seit Langem in Listen aufgezeichnet. Dreiunddreißig geheime Verhaftungen werden gemeldet, es gibt keine Störungen. In Schwarzach empören sich die Leute. Die Soldaten ziehen die Säbel und marschieren mit den Gefangenen in großer Eile nach Goldegg ab.

Will jemand noch bezweifeln, dass diese *lutherischen Höllenhunde* den Untergang des Staats vorbereiten? Sie beschließen heimlich, die Brücken über die Salzach abzubrechen, damit sie für das Militär nicht mehr passierbar sind. Erste Arbeiten beginnen, dann schreiten die Soldaten ein. Die dreißig Bauern, die bei der Demontage scheitern, berufen in Leogang eine illegale Versammlung ein. Zusammenrottungen auch in Wagrain. Die Menge ist kaum überschaubar. Eiferer verlangen eine gewaltsame Gefangenenbefreiung, die Klügeren raten davon dringend ab. Georg Reinbacher und Matthias Käswurm schlagen eine Resolution zur Befreiung der Gefangenen vor, Andreas Gerenhofer übergibt sie dem Bezirksvorsteher.

Sie könnten sich nicht vorstellen, aus was für einer Ursache ihre Häupter in Verhaft genommen worden seyen. Wenn dieß eines Verbrechens wegen geschehen wäre, so würden sie sich keineswegs ihrer Bestrafung widersetzen. Wenn aber ihr Vergehen bloß die Religion sey, so hoffen sie, der Pfleger würde sowohl auf das gegebene Wort der zween Commissarien, als auch zum Theil auf die Bitte der Gemeinde Rücksicht nehmen. Wenn sie aber durch ihre Bitten nichts bewirken könnten, so hätten sie die Sache Gott anheim gestellt, und übrigens beschlossen, jedes Schicksal miteinander zu theilen, zu leben, und zu sterben: und dieß hätten sie sich einander angelobet.

Jetzt werden überall Wachen aufgestellt. Die Bevölkerung ist unberechenbar. Der Landesherr verbietet jede Versammlung. Die Evangelischen halten sich nicht daran. Sie erneuern das Salz-Bündnis und schwören ihm Treue, notfalls auch bei dem Verlust ihres Lebens. In den Ämtern liegen glaubwürdige Aussagen vor, welche aufrührerischen Reden Stulebmer und sein Freund Christian Kraft gehalten haben. Trotz Verbots treffen sich die beiden immer wieder heimlich. Jedes Wort wird mitgeschrieben, ohne dass sie es merken. In Wagrain tritt eine Frau als Predigerin auf. Die Brüder Mosegger sind so frech, die Fenster des Wirtshauses zu öffnen, damit die Gottesdienstbesucher die nichtkatholischen Lieder hören.

Im Pinzgau hetzt ein Mann namens Müllinger die Jugend gegen den Erzbischof auf, und in Mühlbach wird die Trommel geschlagen, bevor der evangelische Gottesdienst im Wirtshaus beginnt. Eisenhofer in Wagrain predigt in einem weißen Talar, auf dem Kopf trägt er einen kegelförmigen spitzen Hut in grüner Farbe, der mit Schnüren und Quasten verziert ist. Nach der Predigt werden Butter und Branntwein ausgeteilt. *Pfui Teufel, solche Teufel!* In Goldegg lärmen die Aufrührer die ganze Nacht. Ein gewisser Forstreiter schwätzt herum, die Protestanten seien im Gebirge den

Katholiken weit überlegen. Christian Kraft wirbt Sympathisanten an. Man muss ihm das Handwerk endlich legen. Angeblich haben sich zwei lutherische Prediger heimlich im Land aufgehalten, wofür es gute Quellen gibt: Matthias Müller aus Augsburg und Joh. Christoph Sögel aus Regensburg. In Radstadt bewachen zwei Bauern die Kirchentüren und bedrohen jeden Besucher der Messe. Illegale Schriften werden verbreitet, Johann Mosegger und Johann Hofer sind bei der Verteilung beobachtet worden. Die Tagelöhner werden ihrer Kirche abspenstig gemacht. Frauen versuchen, mit Hausbesuchen die Leute von ihren aufrührerischen Absichten zu überzeugen. In den Wirtshäusern wird über Glaubensfreiheit diskutiert, und die Kapuziner werden in Radstadt in ihrem eigenen Kloster verspottet. Überall ziehen Bauern herum und teilen mit, der katholische Gottesdienst falle aus, man müsse dorthin also nicht gehen. So läuft die Sache, die abgestellt werden muss!

Welch ein Glück, dass jetzt starke Truppen im Land sind. Sie werden bei denen einquartiert, die sie überwachen sollen. Sie werden, das ist nur gerecht, von denen bezahlt, deren Freiheit eingeschränkt werden soll. Wer den Rebellen widerspricht, wird bedroht. Die katholische Kirche widerspricht in ihrer Lehre dem Evangelium. Wer das nicht einsehen will, soll erwürgt werden. Martin Mayerhofer aus St. Veit behauptet, bis November werde kein Katholik mehr in Salzburg sein. Auf das Geschwätz muss nichts gegeben werden, aber das Volk ist bewaffnet. Es heißt, vierhundert Bauern sollten demnächst die Schlösser der Waffenkammern in Radstadt, Werfen und Mauterndorf aufbrechen. Insgesamt sollen dreißigtausend Bauern über Waffen verfügen.

So rufen alle nach Hilfe: die Katholiken bei ihrem Landesherrn, die Protestanten in Regensburg und bei den Mächtigen von Wien bis Berlin. Angeblich soll Salzburg belagert und ausgehungert werden. Der Kurfürst von Brandenberg wird Truppen schicken. Dann soll der Fürsterzbischof schon sehen, wo er bleibt.

Die Angaben über die Rädelsführer verzeichnen Namen und detaillierte Aussagen. Wenn sie Reden halten, wird fleißig mitgeschrieben. Nachbarn werden ausgehorcht. Zehenthofer schmäht Skapulier und Rosenkranz. Er tanzt im Wirtshaus den Skapuliertanz. Dazu wird ein Bänkellied gegen die Gottesmutter angestimmt. Johann Gottschall kündigt an, den Brückenheiligen Johann von Nepomuk auf der Ennsbrücke zu zerstören. In Mühlbach verlassen vierzig Bauern unter Protest die Kirche. Sie sammeln alle Rosenkränze ein und hängen das Bündel an die Tür des Pfarrhauses. Geredet wird neuerdings auch von der Päpstin Johanna. Die Mutter Marias und Maria selbst sollen in der Hölle schmoren. Die Gollinger weigern sich, die neuen Landesgesetze anzunehmen. Aus Goldegg und Saalfelden wird Ähnliches berichtet. *Dreißig Päpste schwitzen im Höllenfeuer.* Den letzten unter ihnen hat der Teufel höchstpersönlich zerrissen. »Welcher Papst hat die größte Sünde begangen?«, fragt Johann Gottschall in Radstadt. Es ist der, so sagt er, der den Geistlichen die Ehe verboten habe, denn daraus sind die schlimmsten Laster entstanden. In Bischofshofen ruft einer aus, Christus sei am Kreuz verzweifelt. An Freitagen essen die Lutherischen Fleisch. Das soll bei den ständigen Razzien in den Häusern festgestellt worden sein. Die Dienstboten werden zur neuen Religion gezwungen, sie erhalten weder Kost noch Kleidung. Einige behaupten, die Gebote Gottes seien nur für Juden bestimmt. Andere sagen, sie bezweifelten die Existenz eines ewigen Höllenfeuers. Wo man hinsieht: Aufruhr, Destruktion, Schändung des Glaubens. Vor allem aber: Ungehorsam gegenüber dem Fürsterzbischof.

Am 14. August 1731, berichtet de Casparis, stürmt eine große Menge das Haus des Dechanten von Saalfelden, des Grafen von Gaisruck. Hoier spricht für alle.

Wir alle sind der Augsburgischen Konfession verbunden, wir alle in Saalfelden und Leogang. Weg mit dem Katechismus, weg mit den Bruderschaften, den Messen, den Ablässen, dem Fegefeuer!

Der Pfarrer von Bischofshofen wird in Mühlbach auf dem Heimweg abends umringt. Feuersegner will mit ihm über Religion und Religionsfreiheit sprechen. Die evangelische Religion ist die wahre Religion, sagt er, die katholische ist von Menschen erfunden. Alle klatschen Beifall. Keine Gewalt, fordert der Pfarrer. Wir können das Gespräch gerne im Pfarrhaus fortsetzen, wenn du hier kneifst, sagen die Lutherischen. Zwei Stunden wird gezankt. Feuersegner bittet den Pfarrer um Verständnis für die Emotionen.

In Filzmoos kommt wieder das Gerücht auf, die Bauern hätten sich mit Flinten, Pulver, Säbeln und Eisenkugeln bewaffnet. De Casparis gibt zu, dass sich dies allerdings nicht beweisen lasse. In Hallein wird ein Bild des heiligen Augustinus aus der Kapelle gerissen, zwei Arme sind abgeschlagen. So sind diese elenden Protestanten. Ganz sicher waren es evangelische Bergleute aus Dürrnberg. De Casparis weiß noch nicht, dass zwei junge katholische Männer aus dem Dorf volltrunken die Tat begangen haben. Doch darauf kommt es nicht an. Es kommt nicht auf die Wahrheit an. Die Schmähung des heiligen Antonius ist eine gute Geschichte, die zu den Evangelischen passt. Denn wahr ist, dass diese Feinde des Papstes und des Erzbischofs das Land verpesten. Es wird gelogen, dass sich die Balken biegen. Huber stimmt mit de Casparis überein: Göcking lügt, wenn dieser preußische Protestant behauptet, alle Versammlungen seien friedlich abgelaufen. Mit Gewalt hätten die Salzburger nichts im Sinn. Lug und Trug. Die Evangelischen sollen die sechstausend Besatzungssoldaten bezahlt haben? Unwahr! Bezahlt haben das Militär auch die Katholiken, die um Schutz gebeten haben.

Sie lügen auch in ihren Schreiben an die Evangelischen Gesandten auf dem Reichstag. Ihre Kinder hätten sie selbst begraben müssen, weil die Friedhöfe geschlossen worden seien. Bücher seien beschlagnahmt worden. Sie seien gefoltert und in Verließen gefesselt worden. Geld habe man ihnen abgenommen. Und als sie sich in Schweden und in Regensburg beschwerten, seien sie als Hochverräter in Salzburg eingesperrt worden. Lügen, schreibt de Casparis. *Lügen*, schreibt Huber. Gut, dass endlich die Deportation beginnt. Es ist der 23. November 1731.

Dem zu Folge wurden einige Hauptleute mit Soldaten nach dem Gebirge geschickt. Diese giengen von Haus zu Haus, und zwangen die Dienstbothen und Taglöhner sich auf die Reise zu machen. Es ist unglaublich, wie sehr die Leute durch diesen unerwarteten Auftritt betroffen worden, und was für Verwirrung unter denselben darauf entstanden sey. Sie verliessen ihre Häuser, und Dörfer, wie rasend, ohne Geld, ohne Kleider, ohne sonst etwas mit sich zu nehmen, im nämlichen Kleide, in dem sie von den Soldaten angetroffen worden, und begaben sich so auf die Reise nach Salzburg zu.

Da ist es kein Wunder, dass manche Evangelischen wieder zu ihrer katholischen Kirche zurückkehren wollen. Das geht in Ordnung, wird ihnen gesagt, wenn ihr die Namen von denen verratet, die euch aufgehetzt haben. Für alle Emigranten können in so kurzer Zeit die notwendigen Passierscheine nicht ausgestellt werden. Vom Kurfürst ist zu hören, dass die Passage durch Bayern frei sein soll, sofern der Fürsterzbischof die Transport- und Unterhaltskosten anzahlt. Die Ausreisefristen werden verlängert.

Zu Wagrain widersetzte sich das Volk, und misshandelte sogar einige Soldaten. Auch gegen den Hauptmann Lapponi ward Gewalt gebraucht: die Soldaten mussten sich äusserst bemühen, die Widerstehenden zurückzutreiben, und sich aus dem Gedränge zu retiriren. Auf dem Marsche nach St. Johann, wohin die Soldaten 48 Taglohner führten, wurden dieselben, von einer grossen Menge der Wagrainer-Gemeinde begleitet, in einem engen Wege mit Steinwürfen angegriffen. Der Hauptmann hatte Befehl, nicht eher Gewalt zu brauchen, als es die höchste Nothwendigkeit erfordern würde. Nun ließ er kleinere Stücke, und Handgewehre unter die Bauern abfeuern, welche jedoch nur allein mit Pulver geladen waren. Nichtsdestoweniger wichen die Bauern zurück. Allein da sie St. Johann erreicht hatten, zogen auch bey tausend Wagrainer unter Gesang und Geschrey in den Flecken ein.

Als sie der Pfleger fragte, was sie im Sinn hätten, und thun wollten: gaben sie zur Antwort, daß sie miteinander auswandern, und an den nämlichen Ort sich verfügen wollten. Der Pfleger ahndete das kühne Beginnen, und drohete mit Bestrafung; allein sie widersetzten: daß sie keine Pein, selbst den Tod nicht fürchteten, und daß sie sich mit dem Tode des Heilandes trösten würden. Diese Worte sprachen sie auf den Knien liegend, wie wenn sie betheten. Man berichtete indeß dem Pfleger, daß sich ausserhalb dem Flecken eine neue Rotte von aufrührischen Leuten versammelt habe, und er ward dadurch veranlasst, diejenigen, welche zur Auswanderung den Tag hatten, fortzuschaffen, die übrigen aber, wiewohl mit vieler Mühe, zurückzuhalten. Zu Radstadt gieng es nicht ruhiger zu. Die Soldaten hatten ihnen kaum die Emigration angekündiget, als zwanzig von ihnen zum Pfleger kamen, und schriftlich und mündlich betheuerten, daß sie sich von ihren Dienstleuten nicht trennen lassen würden. Sie drohten überdieß, daß, wenn man Gewalt brauchen würde, sie ihre Häuser verlassen, und wie das Vieh unter freyem Himmel zu Grunde gehen würden. Der Pfleger achtete auf ihre Drohungen nicht, und ließ die Leute durch die Soldaten in ihren Häusern aufsuchen, und zur Auswanderung zwingen.

Soldaten führen überall die Dienstboten und Tagelöhner ab. Es gibt Tumult in Wagrain. Die Soldaten werden bedrängt. Als achtundvierzig

Tagelöhner weggeführt werden, werfen die Umstehenden mit Steinen. Schüsse fallen. Es wird nur mit Pulver geschossen, denn scharfe Schüsse sind verboten. Eintausend Wagrainer gehen mit den Abgeführten bis St. Johann. »Was wollt ihr?«, fragt der Pfleger. »Wir wollen alle das Land verlassen«, antworten sie. Die Razzien und Verhaftungen werden fortgesetzt. Soldaten sollen den Massenauflauf zerstreuen. »Wir denken nicht an Feindseligkeiten«, sagen die Aufrührer, »wir wollen von hier weg. Für immer«. In Hüttau fallen Schüsse. In Teisendorf zerreißen die ersten Emigranten das fürstliche Edikt in Stücke.

Ganz sicher ist sich der Übersetzer Franz Xaver Huber, dass der Verfasser de Casparis die Wahrheit ohne Furcht beschreibt. Diese Wahrheit und nichts als die Wahrheit muss auf den Tisch gebracht werden, auch fünfzig Jahre nach der Vertreibung der *Rebeller*.

Gleichwohl ist de Casparis einer der billigsten, und aufgeklärtesten Schriftsteller seiner Zeit, die von der Emigration geschrieben haben. Daher konnte er auch den Spürnasen der damaligen Ketzermacher nicht ungehudelt entschlüpfen, und mußte dulden, daß seine Geschichte des Lutherthums von einem, an Philosophie, und Kritik äusserst armen Bettelmönch, einem gewissen P. Cherubin Mayer, beschnarchet wurde.

So trennt sich der Gottesstaat von seinen Bürgern, die einen anderen Gott und einen anderen Staat wollen. Jetzt muss endlich gelingen, was zuvor nie gelang. Kein Schmutzfleck soll auf den Skapulieren und Talaren zurückbleiben. Es gab doch keine andere Möglichkeit, als diese unbelehrbaren *Rebeller* in die Welt hinauszuschicken. Sollen sie doch dort sehen, ob sie es besser haben.

XVI. Neu-Eben-Ezer

Die Salzburger Siedler überzeugen die Engländer, dass das beste Land aus den trockengelegten Sumpfgebieten zu gewinnen ist, nicht aus den tiefliegenden und unter Wasser stehenden *Schwämmen*. Dort gedeihen auf dem sandigen Boden vor allem Rohrpflanzen. Bei starkem Regen steigt auch hier das Wasser, aber es fließt schnell ab. Zudem können Drainagen angelegt werden. Dieses Land ist hoch begehrt.

Madreiter und Schopacher sind tot. Die Arzneien haben nicht geholfen.

Einige Kinder erkranken. Die gesunden Kinder arbeiten auf den Feldern mit. Nicht alle stammen aus Salzburg. In die Schule gehen die Kinder des Weißgerbers Helffensteiner, des Uhrmachers Müller, der nicht nur Uhren bauen kann, und des Schuhmachers Ernstdorf. Sie stammen aus Frankfurt und aus London. Kommissar von Reck hat einige Kinder in Savannah zusätzlich aufgenommen. Die Erkrankungen der Siedler beginnen mit großer Müdigkeit und Schmerzen in den Füßen. Die Zähne lockern sich und bluten. Es muss Skorbut sein. Viele Kranke bluten aus der Nase, ihre Gesichter sind aufgeschwemmt und totenblass. Dem Apotheker Zwifler fällt der starke Mundgeruch auf. Zu gerne würde er sich von einem erfahrenen Arzt beraten lassen, aber weit und breit gibt es keinen Arzt hier. Die Füße schwellen an. Der Körpergeruch ist schwer auszuhalten. Die Kranken schwitzen stark. Merkwürdigerweise ist der Kreislauf stets stabil. Die Oberkörper sehen völlig gesund aus. Der Unterleib zeigt die Spuren der Erkrankung. Boltzius will sich bei der nächsten Bootsreise in Savannah im Vorratshaus nach etwas umsehen, womit er den Kranken helfen kann. Vielleicht mit Mehl, Butter, Zucker und

Wein. Aus Halle könnten mal wieder neue Medikamente geschickt werden. Ein Salzburger leidet unter großer Atemnot, seine Brust drückt ihn schwer. Er erhält eines der letzten Medikamente aus Halle und ist am Mittag des nächsten Tages gesund.

Immer wieder kommen Engländer vorbei, um die Fortschritte der Kolonie Eben-Ezer zu sehen. Informationen werden ausgetauscht. Niemand reist hier vorbei, ohne Boltzius zu besuchen. Im gesamten Georgia ist der Verkauf von Rum verboten. Der Gouverneur hat dies befohlen. Es ist auch besser so für die Indianer. Die Creek-Indianer sind verärgert, aber die Tzerrickey-Indianer sind dem Gouverneur sehr zugetan.

Herr Causton hielt dafür, daß es unserer Gemeine dienlicher gewesen, wenn wir im alten EbenEzer geblieben, als daß wir die ietzige Gegend am Savannah-Fluß erwählet hätten, weil hier Purysburg näher sey, und mancherley fremde Leute bey uns einsprechen, und unsern Ort mit Rum-Trincken, übeln Geschwätz und bösen Exempeln inficiren würden.

Im Land der Tzerrickey-Indianer ragen hohe Felsen auf, das Erdreich dazwischen ist fett. Im Winter ist es sehr kalt, im Sommer ist es mäßig warm. Die Indianer kleiden sich in große Wolltücher und Felle, ihre Könige sollen mutig, tugendhaft und gebildet sein. Ihre Sprache unterscheidet sich von allen anderen Indianerstämmen, die sich kaum miteinander verständigen können. Sie leben von der Jagd, pflanzen Getreide und ziehen Schweine und Hühner groß, gehandelt wird mit Reh- und Biberfellen. Es gibt den Wunsch, Wein anzubauen, aber sie haben keine Erfahrung damit. Wilder Wein ist überall zu finden. Vielleicht wollen sich die Salzburger mit dem Weinbau beschäftigen. Das sollte doch möglich sein.

Boltzius und Gronau teilen sich die Arbeit. Der Ältere (*Ich, Boltzius*) versorgt die Siedler am Roten Berg und an der Indianerhütte, der Jüngere (*Ich, Gronau*) bleibt in Eben-Ezer. Wenn die neue Siedlung endlich einmal bezogen wird, dann soll die Trennung ein Ende haben. Aber noch immer ist das Land nicht vermessen. Der Landvermesser verspricht, sofort zu kommen, aber er kommt nicht. Wenn er doch einmal da ist, muss er gleich wieder zurückfahren. Die Vögel fressen das frische Getreide, und die Wölfe werden immer dreister. Es ist besser, die Rinder in ein Gehege zu stellen, das umzäunt ist, und Hirten mit der Wache zu beauftragen.

Boltzius ist bekümmert, als er erfahren muss, drei Kolonisten hätten sich in Purrysburg mit Rum volllaufen lassen. Einer aus der kleinen Gruppe wird aus der Gemeinde ausgeschlossen. Nach der Buße kann er sich um eine Wiederaufnahme bemühen. Es ist nicht gut, alle Türen zu versperren.

Einige Leute des dritten Transports sind mit Betten und Decken entweder gar nicht, oder doch sehr unvollkommen versehen; daher wir ein gut Theil von der Leinwand, die wir zu Hosen und Hemden für die Armen einkauften, darzu hergeben müssen, daraus Betten zu verfertigen, weil aus dem Store-Haus hierzu nichts gegeben wird. Dieser Transport ist überhaupt in vielen Stücken sehr schlecht daran gewesen, und würden einige ihre Gesundheit und Leben eingebüsset haben, wenn man ihnen nicht mit Pflege und Beyhülfe aus unserer Armen-Casse hätte beyspringen wollen. Vor etlichen Wochen hat mir Herr Causton einige ausserordentliche Dinge, als: 1 Fäßchen Mehl, 2 Dutzend Bouteillen, 50 Pfund braunen Zucker, 1 Fäßchen Butter, und 6 Pfund Gewürtz, Alspice genant, überlassen, welches man für eine grosse Wohlthat zu halten. Doch, in der ersten Zeit sind die Krancken und Schwachen mit diesen ausserordentlichen Dingen, da sie von der ordentlichen Provision unmöglich leben können, aus der Armen-Casse versorget worden. Ausser dieser Pflege für die Krancken, geht ietzt bey den Armen in der Gemeine für schlechte Kleidung, Schuhe, Hemden etc. mehr auf, als in der vorigen Zeit, weil sie ihr weniges Geld in diesen zwey Jahren für unentbehrliche nothwendige Dinge, die sie ausser der provision gebraucht, ausgegeben haben. Wenn erst die guten Leute auf dem neuen Lande sich werden eingerichtet, und durch ihrer Hände Arbeit einigen Seegen eingeerndtet haben, werden wir die Gelder, so uns von wohlthätigen Hertzen zufliessen, zu Anrichtung einiger nützlichen Anstalten anwenden können. Jetzo müssen wir uns nach der gegenwärthigen Noth richten.

Boltzius schreibt neue Bettelbriefe. In seine Sätze schleichen sich zunehmend englische Wörter ein. Auch Kommissar von Reck will sich um Werkzeug und Kochgeschirr bemühen. In Deutschland wurde dies alles versprochen, aber der Weg ist weit. Irgendwann werden die Lieferungen schon eintreffen. Die Arbeit am Hausbau und in der kargen Landwirtschaft wird nicht bezahlt. Wovon auch sollte das Geld genommen werden?

Erste Tage im Mai. Die Gemüsegärten müssen vor den Hühnern geschützt werden, weitere Rodungen stehen an, und bald muss Heu gemacht werden, das beste Futter für die Rinder. Das alte Boot und das neue schwere Boot hat der Kommissar auf seine Reise mit sechs Männern mitgenommen. Die Anschaffung eines weiteren, schnelleren Boots ist unverzichtbar.

Auf den gestrigen Regen, der nicht lange anhielt, ists bey Nacht abermal gar kühl worden. An unsern neuen Orte giebt es viele Mücken, die uns bey Tage, und sonderlich Morgens und Abends turbiren. Wenn aber eine kalte Witterung einfällt, so werden sie gedämpfet. Es giebt hier herum eben so, wie in alt EbenEzer, viele Schlangen. Einige sind von grosser Länge und Dicke. Die Leute sind ernstlich dahinter her, sie, so viel es möglich ist, auszurotten. Eichhörngen giebt es hier ziemlich viel, davon die Suppen sehr guten Geschmack haben. Auch sind viele wilde türckische oder welsche Hühner in dieser Gegend, die aber ietzt von den Leuten nicht erschossen werden, weil sie theils zu viel Geschäfte haben, theils aber sie in dieser Brut-Zeit wegzuschiessen Bedencken tragen.

Die alten eisernen Mühlen der Salzburger sind verrostet. Boltzius bittet um Mühlsteine. Vielleicht können die Mühlen noch einmal repariert werden. Der Bürgermeister möge doch bitte ein Boot zurückschicken. In den Bäumen werden wilde Bienenstöcke entdeckt. Der Honig schmeckt bitterer als in Deutschland. Um ihn aus den Bienenstöcken herauszuholen, müssen die Bäume gefällt werden. Gelegentlich können die Nester auch ausgeräuchert werden. Die Bienen lassen sich nicht in bereitgestellte Körbe umsiedeln. Sie schwärmen wieder aus und kehren nicht zurück. Mit dem Lebensmitteltransport gibt es schon wieder Probleme. Das große Boot kann auf dem Hochwasser führenden Fluss kaum manövriert werden. Die Leute des Bürgermeisters weigern sich, schon wieder nach Eben-Ezer zu rudern. Er fordert deshalb einige Männer aus Eben-Ezer an. Sie brechen am Sonntag auf. Ihre Ration ist für zwölf Tage eingeteilt, elf sind sie nun schon unterwegs. Wenn das Rudern noch mühsamer wird, bleibt ihnen nur übrig, für sich selbst Lebensmittel aus dem Kontingent für die Siedler zu entnehmen. Drei Leute kommen aus Purrysburg. Man möge dort bitte die Lebensmittel abholen, mit dem Boot ist der Transport derzeit nicht möglich. Boltzius regt an, ihm selbst die Aufsicht über das Store-Haus mit den Vorräten zu übertragen. Er muss ohnehin jede Lieferung sichten und im Abrechnungsbuch eintragen. Wieder schreibt er an Bürgermeister Causton. Wo denn die eisernen ausgebesserten Mühlen blieben? Wo die Molasse und die Indianischen Bohnen und das Saatgut? Die Eisentöpfe sind wunderbar, es fehlen aber Metallringe, um sie über dem Feuer aufzuhängen. Auch Munition und Gewehre fehlen.

Der Postweg nach Haberkorn soll vermessen werden, aber die Landvermesser können ohne Boote den Fluss nicht überqueren. Immer haben sie einen neuen Grund, ihre Arbeit nicht fortzusetzen.

Zuletzt bitte ihn gantz demüthig, mir meine offenhertzige Schreib-Art, da ich der Leute Noth vorzustellen versuche, nicht übel zu nehmen.

Der Marktplatz im Ort soll bepflanzt werden. Auch innerhalb des Stadtgebiets muss gerodet werden. Die Fässer mit den Potates sind durch die feuchte Witterung verdorben, die Früchte sind faul und stinken. Zwei neue Ochsen werden geliefert. Das gesäte Getreide wird von den Eichhörnchen ausgegraben und gefressen. Boltzius räumt sein Zimmer im Haus von Stephan Ridelsperger, denn seine neue Hütte steht jetzt endlich, auch Gronaus neues Haus ist einzugsbereit. Es sind primitive Häuser. Irgendwann werden beide ein anständiges Haus besitzen. Jeder in Neu-Eben-Ezer verfügt inzwischen über eine eigene Hütte, aber der Hof, die Ställe, die Küche und der Garten sind Gemeinschaftsbesitz. Die wenigen Salzburger, die in Alt-Eben-Ezer zurückgeblieben sind, treiben ihre Kühe in die neue Siedlung, die Kälber aber müssen eigens eingestallt werden. Die Dorfwiese ist kein guter Weidegrund, aber nach drüben jenseits des Flusses dürfen sie nicht getrieben werden. Ein für alle Mal: Das Land gehört den Indianern, nicht euch. Die Schweine sind in die Getreidefelder eingedrungen, fast die gesamte Ernte ist vernichtet.

Jetzt ist es Juni. Der Gouverneur ist im Land. Der Feldmesser wird beauftragt, nach seiner Rückkehr von einer anderen Arbeitsstelle das neue Land für die Salzburger zu vermessen. Er ist gerade damit beschäftigt, am Oberlauf des Flusses eine neue Stadt für die Kaufleute auszumessen. Bald wird er kommen. Ganz sicher wird er in den nächsten Tagen seine Arbeit in Neu-Eben-Ezer beginnen. Drei Witwen werden endlich Gärten zugewiesen. Sie sind zu alt, um noch einmal heiraten zu können. Der Gouverneur bittet um einen schriftlichen Bericht. Die Lebensmittelrationen sind zu knapp bemessen. Das bisher zugeteilte Land ist nicht fruchtbar genug, wird auch immer noch und immer wieder überschwemmt.

Zu viele Kühe sind davongelaufen oder verendet. Für neue Kühe gibt es kein Geld. Der Gouverneur hatte kürzlich gefragt, ob einige Salzburger als Hirten seine große Viehherde bei Alt-Eben-Ezer hüten wollten. Gegen Bezahlung, versteht sich. Ja, schreibt Boltzius, aber es wäre besser, die Hirten könnten die Herde hier bei uns in Neu-Eben-Ezer hüten als an dem alten Ort.

Aus Purrysburg lässt der Gouverneur einen geschlachteten Ochsen anliefern, er ist fünfhundertdreizehn Pfund schwer, sein Fleisch wird unter den Ärmsten verteilt. Ein neuer Brief von Oglethorpe trifft ein. Die in Alt-Eben-Ezer inzwischen leerstehenden Häuser sollen dem Kapitän des Forts Pellichokelis samt dem zurückgebliebenen Besitz überschrieben werden. Das kann aber nach der Erntezeit geschehen.

Es halten sich grosse und kleine Bären in unserer Gegend auf, die sonst nur Gras und schwartze Behren, Castanien etc. fressen: Heute aber hat ein grosser ein Schwein eines Saltzburgers getödtet und übel zugerichtet, doch ist das Fleisch noch durch einen Saltzburger, der unvermuthet dazu gekommen, aus seinem Maul errettet worden.

Felder und Gärten sind bestellt, eine andere Arbeit gibt es nicht. Einige Männer gehen nach Altamaha, um dort einen Arbeitsplatz zu finden. Drei Salzburger finden sich, die die Kühe des Gouverneurs hüten wollen. Oglethorpe besteht auf Weideplätzen im alten Ort. Die Herde wird herangetrieben: Es sind dreihundert Kühe. Oglethorpe, Gouverneur, Admiral und Mitglied des englischen Parlaments, ist vermögend.

Boltzius verteilt an jeden Mann, an jede Frau vier quadratisch zugeschnittene Stücke Leder. Sie reichen für acht Schuhsohlen aus. Das Oberleder ist noch nicht geliefert worden. Die Kinder werden im leerstehenden Haus des Kommissars unterrichtet, es wird zugleich auch als Lagerhaus genutzt. Jetzt ist von Reck aber wieder da, also findet der Unterricht in privaten Holzhäusern statt. Schultische fehlen noch. Am 25. Juni stehen die Gärten in Alt-Eben-Ezer erneut unter Wasser. Molasse und Sirup fehlen, aus denen Bier hergestellt werden kann. Das Wasser schmeckt brackig. Aber die Stimmung der Leute bleibt gelassen, sie verlieren ihre Hoffnung nicht, dass alles besser wird. Irgendwann einmal. Zu gerne würden sie ihren Lebensunterhalt selbst verdienen, statt von den Zuteilungen aus dem Store-Haus in Savannah abhängig zu sein.

Bürgermeister Causton schreibt, der vor einigen Tagen abgeschickte Wein sei ein französisches Erzeugnis und hervorragend für die Kranken geeignet. Salz, Reis, Molasse und Sirup würden demnächst zugeteilt. Gouverneur Oglethorpe lässt ausrichten, dass er genug Arbeiter in Altamaha gefunden habe. Wer aber trotzdem kommen wolle, finde sicher Beschäftigung auf seiner Plantage. Salzburger würden bevorzugt. Allerdings müssen sie sich der strikten Ordnung am Platz unterstellen. Der Landvermesser hört mit seiner Arbeit auf, ein Nachfolger ist noch nicht gefunden. Findet sich keiner, will der Gouverneur selbst die Messungen vornehmen. Das ist nicht gut, denn spätestens im Herbst sollten die Pfirsichbäume eingepflanzt werden. Wie soll das möglich sein, wenn das Gelände nicht vermessen und zugeteilt wird? Die Namen der Leute, die regelmäßig mit dem Boot die Lebensmittelrationen abholen, sollen aufgeschrieben werden, damit sie etwas Geld für den Transport bekommen. Immer mehr Siedler leiden unter Fieberanfällen. Gronau und seine Gehilfin erkranken. Der Apotheker Zwifler hat viel zu tun. Das Trinkwasser ist nicht sauber, Bier kann ohnehin nicht gebraut werden.

Die beiden Kinder von Steiner sterben.

Wer Durst hat, trinkt das von der Sonne destillierte Wasser der Melonen. Zum Glück wachsen viele Wassermelonen in der Gegend von Alt-Eben-Ezer. Anders als in Europa gibt es hier auch Zuckermelonen. Der Gouverneur kündigt einen neuen Feldmesser an. So reift der Sommer, so vergehen die Tage. Boltzius schreibt.

Glanz und Schweickert sind tot.

Ihre Kleidung wird verteilt. Aus dem Store-Haus werden Restbestände gegen Quittung geliefert, gefragt sind vor allem Zucker und Butter für die Kranken. Ein Deutscher hat sich im Wald verirrt. An den Osterfeiertagen war er noch in der Kirche. Das war das letzte Mal. Sein Lebenswandel war nicht in Ordnung, sagen die Leute, auch wurde er mehrfach volltrunken angetroffen. Bevor er in den Wald ging, hatte er wieder einmal zu viel getrunken. Er wird nicht mehr gefunden.

Das Wild beschädigt die Pflanzungen, das Getreide und die Bohnen werden abgefressen. In Neu-Eben-Ezer sind Schweine auf das Kornfeld gelaufen. Vierundzwanzig Stunden wühlen sie herum. Das Feld ist ruiniert, aber die Salzburger pflanzen sofort neues Getreide an. Das Land ist gut duchfeuchtet, weil es immer wieder regnet. Das Korn geht auf, alles wächst hier viel schneller als im alten Eben-Ezer. Wieder sind aus

Savannah Kanonenschläge zu hören. Ein neuer Landvermesser wird angekündigt. Die Salzburger sollen ihr neues Land kostenfrei erhalten, so ist es mit dem Mann vereinbart.

Die Schiffe aus London lassen auf sich warten. Aus Halle wurden die Medikamente immer noch nicht geschickt. Boltzius bekommt wieder einen heftigen Fieberanfall. Aus Alt-Eben-Ezer wird berichtet, dass Melonen und Kürbisse ausgerissen und unreif weggeworfen wurden – man weiß nicht von wem. Ein Salzburger wird bestohlen. In der Nacht hat jemand aus der offenen Küche an der Dorfstraße alle Fleischvorräte gestohlen. Die Zahl der Gesunden nimmt deutlich ab. Die Kranken haben jeden Tag Fieber, die meisten Salzburger haben inzwischen jeden dritten Tag einen Fieberschub. Eine Frau, die am ganzen Körper Schwellungen aufwies, ist inzwischen wieder gesund. Die Wickel mit erwärmtem Wein haben ihr geholfen.

Verschiedene Leute bekommen ietzt allerley Fieber, und müssen die starcken Naturen, die sonst was aushalten können, ziemlich heftig dran. Herr Zwifler beweiset seinen guten Fleiß.

An der rechten Seite von Neu-Eben-Ezer verläuft ein Graben, tief und trocken, wenn es nicht regnet. Dort misst der Landvermesser die Plätze für die künftigen Häuser aus. Pichler wohnt mit seiner Frau schon in dem Graben, in dem hohes Rohr steht. Das Feuchtgebiet ist für sein Vieh schlecht, aus dem Schlamm steigt stinkender Dunst auf. Monatelang hat Pichler an dem Haus und am Garten gearbeitet. Er gibt den Platz auf, auf dem kein Segen liegt. Zwifler und seine Frau erkranken. Seine Kräfte schwinden. Er war ein Gegner des Umzugs von der alten in die neue Stadt. Von der Beschaffenheit des Bodens versteht er nichts und für die Landwirtschaft interessiert er sich nicht. In der alten Stadt hatte er sich vergleichsweise komfortabel eingerichtet. Jetzt aber hat er keine Kraft mehr, in der neuen Stadt von vorne anzufangen. Seiner Frau geht es nicht anders. Bald werden die Stürme wieder einsetzen, dann rollt die Flut gewaltiger als sonst den Fluss hinauf. Dem Meer zu muss man mit den Booten dann sehr vorsichtig umgehen. Denn die Orkanböen vom Atlantik kündigen sich nicht an, sie fallen aus heiterem Himmel ein.

Schon geht es auf den September zu. Das monatliche Gehalt für Boltzius kam wieder einmal nicht an. Der Landvermesser ist wieder abgereist.

Das Gewitter verzieht sich und die Sonne scheint wieder. So geht es hin und her. Die Vermessung einer Seite der neuen Stadt ist abgeschlossen. Am Vormittag wurde den Erstsiedlern Land zugewiesen. In Blotzius' Hütte werden die Grundstücke unter den Salzburgern des dritten Transports verlost. Nicht alle sind zufrieden, vielleicht kann noch getauscht werden. Boltzius muss erst gesund werden.

Diesen Morgen habe das Fieber heftiger, als in den vorigen Tagen gehabt. Der Schulmeister Ortmann ist auch gar elend.

Boltzius ist auf warme Getränke angewiesen, die Fieberschübe kommen immer wieder. Die meisten Patienten trinken nur einen Becher mit süßem Tee. Zum Glück werden fünfzehn Ochsen geliefert. Heute ist Schlachttag. Das Fleisch eines Ochsen wird unter den Kranken verteilt. Gronau kommt mit dem Boot aus Savannah zurück. Kaum betritt er sein neues Holzhaus, überfällt ihn ein Schüttelfrost. Die Zahlungen an die Gemeinde stehen noch aus. Bürgermeister Causton sagt, die Geldtruhe sei zu schwer für das Boot. So wird sich Gronau demnächst in Purrysburg ein Boot leihen müssen, wenn er wieder gesund ist. Hier steht kein Boot mehr zur Verfügung. So viele Ausstände, und in der Kasse ist kein Geld.

Boltzius ist fiebrig.
Der Lehrer ist krank.
Gronau liegt im Bett.

Aus London treffen neue Spenden ein. Der Hofprediger Ziegenhagen schickt einen Kasten mit Kupfermünzen. Dr. Gerdes hat eine Kollekte für die Salzburger erhoben. Jetzt können endlich wieder kleinere Beträge unter den armen und kranken Leuten verteilt werden. Boltzius nimmt sich vieles vor, aber in diesen Tagen schreibt er nicht. Ihm fehlt die Kraft, Briefe zu verfassen oder sein Tagebuch fortzusetzen. Die Hand schmerzt und sein Körper ist matt. Unendlich matt. Er sammelt seine Gedanken, formuliert Briefe und amtliche Schriftsätze im Kopf. Irgendwann wird er wieder zur Feder greifen. Dabei soll er mit dem Gouverneur nachverhandeln, denn einige der zugeteilten Grundstücke liegen auf sandigem Boden. Da kann nichts gedeihen. Alt-Eben-Ezer und Neu-Eben-Ezer sind ein Tränenland.

XVII.
Augsburg

Alleruntertänigst und allergehorsamst verfassen Stadtpfleger, Bürgermeister und Stadtrat des katholischen Magistrats in Augsburg ein gemeinsames offizielles Schreiben an den Kaiser in Wien. Die Beschwerden der evangelischen Stadtverwaltung sind doch völlig verlogen. Unter dem Datum des 15. März 1732 werden elf Positionen aufgeführt, um die unverschämten Behauptungen der Protestanten zu entkräften. Der Brief fällt so umfangreich aus, dass ihn der Kaiser höchstpersönlich kaum lesen wird. Sein Inhalt sieht aus, als sei das Schreiben diktiert worden. Freundliche Widmungen an die evangelischen Brüder der Stadt an seinem Anfang, an die Partner in Christus, dann aber wird der Ton heftiger. Da redet sich während des Diktats jemand in Rage, trinkt vielleicht auch aus einem Zinnbecher Wein. Einen Becher. Dann noch einen. Das Sprechen macht durstig. Der übliche höfliche Stil eines Amtsschreibens rutscht dem Verfasser zusehends weg. *Anmaßend, gehässig, eifernd, eigenmächtig, gefährlich und lügnerisch* hat sich die evangelische Seite verhalten, als die Salzburger in der Silvesternacht vor den Stadtmauern standen. Bis März halten sich mehr als siebenhundert Salzburger vor den Toren auf. In der Stadt muss Ruhe bewahrt werden, um jeden Preis. Das wollen die Protestanten, das will der evangelische Magistrat Augsburgischen Bekenntnisses nicht verstehen. Ruhe ist erste Bürgerpflicht. Niemand hat sich unbarmherzig verhalten, als die Stadttore verschlossen wurden. Alles geschieht zum Besten der Bürger in dieser Stadt. Dreihundert Emigranten sollen in der Stadt eine Arbeit erhalten, ein Ding der Unmöglichkeit. Wer hier nicht wohnt, hat kein Recht auf eine Arbeit. Schon gar nicht einer, der staatenlos ist.

Vertrieben wurde er, dafür mag es schon mehr als einen Grund geben. Hergelockt wurde er, dahergelaufen ist er. Solche Leute haben keinen Platz in dieser Stadt. Ihr drohen Unruhe und Aufstände und unter den Fremden sind kranke Personen, arbeitsunfähige und verheiratete. Sie sind vor allem *erzgehässig*. Es wäre verrückt und unverantwortlich, sie in die Stadt einzulassen oder sie gar zu beschäftigen. Fahrende Gesellen dürfen die Stadt grundsätzlich nicht betreten. Die Stellungnahme an den Kaiser birst vor Rechtsbegriffen, Grußformeln, Anbiederung und Rechthaberei in der Kanzleisprache.

Es folgen Seite um Seite Rechtfertigungen. Aus Gründen der Hygiene werden Bettstellen, Stroh, Arbeitsgenehmigungen und freier Zutritt in die Stadt verweigert. Die Stadt soll doch vor Cholera und Pest geschützt werden. Dabei führen die Salzburger Bescheinigungen aus ihren Heimatorten mit sich, in denen bestätigt wird: Bei uns gab es bisher weder Cholera noch Pest. Noch nie haben sich Fremde so lange vor Augsburg aufgehalten. Eine Plage Gottes ist das Salzburger Bauern-Gesindel. Die Worte werden spitz.

Wer soll denn die ganze Verpflegung für den Schwarm der Flüchtlinge aufbringen? Wer garantiert, dass es nicht Mord- und Totschlag, Aufstand und Unruhe gibt? Wo sollen denn die Arbeitsplätze herkommen, die kaum für die Stadtbewohner selbst in ausreichender Zahl angeboten werden? Wer schützt uns vor Gewalt und Mutwillen? Vor Krankheiten? Vor Gesindel und Bettlern?

Brief und Gegenbrief werden sofort gedruckt und publiziert. Das ist ganz neu, dass keine einzige Maßnahme mehr verborgen bleiben kann. Die ganze Welt liest mit, was in Augsburg beschlossen wird. Der katholische Magistrat rechtfertigt seine harten Entscheidungen. Diese *Hauffen* sind als Dauergäste bei der Hälfte der Bevölkerung nicht willkommen.

Donauwörth, Ebermergen, Harburg, Dinkelsbühl, später Würzburg: Das sind die ersten Stationen der langen Reise der Salzburger, die sich für den Weg in die 13. englische Kronkolonie Georgia entschieden haben. Unterwegs werden sie von Trompetenfanfaren auf den Kirchtürmen begrüßt, überall strömen die Leute herbei. In Wertheim spendet die gesamte Bevölkerung, was sie aufbringen kann. Der Ort ist noch gezeichnet von zwei schweren Unglücksfällen und einer gerade erst überwundenen

Hochwasserkatastrophe. Am 11. November besteigen die Salzburger die Boote, die sie auf dem Main bis nach Frankfurt bringen sollen. Auch die aus Dürrnberg stammenden Protestanten werden eingeladen, nach Georgia zu reisen. Sie halten sich zurück. Zu viele von ihnen sind erkrankt. Den Kranken wird eine Aufenthaltserlaubnis erteilt.

Ein Mitglied des Frankfurter Magistrats begrüßt die Salzburger, er teilt unter ihnen Geld aus. Die Dürrnberger sollen versorgt werden, bis sie sich für die lange Anschlussreise erholt haben. Am fünfzehnten November schiffen sie sich wieder ein. Zuvor wird ihnen ein Abschiedsbrief des Augsburger Seniors Samuel Urlsperger vorgelesen. Die alten und die neuen Geschichten der Salzburger bleiben in den Orten zurück und werden immer wieder von Neuem weitererzählt, in den nächsten Monaten und Jahren kommen viele Berichte hinzu. Martin Gruber und Joseph Wagenbüchler, inzwischen als preußische Staatsbürger in der offiziellen Liste des Preußischen Kommissars vermerkt, hatten von Regensburg aus an den Fürsterzbischof appelliert, ihre Ehefrauen und Kinder ausreisen zu lassen. Zwölf Wochen, so erzählten die Salzburger, hätten beide Männer vergeblich in Nürnberg auf die Familienzusammenführung gewartet. Der Bote kommt ohne Antwort aus Salzburg zurück.

Am 27. November kommen die über dreihundert Emigranten, die jetzt Bürger der englischen Krone sind, mit ihrer Begleitung in Rotterdam an. Die Einquartierung ist schwierig, weil viele Gasthäuser die Emigranten nicht aufnehmen wollen. Zwei Tage später treffen Boltzius und Gronau ein – endlich. Die Reise nach Amerika kann beginnen. Zuerst muss England angesteuert werden. Ursprünglich sollen jeweils einhundertfünzig Salzburger ein Schiff besteigen. Dann aber gibt es eine andere Berechnung. Drei Kinder im Alter zwischen zwei und fünfzehn Jahren werden als zwei Passagiere berechnet, eine Mutter mit einem Kleinkind gilt als ein Passagier. In Rotterdam wird den Salzburgern ein freundliches Begrüßungsschreiben der *Trustees for Establishing the Colony of Georgia in America* überreicht. Bedeutende Männer gehören dieser Gesellschaft an.

John Lord Percival, George Lord Carpenter, Edward Digby, Esqr. James Oglethorpe, Esqr. George Heathcote, Esqr. Thomas Tower, Esqr. Robert More, Esqr. Robert Hucks, Esqr. Roland Holland, Esqr. William Soper, Esqr. Francis Eyles, Esqr. John Laroche, Esqr. James Vernon, Esqr. William Belitha, sowie die Geistlichen der Englischen Kirche Stephan

Hales, John Burton, Richard Bunda, der Lordbischof von Glocester, Arthur Bedford Smith, Adam Anderson und der Kapitän Thomas Coram.

Die Herren sind beauftragt und mit allen Vollmachten dafür ausgestattet, die Ausreise der Salzburger vorzubereiten. Sie treffen sich wöchentlich. 10 000 Pfund Sterling haben Krone und Parlament bereits zur Verfügung gestellt, um in Georgia eine erste Infrastruktur für die Salzburger zu schaffen, bevor sie dort eintreffen.

Selbstverständlich gibt es auch Kritiker der geplanten Salzburger Ansiedlung in der neuen Kolonie. Mit den Pfälzern hat es vor zwanzig Jahren viele Probleme gegeben. Die Salzburger kämen schließlich in eine Gegend, die bereits von Engländern besiedelt ist. Sie werden sich mit ihnen nicht verständigen können. Wen haben sie noch als geistliche Begleiter, wenn die beiden Seelsorger unterwegs sterben? Was soll ein Ziel Georgia, wenn doch viele Engländer die Auswanderung dorthin als eine Strafe ansehen? Die Bedenken werden ausgeräumt. Eine sechs- bis siebenwöchige Schiffsreise gilt als zumutbar und weitgehend ungefährlich. An Bord werden sie bestens versorgt. Sie haben immerhin eine geistliche Begleitung und es gibt genug Heilmittel. Das Argument von der schlechten Erfahrung der Pfälzer Aussiedler sticht nicht. Die Pfälzer wollten sich drohenden Strafen zu Hause entziehen. Niemand hatte die mehr als eintausend Aussiedler eingeladen, nach Georgia zu gehen. Sie kamen als Bettler in Amerika an und mussten die Kosten für die Schiffspassage als Sklaven in den ersten Jahren verdienen. Die Salzburger aber sind unbescholtene Leute, die aus Glaubensgründen ihre Heimat verlassen mussten. Sie sind Gäste der Krone, des Parlaments und der beauftragten Gesellschaften. Sie werden in Georgia tüchtige Siedler sein, ganz anders als die Pfälzer in Pennsylvania, die darauf gehofft hatten, sich dort ohne Arbeit ein schönes Leben machen zu können. Viele Pfälzer wurden von den Schiffskapitänen als Sklaven verkauft. Zudem haben sie sich meistens in Neu-England, in New York, Barbados und Jamaica niedergelassen. Sie werden den Salzburgern nicht in die Quere kommen. Weshalb also Vorbehalte gegenüber den Salzburgern? Alle Welt, die sie bisher kennenlernte, rühmt sie und ihr Lob verbreitet sich überall schon vor ihrer Ankunft.

In Roterdam haben sich denn diese Emigranten biß auf den 5. Dec. aufgehalten, da immittelst zu ihrem fernern Transport nöthige Veranstaltung gemachet worden. Gedachten Tages sind sie also mit dem Schiff, die Purrysbourg genannt, würcklich unter Segel gegangen. Weil sie aber den 8. Dec. durch Sturm und Unvorsichtigkeit eines Piloten bey dem Einfluß der Maaß in die See auff eine Sandbanck geworffen worden, auch zum öfftern contrairen Wind und Sturm gehabt, sind dieselben gantzer 3. Wochen unterweges gewesen, und erst den 22. Dec. zu Douvre in Engelland, jedoch alle unverletzt und wohl behalten, unter vielen Lob-Liedern und Freuden-Thränen eingelauffen, den 23. daselbst ans Land gesetzet, und gleichfalls Paarweise und unter Absingung ihres Exulanten-Liedes in ein Hauß geführet, und daselbst recht wohl bewirthet worden, nachdem der herr Commissarius von Reck sich vorhero, wiewol mit Leib- und Lebens-Gefahr ans Land setzen lassen, und seinen Weg von daraus nach Douvre genommen.

In Dover wartet ein Dolmetscher auf sie. Im Empfangskomitee steht Kapitän Coram, der sie nach Georgia bringen soll, sie sehen Hofprediger Butienter von der Deutschen Kapelle. Es wird alles getan, um für die Salzburger vor der großen Reise das Notwendige einzukaufen, reichlich Gemüse, frisches Fleisch und Branntwein. Jeder Erwachsene erhält ein Pfund Sterling, Kinder ab fünfzehn Jahren ein halbes Pfund, für jedes Kleinkind gibt es noch einmal eine halbe Krone. Boltzius und Gronau nehmen ihr erstes Gehalt entgegen. Überall wird die Disziplin der evangelisch-lutherischen Salzburger gelobt, sie haben sich auch während der Überfahrt nach Dover mustergültig verhalten. Ein Lehrer stößt zur Gruppe hinzu, er und seine Frau sprechen Deutsch und Englisch. Er wird in Georgia eine Bereicherung sein. An den Abenden erzählen sich die Salzburger in Dover die Geschichten ihres Lebens, auch wenn sie von der Seefahrt, den neuen Eindrücken, den vielen Gesprächen mit ihren Gastgebern und Begleitern und den ständigen Prüfungen ihres religiösen Wissens reichlich erschöpft sind.

Der zweite Transport nach Rotterdam geht verspätet ab, weil sich ein Kind ein Bein gebrochen hat und in Augsburg zurückbleiben musste. Die Aussiedlergruppe setzt sich aus Leuten zusammen, die aus ihren Quartieren in Memmingen, Lindau, Leutkirch und Leipheim herzugeholt worden sind, um die erste Gruppe personell aufzufüllen. Schnell stand eine zweite Gruppe in Bereitschaft, nach Georgia auszuwandern. Samuel Urlsperger, Senior des evangelischen Ministeriums und Pfarrer an der Hauptkirche St. Anna in Augsburg, schreibt diese Ereignisse auf und veröffentlicht viele Details der Reise in seiner in Europa publizierten *Ausführlichen Nachricht von den Saltzburgischen Emigranten, die sich in*

America niedergelassen haben. Den Tagebucheintragungen von Boltzius und Gronau stellt er seinen *Umständlichen Vorbericht* voran. Urlsperger ist ein Schreiber, der Tag und Nacht unermüdlich mit der Hand Briefe, Abrechnungen, Predigten, Tagebuchnotizen und Erklärungen verfasst. Er hört den Stundenschlag der Glocke von St. Anna. Im Turm, den der Stadtbaumeister Elias Holl ohne Fundament auf dem Orgellettner des Kirchenschiffs zwischen West- und Ostchor errichtete, läuten die drei Glocken den Morgen und den Abend ein. Die Nächte sind kurz. Niemand in Augsburg hat in diesen Zeiten die Gelegenheit zu langem Schlaf. Der englische Kommissar von Reck, der eben noch hier war, ist eilig zur nächsten Reise nach Georgia aufgebrochen.

Den Weg nahmen unsere Colonisten, so wie die von dem erstern Transport, auf Roterdam, alwo sie den 17ten Octob. gesund und wohl anlangten, daselbst aber wegen contrairen Windes bis auf den 27ten selbigen Monats stille liegen musten. gedachten Tages gingen also dieselben Nachmittages um 3 Uhr unter Segel, und erreichten den 31sten darauf gegen 12 Uhr Helvoet Sluys, alwo der Capitain einen neuen Piloten aufgenommen, daß sie Nachmittags um 3 Uhr in die volle See und den folgenden 1sten Novemb. mit gutem Winde glücklich auf der Englischen Küste anlangeten, daselbst zwar, weil sie zu hoch waren, die Nacht vor Ancker liegen, und Dienstags darauf als den 2ten Novemb. wieder in den Canal zurück gehen musten; endlich aber mit favorablem Winde Abends um 5 Uhr glücklich zu Gravesend anlandeten, und daselbst ihr erstes seyn liessen, dem Herrn für seine barmhertzige und mächtige Führung nach Gelegenheit der neun ersten Verse aus dem 107 Psalm zu loben und zu preisen.

XVIII. Auf See

Die Tage in Dover vergehen schnell. Der Hofprediger Butienter reist zurück nach London. Es ist Weihnachten. Herr Purry, ein geborener Schweizer, macht den Salzburgern Hoffnung. Jenseits des Atlantiks hat er eine Stadt mit dem Namen Purrysburg gegründet. Nicht weit davon sollen die Salzburger angesiedelt werden. Die *Trustees* schicken Delegierte vorbei oder machen sich selbst auf, die Emigranten zu verabschieden. Es gibt viele Reden. Sie sind herzergreifend, aber die Gedanken schwirren im Kopf und das Herz ist schwer. In deutscher Sprache ist eine Ordnung verfasst, die Auskunft über die Rechte und Pflichten der neuen Siedler gibt. Die Erklärung wird öffentlich verlesen. Jeder Salzburger berührt das Dokument und stimmt ihm zu. Der Vertreter der *Trustees* begrüßt jeden einzelnen Siedler mit einem Handschlag. Am 6. und 7. Januar können die Segel noch nicht gesetzt werden, der Wind hat nach Westen gedreht. Mit dem Aufkommen eines Nordost-Windes legt das erste Schiff ab. Es ist frostig kalt. Noch nie haben die Emigranten so große Schiffe gesehen. Sie sind unter Deck einquartiert. Es ist eng und es riecht nicht gut. Das Schiff ächzt im Wind, die Taue knarren, die Segel schlagen. Ängste legen sich auf die Seele und viele Salzburger beten und singen. Die meisten werden am ersten Tag seekrank. Das Wasser des Atlantiks ist tiefschwarz. Schwarz sind die Wolken über dem Meer. Im Sturm zerreißt ein großes Tau, welches den mittleren Mastbaum hält. Die Situation ist gefährlich. Auch Boltzius geht es nicht besonders gut, er sitzt in einer Ecke und führt Tagebuch.

Den 14ten. Vergangene Nacht und heute hatten wir eine Meerstille; dabey war das Wetter sehr angenehm. Da in den vorigen Tagen der Wind etwas kalt gewesen, so spüreten wir ietzo eine erquickende Wärme. Die untergehende Sonne machete auf dem Wasser und in der Luft eine so wunderschöne Aussicht, die man allein bewundern, und nicht wohl ausdrücken kann. Wir erweckten uns dadurch, daß, da das Geschöpf so schön, wie schön nicht der Schöpfer seyn müsse.

Den 15ten. Heute hatte sich der Wind in Sud-West und fast gantz West gegen uns gesetzet, so, daß wir unsern Cours nicht machen konten. Wenn es uns bey der Schifffahrt nicht nach Wunsch gehet, so erinnern wir unsere Zuhörer fleissig des 27sten Capitels der Apostel-Geschicht, als welches wir ietzt nicht allein besser, als sonst verstehen, sondern auch für eine grosse Wohlthat achten. In der Abend-Stunde erhörte GOtt unser gemeinschaftlich Gebet, und schenckte uns wieder einen starcken und ziemlich favorablen Wind.

Den 16ten. Heute fiel warmer Regen; dabey erhob sich starcker Nord-West-Wind, welcher alle Stunden bey acht und einer halben Meile mit uns forteilete.

Den 18ten. Heute haben wir einen sehr schwachen, obwol sonst favorablen Nord bey Ost- und Nord-Wind gehabt, mit welchem wir stündlich 2 bis 3 Englische Meilen fahren können. Die Sonne schien so schön, daß Leib und Gemüth über die Güte GOttes, die mit der Sonne über den Menschen aufgehet, erquicket wurden.

Sie fahren einhundertdreiunddreißig Meilen in vierundzwanzig Stunden. Jetzt steht der Regenbogen über dem Meer wie die Verheißung des gelobten Landes. Die Salzburger gehen an Deck, atmen tief die Meeresluft ein und ziehen sich die dünnen Joppen und Jacken enger um die Schultern.

Den 22sten. Es ist uns von Dover aus ein ziemlicher Vorrath von Brantewein mitgegeben, welcher unsern Zuhörern bey dessen mässigem Gebrauch öfters sehr grossen Nutzen schaffet.

Den 23sten. Der gute Wind continuiret noch. Wir mercken, daß der liebe Vater mit uns recht eile, uns aus der Gefahr bald nach Americam zu bringen. Er sey gelobt!

Den 25sten. Die Schiffleute referireten uns, daß wir die Länge der Canarischen Inseln passiret, und vergangene Nacht in den Trade Wind kommen wären, welcher 6 Monate beständig von Osten und bey Osten wehete, und uns gerade zu an Ort und Stelle bringen würde. Ob dem also, wird die Zeit lehren. Wir hoffen es besser zu treffen, wenn wir einen favorablen Wind von dem erbitten, dem Wind und Meer gehorsam ist. Das erste Vierthel des Mondes zeiget sich in dieser Gegend anders als in Teutschland, die Runde stehet hier unten, und kehret die beyden Hörner gerade über sich.

Den 26sten. Wir merckten an, wenn die lieben Saltzburger dem Steuermann Käse abkaufeten, daß sie sich so danckbar bezeigeten, als wenn es ihnen geschencket würde. Einer von denen Saltzburgern war gefährlich kranck und von allen Kräften kommen. Doch hat ihn GOtt wieder so gestärcket, daß er heute konnte auf die Decke kommen. Wenn man ihm mit Wein und einigen andern Dingen eine Erquickung machte, wuste er mit seiner Frau GOtt und denen, die ihm Liebe erwiesen, nicht gnug zu dancken. Wie denn dieses der meisten Saltzburger Art ist, daß sie auch die geringsten Wohlthaten mit grosser Demuth und Dancksagung annehmen …

Den 27sten. Man ließ den Saltzburgern sagen, sie möchten, weil die Sonne so warm schiene, alle Kleider und Betten an dieselbe legen. Sie gaben zur Antwort: Es wäre heute Sonntag, sie wolten es lieber an einem andern Tage thun.

Den 28sten. Diesen Nachmittag um 2 Uhr hatten wir alle im Schiffe ein grosses Schrecken welches unseren Hertzen und den Hertzen unserer Zuhörer (GOtt gebe, daß allen im Schiffe!) grossen Eindruck gegeben, und viel Gutes durch Gottes Gnade effectuiret hat. Der Capitain ließ Essen kochen, und als der Schiff-Junge, der es zubereiten solte, die Brühe vom Fleisch ins Feuer schüttete, so drang der Dampf bis ins Schiff und ins Cabinet; und weil eben die Schiffer-Knechte im Pulver-Magazin waren, so kam es iemand vor, als sey das Pulver angestecket, welcher dann so gleich um Wasser rief, und auf die Schiff-Decke voller Furcht gelaufen kame. Darauf lief der Capitain und iedermann aufs Vordertheil des Schiffes, und meinte nun ein ieder seinen Tod vor Augen zu sehen. Wie iämmerlich es anzusehen, und das klägliche Geschrey der Alten und Jungen anzuhören war, ist nicht auszusprechen. nachdem die Furcht vorbey war, riefen wir unsere Zuhörer zusammen, und sungen das Lied: Ich will, so lang ich lebe hier etc …

Den 30sten Jan. Der alte Saltzburger, der dieser Tagen kaum wieder ein wenig zu Kräften gekommen, fiel heute wieder in Ohnmacht, und lieget fast ohne Kraft und Leben da. Wenn er sich wieder etwas erholen wird, will man ihn zur Ader lassen. Auch eines Saltzburgers Frau ist sehr elend am Leibe, und wird, weil sie ein säugendes Kind hat, immer elender. Es sind beydes sehr hertzliche Leute, und wissen sich in dis Creutz gar wohl zu schicken. Unter andern erbaulichen reden sagte gedachte Frau: sie hätte es noch besser, als ihr Heiland, der hätte am Creutz hängen müssen, sie aber könnte doch auf einem Bette liegen. Sie wünschte nichts mehr, als daß ihre Kinder bald lesen lerneten, welches sie sich, da sie ietzt wegen Schwachheit selbst kein Buch in die Hand nehmen kann, wohl zu Nutz machen wolte. Wir legten stündlich fast 6 bis 7 Meilen zurück.

Sie kommen voran. Die Winde wechseln. Manchmal setzt eine Windstille ein. Die kranken Kinder erhalten Mehlsuppe. Ein anderes Schiff taucht auf und segelt vorbei. Der Kapitän steigt mit der Flüstertüte auf das Dach und ruft das Schiff an. Da wird plötzlich geschossen. Die Kanone ist auf das Schiff der Salzburger justiert. Alle Segel werden gesetzt. Das feindliche Schiff fällt ab. Wahrscheinlich waren es Piraten. Dann wieder Windstille. Ein sanfter Regen fällt, die Sonnenstrahlen erwärmen die fröstelnden Siedler. Die kleinen Bäume, die von England nach Amerika gebracht werden sollen, treiben aus. Grüne Blätter im Januar.

Während der Reise hören die Salzburger viele Geschichen. Ein guter Freund in Rotterdam warnt davor, durchreisenden Indianern in Georgia ein Nachtlager zu verweigern. Die meisten Christen weisen sie ab, und am nächsten Morgen liegen die dürftig gekleideten Indianer tot auf der Straße. Sie sind wegen des starken Frosts erfroren. »Nehmt sie auf«, rät der Freund, »gebt ihnen etwas zu essen, so bleiben sie Freunde, so lange ihr lebt.« Wenn die Müdigkeit zu erzählen oder den Geschichtenerzählern zu lauschen wächst, dann lesen die Salzburger. Ihr Beispiel steckt sogar die Schiffsknechte an, die zu den Büchern greifen, die an Bord gebracht wurden. Am 18. Februar zerreißt das Großsegel am Mastbaum. Der Sturm kommt aus Süd und Südwest. Das Schiff ist kaum steuerbar. Alle Segel werden gerefft, die Takelage wird abgeseilt. An diesem Abend ist eine Versammlung nicht möglich, jeder ist mit sich allein. Der Apotheker Zwifler versorgt die Seekranken. Fünf Tage später riecht es nach Land. Einige kleine, einige große Fische springen aus dem Meer, es gelingt nicht, welche zu fangen. Die Salzburger staunen über große weiße Vögel, die schwer und dicht über der Wasseroberfläche fliegen, sie haben auch die fliegenden Fische noch nie gesehen. Kaum ein Schiff begegnet den Salzburgern auf dieser Route. Kommt eines zu nahe, ruft der Kapitän das Schiff durch die Flüstertüte an. In windgeschützten Winkeln des Seglers sitzt Kommissar von Reck. Seit er unterwegs ist, greift er in jeder freien Minute zum Skizzenblock. Er zeichnet die Schlafstellen der Salzburger unter Deck. Er hält fest, was er sieht. Eng liegen sie beieinander unter Deck. Es gibt nicht viel Platz.

Über die Hälfte des Weges haben wir in der See dasjenige gesehen, was man in der Charte von America herbas flottantes heisst. Dieses See-Gras siehet aus wie Mooß, gelb wie Stroh, hat eigentlich keine Blätter, und hält in der Mitte einige Körnlein gleich den unreifen Weinbeeren groß. Solche Körnchen schlagen zu ihrer Zeit wieder aus, trennen sich von dem alten Grase los, und werden nach und nach wie ein Hut groß. Auf der Land-Charte stehet dis Gras nur in gewisser Distantz, es ist aber die halbe See damit bewachsen: doch stehet es nicht eben gar dichte, sondern nur Strichweise. Die Schiffe haben gar nichts davon zu besorgen. In der Morgen-Stunde erhub sich contrairer Wind, der uns aber nicht zurück trieb, weil gleich darauf eine Meer-Stille entstand.

Starke Winde kommen aus West-Südwest, das Schiff rollt in der gewaltigen Dünung. Am Horizont taucht die Silhouette eines Seglers auf. Der Wind ist abgeflacht, also wird ein Boot ausgesetzt. Nach einer Stunde kommt die Nachricht, dass ein Schiffswrack halb unter Wasser liegt. Menschen haben sich nicht gezeigt. Die Seeleute gehen nicht an Bord des Wracks, weil es von großen Fischen umkreist wird, die nach dem kleinen Boot schnappen. Gestern wurde noch kein Landstrich von Amerika gesehen. Das war eine Wolkenbank. Aber am Abend taucht die Küste endlich auf. Das Schiff wird vor Anker gehen, bis der Lotse aus Charleston eintrifft. Die Passage ist ohne Lotsen wegen der Untiefen zu gefährlich. Eine Stadt leuchtet an der Küste auf. Es gibt keine Stadtmauer. Die Salzburger staunen. Eine Schaluppe kommt heran. Der Gouverneur lässt den Salzburgern das Fleisch eines ganzen Ochsen bringen, dazu ein Fass Wein, Trinkwasser und Körbe mit Obst und Gemüse. Boltzius will sich in Charleston einen neuen Talar schneidern lassen. Seine Amtskleidung, er ist nach dem preußischen Kirchengesetz eine Amtsperson, ist zerschlissen.

XIX.
Zwickau

Die meisten Salzburger hatten schon in Regensburg, spätestens in Augsburg beschlossen, die Einladung des Preußenkönigs anzunehmen, sich eine neue Zukunft im östlichen Landesteil Preußens einzurichten. Am 17. Mai passiert eine Kolonne von mehr als achthundert Salzburgern das bischöfliche Gebiet vor Augsburg, einen Tag später trifft sie in der Bischofsstadt ein. Kommissar Göbel hat seine Salzburger rechtzeitig angemeldet. Er händigt das Requisitionsschreiben des Königs aus, das um freien Durchzug und die Verpflegung der Exulanten bittet. Die Kosten werden später erstattet. Es soll den königlich-preußischen Kolonisten an nichts fehlen.

Die Evangelischen Augspurger waren über obgedachte Erlaubniß so vergnügt, daß sie die Zeit nicht erwarten konnten, ihre Freude an den Tag zu legen, bis die Saltzburger vor Augspurg angekommen wären. Sie eyleten denselben über eine Stunde lang entgegen. Und weilen damalen dieser Transport wegen der grossen Wärme und bereits hinterlegten starcken Marsches einer kleinen Rast vonnöthen hatte, selbige auch auf Veranlassung des ihnen entgegen kommenden Herrn Burgermeister Morells sich bey dem Dorff, Haunstätten genannt, auf dem grünen Platz daselbst gelagert, so wolten besagte Evangelische Augspurgische Einwohner dieselbe nicht ohne Erquickung lassen, erkaufften dahero etliche Körbe mit Brod und etliche Fäßlein Bier, und theileten solches unter dieselbe aus, welches auch die Emigranten mit vielem Vergnügen verzehreten. Für die kleinen Kinder und Säuglinge aber schafften sie Milch herbey, und ließen ihnen Muß oder Preu davon kochen. Da sie nun eine Stunde ausgeruhet, und ihre abgemattete Glieder erquicket hatten, setzten sie ihren Marsch nach Augspurg fort. Sie hatten noch den Kauffbeurischen Commissarium bey sich, welcher sie nebst dem Königlich-Preussischen Herrn Commissario Göbel bis an die Stadt-Gräntzen führete; daselbst wurden sie von diesem letzteren mit einer kurtzgefaßten Anrede und Erklärung, daß dieselbe als declarirte Königliche Preussische Unterthanen und Colonisten den freyen Durchzug geniessen mögen, dem Herrn Burgermeister Morell (bey welchem auch ein Catholischer Herr Deputierter aus dem inneren Rath sich eingefunden) zu weiterer Begleitung übergeben. Unter diesem Transport befanden sich auch bey 40. Emigranten, welche zu Saltzburg in Eisen und Band gefangen gelegen.

Weitere Kolonnen folgen in den nächsten Wochen. Anders als den Salzburgern des ersten Transports steht den Exulanten jetzt die Stadt offen. Jeden Morgen eilt Bürgermeister Morell vor die Stadttore in die Quartiere der Kolonisten. Wenn die Exulanten in die Stadt aufbrechen, stellen sie sich paarweise auf. Bürgermeister und Amtsdiener gehen voran, dann folgt der Korporal. Hinter ihm gehen die Herbergswirte, dahinter die Salzburger. Sie werden von städtischen Soldaten eskortiert. Gottesdienst folgt auf Gottesdienst, die Predigten werden mit großer Aufmerksamkeit aufgenommen. Sie dauern lang. Aber das Hören des freien Wortes lindert die Schmerzen der Vergangenheit. Die Großzügigkeit der Bürgerinnen und Bürger, die Geld, Stoffe und Lebensmittel spenden, dazu Bücher und täglich zwei Mahlzeiten, hält unvermindert an.

Ulm. Ein herzlicher Empfang. Die Salzburger Kolonnen bewegen sich auf verschiedenen Routen. Sie sind abhängig von den jeweiligen Genehmigungen für eine freie Passage. Wohin sie auch kommen, eilen ihnen die Einwohner entgegen. In jedem Ort werden die Reisedokumente geprüft, die Namen jedes Einzelnen wieder in Listen vermerkt. Die örtlichen evangelischen Geistlichen und die Lehrer unterrichten die Salzburger freiwillig, überall werden sie geprüft, was sie über die Reformationsschriften und aus der Bibel wissen und wie es um ihre Religion steht. Alte Menschen und die Kranken werden in den Hospitälern gepflegt, bis sie wieder reisefähig sind. Die Rituale gleichen sich in jeder Stadt. Die Transportwagen dürfen in die Stadt hineinfahren, das Gepäck wird gelagert. Nichts soll gestohlen werden. Vor den Kirchen stehen große Schalen für die Spenden. Die Salzburger passieren Württemberg, andere die fränkischen Dörfer und Städte.

Im Fürstentum Oettingen, an der fränkischen Grenze gelegen, empfängt Kommissar Göbel die künftigen preußischen Siedler. Er hatte in Regensburg vergeblich auf sie gewartet, wurde dann aber nach Donauwörth abgeordnet. Die Behörden verlangen von ihm die Bestätigung, die Kosten für die Salzburger zu übernehmen. Die Landstraßen sind in schlechtem Zustand, deshalb werden dreißig schwere Wagen, bespannt mit jeweils vier Pferden, den Salzburgern entgegengeschickt. Der Kommissar fährt mit der Extrapost nach Harburg, um die Ankunft zu organisieren. Als alle in Oettingen eintreffen, ist die Anteilnahme groß. Einwohner und Emigranten weinen. Göbel weiß, dass mitten in der Erntezeit die Städte überfordert sind, so viele Tausend Menschen zu verpflegen und ihnen Quartiere zu organisieren, deshalb vereinbart er mit den Ortsansässigen eine Pauschalzahlung, die sofort erfolgen kann. In Ansbach werden die Salzburger, wie sie sich später erinnern, wie Herren und Fürsten aufgenommen. In allen Dörfern, die sie passieren, läuten die Glocken. Gunzenhausen verschafft vierzig Salzburgern Arbeit, damit sie die Wartezeit sinnvoll verbringen und etwas verdienen können. In Windsbach und Schwabach verteilen die Bürger Mützen und Strümpfe. Wer nicht privat wohnen kann und deshalb nicht in den Häusern verpflegt wird, erhält freie Kost.

Was die Einwohner dieses Landes nicht vermochten, das ersetzte ihr Landes-Herr. Se. Marggräfliche Durchl. von Anspach liessen jeder Person einen Reyse-Pfennig reichen, und diejenigen, die nicht von den Unterthanen geladen waren, mit freyer Kost versorgen, so lange sie sich in dero Gebiete aufhielten. Ja es wurden ihnen auch Wagen ohnentgeltlich gegeben, so viel sie derselben benöthiget waren. Und Ihro Marggräfliche Durchlaucht liessen schon im Januario, um diesen Leute ihre beschwerliche Reyse zu erleichtern, folgenden Befehl bekannt machen: »Demnach man von hiesiger Hoch-Fürstlicher gnädigster Herrschaft wegen geneigt ist, denen aus dem Bißthum Saltzburg emigrirenden armen Leuten allen Vorschub und nothdürfftige Hülffe zu ihrem Lebens-Unterhalt im Durchreysen thun zu lassen: Als ergehet zu allen Obern und Aemtern hiermit der Befehl, selbige nicht nur aller Orten willig zu recipiren, sondern auch täglich einer jeden Person von Amts-Gefällen drey Creutzer bis zu weiterer Verordnung abzureichen, deren Ankunfft aber alsdenn sogleich duch Expresse zu berichten.

In Nürnberg schaffen die Einwohner Futter für die Pferde der Emigranten heran, die in Gostenhof einquartiert sind. Wieder gibt es Prüfungen, und alle wundern sich über die fundierten Kenntnisse der Salzburger. Die Stadt ist so begeistert von ihnen, dass sie weitere Exulanten anfordert. Am ersten August treffen die nächsten achthundert ein. Auf den Wagen sitzen viele alte und kranke Menschen, hochschwangere Frauen, Mütter mit ihren Säuglingen, Lahme und Blinde. Wagen und Gepäck werden in den Nächten wie schon zuvor in den anderen Orten streng bewacht. Die Quartierzuteilung ist chaotisch, denn die Bürger reißen die Emigranten aus der Gruppe in ihre Häuser. Familien aber sollen zusammenbleiben. In manchen Häusern werden sechs, in einigen sogar zehn Flüchtlinge aufgenommen. Die vorbereiteten Quartierscheine können nicht mehr verteilt werden, weil sich die Hilfsaktion selbst organisiert, ohne Anweisung, spontan und privat. Die Kinder der Salzburger werden neu eingekleidet. Nürnberger Kinder ziehen sich auf der Stelle aus, um ihre Jacken, Hosen und Röcke den armen Kindern aus dem Süden zu schenken.

Es ist nicht zu beschreiben, mit was für Begierde man diesen Leuten entgegen gieng. Es war an diesem Tage eine solche Menge Volcks auf den Gassen, daß sie nicht zu zählen stund. Kein Mensch wolte fast zu Hause bleiben. Alles lieff und rennete, um den beweglichen Einzug dieser zwar armen, aber freudenmüthiger Bekenner der evangelischen Wahrheit anzusehen. Man theilete dieselben in drey Hauffen ein. Einer von denselben, der aus zweyhundert fünff und zwantzig Personen bestund, zog zum Frauen-Thore hinein. Dieser ward vor der grossen Waage vor dem Prediger aus der Laurentzer Kirche mit einer schönen und erbaulichen Anrede, unter Zulauff einer grossen Menge Volcks, bewillkommet. Der andere, welcher zweyhundert zwey und sechtzig Personen ausmachte, gieng um den Stadt-Graben herum, und kam durch das Lauffer-Thor in die Stadt. Diesen empfing auf dem Lauffer-Platze der Prediger aus der Egidien-Kirche mit einer geistreichen Anrede. Der dritte, welches dreyhundert ein und dreyssig Personen waren, kam ins Neue Thor herein, und hinter demselben folgeten die Wagen, die sie bey sich hatten, und an der Zahl etliche siebentzig waren. Dieser zog auf den Neuen-Bau. Es war aber die Menge des Volcks so unbeschreiblich groß, daß der Prediger aus der Sebalder Kirche sie nicht auf freyem Platze empfangen konnte. Er begab sich demnach in ein dazu gelegenes Haus, und bewillkommete sie mit einer unvergleichlichen Anrede zum Fenster herab.

Leinwand, Tuch und Kattunstoffe werden den Salzburgern gereicht. Die Emigranten beugen das Knie, um sich zu bedanken, und sie singen ihre vertrauten Lieder, die sie seit den ersten Tagen der Verfolgung zusammen gesungen haben und die sie seitdem auf ihrem Weg begleiten. Diese Lieder halten die *Rebeller* zusammen. Sie sind ihre Hymne. Als die Gäste ihren Abschied von der Stadt nehmen, weil die Reise nach Preußen weitergeht, bringen die Nürnberger Brot und Wein vorbei, Lebkuchen und Magenbrot, Mehl, Grieß, Zucker, für die Kinder Puppen und kleine Glockenspiele. Immer wieder auch Geldmittel. Als Mitte August die Nachricht eintrifft, in den nächsten Tagen würden dreitausend weitere Exulanten in der Stadt eintreffen, startet ein Gewürzhändler eine Umfrage, wer dazu bereit sei, die neuen Gäste unentgeltlich zu verpflegen. Die Bäckerinnung sagt die Gastfreundschaft für vierhundert Personen zu und die der Metzger für zweihundertfünfzig. Einzelhaushalte bieten Plätze für dreißig bis fünfzig Salzburger an. Die Brauereien stellen zwölf zweispännige Transportwagen, Knechte und Kutscher zur Verfügung. So können mehr als dreihundert Salzburger befördert werden. Als rund einhundert Salzburger weniger als erwartet ankommen, streiten sich die Bürger um die Neuankömmlinge. Beinahe gibt es handfeste Auseinandersetzungen.

In Bayreuth wohnen auch viele Franzosen. Die verwitwete Markgräfin holt mehr als fünfzig Salzburger an ihren Tisch, die Damen und Herren des Adels lassen es sich nicht nehmen, die Emigranten höchstpersönlich zu bewirten. Viele Hugenotten betteln um die Kinder der Salzburger. Sie wollen sie wie Eltern aufnehmen und erziehen. Diese Liebe nimmt fast brutale Züge an. Es kommt zu dramatischen Szenen, denn niemand will sich von seinen Kindern trennen. Für die Weiterreise werden wieder Pferde und Wagen bereitgestellt. Sie sollen die Salzburger nichts kosten. So bewegen sie sich durch Rothenburg ob der Tauber und die kleineren Gemeinden nordwärts auf das Fürstentum Coburg zu. Dreimal läuten die Glocken von den Kirchtürmen zu ihrem Empfang. Eine Delegation kommt ihnen entgegen. Wieder setzt der Wettbewerb der Bürgerinnen und Bürger um die Salzburger als Hausgäste ein.

Am 26. August 1732 stirbt Anna Margarethe Zehner.

Ihr Leichnam wird in der Hauptkirche zu Coburg aufgebahrt, den Trauerzug führen ihr Vetter, ein achtundsiebzigjähriger Salzburger, der Generalsuperintendent, der Bürgermeister und der gesamte Stadtrat an. Hinter ihnen schreiten die Einwohner Coburgs.

Hans Gänser und Anna Hopfgärtner haben ihre vierzehnjährige Tochter Margareta und ihren Sohn aus Salzburg mitnehmen können. Als das Mädchen über ihren Glauben befragt wird, hört die Fürstin gespannt zu. Sie ist so ergriffen, dass sie Margareta bei sich behalten will. *Sie soll es gut haben am Fürstenhof.* Ununterbrochen drückt sie das Mädchen an sich. Die Fürstin wendet sich an Kommissar Göbel. Er soll dafür sorgen, dass sich Margareta von ihren Eltern trennt und zu ihr zieht. Der Kommissar verspricht der Fürstin, sich dafür zu verwenden, sofern das Kind, sein Bruder und die Eltern damit einverstanden sind. Er berät sich mit ihnen. Die vier wollen zusammenbleiben. Die Fürstin erhält eine klare Absage. Der schwierige Fall scheint geklärt zu sein. Eine halbe Stunde nach dem Abzug der Salzburger beschließt sie jedoch, dem Trupp ein Pferdegespann mit einem schweren Wagen nachzuschicken. Dem Oberstallmeister wird der Befehl erteilt, das Mädchen zurückzuholen. In Meinungen wird die Salzburgergruppe eingeholt.

Wenn das Mädchen nicht nach Coburg zurückkommt, wird sich die Herzogin am Preußischen Hof beschweren. Man wird sehen, was dann passiert. Die Drohung wird ernstgenommen. Wieder beruft der Kommissar einen Familienrat ein. Es ist eure Entscheidung, sagt er. Es gibt keinen Zwang. Eure Entscheidung ist frei. Die Gänsers beschließen, ihrer Tochter den Weg in eine Zukunft am Fürstenhof nicht zu verbauen. Der Abschied ist schmerzvoll. Alle weinen. Dann aber duldet die Rückreise keinen Aufschub mehr.

Margaretha sucht ihre Barschaft aus drei Talern zusammen, ihre kleine Habe und ein paar Geschenke von unterwegs, und überreicht sie ihren Eltern und ihrem Bruder. Dann Adieu! Ein schwerer Tag für alle. Im Coburger Schloss kleidet die Fürstin das Mädchen neu ein. Aus kostbaren Stoffen lässt sie ihr eine Originaltracht in Salzburger Tradition schneidern.

In Hildburghausen, einer Stadt im Fürstentum Coburg, bleibt auch die Tochter von Leonhard Fleischmann, einem reichen Bauern aus dem Bezirk Roth, als Kammerzofe in der Residenz von Ernst Friedrich zurück. Der Herzog, seine Mutter, seine Frau, sein Bruder und zwei Prinzessinnen bedienen die Salzburger an der Tafel. Sie decken auf, während die Bediensteten Wein in die Gläser einschenken und die Speisen servieren.

In Weinheim lädt eine Edelfrau die Salzburger zum Frühstück ein, Wein und Brot werden gereicht. Den Kranken werden Lebensmittel und eine warme Suppe in das Wirtshaus gebracht. Drei Prinzen aus

Darmstadt kommen vorbei, um bei der Ankunft der Salzburger als Augenzeugen dabei zu sein. Wieder werden alle Exulanten beschenkt. Dann geht es weiter, der nächste Ort liegt eine Stunde von Darmstadt entfernt. Die Gäste werden in die Residenz gebeten. Viele tausend Menschen begleiten sie, in der städtischen Delegation sind der Bürgermeister und zahlreiche Mitglieder des Stadtrats zu erkennen. In der Kirche werden drei Fragen gestellt.

Haltet Ihr die Religion der Päpste für irrig und falsch?
Haltet Ihr die lutherische Konfession für die wahre Religion?
Wollt Ihr standhaft an dieser Religion festhalten?

Dreimal antworten die Salzburger mit einem gemeinsamen lauten »Ja!« Die hochfürstliche Regierung entsendet drei Beauftragte zu den Emigranten. Wenn sie hierbleiben wollen, dann sind sie herzlich willkommen. Für Arbeit und Unterhalt wird gesorgt. Die Salzburger beraten sich, bestehen aber darauf, der Einladung des Preußenkönigs zu folgen. Dem Oberamt des Hofes wird befohlen, sechs bespannte Wagen bereitzustellen. Die Ortschaften Isenburg, Hanau, Frankfurt am Main, Gießen und Kassel werden benachrichtigt, dass die Kolonnen demnächst eintreffen. Für den Aufenthalt in Isenburg und Hanau werden die Kosten vom Hof übernommen. Drei Salzburger Paare heiraten. Die Hochzeitsgesellschaft besteht aus den Mitreisenden und aus den Bürgern der Ortschaft. Zweihundertsechzig Personen werden zum Hochzeitsmahl in das Rathaus eingeladen. Dort sind fünf lange Tafeln aufgestellt. Der Erbprinz und die drei anderen Prinzen verabschieden sich mit einem Handkuss von den standhaften preußischen Untertanen.

Die Deputierten des Forstamts und alle Forstangestellten, die Stadträte und der Landamtmann reiten und fahren den Salzburgern vor Frankfurt am Main entgegen. An der Landesgrenze wird die Kolonne mit Bier, Wein und Brot bewirtet. Menschenmassen kommen ihnen entgegen. Die Frankfurter wollen sich das Salzburger Wunder nicht entgehen lassen. Jeder will ihre Geschichten hören, jeder hat ein Geschenk mitgebracht. Kaum in ihren Quartieren angekommen, werden die müden Reisenden festlich bewirtet, am Tisch sitzen ranghohe Leute. Waisenkinder begrüßen die Salzburger mit Gesang und aus den Toren strömen immer mehr Menschen.

Es ist nicht zu beschreiben, wie viel gutes man ihnen auf diesem Wege nach ihrer Herberge zufliessen ließ. Auf beyden Seiten stund eine unzehlbare Menge Menschen, welche bey jedem Tritt und Schritt diesen vertriebenen Glaubens-Brüdern Geld darreichten. Insonderheit geschahe dieses den Saltzburgerinnen, die ihre kleine Säuglinge entweder auf dem Rücken trugen, oder in den Armen liegen hatten. Diesen stecketen viele theils selbst, theils durch ihre gleichfalls kleine Kinder Geld in die Windeln oder Wiegen, welches sehr beweglich anzusehen war.

Wieder werden Arbeitsstellen angeboten, wieder widerstehen die Salzburger der Verlockung. Treue heißt für sie, ihr Versprechen gegenüber dem König in Berlin einzuhalten. Nur ein Mann bleibt mit seiner Frau zurück, ihre Kinder sind nicht gesund. Sie werden auf einem Bauernhof aufgenommen.

Ein Salzburger, der sich auf das Schneidern versteht, schneidert aus den Stoffen Salzburger Trachten, um die sich die Frankfurter reißen. Der Abschied ist schmerzlich.

Keiner, so wenig von den Emigranten, als von andern Zuhörern, konnte sich theils wegen des beweglichen Vortrages, theils wegen der häuffigen Thränen, die der seelige Mann dabey vergoß, des Weinens enthalten. Die Saltzburger kamen auch einer nach dem andern, küssten ihm auf beyden Seiten die Hände, und netzten dieselben mit ihren Thränen. Hierbey kam ein besonderer Umstand vor. Ein ehrlicher Schwede, der diese Rede mit angehöret hatte, ward dadurch dermassen gerühret, daß er wol für Liebe gegen die Saltzburger hätte zerfliessen mögen. Dieser kam demnach zu einem Candidaten, und überreichte demselben einen Schwedischen halben Gulden. Er sagte dabey: Er sey zwar selbst auf der Reyse, und habe das, was er besitze, selbst höchstnöthig, aber er wolte sich doch in andern Stücken abbrechen, und dieses wenige den guten Saltzburgern zuwenden. Sein hertzlicher Wunsch dabey sey dieser: GOtt wolle den Leuten solche Treue und Beständigkeit schencken, als der gehabt, der dieses Stück Geld habe prägen lassen.

So geht es weiter mit dieser evangelischen Prozession, die nach Preußen unterwegs ist. Überall gleichen sich die Erlebnisse und Erfahrungen: in Gießen, in Klein- und Groß-Carben, Butzbach am Main, Gießen.

Die Fürsten spenden.
Die Bürger spenden.
Die Kinder spenden.
Die Dienstboten spenden.

Am 16. Mai legt in Wesel, der großen Festung des Herzogtums Cleve, ein Schiff mit vierundfünfzig Emigranten aus Goldegg an. Ein Kommando hatte sie zu Hause mit mehr als 600 anderen zusammengetrieben und abgeführt. Kranke Familienangehörige mussten zurückbleiben.

In Salzburg hatten sie neue Vernehmungen zu erdulden, die Ausreisesteuer musste sofort bezahlt werden. Für jedes laute Wort und für das Singen von Liedern wurden Schläge angedroht. Über Teisendorf führte der Marsch nach Bayern in zwei Gruppen, die willkürlich zusammengestellt werden. Familien werden getrennt. Alte Leute bleiben zurück, wenn sie nicht mehr gehfähig sind. Sie hoffen, auf ihrem Weg über Ulm und flussabwärts an Neckar und Rhein bis Worms wieder auf ihre Familienangehörigen zu stoßen. Die Gruppe wird immer kleiner. Einige gehen nach Nürnberg, weil ihnen dort Arbeit zugesagt wurde. Weiter führt der Weg über Stockstadt und Großgera den Rhein hinunter. Alle glauben an das Wiedersehen mit ihren Familien. Ihre Schiffspassage bezahlt die Prinzessin von Idstein. Zwölf Wochen bleiben sie in Wesel, weil sie nicht wissen, wohin sie gehen sollen. Der preußische König bietet ihnen an, sie gut im Clevischen unterzubringen. Es fehlt nicht an Arbeit. Sie lehnen ab. Sie wollen nach Preußen gehen und ihre Familien wieder vereinen. Sie sehnen sich nach ihrer Arbeit in der Landwirtschaft. Die Salzburger, die vor ihnen angekommen sind, werden sie sicherlich zur Feldarbeit dringend erwarten. Der König zögert. Die Weber müssen umschulen, denn in Preußen wird anders gewebt als in Salzburg. Sie haben keine Erfahrung mit den hiesigen Webstühlen. Von den Goldeggern kommt Widerspruch. Sie haben Handwerker unter sich, Zimmerleute und Schmiede, die alle Geräte nach Salzburger Technik herstellen können. »Wir schaffen das«, sagen sie.

Sie nahmen demnach ihren Weg über Bielefeld, Hildesheim, Minden, Halberstadt, und giengen von da nebst einem andern Trupp über Stendal nach Stettin ab. Es widerfuhr ihnen auf dieser Reyse unerhört viel gutes. Sie bekamen über viertausend Thaler geschencket, und wo sie nur durchkamen, wurden sie mit ungemeiner Liebe aufgenommen. In Bielefeld allein wurden ihnen über siebenhundert Reichs-Thaler geschencket, und in Hildesheim noch ein mehrers. Man wolte nicht einmal mit ihnen durch die Stadt Hildesheim ziehen, sondern dieselbe zur Seite liegen lassen. Aber der Commendant selbst, welches ein Hannöverischer Officier war, kam zu Pferde hinaus, und viele hundert Wagen fuhren ihnen entgegen, und liesen nicht eher ab, bis sie sich entschlossen, mit ihnen durch die Stadt zu gehen, und daselbst die Nacht zu verbleiben. Sie wurden durch die gantze Stadt reichlich beschencket, und einer war noch begieriger als der andere ihnen gutes zu thun.

Es sind nur Punkte auf der Landkarte der unbekannten Länder. Die Salzburger waren ja nie weiter gekommen als bis in den nächsten Wallfahrtsort. Allenfalls mal in das Nachbardorf, wenn Bekannte heirateten oder jemand verstorben war. Jetzt sind diese unbekannten Städte Wegmarken der Zuwendung. Gäste wie Gastgeber können ihre Gefühle nicht verbergen. Alle weinen. Es weinen die Salzburger. Es weinen ihre Gastgeber. Die nächsten Vertriebenen werden bald kommen und sie sollen es ebenfalls gut haben. Oelsnitz im Vogtland, Plauen, Schlaitz, Gera, Lengenfeld, Reichenbach und Zwickau. Lieder zur Begrüßung, Glockengeläute, Geschenke, Gebete. Immer wieder viele Tränen. Plauen war von einer Katastrophe heimgesucht worden, eine Feuersbrunst hatte viele Häuser in der Stadt vernichtet. Jetzt stehen die Neubauten, aber die Bürger sind hoch verschuldet. Das hindert sie nicht, alles zu spenden, was sie besitzen.

Am 16. April erreichen sechshundertfünfzig Emigranten die Stadt Gera. Sie formieren sich wieder zu Zweierreihen, das Volk strömt aus der Stadt. Auf dem Stadtplatz singen die Salzburger ihre Lieder. Die Menschen in Gera sind tief bewegt. Am 18. April reisen die Ersten wieder ab, viele hundert Menschen sind beim Abschied dabei. Sie haben freiwillig viel Geld zum Rathaus gebracht. Es soll vor der Abreise unter den Bedürftigen verteilt werden.

Eine Woche später kommen die nächsten Exulanten an. Wieder gibt es einen Wettlauf um die Salzburger, jeder bietet Quartiere an. Fast entsteht eine Hysterie. Jeder will einen Salzburger im Haus haben. Das Gedränge nimmt zu. Die Emigranten geraten fast in Panik. Endlich wird Ruhe hergestellt, dann werden die Quartiere vergeben. Solche Tage sind anstrengend. Und dann dieser Abend. Die Bürger geleiten mit Laternen die Salzburger in die Stadt, viele Einwohner halten Lichter und Lampen aus den Fenstern hinaus. So viel Licht gegen die Dunkelheit der Stadt zur Ehre der Vertriebenen. Die Salzburger können es nur mit Mühe fassen. Dies alles wird für sie veranstaltet, die daheim niemand behalten wollte. Aus den überwiegend armen Dörfern werden Speisen, Kleidung und Bettwäsche gebracht. Wer fast nichts besitzt, schenkt das Wenige her.

Göckings Notizen werden knapper. Er setzt eine aktuelle Information neben die andere. Die Ereignisse gleichen sich. In Altenburg verfügt der Herzog, dass Hafer und Heu für die Pferde herangeschafft werden, die Bäcker und Metzger werden angewiesen, Vorräte für die Gäste anzulegen. Achthundert Salzburger kommen aus Zwickau nach. Ganz Altenburg empfängt sie. Als am Morgen die Glocken läuten, stehen die Salzburger schon vor dem Rathaus. Sie sind es gewohnt, trotz aller Reisestrapazen frühmorgens aufzustehen. Das gehört sich so.

Ein Kind stirbt. Es wird in Altenburg bestattet. Hans Frommers Kind wird getauft. Als Taufzeugen melden sich die Kammerherrin von Schmertzing, die Kanzlerin von Geismar, die Kammerfrau von Wangenheim, der Kammerherr von Pöllnitz, Hofrat von Förster und der Generalsuperintendent. Und immer läuten die Glocken. Zuspruch, Abschiedsreden, Gesang, Gebete, gute Wünsche. Tränen. Viele Tränen. Hans Hoyer tritt vor und bedankt sich für alle Freundlichkeiten dieser Stadt.

Ihro Magnificentz und Hoch-Ehrwürden, Edler Rath und löbliche Bürgerschafft! Wir sagen tausendmal Danck für alle erzeugte Güte und Wohlthat, die sie an uns gethan. Sie haben uns an unsern Seelen gelabet: Sie haben uns freundlich aufgenommen. Sie haben uns gespeiset, geträncket, beherberget: Sie haben uns einen reichlichen Zehr-Pfennig mitgetheilet: Sie haben uns gekleidet und begleitet: Tausend, tausendmal Danck dafür. Altenburg werden wir nimmermehr aus unsern Hertzen bringen. GOtt lasse es euch und euren Kindern ewig wohl ergehen.

Die Salzburger sind es nicht gewohnt, große Worte zu machen. Auch zu Hause waren ihre Reden kurz, einfach und klar. Es reicht, wenn die anderen reden. Die können das besser. Ein Salzburger bleibt mit seiner Frau und seinem gerade erst geborenen Kind zurück. In Hans Frommer kommt auf einmal die Angst auf, er könnte den Anschluss an seinen Transport verlieren. Er wird unruhig. Der Stadtrat genehmigt eine Kutsche, damit die Familie den Transport wieder einholt.

Hans Mosegger stirbt. Altenburg ordnet ein städtisches Begräbnis an. Niemand trägt seinen Lebenslauf vor. Verkündet wird, dass er aus Religionsgründen über Jahr und Tag im Gefängnis saß: angekettet an die Mauern seines Verließes. Vor vier Wochen erst kam er wieder an das Tageslicht. Er hat sich von der Haft nicht mehr erholen können.

In Saalfeld werden Bibeln verschenkt. In Rudelstadt, regiert vom Fürsten von Schwartzburg, werden die einhundert Pferde der Transporte gefüttert. Tage später treffen achthundert neue Flüchtlinge ein. Alle werden mit Essen und Trinken bewirtet. Die Städte und die Dörfer stehen Kopf. Alles wird für die Gäste getan. Eine Witwe von adeligem Stand bewirtet und beschenkt allein sechsundsechzig Salzburger.

In Chemnitz sterben zwei Männer, Thomas Ammesser und Simon Schwaiger. Bis hierher haben sie durchgehalten. Die Trauerfeier gleicht einem Staatsbegräbnis. Diese *Rebeller* aus Salzburg sollen als ehrenwerte Bürger verabschiedet werden. Zehn Mitglieder der Leineweberzunft tragen den einen Sarg, zehn Mitglieder der Schneiderzunft den anderen. Die Bürger tragen lange Mäntel und Umhänge, die Stadträte schwarze Mäntel. Die Salzburger sind mit ihrer besten Kleidung gekommen. Ihre Trachten allerdings haben durch die lange Reise etwas gelitten. Sie bewegen sich stolz und hoch erhobenen Hauptes.

Simon Schwaiger stammte aus Goldegg, er war Bier-Fuhrmann. Die Angst, entlassen zu werden, war so groß, dass er lange seine Entscheidung für den lutherischen Glauben verschwieg. Er verheimlichte seinen Plan, sich vom Katholizismus zu befreien. Ein Kryptoprotestant. Als die ersten Salzburger deportiert werden, bietet er sich als Fuhrmann an. Sein Wagen wird dringend benötigt. So erhält er einen Passierschein. Kaum ist er ein paar Stunden mit den Deportierten unterwegs, wird ihm sein Pass wieder abgenommen. Er soll nicht ausreisen können. Man weiß ja nicht genau, ob ihm zu trauen ist. Schwaiger verlässt trotzdem das Land. Die geglückte Flucht stimmt ihn froh.

Die Stadt setzt zum Andenken an die beiden Salzburger, die in ihren Mauern starben, einen Grabstein auf Kosten der städtischen Kasse.

Die Exulanten erreichen das Erzgebirge. Der Königlich-Polnische und Kurfürstlich-Sächsische Kammer-Kommissar Johann Christoph Typken erinnert an die Anfänge der Reformation in ihrem Land. Johann Staupitz, Superior des Augustiner-Ordens in Wittenberg und Vorgesetzter Martin Luthers, war aus Sachsen in das Fürstbistum Salzburg emigriert, wo er als Abt im Stift St. Peter dafür gesorgt hatte, dass ein frischer Wind durch das Land strich. Er teilte Luthers Auffassung von der Freiheit eines Christenmenschen und sorgte dafür, dass ganz zart die ersten Blüten einer neuen Religionsfreiheit aufsprießen konnten. »Sollte man sich nicht freuen«, so ruft Typken aus, »dass der von Staupitz ausgestreute Samen so herzliche und tausendfältige Früchte trägt?« Die Früchte – das sind die Salzburger, die vor ihm stehen. Wie immer in ordentlichen Reihen aufgestellt, wie immer aufmerksam und schweigsam. Typken wird immer leidenschaftlicher in seiner Rede, die er mit einer gereimten Einladung abschließt.

So kommt dann, Geliebte, zum Thore herein,
Ihr werdet der Bürgerschafft angenehm seyn.
Erquicket euch bey uns nach mühsamen Reysen
An denen aus Liebe bereiteten Speisen.
Was jeglicher Bürger nur irgendwo kann,
Das legt er zu eurer Verpflegung heut an.
Es lebe Augustus der König von Polen,
Von dem uns die Liebes-Pflicht gnädigst befohlen.
Es lebe der Preussen Großmächtigstes Haupt,
Das allen Bedrängten die Zuflucht erlaubt.
So folget dann freudig, wir gehen heraus,
Es öffnet euch Freyberg so Thore, als Hauß.

Reden. Predigten. Gebete. Glaubensprüfungen. Es bleibt wenig Zeit zum Ausruhen. Am nächsten Morgen werden die Gepäckwagen vorausgeschickt, einige Leute aus den Dörfern haben die Pferde schon eingespannt. Die Einwohner Dresdens sind empört, als sie erfahren, dass die Salzburger an ihnen vorbeigeführt werden sollen. Sie beschweren sich am 7. Juli 1732 bei Kriegsrat Herold, der sich gerade in Halle aufhält.

Vor einigen Tagen hat es eine Verwechslung gegeben. Als eine Wagenkolonne in Dresden eintrifft, vermuten alle, dass jetzt die Salzburger kommen. Sie werden reichlich beschenkt. Plötzlich stellt sich heraus, dass die Menschen nicht aus Salzburg stammen. Es sind Katholiken aus dem Raum Bamberg, die sich in Polen ansiedeln wollen. Die Verwechslung ist peinlich. Aber niemand will die Spenden zurückverlangen.

XX.
Georgia

Immer wenn er Eben-Ezer verlassen muss, hat Boltzius ein schlechtes Gewissen. Es gibt so viel zu tun. Gronau ist nicht so belastbar wie er. Aber viele Menschen erwarten ihn auch außerhalb von Eben-Ezer. In Haberkorn stehen Krankenbesuche an. Es trifft sich gut, dass von Reck nach Charleston aufbricht. Boltzius begleitet ihn. Die Route führt sie über Purrysburg. Diesen Ort schätzt er inzwischen sehr, eine gepflegte Gartenstadt, in der viel mehr frisches Fleisch, Eier, Gemüse und Obst angeboten werden als in Savannah. Nach dem Hausbesuch bricht er am frühen Nachmittag nach Savannah auf. Von ferne trägt der Wind die Töne von Trommeln heran, Indianer singen. Offensichtlich sind die Männer wohlbehalten von der Jagd zurückgekommen. Um das Lagerfeuer wird getanzt und ein Indianer gibt den Rhythmus auf einer Kindertrommel vor.

Die Leute hierzulande schwätzen viel. Zwei Sklaven wurden kürzlich inhaftiert, die ihren kranken Pflanzer halb erwürgt, halb ertränkt haben sollen, obwohl der Mann als sehr gütig gilt. Es gibt die ersten bösen Nachreden über die Salzburger. Er muss seinen Vertreter Gronau darüber informieren. Es gibt Neid. Natürlich. Da wächst der Zorn. Denn den neuen Siedlern wurden Rinder, Schweine und Hühner geschenkt, dazu Saatgut und die regelmäßigen Lebensmittelkontingente. Bürgermeister Causton und andere verteidigen den guten Ruf der Salzburger. Auf die neuen Siedler lassen sie nichts kommen.

Boltzius freut sich, den Stiftern von dreißig Kühen persönlich danken zu können. Gouverneur Oglethorpe ist an Bord eines Kriegsschiffes inzwischen wieder nach England unterwegs. Auf Boltzius' Boot reist ein Mann mit, den alle als boshaft empfinden. Er redet und gestikuliert viel wie im Wirtshaus. Er erkrankt an Durchfall und muss in Port Royal das Boot verlassen. Das Boot ist klein und wendig. Boltzius zieht es den breiten und behäbigen Periager-Schiffen vor, die vor allem größere Lasten transportieren können. Diese größeren Boote können auch mit Segeln gefahren werden, liegen aber meist drei bis vier Wochen für eine Strecke im Wasser, die mit dem schlanken Boot in fünf oder sechs Tagen zurückgelegt werden kann. Als der unangenehme Mann an Land gesetzt wird, steigen auch die beiden Ruderknechte aus. Sie wollen Maulbeeren pflücken, die hier überall wachsen. Da passiert es. Niemand hat das Boot vertäut, der Wind treibt es vom Ufer weit weg in den Fluss hinein. Keiner wagt es, in den Fluss zu steigen und nachzuschwimmen. Das gesamte Reisegepäck, die Briefe und andere schriftliche Aufzeichnungen sind an Bord. Das Boot treibt immer weiter ab. Da sichten die Männer ein Ruderboot mit drei Schwarzen. Sie rufen und winken. Sie springen in die Luft. Dann werden sie endlich bemerkt. Die Schwarzen holen das Boot von Boltzius ein und bringen es zurück. Boltzius belohnt sie mit einigen Münzen.

Am nächsten Tag brechen sie wegen der einsetzenden Flut früh auf. Die Nacht über waren sie in einer Plantage beherbergt. Für die Bewirtung und das Quartier durfte Boltzius nichts bezahlen. Starker Regen fällt, schwarz-gelbe Wolken treiben heran. Es blitzt heftig. Der Schiffer will nicht mehr weiterfahren, es ist zu gefährlich. Denn ein Stück des Kurses führt über den Sund am offenen Meer. Dort ist das Unwetter noch viel stärker. Sie legen deshalb am Ufer an. Kommissar von Reck fordert den Schiffer auf, die Leinen loszumachen. Der weigert sich. Da ist nichts zu machen. Einen Tag später hat sich das Gewitter verzogen. Sie legen endlich ab. Der Wind treibt das Boot schneller als die Ruderer, die Boltzius als *böse und faul* beschreibt. So geht es weiter, immer weiter. Neue Gewitter ziehen auf, und sie können an beiden Ufern nicht anlegen, um sich zu schützen. Überall sind Flussmündungen, sind die Creeks, die *Cutoffs* oder *Abschnitte*, die sich ständig verändern. Hier sollte niemand versuchen, sein Boot anzulanden. Alle Männer werden bis auf die Haut durchnässt, der Wind vom Ozean her trocknet aber die Kleidung bald wieder.

GOtt gab uns heute den herrlichsten Wind, mit welchem wir gar zeitig hätten nach Charles-Town kommen können. Weil aber der Schiffmann zu lange schlief, und die Knechte mit Zubereitung des Frühstücks so viel Zeit zubrachten; so kamen wir zu späte an einen schmalen Creek, den wir nicht passiren konten, weil das Wasser schon abgelaufen war, und wir also den Auflauf des Wassers erwarten musten. Mittlerweile fing der Schiffmann einige See-Krebse, die häufig im Schlamm stecken, und leicht heraus zu stören sind, wenn das Wasser trocken abgelaufen ist. Nachdem wir bey hohem Wasser aus dem engen Creek kommen waren, hatten wir die Fluth gegen uns, und der schöne Wind hatte sich verloren, daher wir mit grosser Arbeit und einiger Gefahr am späten Abend in Charles-Town ankamen.

Am 27. Mai, zehn Tage nach der Abfahrt, läuft das Boot auf Grund. Es gibt einen heftigen Schlag. Ein Glück, dass das Gepäck nicht über Bord fällt. Der Wasserstand ist gefallen, das Boot sitzt auf einer Sandbank fest. Die Wartezeit vergeht langsam. Sehr langsam. Die Mitreisenden erzählen sich grobe Witze, gröhlen, verhalten sich wie auf einem Festplatz. Boltzius sitzt ein wenig abseits auf der Sandbank und liest. Hin und wieder singt er leise ein Lied vor sich hin. Da werden die Männer still. Sie haben Respekt vor Boltzius. Mit Einsetzen der Flut kommen sie los, der Schiffer kennt die Abkürzungen durch die Creeks. Überall ist mehr Wasser als Land zu sehen. Das Land ist niedrig und ragt kaum über die Wasseroberfläche. Bei heftigem Regen erreicht das Boot die Blutige Spitze, die Passagiere werden immer übermütiger und ausfallender. Boltzius gefällt das nicht. Als er am Abend in Port Royal bei einem Wirt Quartier erhält, fühlt er sich wie befreit. Seine Kleidung muss getrocknet werden. Der Wirt erzählt, dass viele Salzburger von England kommend bald eintreffen sollen. Boltzius hat dies kürzlich schon gehört. Er besucht am nächsten Tag seinen Amtskollegen. Dessen Kirche ist aus feinstem Zedernholz errichtet. In Eben-Ezer ist es noch lange nicht so weit. Solch einen Bau wird es vielleicht viel später einmal geben. Der Kollege rühmt die Salzburger für ihren ungeheuren Fleiß und ihre Glaubensstärke. Bei klarem Nachthimmel und hellem Mondschein fahren sie weiter.

Herrlicher Wind. Das Boot gleitet schnell durch das Wasser, die Gischt sprüht über die Bordwand. Am Mittag legen sie in Savannah an. Boltzius bezieht das Pfarrhaus, der Hausherr ist auf Reisen. Savannah ist eine kleine Stadt, aber sie verfügt bereits über drei Wirtshäuser. Boltzius staunt. Es klopft an der Tür. Ein Richter bittet darum, am Abend eine Versammlung im Haus abhalten zu dürfen. Viele Gentlemen aus der Umgebung werden erwartet, es sollen wichtige Entscheidungen fallen. Es sei nichts Unrechtes geplant, sagt der Richter. Aber am Abend kommt niemand. Boltzius kann ungestört schreiben. In der Nacht lärmen einige Männer. Einer entschuldigt sich am nächsten Tag für die Ruhestörung. Es geht wieder zurück nach Haberkorn, wieder soll Boltzius viele Kranke besuchen. Zu gerne wäre er zum Pfingstfest wieder in Eben-Ezer. Er verabschiedet sich und reist zurück.

Boltzius ist wieder in Eben-Ezer angelangt und kümmert sich um die Kranken. Er leidet immer noch unter seinen heftigen Fieberanfällen. Fast alle Salzburger im Ort sind pflegebedürftig. Sie können nicht aufstehen, die Bronchien schmerzen. Wieder einmal wurden einige Ochsen geliefert, wieder wird einer sofort geschlachtet. Die Kranken bedürfen einer kräftigen Suppe. Aus London trifft die Nachricht ein, dass Dr. Gerdes eine große Kollekte für Eben-Ezer gesammelt hat. Die Spende wird dringend benötigt. Gerne würde Boltzius jetzt wieder Briefe schreiben, aber es fehlt ihm die Kraft dazu. Wenn das Fieber einmal ausbleibt, kommt er nicht zum Schreiben. Er muss sich um jede Kleinigkeit in der Gemeinde kümmern. Wieder einmal ist sein Monatssalär nicht eingetroffen. Dafür hat Samuel Urlsperger Geld aus der regensburgischen Emigrantenkasse geschickt, das unter den Leuten des ersten Transports verteilt werden soll. Diejenigen, die nicht im Salzburger Land wohnten, haben ihren Anteil schon erhalten. Weil sie aber durch den Umtausch erheblich viel Geld verloren haben, gibt Boltzius auch ihnen Geld.

Fast schon heiß sind die ersten Sommertage. Der Regen bleibt aus. Gärten und Felder trocknen aus. Einige Salzburger vom zweiten und dritten Transport bitten darum, bei Gouverneur Oglethorpe nachzufragen, ob endlich besseres Land für die Gärten zugewiesen werden kann, da auf dem Sandboden fast nichts wächst.

Ein Kind wird geboren und stirbt plötzlich. Auch Frau Rothenberger hat eine Totgeburt. Sie und ihr Mann sind krank.

Boltzius reist wieder nach Savannah. Vielleicht ist Gouverneur Oglethorpe schon angekommen. Den Salzburgern des dritten Transports geht es nicht gut. Sie haben kein Geld und bedürfen dringend neuer Lebensmittel. Der Wechsel, der ihnen zugeschickt wurde, wird vom jungen Purry, dem Verwalter des Store-Hauses von Herrn Montaigute, nur in zwei Raten eingelöst: In drei Monaten soll die erste Rate ausgezahlt werden. Die zweite Rate wird erst dann fällig, wenn die Bestätigung dafür vorliegt, dass das Geld in London wirklich einbezahlt wurde. Das sind harte Konditionen, aber es gibt hier niemand anderen, der Wechsel eintauscht. Boltzius schreibt nach London, ob man künftig nicht statt Wechseln englisches Kupfergeld schicken könne. Die Währung des spanischen Silbers ist nicht beliebt, und auf Gold und Silber kann ja keiner hoffen. In Savannah trifft Boltzius wieder Bürgermeister Causton, inzwischen fast ein Freund, stets gastfreundlich und hilfsbereit. Aber Handwerkszeug und Geräte will er ohne Auftrag nicht zur Verfügung stellen. Boltzius überreicht ihm eine Aufstellung über die wenigen Habseligkeiten der Ankömmlinge im dritten Transport. Auf Anhieb ist aus der Liste zu erkennen, welche Not diese Salzburger leiden. Er lernt in der Stadt Kapitän Williams kennen, der gerade zwei Schiffe nach Indien geschickt hat. Williams wohnt in einem schönen Haus in Savannah. Er schenkt ihm Samenkörner für Kaffeesträucher, Indigo und eine große Menge indische Baumwollsamen, die besser als die hiesigen sind. Regelrechte Baumwollbäume sollen auf seinen Feldern gedeihen. Für Boltzius ein kleines Wunder: Der Kapitän schenkt ihm eine Kokosnuss. Nie zuvor hat er eine Kokosnuss gesehen oder in der Hand gehabt. Er kennt sie nur aus den Büchern.

Jetzt ist schon Oktober. Wieder einmal sind Kühe ausgerissen, weil der Hirte mit Fieber im Bett liegt. Bald soll im Haus von Boltzius ein anständiger Kamin gebaut werden. Bald ist es Winter. Es fehlt noch immer an Winterbekleidung für die Salzburger, Geld und Lebensmittel bleiben aus. Ein Zimmermann will aus Savannah nach Neu-Eben-Ezer ziehen. Er hat inzwischen seine Schiffspassage abbezahlt und sich aus der Sklaverei freigekauft. Vielleicht kann er in Savannah ein Boot organisieren.

Dann schickt Bürgermeister Causton wieder Lebensmittel, eine Woche ist vorüber. Das neue Boot soll endlich fertiggestellt werden. In Eben-Ezer kommen erste Überlegungen auf, den Ort zu verlassen und sich nach einer besseren Heimat umzusehen. Drei Jahre hier sind eine lange Zeit. Viele Hoffnungen haben sich zerschlagen. Alles geht nur langsam vorwärts. Aber vielleicht entstehen solche Enttäuschungen auch nur durch das Geschwätz der Engländer, die ständig von Veränderung reden. Bei Boltzius hat sich bisher kein einziger Salzburger beklagt. Alles nur Gerede.

So wol heute, als in der vorigen Woche, habe unsern Leuten Butter und Mehl ausgetheilet, welches sie sich bey Herrn Causton an statt des Syrops ausgebeten haben. Man ist ihnen Syrop von drey Viertel-Jahren her schuldig geblieben, den sie zwar damals zum Bier-Brauen nöthig gehabt hätten; es kommt ihnen aber die Butter und das Mehl, das ihnen an jenes statt gereichet wird, in ihrer ietzigen so lange anhaltenden Kranckheit sehr wohl zu statten. Es wird zwar denen Krancken ausserordentlich etwas aus dem Store-Hause zu Savannah gereichet, aber, da es für einige Krancke schon sparsam hergehet, und es dabey immer heißt, daß es auf Credit gegeben werde; wie solte man für die gantze Gemeine, so viel als nöthig wäre, erwarten können? Helffenstein, der Weißgärber, den der Herr von Reck unter dem dritten Transport hieher gebracht, ist diesen Nachmittag gestorben. So lange er hier ist, war er kranck, Alters und der vielen Unruhe wegen von der Reise her und im Lande. Zuletzt war es wohl ein auszehrendes Fieber. Er verlässt eine Witwee mit 6 unerzogenen Kindern in der grössesten Armuth.

Wieder ein Brief an Oglethorpe. Das Gehalt ist immer noch nicht eingetroffen. Das Hirschleder, längst versprochen, ist ebenfalls nicht da. Woraus sollen Mäntel zugeschnitten werden? Um die Rinder zu kennzeichnen, brauchen die Salzburger Brandeisen. Immer wieder brechen Kühe und Kälber aus und laufen in die Wälder hinein. Sollten sie überhaupt wieder aufgefunden werden, dann ist es gut zu wissen, wem sie gehören. Am Vormittag sind Kanonen aus Savannah zu hören. Boltzius packt wieder einmal seine Sachen, vor allem seine abgeschlossenen Tagebücher.

Am Mittag stirbt Frau Haberfehner aus dem Österreichischen.

Einige junge Leute sind unzufrieden, weil sie mehr arbeiten müssen als die Verheirateten. Das wollen sie nicht mehr akzeptieren. Boltzius ist verärgert und lehnt es ab, ihre Beschwerde anzunehmen. Gronau kommt aus Savannah zurück. Die Kanonen wurden wegen der Ankunft eines kleinen Transportschiffes abgefeuert. Oglethorpe ist noch immer nicht da. Das Reisen wird immer beschwerlicher. Es gibt keine gesunden Männer mehr in Eben-Ezer, die das Rudern übernehmen können. Wer halbwegs bei Kräften ist, baut für sich und die anderen winterfeste Küchen. Der Apotheker Zwifler will nach Savannah mitkommen. Wenn er den Gouverneur antrifft, will er ihn um eine Ausreisegenehmigung nach England bitten. Später möchte er dann nach Deutschland übersiedeln. Kapitän Thomson könnte ihn mitnehmen. Zwifler kann einfach nicht mehr. Früher schon hat er Boltzius seinen Entschluss angekündigt. Der weiß aber nicht, wie realistisch solche Ankündigungen sind. Jetzt ist der Tag gekommen. Der Apotheker und Arzt plant seinen endgültigen Abschied.

XXI.
Leibzig. Zerbst

In Meißen fällt ein heftiger Platzregen, als die Salzburger auf freiem Feld verabschiedet werden. Niemand schert sich darum. Reden werden gehalten. Die Zuhörer sind aufmerksam. Es ging ihnen gut in dieser Stadt. Schüler hatten ihnen Lieder vorgesungen, die sie fast alle kannten. Wieder wurden sie nach der Glaubensprüfung gelobt. Wieder spendeten die Bürger Geld und Sachen, an denen es den Reisenden mangelte. Der Kurfürst ist zufällig in der Gegend auf dem Weg nach Schleinitz. Er setzt sich im Gasthaus zum Goldenen Ring zu ihnen und hört ihnen gespannt zu. Die Frauen im Ort haben die Salzburgerinnen mit Bändern und seidenen Halstüchern festlich geschmückt. Unterwegs kommen ihnen viele Dresdner Bürgerinnen und Bürger entgegen. Sie ziehen ihre eigenen Jacken und Mäntel aus und schenken sie den Emigranten.

Mitten auf der Brücke wird ein Kind geboren.

Radeburg, dann Frankfurt an der Oder. In Zeitz wieder ein Gezerre um jeden Einzelnen, der bewirtet und beherbergt werden soll, manche Einwohner dringen in fremde Häuser ein und zerren die dort einquartierten Salzburger heraus. Sie sollen doch bei ihnen wohnen.

Nächstenliebe auch in Gera. Manche Professoren nehmen bis zu dreißig Menschen in ihren Häusern auf, die Studenten bemühen sich sehr, und Spenden werden verteilt: Es sind keine kleinen Beträge, die zusammenkommen. In Erfurt eilen die Einwohner aus der Stadt, sie verschenken ihre eigene Kleidung an die Reisenden. Vor allem Dienstboten geben alles her, was sie besitzen.

Alle Handwercks-Leute brachten von ihrer Arbeit etwas herzu. Ein gewisser Strumpff-Würcker gab vier und zwantzig Dutzend Strümpffe her: Die Kürschner brachten Mützen und Muffen, und die Schuster nahmen die Schuhe von den Lader herunter, und brachten sie den Saltzburgern. Ja unter diesen letzten fand sich einer, der mit lauter gemahlten Frauenzimmer-Schuhen handelte. Er kehrete sich aber daran nicht, sondern theilete dieselben gestrost unter die Emigranten aus, ob sie sich gleich sonst eben nicht für dieselben schickten. Diejenigen, die ihre Wagen im Felde hatten, um das Geträyde einzufahren, liessen alles stehen und liegen, luden die Saltzburgischen Fußgänger auf, und fuhren sie in ihre Quartiere. Man eylete mit ihnen in ihre Herbergen, um sich an ihnen zu erbauen. Und obgleich fälschlich ausgesprenget ward: Es sey an zwey Orten in der Stadt Feuer: So kehrete sich doch niemand daran, und es ward kein eintziger zum Rückgehen dadurch bewogen. An den beyden folgenden Tagen hielten diese Flüchtlinge auf den benachbarten Dörffern Ruhe-Tage. Es ist nicht zu beschreiben, wie häuffig man zu denselben hinaus eylete. Es stunden weder Wagen noch Pferde mehr in der Stadt und auf den benachbarten Dörffern zu haben. Sie waren alle mit einander auf den Dörffern, wo sich die Emigranten befanden.

Man kündigte am 10. August von den Cantzeln ab: Jeder möchte dasjenige, was er den armen Saltzburgern zugedacht, seinem Beicht-Vater überschicken. Man wolte ihnen solches durch einen Abgeordneten des Ministerii bey dem Abmarsch austheilen. Diß hatte eine erwünschte Würckung. Eintzele Personen schicktens ihren Beicht-Vätern zu zehen, zwantzig und mehr Thalern zu, dazu auch ein armer Kayserlicher Soldat acht Groschen mit beytrug. Und es wuchs die Summe binnen vier und zwantzig Stunden dermassen an, daß man jeder Person, so über achthundert waren, ein und zwantzig Groschen nach Weissensee nachtragen konnte, und noch ein Überschuß blieb. Viele Privat-Personen theileten an die hundert Reichs-Thaler für sich aus, so daß man diese Beysteuer auf etliche tausend Reichs-Thaler rechnen kann.

Die Salzburger bedanken sich, sie verschenken ihre grünen Hüte. Wie Trophäen bewahren die Städter diese Kopfbedeckungen auf. Dorfbewohner aus Mittelhausen, Schwanensee und anderen Orten wenden sich an Kriegsrat Herold, man möge ihnen doch bitte auch möglichst viele Salzburger schicken, damit sie an ihnen ihre Barmherzigkeit beweisen können. In Weimar wird das Empfangskomiteé vom Herzog genau festgelegt. In Arnstadt blasen Posaunisten vom Turm des Rathauses ein Willkommensständchen. In Gotha ist es nicht viel anders. Der Transport verspätet sich um vier Tage; es ist aber sehr heiß und die Wege durch den Frauenwald sind in miserablem Zustand. Einhundert Salzburger werden auf das Schloss eingeladen, nach dem Festessen defilieren sie paarweise am Herzog vorbei. Sie tragen eine Weimarer Bibel, in Cordstoff eingeschlagen, ihren Reihen voran. Der Königlich-Preußische Kriegsrat Herold hatte das Geschenk des Herzogs Friedrich vermittelt. Der Herzog wendet sich an den preußischen Beamten:

Wie kommt es, dass diese Leute so gebildet sind?

Herold antwortet: »Sie besaßen im Salzburgischen drei oder vier Bibeln, die sie wie Heiligtümer verwahrten. Wahrscheinlich haben sie den einen oder anderen Band heimlich auf die Reise herausschmuggeln können und auf ihren Transport mitgenommen.«

Der Herzog bietet an, eine Bibel zu stiften. Er prägt sein Siegel hinein und schreibt eine Widmung dazu.

Diese Bibel habe den heute durch Gotha passirten armen Evangelischen Saltzburger Emigranten geschencket. Friedenstein, den 29. Julii 1732. Friedrich Hertzog zu Sachsen.

In Merseburg muss sich ein kranker Bauer von seiner Kolonne trennen. Eisleben hat eigens Fahnen anfertigen lassen: Auf der einen Seite prangt ein Porträt des polnischen Königs, auf der anderen Seite ein Bild Martin Luthers. Welch ein Fest: Die Bürger paradieren mit Gewehren, Waldhörner und Trompeten werden geblasen, die Trommeln geschlagen. Dann stehen sie, mehr als achthundert Menschen, vor Leipzig. Alle Geschäfte sind geschlossen, Tausende von Einwohnern eilen vor die Stadt. Vor den Toren werden Zelte für die prominenten Bürger aufgestellt, die Musterschreiber teilen die Quartierscheine aus.

Im Gesichte waren sie gantz schwartz, weil sie auf ihrer langwierigen Reyse von der Sonne verbrannt waren. Die Kleider, damit sie die Leiber bedeckten, waren auch nicht die besten. Die Kinder hatten sie in den Wiegen auf dem Rücken angebunden, oder trugen sie vor sich auf den Armen. Auf den Wagen lagen sehr viele Krancke, unter denen viele Kinder waren, die die Pocken hatten. Und was dergleichen bejammernswürdige Umstände mehr waren. Hierdurch wurden vieler Hertzen dermassen gerühret, daß sie viel tausend Thränen vergossen, und ungemein viel geld unter sie austheileten. Man merckete an, daß Gulden, Species-Thaler, ja von einigen gar Ducaten unter sie ausgetheilet wurden.

Man nahm aber auch dabey zugleich wahr, daß einige Saltzburger, die noch etwas Mittel haben mochten, das Geschencke, so man ihnen reichte, mit vieler Dancksagung zwar annahmen, aber auch sogleich unter diejenigen wieder austheileten, die nothdürfftige und arme Leute unter ihnen waren. Diß konnten die dasigen Einwohner nicht ohne die äusserste Bewegung ihres Hertzens, und ohne die grösseste Verwunderung ansehen. Daher geschahe es auch, daß man diese verfolgten Glaubens-Brüder Hauffen-weise an sich zog, und sie mit sich nach Hause nehmen wolte. Der Wirth oder dessen Bediente giengen voran, und seine an sich genommenen Gäste folgeten ihm nach. Aber die wenigsten waren so glücklich, daß sie so viel nach Hause brachten, als sie Anfangs angenommen hatten. Es fanden sich immer noch mehr ein, die auch Emigranten beherbergen wolten, aber keine mehr erlangen konnten. Und diese nahmen den übrigen theils heimlich und wider ihren Willen, theils durch inständiges Bitten einige ab, damit sie nur nicht leer zurück kehren möchten.

Ein gewisser Kauffmann ritt ihnen bis nach Konnewitz entgegen, und las sich funfftzig Personen zur Bewirthung aus. Es kostete aber Mühe, daß er nur zwantzig davon nach hause brachte; die andern wurden ihm auf dem Weg entrissen. Einem andern angesehenen Bürger giengs nicht viel besser. Disem folgeten Anfangs viertzig Personen, die er in seinem Hause verpflegen wolte. Als er aber ans inwendige Thor kam, und seine Gäste überzählete, waren ihm nicht mehr, als noch eilfe übrig. Die andern waren verlohren gangen, ob er gleich sein Häufflein noch so fleissig gehütet.

Die Leipziger werfen den Salzburgern Geldmünzen aus dem Fenster zu. Ein Stadtsoldat spendiert seinen gesamten Sold. Eine Milchverkäuferin gibt ihren Tagesverdienst ab. Eine Blumenhändlerin teilt alle ihre Sträuße aus. Eine junge Frau, unterwegs zum Einkauf, spendet ihre gesamte Barschaft. Schuhe werden für die Salzburger gekauft.

Ein Kind wird geboren. Es soll Gottfried heißen. In allen Kirchen wird gefeiert. Allerdings gibt es wieder die strenge Auflage, die Salzburger zu examinieren. Hunderte von Menschen stehen vor den Kirchentüren, weil sie keinen Platz im Gotteshaus finden. Während der Predigten stehen die Salzburger. Jedes Wort nehmen sie auf. Jede Geste nehmen sie wahr. Am nächsten Morgen, sehr früh, wird gepackt. Es sind inzwischen große Bündel, die verladen werden müssen. Bürger, deren eigene Kinder gestorben waren, bringen noch schnell die bisher aufbewahrte Kinderkleidung vorbei. Viele Salzburger sind von Kopf bis Fuß neu eingekleidet.

Als die Salzburger die Stadt verlassen, stehen zwei blinde Bettler am Weg. Die Emigranten schenken ihnen Kuchen, Brot und andere Lebensmittel, die sie gerade erst bekommen haben. Die Leipziger können solche Mildtätigkeit kaum fassen. Sie sind gerührt und schenken ihnen, was sie gerade bei sich haben. Mehr als zwanzigtausend Taler werden gesammelt. Hans Hoyer, der inzwischen die Rolle eines Sprechers hat, verfasst ein Dankschreiben an die Stadt Leipzig. Sie soll behütet bleiben vor Krieg und Aufruhr, vor Sterben und Pest, vor Schwert und Feuer.

Tage später trifft der nächste Zug mit neunhundertfünfundvierzig Personen ein. Die Hilfeleistungen sind nicht geringer. Die Stadt übertrifft sich selbst an Großzügigkeit. Es ist für die Salzburger schwer, sich die Namen der wunderbaren Städte und Dörfer einzuprägen, durch die sie ziehen. Zörbig, Ragun, Gudenberg, Schleesen, Delitsch und Bitterfeld. Einmal lässt eine Herzogin zwei Eimer Wein reichen. In Schleesen treffen sie auf einen Geistlichen, der aus Salzburg stammt. Sie umarmen sich, einer nach dem anderen, die Salzburger weinen. Er ist tief bewegt, er küsst seine Salzburger. Obwohl er hier nicht wohnt, lässt er Butter, Käse, Milch und Brot aus seinem Pfarrdorf bringen. Er weiß, welche Nahrung die Salzburger am liebsten haben. In Bitterfeld wird geschlachtet, gekocht, gebraten. Die Bürger schlafen schon. Sie waren über die Ankunft falsch informiert worden. Jetzt stehen sie auf, zünden überall Lichter an.

Glaucha, Waldenburg, Penick, Rochlitz, Grimme, Wurtzen, Torgau, Brettin, Jüterboch: überall Festtage. Dann Halle, diese Stadt, aus der früher so viele Bücher nach Salzburg gebracht wurden. Bildungsschriften. Lesetafeln. Bibeln. Ein Arzt untersucht die Kranken. Einem wird Schrot aus den Narben entfernt, die von den Schüssen der Soldaten in Salzburg stammen. Medikamente werden verteilt. Am nächsten Morgen werden sie vor die *Kriegs- und Domainen-Deputations-Cammer* geladen. Eine genaue Liste des verlorenen Vermögens in Salzburg soll erstellt werden. Die Beamten sind überrascht von den detaillierten Angaben der Emigranten. Sie wussten nicht, wie viele Salzburger enteignet oder beim Notverkauf ihrer Bauernhöfe betrogen wurden. Kaum zieht ein Transport Richtung Berlin ab, ist der nächste schon da. Die Städte und Dörfer auf der Reiseroute leben im Ausnahmezustand. Nichts ist wichtiger für die gesamte Bevölkerung, als den Vertriebenen zu helfen. Eine Frau wirft ihre Goldkette in die Kollekte. Später wird ihr angeboten, sie gegen Geld umzutauschen. Sie nimmt sie nicht mehr zurück.

In Langensalza wird eine Tribüne mit rotem Samt verkleidet. Schön und festlich geschmückt soll sie sein, wenn die Emigranten kommen. In Sachsenburg warten mehr als dreißig vierspännige Wagen. In der Residenzstadt eines Fürsten von Schwartzburg gibt es einen Volksauflauf.

Gleich an dem ersten Abend liessen Se. Hoch-Fürstliche Durchl. hundert von diesen Leuten in Dero ansehnlichem Orangerie-Hause an zwey langen Tafeln speisen, und sie aufs herzlichste bewirthen. Darauf wurden sie in das Turnier-Hauß, welches in dem Garten stehet, zu Bette gebracht. Des folgenden Tages speisete der Fürst wieder so viel an der Zahl in gedachtem Orangerie-Hause. Er selbst hatte neben seiner Hof-Staat seine Tafel, an welcher die Bedienten speiseten, und in der Mitte war eine springende Wasser-Kunst. Der Herr Krieges-Rath Herold, welchen der Fürst zur Tafel holen lassen, entschuldigte es bey Sr. Durchlaucht, daß man Dero Stadt und Residentz mit so vielen Emigranten belästiget. Aber er bekam folgende Antwort: ich würde mich recht betrübet haben, wenn ich hätte sollen von dem Vergnügen ausgeschlossen werden, solche lieben Leute an meinem Orte zu sehen, und ihnen nach Möglichkeit gutes zu thun. Ich habe zu Bezeugung meiner Freude selbst mit ihnen essen, und den Herrn Krieges-Rath mit zur Gesellschaft bitten sollen. Das gantze Fürstliche Hauß verwunderte sich über das gute Betragen und Sittsamkeit dieser Leute. Der Herr Superintendent Graffen mußte nach aufgehobener Tafel einige examiniren. Man mußte sich wundern über die fertige Antworten, welche diese Leute zu geben wussten.

Nordhausen in Thüringen. Mehr als zweitausend Quartiere stehen zur Verfügung, doch es treffen nur knapp tausend Salzburger ein. Mehrmals wurden sie angekündigt. Die Spannung wächst. Der ganze Ort fiebert der Ankunft entgegen. Endlich. Über eine Stunde läuten alle Kirchenglocken. Es ist dunkel geworden an diesem 27. August. Deshalb werden den Salzburgern Leute mit Laternen entgegengeschickt, die Stadt illuminiert sich. In den Fenstern und vor den Häusern brennen Lichter und Fackeln. Straßen und Gassen sind vom Lichtschein erhellt. Solche Stadtbeleuchtung haben die Salzburger in dieser Fülle noch nie gesehen. Dies alles nur wegen uns? Der Einzug dauert die ganze Nacht an, denn die Pferdewagen blieben unterwegs wegen des schlechten Wetters stecken. Überall versuchen Bürger aus Nordhausen, Menschen aus dem Transport abzufangen und sie in ihre Häuser zu bitten, andere führen sie durch die entfernteren

Tore in die Stadt, um sie zu bewirten. Eine Fuhre Betten und Matratzen soll in das Hospital gebracht werden, um die Kranken zu versorgen. Jetzt aber ist es so, dass nur zwei Kranke im Hospital aufgenommen werden können. Die anderen Kranken sind nicht auffindbar. Sie liegen längst in ihren Betten in den Privatwohnungen. Der Ehrgeiz und die Gastlichkeit der Bürger setzen alle geplanten Maßnahmen außer Kraft. Am nächsten Morgen um neun Uhr werden die Salzburger in die Kirchen geleitet. Wie immer sind sie längst schon aufgestanden und haben ihre Sachen verpackt. Vom Petersberg-Turm wird das Lied *Ein feste Burg* geblasen, die Salzburger lieben diese Hymne der Reformation. Vor der Abreise werden sie in die für sie eigens eingeheizten Stuben gebeten, damit sie sich und ihre Kleidung trocknen können. Draußen regnet es in Strömen. Letzte Geschenke, letzte Medikamente vor der Weiterreise. Die Kolonne ist sehr groß. Einundfünfzig eigene Wagen, einunddreißig Zugpferde, fünfundzwanzig vierspännige Wagen aus der Stadt und sechsundfünfzig Wagen aus der Grafschaft Hohenstein. Ein gewaltiger Transport, eine unendliche Prozession. So ziehen sie ab, Berlin entgegen. Berlin ist das Ziel ihrer Träume und ihrer Treue. Sie haben dem Preußenkönig versprochen, seine Untertanen zu werden. Die Stadt soll sehr groß sein. Niemand kann sich vorstellen, wie Berlin aussieht, auch wenn ihnen die preußischen Begleiter viel über die Stadt erzählen. Aber sie wissen kaum, wonach sie die Reisekommissare fragen sollen. So viele Städte und Dörfer haben sie inzwischen passiert, so viele Menschen getroffen, die ihnen halfen. Sie werden ja auch in Berlin nicht bleiben. Aber sie werden vielleicht den König sehen, der ihnen das gelobte Land versprochen hat. Und endlich Freiheit erleben.

Die Wittenberger warteten Anfang Mai an der Elbe-Fähre auf ihre Gäste aus einem Folgetransport. Als sie übersetzt, entdecken die Wittenberger viele Salzburger Väter und Mütter mit ihren Kindern, viele Kinder ohne Eltern, auch Eltern ohne Kinder. Der Kirchenstaat Salzburg hat sie voneinander getrennt. Viele alte Menschen sind unter den Emigranten, auch sehr kranke. Studenten und Schüler geben das Geleit in die Stadt, Professoren gehen neben ihnen mit. In den Kirchen Festgottesdienste und bewegende Predigten. Die Stadt der Reformation begrüßt die lutherischen Protestanten, die aus ihrer Heimat vertrieben wurden, besonders herzlich. Alles wird aufgeboten, was möglich ist. Ermahnungen dürfen nicht fehlen. *Bleibt bei der Wahrheit, bleibt fest in eurem Glauben.* Das ist die Botschaft der prominenten Prediger.

Man gieng ihnen bis an die Elbe-Fähre entgegen. Das Wasser war damals, weil es eben einige Tage nach einander geregnet, sehr hoch angelauffen. Aber das ließ man sich nicht abhalten, diese Ankömmlinge aus der Fähre heraus zu holen. Einige lieffen gar ins Wasser hinein, rissen die Saltzburger mit Gewalt zu sich, und fragten nach mehrern. Man hätte mehr, als noch einmal so viel Saltzburger unterbringen können, wenn sie nur da gewesen wären. Der Magistrat daselbst hatte für hundert Personen anrichten lassen; aber er konnte keines eintzigen theilhafftig werden. Man sahe allenthalben einen Streit um diese Leute. Einer hatte ein Kind, und der wolte auch die Mutter darzu haben. Ein anderer hatte den Mann, der wolte auch zugleich dessen Frau mit sich führen: Und deßwegen nahm man sie weg, wo man sie nur antreffen konnte. Die Studenten holeten diese Frembdlinge auch häuffig ab, und liessen sie zu zehen, zwölfen, zantzigen, und noch wol mehrere auf ihre Kosten speisen.

Von Stadt zu Stadt, von Dorf zu Dorf nimmt die Spannung zu. Tränen fließen zur Begrüßung, während der Reden, während der Gebete, während des Abschieds. Die Welt nimmt ihren Anteil an Verfolgung, Vertreibung, an der Armut und an der ungewissen Zukunft der Salzburger Emigranten. So ist der Abschied jedes Mal unendlich schwer. Doch der nächste Transport steht schon fast vor den Toren.

Quedlinburg. Pauken und Trompeten sind vom Kirchturm zu hören. Momentaufnahmen des Transports: Eine Wöchnerin mit ihrem Kind, das vor vier Tagen geboren wurde. Ein Neunjähriger auf einem Pferd. Es trägt beidseits einen Holzkasten. In jedem liegt ein Zwillingssäugling. Ein Emigrant, der ein Buch in einem Metallfutteral mit sich führt. Einem Stadtrat fällt dieser seltsame Gegenstand auf und er erkundigt sich danach. Ich musste damit rechnen, dass das Buch bei den häufigen Razzien von den Soldaten entdeckt wird, sagt der Emigrant, deshalb habe ich es jedesmal nach der Lektüre tief im Erdboden vergraben. Eine sechzigjährige Frau trauert um ihre drei Kinder, die ihr in Salzburg weggenommen wurden.

Wernigerode. Halberstadt. Der Kammerpräsident von Halberstadt lässt drei lange Tafeln im Grünen Saal des Schlosses aufdecken. Der Arzt und Chirurg des Ortes stellt ausgewählte Medikamente zur Verfügung. In Magdeburg ist es der Apotheker, der Arzneien anbietet. Als Geschenk, sagt er.

Unter freiem Himmel baut die Innung der Seidenhändler Sitzbänke auf. Niemand soll stehen, der müde von der Reise ist. Fünfzig Emigranten dürfen im Innungshaus wohnen, alle erhalten neue Hüte, Strümpfe und Bänder. Sie sollen sich doch auch einmal schmücken können. Auch der nächste Transport, der am 5. August eintrifft, wird mit Brezeln und Semmeln empfangen. Die französischen Einwohner nehmen zweihundert Salzburger und zwanzig Pferde auf, die Pfälzer Kolonie beherbergt einhundertsechzig Menschen. Köthen, dann Wischke.

Ein dreijähriges Kind stirbt, vier Paare beantragen die Vermählung. Trauerfeiern wechseln sich mit Hochzeiten ab.

Eine Salzburgerin gibt drei Päckchen Geld wieder ab. Irrtümlich hat auch ihr Mann eine Spende für seine Familie bezogen. Sie meint, dass ihnen so viel Geld nicht zusteht. Der berühmte und über Köthen weit hinaus bekannte Prediger Johann Konrad Lobethan nimmt das Geld nicht an. Die Frau soll es behalten. Sie weigert sich. Er legt noch einen Taler dazu. *Du musst nicht bedrückt sein! Du sollst es behalten!*

Der Oberforstmeister teilt Bücher aus, dann geht es weiter. Zwei junge Salzburger Männer, die hier schon früher in einem Filialbetrieb des Augsburger Barons von Schnurbein Arbeit gefunden hatten, schließen sich dem Transport an. Wo unsere Landsleute sind, da wollen wir auch sein, sagen sie. Unterwegs schon wieder ein Halt. Der Fürst in Köthen hat eine reichliche Brotzeit im ersten Dorf auf ihrer Reisestrecke vorbereitet und alles dorthin bringen lassen, Fleisch, Bier und Brot.

Auch Zerbst ist eine Stadt der Festtage für die Emigranten. Der Fürst lässt alles rechtzeitig für Verpflegung und Unterbringung vorbereiten. Die Stadt hat sich längst auf diesen und die nächsten Transporte vorbereitet. Zwei Kommissare empfangen sie jenseits der Elbe und setzen mit ihnen über. Der Fluss ist gewaltig angeschwollen. Nicht einmal die Salzach fließt bei Hochwasser so breit daher wie dieser Strom. Im Heyn-Holz steht die Delegation der Geistlichen. Sie müssen etwas warten, weil es einen Zwischenaufenthalt der Salzburger im Dorf Steutz gab. Dort wollten die Leute die Emigranten gar nicht mehr weiterreisen lassen. Im fürstlichen Gartenhaus ist der Hofstaat versammelt. Aus den Fenstern wird der Einzug beobachtet. Fürst und Fürstin laden auf das Schloss ein. Die Tische sind gedeckt, silberne Messer, Gabeln und Löffel liegen neben den Porzellantellern. Kerzen brennen. Die Kranken werden im Waisenhaus gepflegt.

Musik erschallt vom Turm. Ein glanzvolles Fest für die Zwangspilger. In der alten Heimat unterdrückt und aus dem Land geworfen sind sie hier im Schloss und in den Häusern der Bürger Ehrengäste.

Als sie früh am nächsten Morgen aufstehen, ist das Frühstück schon zubereitet. Elf Männer, fünf Buben und sechs Mädchen werden vom Archidiakon auf ihren Glauben hin befragt. Ein Dreizehnjähriger fasziniert alle Anwesenden mit seinen profunden Kenntnissen. Er zitiert ganze Passagen aus den Reformationsschriften auswendig.

Die Fürstin reist dem Transport nach dem Abschied in einer Kutsche nach. Sie kann sich von den Salzburgern kaum trennen. Als sie von Zerbst schon weit entfernt sind, reitet ein Bote heran. Der Fürst von Zerbst bittet den Kommissar aus Halle, der den Transport begleitet, dringend und herzlich darum, weitere Transporte über Zerbst zu leiten. Sie sollen ebenfalls als Freunde empfangen werden. Die Bitte wird erfüllt, als die nächsten Salzburger eintreffen. Michael Schober fällt wegen seiner Klugheit und seines Wissens auf, Fürst und Fürstin belohnen ihn großzügig. Sie führen ihn durch ihr Schloss. Nach der obligatorischen Glaubensprüfung werden die neu angekommenen Salzburger mit Wein aus dem fürstlichen Keller bewirtet. Eine Stadt verschenkt sich. Und sie verschenkt Bücher und Kleidung und Geld. Wer später kommt, soll deshalb nicht leer ausgehen. Alles ist für die nächsten Transporte vorbereitet.

Die Herrschaft ließ auch dißmal einige Männer, Weiber, Knaben und Mägdgen auf das Schloß fordern, welche in dero Gegenwart zu Dero grössestem Vergnügen examiniret wurden. Und nachdem solches geschehen, mußte man sie vor den Keller führen, und jedem einen Becher Wein zur Erfrischung reichen. Von den Einwohnern suchte es immer einer dem andern mit Wohlthat zuvor zu thun. Hohe und Nidrige, Reiche und Arme brachten diesen armen Flüchtlingen Geschencke. Kleider, Wäsche, Bücher, Geld, und alles, was ein jeder in seinem Vermögen hatte, stund diesen Frembdlingen zu ihren Diensten. Verschiedene Kauff-Leute, und besonders die Gold- und Silber-Manufacturen thaten sich hierinn vor andern hervor. Eines Fürstlichen Bedienten Ehe-Frau kleidete zwey Saltzburgerinnen von Haupt bis Fuß gantz sauber. Und andere erwiesen ihnen andere Wohlthaten. Des folgenden Morgens, nemlich am 25. August mußten sie alle mit einander, nachdem sie gefrühstücket, vor das Schloß kommen. Man hielt eine Bet-Stunde mit ihnen, welcher die Fürstin mit ihrer gantzen Hof-Staat aus den Fenstern zuhöreten.

Nach geendigter Bet-Stunde wurden sie alle auf das Schloß geführet. Man schenckete daselbst einem jeglichen, auch den Kindern, die noch an der Mutter Brust lagen, wiederum einen Species-Thaler, und überdem wurden noch zwey grosse Tische voll Bücher unter sie vertheilet. Als nun der letzte hinzu trat, sein Geschencke anzunehmen, verfügete sich die Fürstin mit ihrem Gefolg gewöhnlicher massen vom Schlosse hinunter. Sie setzte sich in den Wagen, und fuhr immer vor den Emigranten her bis vors Thor. So bald man nun auf einen recht schönen grünen Platze angekommen war, hielt der Doaconus, Herr M. Manso, über die Worte Pauli: Freuet euch mit den Frölichen, und weinet mit den Weinenden, eine sehr bewegliche Abschieds-Rede. Und als dieselbe geendiget, verstattete ihnen die Fürstin die Handreichung, und ließ sie unter Anwünschung alles Göttlichen Seegens von sich.

XXII. Neu-Eben-Ezer

Es fehlt an warmem Regen. Die weißen und gelben Rüben wachsen nicht richtig, die krautigen Pastinaken sehen verdorrt aus. Anders ist es mit Rettich und Kohl, aber der Kohl bildet keine Köpfe. Die Blätter sind jedoch immerhin schmackhaft. Allen Witwen konnten inzwischen Häuser und Wohnungen zugeteilt werden. Reschs Witwe wurden inzwischen eine Hütte und ein umzäunter Garten zugeteilt. Die Frau hilft dem Gschwandel bei der Erziehung seines Kleinkinds und führt seinen Haushalt. Hans Mauer hat ein Haus auf dem Grundstück der Witwe Offenecker gebaut, die er inzwischen auch geheiratet hat. Seine eigene Hütte will er der Witwe Holzer für einen geringen Geldbetrag überlassen. Die Witwe von Schweighofer ist in die Hütte des verstorbenen Felser eingezogen. Boltzius ist zufrieden. Jetzt muss er nur noch eine Lösung für die zwei jungen Töchter der Frau Haberfehner finden, die vor wenigen Tagen gestorben ist.

Die Pfirsichbäume wachsen wunderbar. Boltzius hat an Fiebertagen keinen Appetit. Er ist matt und leidet an Kopfschmerzen. Trotz des Fiebers ist sein Körper nicht heiß. Wenn das Fieber abklingt, dann leiden die meisten Leute in Eben-Ezer an Durchfällen. Schon wieder ist es grimmig kalt. *Manchmal ist die Erde schon ein Jammertal.* Doch das Tal wird bald durchquert sein, hofft er. Gouverneur Oglethorpe ist noch immer nicht in Savannah eingetroffen. Ein englischer Geschäftsmann, der mit den Indianern einen lebhaften Handel treibt, kommt mit seiner indianischen Frau und ihrem einjährigen Kind vorbei. Boltzius soll es taufen. Er lehnt ab. Das Eheverhältnis ist unklar. Die Frau könnte auch eine Nebenfrau sein.

Weshalb hat der Mann so lange Zeit mit seinem Taufantrag gewartet? Weshalb geht er nicht zu den Seelsorgern, die in seiner Gemeinde für ihn zuständig sind? Das Kind ist gesund, da sollte der Engländer mit seiner Indianerin doch nach Savannah fahren. Boltzius will nicht in den Verdacht kommen, sich in andere Gemeinden einzumischen, sich ein ihm nicht zustehendes Amt anzumaßen.

Nikolaus Riedelsperger ist tot. Sechzehn Wochen Fieber, Schwäche, Durchfall. Ein letzter Krankenbesuch. Sohn und Schwager lesen dem Schwerkranken aus Büchern vor. Dann ist es vorbei. Alle mochten diesen Mann. Er war immer hilfsbereit und verstand viel von der Tierzucht. Ein Testament liegt vor. Den kleinen Hausrat und die Tiere übergibt Boltzius nach Riedelspergers letztem Willen dessen Sohn und seiner Tante. Am Nachmittag legt das große Boot an. Die Salzburger laden die Fracht aus. Endlich sind wieder Sirup, Reis und etwas Korn vorhanden. Große Sorgen macht sich Boltzius um Adam Riedelsperger.

Adam Ridelsperger hat gar lange Zeit das Fieber heftig gehabt, und ist ietzt dergestalt von Kräften kommen, daß man wegen seines Lebens in Sorgen steht. Er ist ein hertzlich redlicher Mann, voller Liebe und Aufrichtigkeit gegen seinen Nächsten, und hat man ihn in gesunden Tagen hin und wieder bei äusserlichen Geschäften wohl und nützlich brauchen können. Nachdem Schweighofer gestorben, ist er der einzige Mann unter uns, der Holtzschuhe machen kann, daher die Leute in der Gemeine sehr auf seine Gesundheit warten, weil fast keiner im Stande ist, ein Paar lederne Schuhe zu bezahlen. Immer können sie auch nicht Holtzschuhe tragen, sonderlich an Sonn- und Feyer-Tagen. Auch können sie einige, sonderlich Weiber, gar nicht gebrauchen. Daher wir, weil sie vom Gelde gantz entblößt, sehr angesprochen worden, ihnen ietzt, da der teutsche Schuster aus Purysburg hier ist, Schuhe machen zu lassen, worzu gar viel Geld erfordert wird. Der Schuhmacher machet zwar seine Arbeit gut, lässt sich aber auch iedes Paar Manns-Schuhe mit 5 Schil.8 Pf. Sterl. bezahlen.

Endlich. Gouverneur Oglethorpe ist im Land. An einen Brief von Boltzius wegen der Zuteilung eines besseren Landes kann er sich nicht erinnern. Gronau kommt mit einem kleinen Geschenk aus Savannah zurück, Oglethorpe hat ihm Zucker und Wein mitgegeben. Der Geldbetrag für die vom Gouverneur zugesagte Lieferung an Leinwand und Mehl soll den Salzburgern zurückerstattet werden. Das war doch ein Geschenk!

In Alt-Eben-Ezer ist eine Sägemühle geplant. Einige erfahrene Männer sollen hier Arbeit bekommen. Die ersten Bretter stehen für den Bau der beiden längst geplanten Pfarrhäuser zur Verfügung. Die Austeilung der Lebensmittel und der übrigen Waren hat fast die ganze Woche beansprucht. Jede Arbeit ist mühsam, alles dauert sehr lange. Die Krankheiten verlangen ihren Tribut. Das Store-Haus gewährt den Salzburgern des ersten und zweiten Transports einen Zuschuss. Die Fleischrationen werden auf monatlich jeweils zwei Pfund und einen halben Busch Korn festgelegt. Die unzureichende Versorgung gibt Anlass zu Ermahnungen, im Herbst und im Winter das Land um die Häuser so zu bestellen, dass im nächsten Frühjahr eigenes Gemüse geerntet werden kann. Eine neue Landvermessung und gar eine Neuaufteilung des noch freien fruchtbaren Lands hat der Gouverneur nicht vorgesehen. Vielleicht schenken ja die Herren *Trustees* den Siedlern jenes Land, das jetzt noch brachliegt. Boltzius muss in diesen Tagen viele seiner Salzburger trösten. *Werdet nicht kleinmütig und verzagt nicht!* Der Apotheker Zwifler hat inzwischen in Savannah seinen Antrag gestellt, nach England und von dort nach einem längeren Aufenthalt nach Deutschland zurückkehren zu dürfen. Der Gouverneur bietet ihm die Stelle eines Arztes in Frederica gegen Bezahlung an, doch Zwifler und seine Frau lehnen ab. *Wir wollen das Land hier so schnell wie möglich verlassen.* Sie sehnen sich nach gesunder Luft und einem Lebensstil ohne tägliche Probleme. Ein neues Boot für Eben-Ezer wird genehmigt, der Bootsbauer Kiefer und seine Söhne haben gerade ein Boot gebaut. Wenn der Kaufpreis stimmt und der Betrag bezahlt werden kann, dann können es die Salzburger abholen, sobald sie dazu imstande sind.

Wir hoffen doch, und trauen es der Güthigkeit unserer lieben Wohlthäter zu, daß sie die vielen Hindernisse der Saltzburger in ihrer Arbeit, und die vielen aufgelegten Beschwerlichkeiten zu Hertzen fassen, und um deswillen sie an Lebens-Mitteln nicht werden Noth leiden lassen, da sie sich ausser ihrer Schuld nicht erhalten können. Sie bekamen so späte Erlaubniß von Alt-Eben-Ezer wegzuziehen, hatten hernach so viele Hindernisse an der Acker Arbeit, sind den gantzen Sommer hindurch kranck gewesen, und sinds guten Theils noch, haben so lange kein eigen Land gehabt, ist auch ietzo noch in schlechten Umständen, und also ists nicht ihre Schuld, daß sie sich bisher nicht erhalten können. Haben gleich einige in Alt-EbenEzer und hier etwas Korn und Potates bekommen, so ists wenig. Wegen Kranckheit haben sie solche Früchte nicht recht abwarten können, die meisten aber haben in Alt-EbenEzer nichts bekommen, weil sie kein gut Land mehr finden können, und auf dem Sande ist ihnen nichts gewachsen.

Boltzius wird nach Savannah geladen. Wieder mehr als eine Tagesreise. Endlich soll schriftlich ausgerechnet werden, wie viele Lebensmittelkontingente für Eben-Ezer noch geliefert und somit abgeholt werden können. Irgendwann sind die Zusagen schließlich erfüllt. Die Gehaltszahlungen sind noch immer nicht eingetroffen. Die Gutschriften der Herren *Trustees* fehlen ebenso, sie sollten doch als Zahlungsmittel statt des Geldes anerkannt werden. So muss Boltzius wieder auf Kredit einkaufen. Der Schulunterricht wird auf vier Stunden täglich begrenzt, damit die Kinder geschont werden. Es ist kalt, die Hütten sind als Unterrichtsräume nicht geeignet. Nur in der dürftigen Kirche kann geheizt werden. Die Eltern der Kinder spalten Holz und bringen die Holzscheite vorbei. Im Flussbett haben einige Salzburger in den Bäumen große Mengen an Honig gefunden. Sie kommen mit drei gefüllten Waschzubern und einigen Fässern Honig zurück. Die Freude ist groß. Rasch muss das kürzlich zugemessene Land am Roten Berg gerodet, gereinigt und umzäunt werden, damit noch vor dem Frost Gemüse angebaut werden kann. Die Kleidungsstücke für Männer und Frauen, die Frau Haberfehner hinterlassen hat, werden verkauft. Die Wollsachen taugen nichts für das hiesige Klima. Der kleine Erlös soll die Armenkasse etwas auffüllen, denn die Armut ist sehr groß. Viele Leute hier in Eben-Ezer besitzen nichts. Sie verfügen auch über keine Geldmittel.

Das Wasser im Savannah-Fluss steigt wieder, jetzt können die Transporte über den Fluss herangeholt werden, auch wenn der erste Nachtfrost auf dem Land liegt. Die Sägemühle soll in England gebaut werden, ihre Einzelteile werden mit dem Schiff des Kapitäns Thomson nach Savannah gebracht. Bei Boltzius wächst die Skepsis, ob die Konstruktion für den von den Gezeiten abhängigen Wasserstand des Flusses überhaupt geeignet ist. Man wird sehen. In den letzten Novembertagen kommt die Nachricht, Bürgermeister Causton werde mit dem großen Boot und einem Periager viel Provision heraufschicken. Der Transport auf dem Fluss bis nach Neu-Eben-Ezer ist noch nicht möglich, deshalb soll in Alt-Eben-Ezer ein kleines Lagerhaus eingerichtet werden. Zwifler ist inzwischen in das Haus des Kommissars von Reck umgezogen, wahrscheinlich ist es sein letzter Umzug. So kann im frei gewordenen Apothekerhaus bis auf Weiteres ein Store-Haus eingerichtet werden. Am 29. November bricht Boltzius wieder nach Savannah auf. Sein Fieber ist leicht zurückgegangen und ein paar Ruderer stehen jetzt zur Verfügung. Aber auch diese Reise bleibt nahezu erfolglos, denn die Abrechnungen können noch immer nicht abgeschlossen werden. Immerhin wird ihm ein Fässchen mit Erbsen zum Pflanzen geschenkt. Das neue Boot soll achtzehn Pfund Sterling kosten. Bürgermeister Causton empfängt einige Briefe und das letzte Tagebuch und will die Post über Charleston nach Europa weiterleiten.

Wegen Ankaufung des gedachten Bootes habe den Herrn Causton schriftlich ersuchet, mit beygefügter Ursache, daß es mir ietzt schwer fällt, drey oder vier Mann zu finden, die sich nach ihrer Genesung aufs Wasser trauen dürfen. Da sie nun ihre Provision selber holen müssen, widrigenfalls ihnen die Heraufschickung derselben von der Provision selbst abgezogen werden soll; so würde man doch leichter vier Mann auf solch Boot, wie das ietztgedachte ist, als zehen Mann auf unser altes finden, indem auf jenem nicht nur leichtere Arbeit, sondern sie auch nur wenige Tage unterweges bleiben, und wol keine Nacht unter freyem Himmel bey dieser kalten und ungesunden Witterung schlafen dürfen. Achtzehen Pfund Sterlinge ist freylich viel Geld, aber wir achten, es sey besser einige Pfund Sterlinge, als der armen und fast abgemergelten Leute Gesundheit und Leben, daran zu setzen. Und da Herr Gouverneur Oglethorpe die Bezahlung des Boots auf unsere Gemeine legt, Herr Causton aber das Geld auf einige Zeit vorschiessen soll, so trauen wir es unserm Hertz-lenckenden allmächtigen Vater im Himmel zu, Er werde entweder der lieben Herrn Trustees Hertzen, oder anderer Wohlthäter in England und Teutschland erwecken, die an statt dieser armen Leute bezahlen, und dafür eine gnädige Vergeltung vom Herrn erwarten.

In der vergangenen Nacht tobte ein Orkan, wie ihn Boltzius bisher noch nie erlebt hat. Die Seeleute wagen sich mit ihren Schiffen in dieser Zeit auf dem Atlantik nicht weit hinaus, dennoch kentern in Ufernähe manche Schiffe, andere werden sogar im geschützten Hafen von Charleston schwer beschädigt. Gouverneur Oglethorpe hat keine Anweisung für eine neuerliche Landvermessung zurückgelassen. Die Enttäuschung ist groß und das Land liegt weiter brach. Endlich sollten doch die Siedler, denen schlechtes Land zugewiesen wurde, durch die Vermessung und Zuteilung neuer Felder belohnt werden. Zwifler bricht endgültig seine Zelte in Amerika ab. *Gottbefohlen und Adieu!* Sein Land wird einem Salzburger mit dem Namen Rauner gegeben. Dessen erstes Grundstück lag in einem Sumpf, galt als unbrauchbar, aber Riedelsperger hat sich trotzdem dort niedergelassen. So ist er direkter Nachbar seines Freundes Leimberger.

Einige Siedler leben nicht mehr. Ihre Grundstücke können mit den sandigen oder morastigen Feldern ausgetauscht werden. So hilft sich Eben-Ezer selbst, solange die Vermessung nicht erfolgt. Die *Trustees* in London werden hoffentlich bald genehmigen, dass die Siedler das Land jenseits des Eben-Ezer-Flusses erhalten, aber noch immer weiß niemand, wann es so weit ist. Aus Savannah trifft Gronau mit dem neuen Boot ein, Bürgermeister Causton hat den Kaufpreis vorgestreckt. Es ist mit Korn beladen. Weitere Lebensmittel sind nicht dabei, denn seit Neuestem erhalten die Siedler einen kleinen Geldanteil, für dessen Wert sie ihre Nahrung selbst kaufen sollen. Christian Riedel will die älteste Tochter des Bootsbauers Kiefer in Purrysburg heiraten. Er wird von allen Siedlern als äußerst fleißig und diszipliniert geschätzt. Seine künftigen Schwiegereltern sollen sich nicht um ihre Tochter sorgen. Er ist eine gute Wahl. Boltzius verzeichnet in seinem Tagebuch jetzt auch die Einnahmen und Ausgaben der Gemeinde. Das neue Boot, für das statt der zehn Ruderer nur noch fünf bis sechs gebraucht werden, ist schon wieder nach Savannah unterwegs, um Getreide einzukaufen. Alles, was geerntet wird, muss aufgeschrieben werden, damit die Abrechnungen stimmen. Die Bilanz zeigt eindeutig, dass die Salzburger in der Landwirtschaft noch keine Selbstversorger sind.

20. Dezember 1736. Boltzius notiert, dass er am vergangenen Samstagabend den Siedlern ins Gewissen reden musste. Einige sind zu eigennützig, andere halten sich zu wenig an die allgemeine Ordnung. Die Siedler stimmen ihm zu, Boltzius freut sich über ihre Einmütigkeit, obwohl er harsche Worte fand. In Gemeinschaftsarbeit haben sie heute einen Transportweg zum Fluss angelegt, um schwere Lasten besser heraufholen zu können. Der Kirchhof ist jetzt vollständig umzäunt und morgen soll für die Hirten eine Brücke über einen kleinen Fluss im Wald gebaut werden, stabil genug, um auch das Vieh hinübertreiben zu können. Am letzten Tag des Jahres muss Boltzius Korn, Bohnen und Potatoes der Siedler auswiegen und in einen Katalog eintragen. Er fügt die Namen der Lieferanten aus seiner Siedlung hinzu. Es sind keine großen Mengen, die

sie geerntet haben, aber sie sind auch etwas wert, vor allem dann, wenn ab März keine Nahrungsmittel mehr aus dem Store-Haus in Savannah abgeholt werden können. Für die kärgliche Ernte gibt es mehrere Gründe: teils wurde das Land zu spät vermessen und zugeteilt, teils waren die Bauern mit den Transporten auf dem Fluss beschäftigt, auch waren die meisten lange krank. Schweine, Pferde und Hirsche haben immer wieder die Anpflanzungen beschädigt, die Bohnen ganz abgefressen. Große Mengen Getreide verdarben auf den Feldern. Boltzius schreibt auf, wer eine halbwegs gute Ernte eingebracht hat: *Gruber, Gschwandel, Hertzog, Leimberger, Rauner, Simon Reiter, Rheinländer, Steph. Rieselsperger, Schweiger, Adam Riedelsperger, Simon Steiner, Kalcher, Pichler, Rothenberger, Burgsteiner, Rupr. Steiner, Eischberger, Brandner, Veit Lemmenhofer, Balthasar Rieser, Landfelder, Bacher, Christ. Riedelsperger, Sanfftleben, Bach, Paul Lemmenhoffer, Hans Maurer, Gabriel Maurer, Zant, Hesler, Maggizer, Bruckner, Zimmermann, Kogler, Rupr. Zittrauer, Paul Zittrauer, Hans Floerel, Carl Floerel, Lackner.*

Die Regenfälle im Januar weichen die Wege auf. Das Vieh kann jetzt nicht mehr zur Weide getrieben werden. Deshalb muss eine neue Brücke gebaut werden. Wie in Alt-Eben-Ezer sind nachts umherstreifende Wölfe die Hauptgefahr für die Kühe und Kälber. Sie fallen Rinder, Schweine und Hühner an. Das Geheul der Wölfe hängt in den Wäldern. Trotz der Kälte hält das Fieber bei vielen Siedlern an. Der Gemeinde fehlt ein Schmied. Der von Haberkorn war sehr hilfreich, aber die Reise ist weit und auch er hat sich von seiner schweren Erkrankung noch nicht erholt. Vier Mal waren die Salzburger vergeblich in Haberkorn. In Savannah sind die Handwerker viel teurer. Der Bürgermeister lässt das Handwerkszeug nicht mehr ausbessern. Wer auf Reparaturen besteht, muss sie selbst bezahlen. Die Salzburger können ja nicht ewig unterstützt werden. Vielleicht kommen mit dem nächsten Transport ein Schmied oder ein Schuhmacher mit, aber die sollten dann schon über eigenes Werkzeug verfügen.

Der Herde sind zwei Kühe und ein Kalb zugelaufen. Sie gehören angeblich einem Schneider und einem Schreiber, die ihre Tiere gerne im Ort lassen, falls sich ein Käufer findet. Inzwischen sind die Preise für Kühe beträchtlich gestiegen. In den nächsten Jahren wird sich kein Salzburger, der sich neu in Eben-Ezer ansiedelt, eine Kuh oder ein Kalb leisten können, wenn nicht die Herren *Trustees* in London die Anschaffungskosten übernehmen. Wer keine Kühe besitzt, kann auch nicht über Dünger, Milch und Fleisch verfügen. Die Schweinezucht gedeiht, auch die Hühnerzucht floriert. Boltzius klagt über die schlecht isolierten Holzhäuser. Wieder einmal gab es Lauscher, die den Inhalt vertraulicher Gespräche weitererzählt haben. Ach, wenn es nur etwas mehr Geld geben könnte, dann ließen sich ein paar Häuser für die Gemeinde errichten. Jetzt, Ende Januar 1737, sind die Häuser in Alt-Eben-Ezer wirklich renovierungsbedürftig. Die Hütten in der neuen Siedlung sind einfach und dienen nur als Provisorium. Das kann kein Dauerzustand bleiben. Im Wald hat es gebrannt. Zweihundert Schindelbretter gingen in Flammen auf. Der Hirte aus Purrysburg hat sich entschlossen, jetzt doch nach Eben-Ezer zu ziehen. Grundstück und Land in Purrysburg hat er mit einem kleinen Grundstück in der Salzburger Gemeinde getauscht. In aller Eile will er sich eine Hütte errichten, die Bretter dafür hat ihm ein Salzburger zugeschnitten. So ordnen sich die Tage.

Sonderlich ist wegen des Vieh-Hütens einige Unordnung und Mißverständniß entstanden, daher hohe Zeit war, auf eine Aenderung zu dencken, sonst würde noch manch Stück Vieh zu Grunde gegangen seyn. Es ist ietzt wegen des Hütens solche Einrichtung gemacht, daß die Heerde getheilt, dazu zwey Hüter bestellt, und so belohnt werden, daß die Gemeine nicht so viel Beschwerde hat, als in der vorigen Zeit. Etliche von den zehen Kühen, die dem dritten Transport geschencket worden, sind seit Monats-Zeit verloren, und vermuthlich, wie sie hier zu thun pflegen, wieder nach Caroline, an ihren vorigen Ort, gelaufen; so ists auch mit einigen Kühen des 1. und 2. Transports ergangen. Einige sind crepirt, viele Kälber sind theils von Wölfen und Bären, theils von Indianischen Hunden gefressen. Der bisherige Hirte hat hier sein Amt nicht so wohl als in Alt-EbenEzer gethan, daher an seiner Statt zwey andere gewissenhafte Hüter erwehlet worden.

XXIII.
Vor Berlin

Koßwig. Speisen und Getränke. Medizinische Versorgung und Begrüßungsfeiern. Geldspenden, Futter für die Pferde und kostenlose Quartiere. Büchergeschenke, darunter eine in weißes Pergament eingebundene Bibel. Die Glocken läuten.

Von Roslau nach Belzig. Der Fürst von Zerbst erholt sich in Karlsbad, aber den Salzburgern soll es an nichts fehlen. An den gedeckten Tischen könnten leicht eintausend Reisende Platz nehmen. Gereicht werden frische Milch, Kaltschalen, Suppen, Zugemüse, gekochtes und gebratenes Fleisch, Wein und Bier im Überfluss. Die Salzburger halten sich zurück. Es bleibt so viel übrig, dass die Einwohner bewirtet werden können. Der Kommissar drängt auf Zeit. Vor dem Dorf warten dreißig Wagen auf die Emigranten. Im Kloster Leitzkau übernachten sie. Lindau, Bernburg, Sandersleben: Wie überall reißen sich die Einwohner um die vertriebenen Protestanten. Als sie den Ort verlassen, jagt der Amtmann dem Transport hinterher. Er will den Abreisenden noch Bier spendieren. In Schackstädt ist die Gastfreundschaft nicht minder ausgeprägt. In Bernburg können die Quartierscheine nicht ausgeteilt werden, zu viele Menschen drängen sich um die Salzburger. Dreimal wird geschrien: *Sollen wir?* Und dreimal wird geantwortet: *Ja!* Da sind die Salzburger schon auf dem Weg in die Privatquartiere. Bis zu achtzig Wagen sollen bereitgestellt werden, damit die Reise am nächsten Tag weitergehen kann. Sechsundfünfzig Wagen werden bestiegen, die anderen Fahrzeuge kehren wieder um. Denn die gesunden Männer, Frauen und Kinder gehen zu Fuß. Der Fürst von Bernburg kümmert sich zu Pferde um alles.

In der Elbstadt Barby ist die Kolonne bereits für den 17. August angekündigt. In Calbe ist die Bewirtung der Reisenden perfekt organisiert, aber der Kommissar besteht darauf, in diesem Ort keine Pause einzulegen. Die verhinderten Gastgeber eilen dem Transport nach. Dies alles tragen sie ihm nach: Bier, Brot, Käse, Wurst, viele hundert Töpfe, Krüge und Kannen. Der Herzog mit seinem Gefolge stößt zur Gruppe der Salzburger. Sie stellen sich, wie sie es immer tun, im Kreis auf und singen ihre Lieder. Der Herzog weint. Die Zollbeamten kassieren nicht wie sonst Gebühren, sondern beschenken die Vertriebenen. In Acken stehen wieder Getränke und Speisen zur Verfügung. Rathenau steht Kopf. Jeder eilt zu den Salzburgern, um ihnen ihre Wünsche zu erfüllen. In Nauen sammeln Offiziere Spenden von Offizieren ein. In Lohburg gibt es wieder Ärger, weil nicht jeder Bürger einen Gast beherbergen kann. Die Bürgermeister und Amtsleute reiten dem Transport entgegen, in Ziesar bewirtet allein der Kriegsrat Hepke siebzig Menschen. Die Pferde lässt er füttern.

Dann Görtzke. Soldaten und die Bürgerwache kümmern sich um das Gepäck, alle Welt lobt den Preußenkönig für seine Einladung an die Salzburger, zu seinen Untertanen in Freiheit zu werden. Witwen spenden ihr letztes Geld. Ehrenkolonnen in Brandenburg. Vierhundertzweiunddreißig Salzburger werden empfangen, der Stadtkommandant George geleitet sie in die Stadt. Tausende von Menschen sind auf den Beinen, um sie zu begrüßen. So ist es in jeder Stadt, heute und morgen und in den nächsten Wochen. Wieder sammeln Offiziere für die Emigrantenkasse, sie liefern das Geld mit einem Schreiben an den Geheimrat von Herold nach Berlin.

Hochwohlgebohrner Herr, Insonders Hochgeehrtester Herr geheimder Rath! Wir haben am 23. hujus die Ehre und das Vergnügern gehabt, daß über vierhundert Saltzburgische Emigranten bey uns eingetroffen, welche den folgenden Tag unter hertzlichem Gebet von uns hinwiederum dimittiret. Weil nun die beyden Städte (nemlich Alt- und Neu-Brandenburg) durch dieser lieben Leute standhafftigen Glauben und exemplarische Aufführung sehr erwecket worden; so haben wir auch die Veranstaltung gemacht, daß eine geringe Collecte von sechshundert Thalern, welche hiebey kommt, für sie gesammlet. Und wünschen wir ihnen von Hertzen, daß der große GOtt diesen wenigen mitleydigen Beytrag ihnen tausendfältig segnen wolle. Wir können aber nicht unangeführet lassen, daß die Einwohner dieser Städte durch dieser standhafften Glaubens-Bekenner gottseelige Aufführung zu dieser beysteuer sind veranlasset worden. Und bitten sie nichts mehr, als daß diese Gabe auch diesen vierhundert und etliche dreyssig Köpffen eintzig und allein verbleiben und zugestellet werden möge; welches wir dergestalt anzuordnen gehorsamst gebeten haben wolle. Wir verharren übrigens mit aller Veneration

Dero Dienstschuldigst-gehorsamste Directores, Burgermeister und Rath.

Mitte Juli trifft die nächste Kolonne mit fast fünfhundert Personen ein. Sie ist nicht rechtzeitig angekündigt woden, deshalb fehlen die Transportmittel. So bleibt diese Gruppe zwei Tage in Brandenburg. Das ist für die Bürger jedoch eine zu kurze Zeitspanne. Eine Strumpfwirkerin bittet den Kommissar von Glum, der auf dem Markt einkauft, inständig darum, noch mehr Salzburger nach Brandenburg zu bringen, ihr sei es bisher nicht gelungen, auch nur einen einzigen der Emigranten in ihrer Wohnung aufzunehmen. Eine andere Frau beklagt sich: Sie hätte vier Personen aufnehmen wollen, ihr wurde aber nur ein Salzburger zugeteilt. Eine Witwe kleidet eine Salzburgerin neu ein: blauer Rock, blaues Oberkleid, blaue Schürze. Schwarze Mütze, weiße Haube, Halstuch, Strümpfe, Schuhe und zwei Hemden. Ein Mann wird ausgestattet: blaue Kleidung, Rock, Weste, weiße Hosen, Strümpfe, Schuhe, Halstuch, Hut und zwei Hemden. Die Ansprachen und Predigten der hohen evangelischen Geistlichen Schäfer und Thal berühren einige katholische Soldaten so tief, dass sie beschließen, evangelisch zu werden. So geht es weiter, immer weiter. Nach Burg im Herzogtum Magdeburg. Überall gibt es theologische Diskussionen, bei denen die Salzburger gut mithalten können. In der notorischen Glaubensprüfung wird ihnen die Frage gestellt, ob sie die Heiligen anbeten müssten. Sie verneinen. *Kommet her zu mir alle,* hat doch Jesus gesagt. In der Bibel steht nichts über den Umweg, erst die Heiligen anzurufen. Die Salzburger bleiben auf keine Frage die Antwort schuldig. Tremmen, Genthin und Wustermarck.

Sie wurden gespeiset und geträncket.
Sie wurden gespeiset und geträncket.
Sie wurden gespeiset und geträncket.

Weit mehr als eintausend Exulanten treffen in zwei Transporten in Spandau ein. Als sie in der Kirche sind, wird Feueralarm gegeben. Alle müssen schnell das Kirchenschiff verlassen. Ein Fehlalarm, vielleicht eine bewusste Störung. Also gehen sie wieder hinein und singen ihre Lieder noch einmal von vorn. Dann der nächste Transport. Kein einziger Vertriebener bleibt auf der Straße zurück, jeder Einzelne erhält ein Nachtlager, er wird bewirtet und beschenkt.

Sie wurden gespeiset und getrăncket.
Sie wurden gespeiset und getrăncket.

Endlich Potsdam. Wie schön die Stadt ist, hatten die Salzburger längst gehört. Jetzt sind sie da.

Hier trafen die ersten Saltzburger am 29. April ein, als sich eben Se. Königliche Majestät von Preussen daselbst aufhielt. Der Commissarius erhielt Königlichen Befehl, vor der Stadt mit seinen Leuten stille zu halten, bis Se. Majestät von der Jagd zurück kehreten. Ein Medicus mußte sofort die Krancken vor dem Thore besichtigen, und dieselben aufzeichnen, damit sie könnten geheilet und verpfleget werden. Die Herren geistlichen, die Schule und das Waysenhaus giengen vors Thor sie einzuholen. Als nun Se. Majestät zurück gekommen, erhielten sie Ordre in die Stadt einzuziehen. Und diß geschahe unter inbrünstigem Gesange in recht guter Ordnung.

In dem Garten vor dem Schlosse mußten sie stille stehen. Daselbst nahmen Ihro Königliche Majestät selbst in hohen Augenschein. Sie frageten sofort: Ob man mit diesen Leuten geredet, und wie man sie gefunden hätte? Der Reformirte Hof-Prediger, Herr Cochius, antwortete drauf: Es wären gute Leute, er habe eine feine Erkänntniß bey ihnen angetroffen. Darauf ward der Commissarius vorgefordert, welcher Bericht abstatten mußte, wie sich die Saltzburger unterweges verhalten, und wie sie hier und dar aufgenommen wären. Hernach rieff man einige von diesen Flüchtlingen herzu, welche auf dem Schloß-Platze Ihro Königl. Majestät allerhöchsten Gegenwart ihres Glaubens halber befraget und ordentlich examiniret wurden. Sie beantworteten die ihnen vorgelegten Fragen mit grosser Fertigkeit; welches Ihro Majestät zum besondern gnädigen Wohlgefallen gereichte. Alle Zuschauer aber wurden dadurch auf das innigste gerühret. Und da man diese Handlung mit einem Gebet beschloß, so nahm man eine solche Bewegung wahr, daß auch selbst einige Officirer auf die Knye fielen, und mit beteten, und von allen und jeden viel tausend Thränen vergossen wurden.

Unter diesem Trupp fand sich ein Knabe von etwa vierzehen Jahren, der der Religion wegen Vater und Mutter verlassen hatte. der König fragete ihn:

Wie er das verantworten würde, daß er Vater und Mutter verlassen? Er gab zur Antwort: Wer Vater oder Mutter mehr liebet, denn mich, der ist mein nicht werth. Er fragete ferner: Wer sich denn nun seiner annehmen, und was er anfangen würde, da er keinen Vater und Mutter mehr hätte? Er antwortete: Vater und Mutter verlassen mich, aber der Herr nimmt mich auf. Diese Antwort gefiel Sr. Majestät sonderlich wohl, und setzte dieselbe in grosse Verwunderung. Ihro Majestät die Königin sprachen auch mit diesem Knaben, und bewunderten seine vernünfftige Antworten (Es ist aber falsch, daß der Königin Majestät diesen Knaben solte zurück behalten, und in Ihre Dienste aufgenommen haben. Er ist würcklich mit nach Preussen abgegangen; allwo er sich noch bis diese Stunde befindet). Endlich beschenckten Ihro Majestät alle diese Leute durchgehends mit Gelde, redeten ihnen auf das allergnädigste zu, sprachen ihnen einen Muth ein, und versicherten ihnen Dero höchste Gnade durch die wiederholten Worte: Ihr sollets gut haben, Kinder, ihr sollets bey mir gut haben!

Am 25. Juni trifft der nächste Transport mit achthundert Salzburgern in Potsdam ein. Der König hält sich in Berlin auf. Als die Exulanten ihre Reise fortsetzen, kommen ihnen Reitknechte des Hofes entgegen. Majestät sei auf dem Weg zu ihnen, komme aber nicht auf der üblichen Landstraße, sondern seitwärts über den Königsweg.

Alle müssen von den Wagen absteigen und sich in der üblichen Formation aufstellen und vor den Pferdegespannen gehen. In der Nähe von Zehldendorf entdeckt der König die Salzburger und fährt querfeldein zu ihnen. Er verspricht ihnen Freiheit und Land, fragt immer wieder nach den Gründen für ihre Emigration. Ob sie das Lied »Auf meinen lieben Gott« anstimmen könnten? Die Salzburger kennen das Lied nicht. Da stimmt der König das Lied an, alle singen mit und marschieren an ihm vorbei. Der Abschied ist herzlich. Majestät reisen nach Potsdam. Die Salzburger brechen nach Berlin auf. Am 14. Juli macht der nächste Trupp Rast bei Betze und Baumgarten-Brück. Ein reitender Husar kündigt den König an, der Kommissar lässt die Salzburger sich wieder in ihrer Ordnung aufstellen, so gehen sie durch den Wald.

Gleich vor dem Holtze kam ihnen nun der König würcklich entgegen geritten. Er befragte den Commissarium um die Anzahl der Emigranten, ließ sie alle nach einander vorbey marschiren, nahm sie in höchsten Augenschein, und bezeugeten Dero allergnädigstes Wohlgefallen und höchstes Vergnügen über dieselben. Im vorbeygehen erkundigte Er sich nach den Umständen. Er fragte: Wie es ihnen unterweges ergangen? ob auch Leute darunter wären, die liederlich lebten? ob sich wol einige von ihnen besöffen, und der Völlerey ergeben wären? und was dergleichen noch mehr war. Darauf ertheilete Er dem Commissario etlichmal folgenden Befehl: Versichert die Leute meiner Gnade, meiner fernern Fürsorge und einer vollkommenen Freyheit, die sie geniessen sollen. Endlich befahlen Se. Majestät dem Commissario: Er solte sie ferner gut führen, und sich voran hin verfügen. Vor dem Brandenburgischen Thore stunden nun die sämtlichen Herren Geistlichen, die Schule und eine grosse Menge Volcks. Diese nahmen sie in Empfang, und führeten sie unter Absingung geistlicher Lieder durch die Stadt vor das Berlinische Thor. Beym Schlosse mußten sie zum andernmale vor dem König vorbey marschiren; da sie denn eines Gnaden-Blicks über den andern gewürdiget wurden. Nachdem sie nun in ihre Quartiere gewiesen, mußte man sie insgesamt auf Königliche Kosten mit Speise und Tranck reichlich verpflegen, und ihre abgemattete Glieder dadurch erquicken.

Sie kennen den preußischen König von Münzen und von Abbildungen in Flugblättern und Büchern. Jetzt sehen sie ihn zum ersten Mal. Dieser König hatte ihnen noch in Salzburg, in Regensburg, später dann während der Wartezeit vor Augsburg Mut zurückgegeben, Zuversicht und die Hoffnung auf ein ganz anderes Leben in Freiheit. Jetzt steht dieser Mann vor ihnen. Sie fassen es kaum. Zu lange tragen sie das Bild der Majestät mit sich in ihren Gedanken herum. Jetzt fühlen sie sich wie der verlorene Sohn, der zum Vater heimkehrt.

6. September. Stendal, die Hauptstadt der Alt-Mark, ist eine besonders gastfreundliche Stadt. Binnen fünfzehn Minuten ist von den Neuankömmlingen oder ihren Pferden nichts mehr zu sehen. Auf den Straßen stehen weinende Einwohner, die keine Gäste beherbergen können. Zum Glück treffen weitere fünfzig Salzburger aus Wesel ein. Das Gepäck der Emigranten wird umgeladen und auf der Rats-Waage und im Haus der Brauer-Gilde gelagert. Dort lässt sich die Bürgerwache besser organisieren. Die kranken Salzburger werden in private Pflege aufgenommen, schwere Fälle werden in das Hospital verlegt. In allen vier Hauptkirchen der Stadt läuten die Glocken. Auch hier verteilt der örtliche Apotheker kostenlos Medikamente.

Vierhundertzweiundachtzig Personen, die keine eigenen Wagen oder Pferde besitzen, sollen sofort nach Stettin abreisen. Alle anderen aber brechen nach Berlin auf. Wir werden euch schreiben! Gott schütze euch! Der Transport, der Berlin ansteuert, soll über die Elbe gesetzt werden. Als fast eintausend Salzburger die Umgebung von Frankfurt an der Oder erreichen, kommen ihnen die Abgeordneten der Stadt zum Empfang entgegen. Die Emigranten singen ihre vertrauten Lieder beim Einzug.

Vor den Buben und Männern gehen die Schüler und Erwachsenen, die Jugendlichen sind mit Blumengirlanden geschmückt. Die geistlichen Herren sind gekommen, auf freiem Feld halten sie ihre Reden. Die Glocken läuten, als alle zusammen auf dem Marktplatz eintreffen. Jetzt fallen die weiteren Zeremonien aus, denn der Himmel ist schwarz und der Regen wird immer dichter. Vor den Kirchen stehen Behälter für Spenden, auf dem Rathaus werden den Salzburgern Tagegelder ausbezahlt.

In dieser Stadt trennen sich die Salzburger in zwei Gruppen. Die eine soll zu Wasser weiterreisen und die andere auf dem Landweg Berlin erreichen. Zum Abschied werden wieder Spenden verteilt. Sie stammen von der Universität, der Garnison, dem Stadtrat, der lutherischen und der reformierten Gemeinde, von den Schulen und den Handwerkern. Einhundert Salzburger ziehen auf dem Landweg los, achthundertzweiundsechzig verteilen sich auf vierzehn Kähne und legen ab. Die Oder abwärts gleiten sie Richtung Küstrin davon, während die letzten Lieder der Stadtschüler am Ufer verklingen. Vom Wasser schallt das Salzburger Lied Josef Schaitbergers zurück. *I bin a armer Exulant.* Dann wird es still.

XXIV.
Georgia

Er zeichnet nicht nur. Philipp Georg Friedrich von Reck füllt täglich sein Berichtsheft. Er listet die Grundausstattung auf, die von den *Trustees* in London für die Salzburger vorgesehen worden ist:

Einen Wacht-Rock, eine Mousquete und Bayonet, eine Axt, einen Hammer, eine Hand-Säge, ein Grabescheid oder Spade, eine breite Haue, einen Bohrer, ein Zugmesser, einen eisern Topf und ein paar Topfhänge, eine Bratpfanne, einen grossen schleif-Stein für ein Dorf oder iedes Quartier der Stadt.

Jeder Arbeits-Mann soll zu einer jährlichen Unterhaltung in der Colonie haben:

312 Pfund Rind- oder Schweinefleisch. 104 Pfund Reiß.
104 Pfund Indianisch Korn oder Erbsen. 104 Pfund Mehl.
1 Nössel starck Bier des Tages, wenn er arbeitet, sonst nicht.
52 Maaß Sirup zum Bierbrauen.
16 Pfund Käse. 12 Pfund Butter. 8 Untzen Gewürtz.
12 Pfund Zucker. 16 Maaß Wein-Eßig. 24 Pfund Saltz.
12 Maaß Lampen-Oel, und 1 Pfund gesponnene Baumwolle.
12 Pfund Seifen.

Dieses in solcher Proportion und zu solcher Zeit zu geben, als es die Trustees für gut finden. Denen Müttern, Weibern, Schwestern und Kindern dieser Männer auf ein Jahr:

1) Jeder Person von 12 Jahren und drüber:
260 Pfund Rind- oder Schweinefleisch. 104 Pfund Reiß.
104 Pfund Indianisch Korn oder Erbsen. 104 Pfund Mehl.
52 Maaß Sirup zum Bierbrauen.
16 Pfund Käse. 12 Pfund Butter. 8 Pfund Gewürtz.
12 Pfund Zucker. 16 Maaß Wein-Eßig. 24 Pfund Saltz.
6 Maaß Lampen-Oel, und ein halb Pfund gesponnene Baumwolle.
12 Pfund Seife.

2) Alle, so über 7 und unter 12 Jahren, werden nur für einen halben Kopf gerechnet, und bekommen nur eine halbe portion.

3) Und alle, so über 2 und unter 7 Jahren, werden nur für ein drittel Kopf gerechnet, und bekommen nur den dritten Theil besagter Portion.
Solches zu liefern wie oben.

Wer sich zur Ausreise nach Amerika entschieden hat, wird verpflichtet, sich auf der Reise ruhig, nüchtern und gehorsam zu verhalten. In den ersten zwölf Monaten sollen sie das Land roden, Häuser bauen und Zäune ziehen. Nach diesem ersten Jahr sollen sie in Georgia noch zwei Jahre lang versorgt werden. Das Land steht ihnen und ihren männlichen Erben für alle Zukunft zur Verfügung. Die Parzellen in der Stadt umfassen ein Areal von sechzig Fuß auf der Schmalseite und neunzig Fuß in der Breite, um ein Haus zu errichten und einen kleinen Garten anzulegen, das Land außerhalb der Ortschaft soll eine Fläche von fünfzig Äckern umfassen. Die Felder sollen dicht beieinander liegen, damit eine gemeinsame Landwirtschaft möglich ist. Wenn männliche Erben fehlen, dann fallen die Grundstücke wieder an die *Trustees* zurück. Sie können das Land dann unter Neuankömmlingen verteilen.

Die Vermietung oder im Notfall auch ein Verkauf von Haus und Acker sind nicht gestattet. Wer sein Land nicht pflegt und keine Zäune gezogen hat, wird enteignet. Zehn Jahre nach Unterzeichnung der Verträge sollen von den Salzburgern jährliche Zinsen bezahlt werden, um die Kolonie zu erhalten. Witwen behalten ihr Wohnhaus und die Hälfte der landwirtschaftlichen Flächen. Ausdrücklich wird festgehalten, dass der Genuss von Rum und der Einsatz von schwarzen Sklaven verboten sind, jeder kommerzielle Handel mit den Indianern ist ausgeschlossen.

Trunkenbolde und notorisch lasterhafte Personen werden als Siedler in Georgia nicht berücksichtigt. Den Salzburgern wird zugestanden, einen Knecht oder Lehrling, der älter als achtzehn Jahre sein muss, in Georgia anzustellen oder auf die Reise über den Atlantik mitzunehmen, wenn ein solcher länger als vier Jahre dienen will. Die Kosten für die Überfahrt werden dann übernommen, zudem wird eine Grundausstattung zur Verfügung gestellt: Matratze, Polster und Decke, ein Kittel und ein Paar lange Hosen, halb aus Leinen, halb aus Wolle gewebt, ein Hemd, ein Paar englische Schuhe und zwei Paar Landschuhe.

Nach Ablauf von drei Jahren müssen die Reisekosten für den Knecht oder den Lehrling zurückbezahlt werden. Sind die Dienstjahre vollendet, erhält derselbe zwanzig Acker Land.

Am 2. Juli 1735 unterschreibt der Sekretär der *Trustees,* Benjamin Martin, den Vertrag. Die Salzburger in Eben-Ezer sind nicht Bittsteller im Store-Haus von Savannah bei Bürgermeister Causton, sondern sie sind ehrenwerte Vertragspartner der Herren *Trustees*. Sie haben ein Recht auf die Einhaltung dieses Kontrakts.

Inzwischen gibt es zwei Viehhirten in Eben-Ezer. Boltzius berichtet über einige Unordnung und Missverständnisse, die unter den Siedlern entstanden waren. So wird jetzt alles besser organisiert. Einige Kühe des dritten Transports gingen verloren. Boltzius vermutet, dass sie wieder nach Carolina zurückgelaufen sind. Einige sind auch verendet. Viele Kälber wurden von Wölfen, Bären und indianischen Hunden gerissen und gefressen. Wieder einmal gibt es im Store-Haus von Savannah nichts abzuholen. Es ist der 3. Februar, die Boote kommen leer zurück, und die Empfehlung von Bürgermeister Causton, in Josephstown bei Kapitän McKay um Getreide zu bitten, war nicht erfolgreich. Die Vorräte werden knapp. Boltzius wird wohl selbst noch einmal aufbrechen müssen, um zu verhandeln. Eine neue Viehweide ist ausgesucht, aber der alte Hirte ließ es zu, dass die Kühe und Kälber das Rohrgras, das stehen bleiben sollte, ganz und gar abgefressen haben. Deshalb wird das Vieh jetzt in zwei Gruppen eingeteilt. Die milchgebenden Kühe bleiben in der Nähe und werden täglich nach Eben-Ezer heimgetrieben, die tragenden oder noch nicht milchgebenden Kühe werden von dem neuen zweiten Hirten weit außerhalb des Ortes bewacht.

Für Sehnsucht und Verzweiflung sind die Zeiten nicht gut. In Savannah wächst die Angst vor einem militärischen Übergriff der Spanier.

Bürgermeister Causton fragt für den Ernstfall bei den Siedlern nach, was sie zu ihrem Schutz benötigen. Obwohl es in den Verträgen nicht vorgesehen ist, will er die Kosten für die Ausbesserung der Handwerksgeräte doch noch einmal bezahlen, demnächst will er Flinten, Pulver und Blei schicken. Waffen gibt es bisher in Eben-Ezer nicht, ausgenommen die wenigen Jagdwaffen. *Es kommt, wie Gott es will,* sagen die Bürger von Eben-Ezer. Es wäre besser, für die eigenen Verfehlungen Buße zu tun und für den Frieden zu beten, denken sie, als sich mit Waffen auszustatten. Mitte Februar heißt es, die Spanier von St. Augustin drohten der Kolonie Georgia mit einem Überfall. Niemand weiß, wie sich die Indianer im Gebirge verhalten werden, wenn es zu Auseinandersetzungen kommen sollte. Die Kassen in Savannah sind klamm, Geld soll erst mit einem der nächsten Schiffe eintreffen, es fehlt überall an Nahrungsmitteln.

Boltzius erfährt, dass seine seelsorgerlichen Einzelgespräche mit den Siedlern noch immer nicht vertraulich bleiben. Man sitzt zu dicht aufeinander in Eben-Ezer und die Wände seines Holzhauses sind hellhörig. Deshalb entschließt er sich, auf eigene Kosten ein besser isoliertes Haus bauen zu lassen, sobald die Feldarbeiten abgeschlossen sind. *Es soll auf dem Platz mitten in der Stadt errichtet werden!* Der Baugrund für das Pfarrhaus wurde bisher vom Landvermesser noch nicht ausgemessen. Zudem verfügt Boltzius keineswegs über das Geld für einen Neubau. *Gott weiß schon eine Lösung für dieses Problem zu schaffen.*

Die Kosten für ein neues Pfarrhaus sollen sechzig Pfund Sterling überschreiten – für ein einstöckiges Haus mit zwei Zimmern und einer Kammer, in Holzbauweise errichtet. Boltzius ist entsetzt, als er die Kalkulation prüft. Bautechnisch ist der Verputz der Wände wegen des heißen Klimas im Sommer ein besonderes Problem. In Charleston werden die Wände verschalt, das treibt die Kosten in die Höhe. Deshalb trennt Boltzius eine kleine Kammer in seinem alten Haus ab, um sie als Besprechungszimmer zu nutzen. Das ist eine schlechte Lösung, aber es ist besser, als bisher die Gespräche in seiner hellhörigen Stube zu führen.

Die Tage sind anstrengend. Abends und nachts schreibt Boltzius. Er schreibt viele Briefe, denn der Apotheker Zwifler will in acht Tagen nach London zurückreisen und die Korrespondenz mitnehmen. Es ist Zeit, an die Freunde und Wohltäter zu schreiben.

Ende Februar stößt für eine befristete Zeit ein Handwerker aus Purrysburg zu den Männern, die in Alt-Eben-Ezer beim Bau der Mühle aushelfen. Die Arbeiter wurden abgezogen, um die Befestigungsanlagen der Forts zu verstärken. Deshalb müssen die Salzburger selbst Hand anlegen. Aus Savannah sind mit dem Boot noch immer keine Lebensmittel angekommen. Seit Kurzem werden in der Schule auch drei Waisenmädchen betreut, die Pflegeeltern erhalten dafür etwas Geld. Lebensmittel, vor allem Obst und Gemüse, sind im Augenblick sehr teuer, aber vor allem die Kinder sollen gut versorgt werden. Irgendwann, wenn der Landvermesser wirklich wiederkommt, wird es besser gehen, denn dann sollen ein Schulhaus und ein Waisenhaus gebaut werden.

Irgendwann schickt Bürgermeister Causton endlich wieder vierzig *Bushel* Korn, er übernimmt auch die Kosten für die Aussaat von Getreide und die Anpflanzung von Bohnen. Wo bleibt nur der Feldvermesser? Bürgermeister Causton ist ratlos. Mehr als einhundert Arbeiter sind mit dem Ausbau der Wehranlagen in Savannah beschäftigt, auch in Purrysburg wird an den Schanzen gearbeitet. Dabei gilt die Angst nicht mehr einem bevorstehenden Angriff der Spanier. Es gibt keine neuen bedrohlichen Nachrichten mehr. Die Angst gilt den Indianern. Die Stämme verhalten sich sehr unterschiedlich. Die Stimmung der Siedler wechselt zwischen Angst und Gelassenheit. Aber sie werden wachsam bleiben.

Gewitter und Platzregen. Das Wasser im Fluss steht hoch. Kieffers Land, drüben auf der Seite der Kolonie Carolina gelegen, ist überschwemmt. Das Haus des Hirten steht bis an das Dach unter Wasser. Sein Handwerkszeug schwimmt im Haus herum. Boltzius lässt alles bergen und verwahrt die Geräte in seinem Haus, bis Kieffer wieder aus Purrysburg zurückkommen wird.

Zwifler ist am 7. März endgültig abgereist. Über Charleston will er nach London gehen, um sich dort das Geld für seine Rückreise nach Ungarn zu verdienen. In den letzten Tagen war er besonders eifrig, als habe er ein schlechtes Gewissen, die Salzburger in Eben-Ezer ohne ärztliche Versorgung zurückzulassen. Boltzius bittet ihn vor seiner Abreise, alle vorhandenen Medikamente und ihre Wirksamkeit für die verschiedenen Krankheitsbilder aufzulisten. Auch dies hat Zwifler akkurat erledigt. Der Feldvermesser hat sich in Port Royal zum Kriegsdienst verpflichtet. Es wird noch lange dauern, bis die Landvermessung erfolgen kann.

Am 11. März sind aus Savannah Kanonenschüsse zu hören. Gouverneur Oglethorpe ist wohlbehalten in London eingetroffen. Vor seiner Rückkehr sind alle neuen Bauplanungen hinfällig. Die letzten Lebensmittelrationen werden unter der ersten und zweiten Gruppe der Salzburger Siedler ausgeteilt. Für die dritte und zuletzt angekommene Gruppe steht die Lieferung von Fleisch und Getreide noch aus. Am 7. April kommen die Boote schon wieder leer aus Savannah zurück. Das Store-Haus verfügt über keine Vorräte mehr. Erst Mitte April sieht die Lage wieder besser aus. Jetzt werden Reis, Fleisch, Getreide und Bohnensamen geliefert. Demnächst soll noch viel mehr geschickt werden.

Was ist gerecht? Ein Salzburger klagt unter Tränen, seine Saat auf dem Feld sei verdorrt, während auf dem Nachbarfeld alles grünt und gedeiht. Dort ist das Erdreich besser. Auf seinem Rücken hat der unglückliche Salzburger das Saatgut herangeschleppt. Es war umsonst. Boltzius kann ihn kaum trösten. Mutlosigkeit und Enttäuschung verbreiten sich im Ort. *Ich spüre erste Widerstände gegen meine Amtsführung.* Er ist der Sprecher, der Vorgesetzte, der Seelsorger der Salzburger. Aber für die Natur, das Hochwasser wie für die Dürre, ist er nicht verantwortlich. Er kann die Lebensmittelrationen auch nicht herbeizaubern.

Da man es bey Besorgung der äusserlichen Dinge nicht allen recht machen kann, indem man einigen zu gelind, andern zu scharf zu seyn angesehen wird, so mögen sich wol manche heimlich gegen mein Amt erbittern, ob man es wol äusserlich so deutlich nicht mercket. Wenn sich erst Argwohn in die Gemüther der Zuhörer setzt, so kommt es bald weiter. Ich sehne mich von Hertzen dieser Last los zu seyn, kann sie auch kaum länger tragen, wenn in der Provision-Sache keine reelle Aenderung geschiehet.

Seltsam, dass Boltzius in dieser Zeit seinen Kollegen und Mitarbeiter Gronau nie erwähnt. Will er ihn schonen, seine Ängste für sich behalten? Oder ist Gronau selbst ein eher ratloser Ansprechpartner? Die beiden schätzen sich doch. Sie arbeiten gut zusammen. Aber Boltzius erwähnt ihn nicht. Vielleicht hat er auch keine Zeit, über ihn in seinem Tagebuch länger nachzudenken.

Die öffentlichen Plätze, die für die Gemeindebauten reserviert wurden, sind von Unkraut überwuchert. Weil mit dem Beginn von Bauarbeiten noch lange nicht gerechnet werden kann, beschließen die Siedler, das

Gelände einzuzäunen, Büsche und Unkraut zu entfernen und Getreide, Bohnen und *Potatoes* anzupflanzen, um die Eigenversorgung zu verbessern. Der Schuhmacher aus Purrysburg erlaubt den Salzburgern, gegen eine geringe Bezahlung sein Grundstück zu nutzen. So wird es gerodet, auch dort wird angepflanzt. Inzwischen trifft wieder ein Boot mit Nahrungsmitteln aus Savannah ein. Das ist gut, denn niemand hat Zeit, die langen Bootsfahrten auf dem Savannah-Fluss mitten in der Pflanzzeit zu übernehmen. Boltzius fragt bei Bürgermeister Causton nach, ob einige Salzburger in Carolina Arbeit annehmen dürfen. Die Antwort ist diplomatisch. Niemand soll in seiner Freiheit eingeschränkt werden, aber es ist doch viel besser, wenn sie in Georgia eine Arbeit annehmen. Der Bürgermeister will einige Salzburger auf seiner eigenen Plantage einsetzen. *Bald wird euer Land ausgemessen werden!* Dann geht es euch allen besser. Bald!

Weil unsere lieben Saltzburger in diesem Jahr aus verschiedenen Ursachen gar arm worden, und nicht im Stande sind, ihre Viehhirten so zu bezahlen, daß sie dabey ihren nothdürftigen Unterhalt hätten, so hat es die Noth erfordert, daß denen 3 Hirten (denn das Vieh muß an zwey verschiedenen Orten gehütet werden, welches einer nicht verrichten kann) einige Kleider, die man ja sonst den Armen gibt, aus der Armen-Cassa angeschaffet worden, daß also die Gemeine von iedem Stück Vieh ein erträgliches Geld, und dis bey der guten Einrichtung des ietzigen Hütens mit Freuden gibt.

Der deutsche Kapitän Holzendorf, der sich in Purrysburg niedergelassen hat, bietet eine Art ärztlicher Notversorgung an. Er will keine Kosten dafür in Rechnung stellen.

Als sie in Neu-Eben-Ezer ankamen, glaubten die Salzburger, das Gemeinschaftsfeld auf der Flussseite müsse nicht eigens eingezäunt werden. Das Wasser bildet doch die Grenze. Jetzt in der Pflanzzeit schaffen sie es nicht mehr, am Ufer einen Zaun zu ziehen. Boltzius bespricht das Problem mit allen. Es wird beschlossen, dass sie alle zusammen den Zaun bauen, denn die Schweine richten viel Schaden an. Die Vögel und die Eichhörnchen sind ohnehin weder vom Fluss noch vom Zaun davon abzuhalten, die junge Saat herauszuhacken oder auszugraben. Wenn schon ein Zaun gebaut wird, dann soll auch der Anfang für den Bau eines Waisenhauses gemacht werden. Steht erst der Zaun, sieht man weiter. Solange der Bau aber nicht begonnen werden kann, wird Gemüse angepflanzt.

Drei Männer aus Purrysburg, die in Alt-Eben-Ezer gearbeitet haben, bitten um ein Boot für die Heimfahrt. Boltzius schenkt ihnen noch ein paar Bücher, da ihr eigener Bestand in Holland verloren ging. Er reist nach Savannah, aber dort herrschen inzwischen Notzeiten. Aus New York trifft immerhin ein Transport mit etwas Fleisch und Mehl ein. Ein Bürger aus Purrysburg bittet Boltzius dringend darum, seinen achtjährigen Sohn in die Schule aufzunehmen und dort zu verpflegen. Boltzius lehnt ab. Es gibt niemanden, der jetzt auf die Kinder aufpassen kann, die Verpflegung reicht nicht aus. Der Vater ist nicht in der Lage, seinen Sohn selbst zu versorgen. Nach seiner Rückkehr erfährt Boltzius, dass viele Schweine in Eben-Ezer umgekommen sind. Gestern wurde ein großer Bär entdeckt, der die Schweine wohl gefressen hat. Es gibt viele Bären. Wenn sie geschossen werden, wird ihr Fett als Schmierfett für Geräte und Flintenschlösser verwendet, auch als Salatöl, denn es gibt zu wenig Pflanzenöl.

Meist liest Boltzius, wenn die kurze Dämmerung vorüber ist und die Nacht über Eben-Ezer fällt und wenn die Rufe der Nachttiere immer näher rücken. Er liest in den mitgebrachten Büchern und in jenen, die ihm geschickt wurden, er liest die vielen Briefe. Sie geben ihm Kraft. Kommissar von Reck hat ihm auch Aufzeichnungen über seine Begegnungen mit den Indianern hinterlassen, bevor er nach England zurückfuhr. Boltzius, der bislang nur Begegnungen mit friedfertigen Indianern hatte, erfährt aus den Notizen und Erzählungen von Recks, dass die Indianer mit Fellen handeln, die sie gegen Gewehre, Pulver, Blei, Farben, Spiegel, Korallen, Wollsachen und Leinenstoffe umtauschen. Stirbt ein Indianer, wird der Geist des Todes mit drei Schüssen vertrieben. Einige begraben ihre Toten in der Hütte, andere draußen. Der Körper wird in die Hocke gesetzt, der Kopf auf die Hände gestützt. Alle Habseligkeiten werden in die Grube geworfen oder verbrannt. Auf die Grabstelle wird Tabak gestreut, ein Wassertopf wird aufgestellt, damit der Geist bei seiner Auferstehung etwas Nahrung und etwas zum Rauchen vorfinde. Die Indianer glauben an eine Art Wiederauferstehung, an einen Ort der Vergeltung und der Strafe. Religiöse Feiern kennen sie nicht, obwohl sie an ein oberes Wesen glauben.

Der Feldvermesser Roß schreibt an Boltzius. Sein Ausbleiben in Eben-Ezer entschuldigt er mit der drohenden Kriegsgefahr durch die Spanier, jetzt will er aber bald kommen und seine Arbeit aufnehmen. Erst bedarf es neuer Anweisungen, antwortet Boltzius, jetzt haben wir so lange gewartet, dass wir es aushalten, bis Gouverneur Oglethorpe wieder zurück ist. Insgeheim hofft Boltzius, dass die *Trustees* oder die Hochlöbliche Societät in London doch noch einen besseren Landstrich für die Vermessung zuteilen als bisher. Immer wieder reist er nach Savannah.

Mit den letzten Schiffen kamen Geschenke aus London: Arzneien, Bücher, Geld und eine ansehnliche Portion besten Madeiraweins für die Kranken. Bürgermeister Causton hat gute Nachrichten. Ein neuer Feldmesser wird bald gefunden sein, der das Land so ausmessen soll, dass die Salzburger damit zufrieden sind. Auch die Abrechnungen sollen endlich abgeschlossen werden. Da steht noch einiges Geld aus. Inzwischen hat sich auch der Augsburger Senior des geistlichen Ministeriums, Samuel Urlsperger, an die Hochlöbliche Societät gewandt. Darum geht es: Herr von Ploto hat im Auftrag des Preußischen Königs erfolgreiche Verhandlungen mit der Salzburger Regierung über Entschädigungen geführt und Abschlagszahlungen für die aus dem Land gedrängten Salzburger vereinbart. Ob es in Eben-Ezer noch Forderungen von Entschädigungszahlungen gebe? Wieder kommen auf Boltzius umfangreiche Schreibarbeiten zu; aber viele Salzburger verfügen über genaueste Vermögensaufstellungen. Sie können den Schaden durch die Enteignungen und Notverkäufe mit klaren Zahlen belegen. Nächste Woche will sich Boltzius darum kümmern, denn viele Salzburger können noch immer nicht lesen und schreiben. Bisher hatte er dazu keine Zeit.

1. Juli 1737. In Purrysburg sollen etliche Einwohner nach heftigen Fiebern gestorben sein, auch hier in Eben-Ezer ist der Krankenstand noch immer hoch. Die Sonne ist tagsüber unerträglich. Boltzius hatte drei Tage lang wieder heftige Fieberschübe, dennoch reist er nach Savannah. Die Mücken stechen. Die Luft steht. Der Schuhmacher war volltrunken, hört er. Der Mann sollte Lebensmittel mit anderen Salzburgern abholen, aber die Aktion war nicht erfolgreich. Nun ist Schluss mit solchen Unverantwortlichkeiten, Boltzius will mit den Siedlern beraten, wie sie verfahren können. Da erreicht ihn am 4. Juli die Nachricht, dass der Schuhmacher ins Wasser gestürzt und ertrunken ist.

Ein weiteres Unglück wird Boltzius gemeldet. Der Mann mit dem Boot, der Rauner und Riedelsperger beim Rudern zum neuen Fort hinter der Stadt Savannah helfen wollte, ist auch ins Wasser gefallen, als er das Boot besteigen wollte, er ist ebenfalls ertrunken. Augenzeugen berichten, eine Rettung sei nicht möglich gewesen, obwohl der Mond hell über dem Wasser stand. Einer von denen, die mit dem Schuster getrunken haben sollen, versichert Boltzius unter Tränen, er habe sich dem Ruderdienst nicht wegen Trunkenheit verweigert, sondern wegen seiner Fieberschwäche. Das kann er nun glauben oder auch nicht. Einen anderen Ruderknecht, einen Engländer, traf es nicht besser. Er springt in den Fluss, um zu baden. Plötzlich taucht ein Krokodil auf. Es schnappt zu und verletzt ihn schwer. Der Mann wird unter großem Geschrei in das Haus von Boltzius getragen, der seine Wunden notdürftig versorgt. Er ist kein Arzt, aber er hat von Zwifler viel gelernt. Dennoch stirbt der Mann an seinen Verletzungen. Diese Todesfälle bewegen die Salzburger sehr. Einige Tage später erzählt eine Witwe ihrem Seelsorger, der ertrunkene Schuhmacher habe seine Schwiegermutter früher mit seinen Füßen getreten und grob behandelt, obwohl sie sich doch nur für ihn in Halle so abarbeitete. In Gegenwart ihrer Kinder zitiert die Witwe einen Spruch Salomos: *Ein Auge, das verachtet, der Mutter zu gehorchen, das müssen die Raben am Bach aushacken.* Als die Leiche des Schusters flussabwärts gefunden wird, fehlt ihm ein Auge.

Jetzt stammen die Notizen wieder von Gronau. Boltzius ist unterwegs. Gronau schreibt, dass er tagsüber Arzneien verabreicht, Korn austeilt und dass der Landvermesser endlich eingetroffen ist. Er will jetzt das gute Land ausmessen, damit die Salzburger ihre neuen Flächen bei den *Trustees* und bei Gouverneur Oglethorpe für sich beantragen können. Darauf warten alle nun schon so lang. Seine Notizen während der vier Tage sind knapp. Am 19. Juli ist Boltzius wieder da. Er hat dem Bürgermeister in Savannah alle Buchungen über Einnahmen und Ausgaben vorgelegt, mit ihm auch hart darüber verhandelt, welche Zahlungen vonseiten der Salzburger künftig zumutbar sind. Eine Abschlussabrechnung gibt es im Haus des Bürgermeisters noch immer nicht. Boltzius wartet auch immer noch auf sein Gehalt, und niemand kann genau sagen, welchen Umfang an Lebensmittellieferungen die Salzburger noch beanspruchen können. Vielleicht morgen, vielleicht übermorgen. Vielleicht auch noch viel später soll die Gesamtrechnung vorliegen.

Inzwischen beginnen die Vermessungsarbeiten. Drei verständige Salzburger gehen dem Landvermesser in dem schwierigen Gelände zur Hand. Alle Plantagen in einem Quadrat von sechzehn englischen Meilen sollen neu vermessen werden. Die Salzburger hoffen darauf, dass der schlechte Boden gegen gute Felder ausgetauscht wird. Aus Alt-Eben-Ezer wird ein frisch geschlachteter Ochse geliefert, dazu gibt es sechshundert Pfund eingesalzenes Rindfleisch. Für die allernächste Zeit ist der größte Mangel beseitigt. Der Bürgermeister wie der Prediger von Savannah empfehlen Boltzius, die Kranken mit einer China-Arznei gegen die Fieberschübe zu behandeln. Durch diese Kur entstehe nicht der geringste Schaden, sagen sie, den Patienten sei vorher allerdings ein Brech-Pulver zu verabreichen. Boltzius ist skeptisch.

Die Artzney aus gedachter Rinde wird folgender Gestalt präpariret: Man nimmt zwey Untzen China de China, eine Hand voll Wermuth, und eben so viel Schlangen-Wurtzel, und so lange gekocht, bis 2 Quart eingekocht sind. Dann giesset man das Wasser ab, lässt es kühle werden, und füllt es in Bouteillen. Gedachte Ingredientien werden mit 4 Quart Wasser bis zu 2 Quart noch einmal gekocht, und in Bouteillen gefüllet. Ich habe 2 Untzen der China de China aus dem Storehause von Savannah mit bekommen, um einen Versuch zu machen. Wir haben gar kein Vertrauen dazu, weil man solche Cur in Teutschland für gefährlich hält. Ein Weib unter uns hat es hiemit wagen wollen, ob man ihr wol dazu nicht eigentlich rathen können. Die vielen Patienten machen uns in leiblichen Umständen viel Mühe, und werde ich ietzt sonderlich dadurch vom Briefschreiben nach England und Teutschland abgehalten.

In der Kolonie Carolina vernichtet inzwischen ein grüner Wurm die Kornernte. Flussaufwärts, so berichtet ein englischer Pflanzer, sei die Not groß. Da viele Milchkühe während der Überschwemmungen ertrunken sind, ist der Milchpreis unverhältnismäßig angestiegen. Gepökeltes Rind- und Schweinefleisch gibt es kaum. Boltzius schickt ein Boot zum Store-Haus nach Savannah, um wenigstens etwas Salz abzuholen. Inzwischen klagen auch die Salzburger über den Befall des noch weichen, frischen Korns mit Würmern, die den gesamten Fruchtstand der Pflanze fressen. Ende Juli 1737 trifft sich die Gemeinde von Eben-Ezer, um ihrer Verstorbenen zu gedenken.

Einunddreißig Erwachsene und vierundzwanzig Kinder sind inAlt- und Neu-Eben-Ezer gestorben. Neunundachtzig Erwachsene und dreiundvierzig Kinder leben, aber viele sind immer noch krank.

Im August kühlt es in den Nächten empfindlich ab. Das chinesische Heilmittel schlägt trotz aller Bedenken, die Boltzius hatte, gut an. Alle Patienten wollen es jetzt mit dem Wundermittel versuchen, denn das Fieber hat sie völlig entkräftet. Bürgermeister Causton spendiert Mehl, obwohl diese Lieferung vertraglich nicht vorgesehen ist. Darüber hinaus gibt es keine Vorräte im Store-Haus mehr. Die Viehbestände nehmen ab. Die Siedler haben keine Futtervorräte mehr, deshalb wird das Vieh in das Gelände getrieben, um sich selbst in den Sümpfen und im Buschwerk am Ufer Nahrung zu suchen. Dort fallen viele Kühe und Kälber den Bären, verschiedenen Wildkatzen und den Krokodilen zum Opfer. Die Salzburger besprechen miteinander, ob Bürgermeister Causton nicht endlich selbst den starken Wurmbefall auf den Feldern besichtigen solle. Wenn er diesen Schaden persönlich zur Kenntnis genommen hat, wird er sicher bei den *Trustees* ein gutes Wort dafür einlegen, den Salzburgern die Lebensmittellieferungen nicht zu entziehen. Aber Causton ist verhindert. Er nimmt den Salzburgern die Berichte über den Wurmbefall des Getreides als glaubhaft ab. Denn auch aus Carolina kommen neue, ganz ähnliche Schadensmeldungen. Wieder ziehen schwere Gewitter über das Land, es regnet durchgehend. Die Salzburger pflanzen in diesen Tagen Rettich und Rüben an, das Getreide ist verdorben. Es gibt so gut wie keine Ernte. Vielleicht gedeihen die Bohnen.

Boltzius erfährt zufällig, dass die *Trustees* jedem Arbeiter neben der ordentlichen Provision an Nahrung auch pro Tag ein halbes Quart starkes Bier zugebilligt haben. Niemand hat ihm das bisher gesagt. Er bittet umgehend den Bürgermeister, etwas Bier zu schicken, da seine Siedler an Durchfall und Schwäche leiden. Causton antwortet nicht, aber einige Tage später schickt er das Boot von Savannah über Alt-Eben-Ezer mit Korn und Salz beladen zurück, dazu vier Fässer Bier. Der Feldmesser bricht seine Zusage, seine Arbeit fortzusetzen. Von ihm ist nichts zu hören, nichts zu sehen.

XXV.
Berlin

Endlich Berlin. Der Schreiber Göcking hält sie für eine der größten und schönsten Städte Deutschlands. Die Metropole ist Sammelplatz für alle Salzburger Emigranten, die nicht von Augsburg aus nach Amerika gegangen sind, oder jene, die von Stendal aus direkt in ihre künftige Heimat reisen. Hier ruhen sie aus, hier werden sie bewirtet und als Gäste herzlich empfangen. Göcking wertet alle ihm zur Verfügung stehenden Augenzeugenberichte und amtlichen Aufzeichnungen aus und errechnet eine Zahl von siebzehntausendachtunddreißig Salzburgern, die Preußen erreicht haben. Über vierzehntausend, fast fünfzehntausend ziehen durch Berlin. Immer wieder wird nachgezählt.

Am 24. Juli beobachten die Königin, der Kronprinz sowie viele Prinzen und Prinzessinnen der königlichen Familie den Vorbeizug von mehr als tausend Salzburgern vor dem Schloss. Der König kommt vom täglichen Ausritt zurück, lässt die Wagen der Salzburger nacheinander passieren und unterhält sich immer wieder mit einzelnen Vertriebenen. Wie bei einer Parade gehen die Salzburger um das Schloss herum. Vorne etliche hundert Knaben, dann folgen die Männer, die Mädchen und die Frauen.

Seine Majestät, welche im Fenster sassen, nahmen sie alle mit einander in Augenschein, und bezeugeten Sich über alle massen vergnügt über diese Leute. Unsere allergnädigste Königin sahe nicht weniger Ihre Lust an diesen standhaften bekennern der Wahrheit. Zu dem Ende mußten vielmals gantze Trupps mit Pferden und Wagen in ihrer Ordnung durch das Schloß ziehen, und wenn solches geschahe, stund Dieselbe vom Anfang biß zu Ende

Köpffe	am Monat	im Jahr	zu Berlin
843	30. April/1. May	1732	
281	8.		
9	29.		
235	7. Junii		
6	11.		
749	21.		
1 200	25 Junii		
915	29. Junii		
1 440	16. Julii		
480	19.		
1 124	24.		
379	1. Aug.		
503	2. Aug.		
401	11.		
634	15.		
842	23.		
846	28.		
936	10. Sept.		
955	10.		
511	13.		
626	18.		
82	26.		
1 003	30.		
28	12. Octob.		
19	17.		
4.	14. Nov.		
66	26. Mertz	1733	
79	15. April		
Summa	14728. zu Berlin 1348. über Stendal 962. über Franckfurt a.d. Oder		
Summa Summarum	17038 Seelen		

am Fenster, und sahe so lange zu, biß der letzte Wagen vorbey gefahren. Sie danckete diesen Frembdlingen auf ihre Begrüssungen auf das gnädigste und freundlichste, und bezeugete ein recht grosses Wohlgefallen über dieselben. Den Emigranten aber gereichete solches zu einem sonderbaren Trost in ihrem Elende, daß sie solcher Gnade gewürdiget wurden, und freueten sich insgesamt von Hertzen darüber. Was nun den Einzug selbst anlanget, so war derselbe allemal recht kläglich anzusehen. Alle Gassen und Strassen, wo sie durchzogen, waren mit so viel Zuschauern besetzt, daß sie unzehlbar waren. Die meisten unter denselben wurden durch den jämmerlichen Anblick dieser Pilgrim auf das innigste gerühret, und in die grösseste Bewegung gesetzet. Und wie konnte solches anders seyn? Man sahe ja nichts als lauter solche Umstände vor sich, die auch einen Stein in der Erde hätten jammern mögen. Eisgraue Köpffe, todt krancke Leute, übel bekleidete und halb nackete Menschen, grob schwangere Weiber, entkräfftete Kindbetterinnen, neu gebohrne und grossen theils krancke Kinder und Säuglinge, gebrechliche Personen, Krüppel, Lahme, Taube und Blinde fanden sich unter ihnen in grosser Menge. Viele kamen, ohne das geringste bey sich zu führen, und schätzten sich glücklich, ihre Seelen mit Hinterlassung alles des Ihrigen gerettet zu haben. Etliche freueten sich, daß sie einen Stein-alten Vater oder eine auf der Grube gehende Mutter, als einen Brand aus dem Feuer, errettet hätten. Andere wussten nichts als ihre zarten Kinder aufzuweisen, die sie mit genauer Noth der Raserey der Feinde entreissen und entführen mögen. Und bey allem solchen Elende nahm man doch fast bey allen eine recht Bewunderns-würdige Freudigkeit wahr.

Die Berliner überreichen den Salzburgern Geschenke und Geld, alle Leute spenden spontan. Kutschen halten an. Vornehme preußische Damen und Herren überreichen Gaben an die Emigranten, irgendwo steht ein Wagen mit einer großen Geldmenge als Ladung. Es wird durch Bedienstete ausgeteilt. Sogar aus den Fenstern werden Geschenke geworfen. Die Salzburger werden in die Häuser eingeladen und bewirtet, sie erhalten Quartiere, manche Berliner nehmen bis einhundert Personen in ihre großen Häuser auf. Der König hat den Exulanten eine Ruhezeit genehmigt. Deshalb werden Boten zum begleitenden Kommissar vor das Königstor geschickt. Sie überbringen ihm Einladungen an die Salzburger mit Termin und Adresse. Unbekannte Wohltäter spendieren etliche Fässer Bier, mehr als achtzig Brote, über zweihundert Käse und andere Nahrungsmittel.

Eine Frau hat ein Festessen für fünfzig Personen vorbereitet, aber sie geht ohne einen einzigen Gast wieder nach Hause.

Ein Lakai bringt eine hohe Geldsumme seiner Herrschaft vorbei, ein ärmerer Bürger spendet einige Taler, dazu noch ein paar Groschen von seinen Hausangestellten. Mehr haben sie nicht.

Ein Geheimer Rat kommt dreimal, um jeweils einhundert Reichstaler abzugeben.

Plötzlich erkennen die Berliner, dass sie die Kranken vergessen haben. Eine Frau wird beauftragt, im Gasthaus vor dem Königstor für die Patienten zu kochen und zu braten. Obwohl es mehr Kranke als Essensportionen gibt, reichen die Speisen aus. Die Kranken nehmen nur kleine Portionen zu sich. Überall wird gesammelt. Kurz vor der Weiterreise bringt ein älterer Mann einen großen Kasten Lebkuchen für die Salzburger. Er selbst war als Protestant in Schlesien verfolgt worden. Er weiß, wie sich die Salzburger fühlen. Inzwischen kursieren auch Wunschlisten. Die einen Berliner wollen ältere Emigranten bewirten, die anderen vor allem Kinder. Ihre eigenen Geburtstage feiern die Berliner zusammen mit den Salzburgern. Am 15. September ergeht eine Einladung an zweiunddreißig Kinder, den Geburtstag eines kleinen Mädchens mit ihnen zu feiern. Ein sechsjähriges Kind beginnt, Lieder zu singen. Alle singen mit. Die Berliner stellen ihren Gästen eine Frage nach der anderen. Einige Salzburger berichten, sie hätten an die hundert Stück Vieh zurücklassen müssen. Ob er nicht sehr gejammert habe, wird ein Bauer gefragt. *Ach, wenn ich gestorben wäre, dann hätte ich sie auch zurücklassen müssen.*

Gefragt wird auch nach Salzburger Kochrezepten. Für die Berliner ist es ein großes Vergnügen, ihren Gästen typische Salzburger Landesgerichte anbieten zu können.

Der Preußische Hof zeigt sich sehr großzügig. Er lässt die täglichen Zehrgelder ausbezahlen, verspricht Güter, Häuser, Äcker und Vieh in der künftigen Heimat. Eine große Menge Tuchballen wird verteilt, gespendet werden Bücher und Geld. Prinzessin Philippine Charlotte kümmert sich besonders eifrig um die Salzburger in Berlin. Die Königin lässt zahlreiche Exulanten porträtieren. Die Gemälde werden im schön ausgestatteten Gartenhaus aufgehängt. Am 6. Mai trägt Pastor Schönemann in der St. Georgen-Kirche ein Gedicht vor, das er für die Salzburger verfasst hat.

1.
Seyd gesegnet, liebste Freunde!
Bietet Trotz dem bittern Feinde,
Der so unbekannt nicht ist.
Lachet eurer Gegner List.
Denn ob sie gleich um sich beissen,
Reyset ihr doch wol nach Preussen.

2.
Ihr seyd grausam ausgestossen:
Und doch steht ihr nicht im blossen.
Friedrich Wilhelm nimmt euch an:
Denckt, wie GOtt es fügen kann.
Er lässt, Trotz der Feinde drücken,
Euch bei Donauwerth erquicken.

3.
Von dort gehet ihr nach Halle.
Nach so manchem Unglücks-Falle
Kommt ihr endlich nach Berlin.
Wer ist der euch hier nicht dien?
Lehren, singen, beten, flehen,
Muß euch zu Gebote stehen.

4.
Arme, Reiche, Kleine, Grosse,
Auch wol Dürfftige und Blosse
Bieten euch die Nahrung dar.
Lachet jetzo der Gefahr,
Die, GOtt Lob! nun überstanden;
Denn nun ist die Ruh vorhanden.

5.
Moses zeigt euch seinen Stecken,
Jenem Pharao zum Schrecken,
Aber euch zur Sicherheit;
GOtt verkehrt das Trauer-Kleid.
Trotz dem Schwarm vergallter Neyder,
In die besten Feyer-Kleider.

6.
Jetzt führt man euch zum Altare,
Daß auch euer Hertz erfahre
Ein rechtschaffen Abendmahl.
Ihr vierhundert an der Zahl!
Trinckt, was sonsten war versuncken,
Und was Pfaffen ausgetruncken.

7.
O wie ist euch doch zu muthe,
Bey dem euch gereichten Blute!
Denckt, was habt ihr für ein Gut,
Habet Glauben, habet Muth:
Bleibet treu bis wir euch sehen
Dort mit uns zu Tische gehen.

Die Salzburger sind fromme, tiefgläubige Menschen. Wird der Name Jesu auch nur nebenbei erwähnt, verbeugen sie sich. Sie fassen Mut, ihren dringlichsten Wunsch auszusprechen: Es wäre wunderbar, wenn sie auch auf ihrer weiteren Reise von Seelsorgern und Predigern begleitet würden. Der König erteilt dem Feldprobst die Anweisung, vier Kandidaten der Theologie mit der Begleitung der Salzburger zu beauftragen. Alle vier, Studenten aus Halle, müssen zuvor eine Prüfung ablegen.

Übrigens halten sich die Katholiken in Berlin mit ihrer Hilfsbereitschaft nicht zurück. Schon in Halle hatten katholische Reiter für die Salzburger gespendet. Ein katholischer Soldat steht an der Brücke und beobachtet den Einzug der Emigranten.

Sein Hertz ward dadurch dermassen zum Mitleyden beweget, daß er drey Dreyer aus der Tasche zog, und dieselben einem Saltzburger darreichte. Diß sahe ein Evangelischer Soldat, der nahe dabey stund. Dieser sagte zu jenem: Du bist ja selbst ein Papist, und giebst doch denen was, die von deinem Glauben abgefallen? Er gab aber zur Antwort: ich bin ein Papist, und auf meinen Glauben will ich auch leben und sterben. Aber eine solche Verfolgung und Verjagung anderer Religions-Verwandten kömmt nicht von GOtt, sondern von dem Teufel her; und das billige ich nicht. Unsere Geistlichen aber, welche Schuld an dergleichem Übel sind, mögen es verantworten.

Die Salzburger sind überrascht und überwältigt. Denn unterwegs waren in den katholischen Gebieten die Fuhrkosten massiv erhöht worden, die Lebensmittelpreise stiegen plötzlich an. In den Nächten versuchten einige Katholiken, den Salzburgern ihre Kinder wegzunehmen.

Aber auch Preußen ist nicht das Himmelreich auf Erden. Immer wieder schleichen sich Betrüger in die Reihen der Salzburger ein, um Geldspenden zu erhalten. Sie tragen nachgeschneiderte Salzburger Trachten. Prediger anderer Konfessionen versuchen, die Emigranten zu missionieren. Es fehlt nicht an Denunziationen. Sie beten nicht, die Salzburger, beschwert sich ein Bürger, sie fluchen. Sie stehlen. Nichts kann ich vor meinem Haus unbewacht liegen lassen. Das sind keine guten Menschen. Kein einziger Vorwurf lässt sich beweisen, die Wirklichkeit spricht gegen solche Beschuldigungen. Aus Polen eingeschleuste Pilger werben für die römisch-katholische Konfession. Das Muster solcher Überredungsversuche ist den Emigranten aus ihrer Heimat bekannt. Sie bleiben standhaft. Sie bleiben freundlich und bescheiden. Ein einziger Mann folgt der Einladung, Preußen zu verlassen und nach Polen zu übersiedeln. Sein Name ist in keinem Verzeichnis der Emigranten eingetragen.

Die Emigranten müssen weitere unangenehme Erfahrungen machen. Ein Mitreisender gibt sich als Salzburger Berg-Hauptmann aus, doch der kaiserliche Pass ist eine Fälschung. In Bölitz hat eine Frau unter einem Salzburger Trachtenhut ihr Gesicht verhüllt. Woher sie komme, wird sie gefragt. Weit hinter Salzburg war ich zu Hause, sagt sie. Ob sie ihre Reisestrecke beschreiben könne? Sie kann keinen einzigen Ort nennen. Bei ihrer Vernehmung gibt sie später zu, erst in Leipzig zu den Salzburgern gestoßen zu sein, um mit ihnen nach Preußen zu reisen. In Ansbach hatten sich fünf Menschen den Exulanten angeschlossen. Sie gehen von Haus zu Haus und betteln. Keiner der Salzburger bettelt. So werden sie enttarnt. Zwei Soldatenfrauen haben sich als Salzburgerinnen verkleidet. Sie werden von mitleidigen Bürgern reich beschenkt. Als sie in einer Gaststube bewirtet werden, tritt ein Soldat ein. Er erkennt die Frauen auf Anhieb. Sie sind Betrügerinnen. In Frankfurt an der Oder wurde von einer Frau dem kranken alten Hans Moser Geld gestohlen. Die Frau hatte sich in Meißen dem Transport der Salzburger aufgedrängt, gab sich als besonders hilfsbereit und freundlich. Kaum besitzt sie das gestohlene Geld, flüchtet sie. Der Geheime Rat von Herold warnt den Kommandanten General von Glasenapp schriftlich vor den Betrügern. An den Toren werden strenge Personenkontrollen angeordnet. Als die Diebin an einem Stadttor erscheint, wird sie sofort festgenommen. Vor dem Frankfurter Gericht gesteht sie, die Gelegenheit zum Diebstahl sorgfältig vorbereitet zu haben. Hans Moser zum Beispiel schenkte sie einen geflochtenen Korb. Dort solle er sein Geld hineinlegen, damit es nicht gestohlen werde. Bisher trug Moser das Geld am Körper verschnürt. Der Korb mit dem Geld ist spurlos verschwunden. Bei der Leibesvisitation der Frau findet sich noch mehr Geld, teils aus Spenden, teils aus Diebstählen.

Die Salzburger sind nicht überrascht. Sie erinnern sich, dass in Augsburg ein siebzehnjähriger Dieb enthauptet wurde, der auf dem Weg zwischen Kaufbeuren und Augsburg in dem Dorf Holzhausen einem Emigranten in der Nacht einen hohen Geldbetrag, versteckt unter seinem Kopfkissen, gestohlen hatte. Auf der Reise von Leipzig Richtung Berlin war es ein Fleischerjunge, der einem Salzburger Geld aus der Tasche zog. Er kommt mit Arrest davon. Zwei Tage steht eine Diebin am Pranger, weil sie einen Handtaschendiebstahl begangen hatte. Auf einem Schild ist vermerkt: *Hat die Salzburger bestohlen.* Die Bestohlene erhält das Geld zurück. Einem Mann wird ein Hemd gestohlen. Fast niemand besitzt mehr als ein Hemd, so trifft ihn der Verlust hart. Oft wird den Salzburgern zu wenig Geld herausgegeben. Manche werden in den Gasthöfen betrogen. Deshalb erfolgen Belehrungen, vorsichtiger mit Hab und

Gut umzugehen, denn nicht jeder Mensch ist gut. Auch Neid ist verbreitet. Eine Frau denunziert eine Salzburgerin, die mehr als vierhundert Reichstaler besitzen soll. *Waren es Dukaten, war es Gold?*, wird sie gefragt. Gold hat sie nicht gesehen. *Steht das Geld nicht den armen Emigranten zu?*, fragt der Kommissar. Ach, sagt die Frau, so wie die kann man durch die Länder reisen und reich werden. Das werde ich mir jetzt auch vornehmen.

Bald machen sich die unterschiedlichen Transporte auf den Weg an die Grenzen des Königreichs Preußen. In Weißenfels hatte ihnen ein katholischer Priester ins Gesicht gesagt, solche Rebellen sollten gehängt und ersäuft werden. In Stendal schmähte ein Soldat in Anwesenheit des Kapitäns von Osten die Salzburger. Der örtliche Kommandeur lässt ihn streng bestrafen. In Tangermünde ist ein Reiter darüber verärgert, dass eine Salzburgerin in einem Buch liest. Er reißt es ihr aus der Hand, wirft es ihr an den Kopf. *Sie soll nicht lesen!*, sonst wird er sie grün und blau schlagen. Er wird sofort festgenommen. In Spandau verhält sich ein anderer Reiter aus Nauen besonders brutal: Er lässt an fünf Wagen die Pferde ausspannen. Auch Pferde, die den Salzburgern gehören, lässt er zurückschicken, sogar lahmende Tiere. Er wird streng bestraft. In Berlin schlägt ein Soldat einen Mann aus Salzburg so brutal, dass er fast zu Boden stürzt. Generalleutnant von Glasenapp statuiert ein Exempel und greift hart durch. So darf, so soll niemand die neuen Bürger Preußens behandeln.

Immer wieder werden in Berlin die Namen einiger Salzburger erwähnt, die ganz besonders verehrt werden. Peter Heldensteiner. Er hatte Salzburg heimlich verlassen, nimmt eine Arbeit in Regensburg an. Von dort kommt er mit seiner kleinen Delegation nach Berlin, um über die Verfolgung in Salzburg zu berichten. Er darf nicht mehr heimkehren, wartet jeden Transport ab, weil seine Frau und seine Kinder zurückbleiben mussten. Er hastet zwischen Regensburg, Ulm, Donauwörth, Harburg und Nördlingen hin und her. Alle Reisen sind vergeblich, er findet seine Familie nicht. Dann trifft bei ihr in Salzburg die Nachricht ein, dass Heldensteiner noch am Leben sein soll. Ein Salzburger Fuhrmann überbringt ihr die Botschaft. Die Frau macht sich und die Kinder reisefertig und verlässt die beiden Güter ihres Mannes und ihr eigenes. Wer sie übernehmen wird, steht schon fest. Ein Katholik wartet schon. Sie darf ausreisen, erhält aber keine Entschädigung. In Donauwörth trifft die Familie endlich zusammen. Geschichten, die in Berlin kursieren. Kaum überschaubar sind die Transporte der Emigranten quer durch die Länder, entlang der Flüsse und Handelswege. Es sind vor allem die Namen und Einzelschicksale, die Orientierung geben und den Gastgebern in Preußen helfen, bis in die Tiefe das Leid der Salzburger Protestanten auszuloten und zu verstehen.

Wie zum Beispiel die Geschichte von Rupert Stulebmer, dem Schmied von Hittau. Dreiunddreißig Wochen saß er im Gefängnis, sein Besitz wurde beschlagnahmt, seine Frau durfte nicht mehr in der Schmiede arbeiten. Eine unverheiratete Tochter blieb zurück. Sie konvertiert unter dem Einfluss ihres Onkels, den alle für einen Evangelischen hielten, der sich aber wieder schnell zur römisch-katholischen Kirche bekennt. Vier Wochen wartet Stulebmer auf die Ankunft seiner Frau in Nürnberg. Der preußische König interessiert sich dafür, was ihm Stulebmer erzählt. Der Hof-Prediger Noltenius lädt ihn mehrfach ein, Prinz August Ferdinand überreicht ihm Geschenke. Der jüngste Prinz, Wilhelm, holt seine vergoldete Dose hervor und schenkt sie dem Salzburger. Stulebmer ist fassungslos. Diese Dose werde ich als Andenken bewahren und an die Kinder und Kindeskinder weitergeben. Nie wird er sie verkaufen. Er behält sie bis zu seinem Tod.

Michael Schober, ein Bergmann. Zwar wird ihm ständig mit Gefängnis gedroht, aber er wird nicht festgenommen. Er schafft es, dass sich seine fünf Kinder einem Emigrantentransport anschließen können. Sie verlassen das Land. Schober schimpft öffentlich auf seine Frau, beantragt ein Reisedokument und reist ab, angeblich um seine Familie umzustimmen und zurückzuholen. Die Behörden glauben ihm. Er ist so schlau, sich von den Behörden eine Vermögensaufstellung ausstellen zu lassen. Konfession: katholisch. Barvermögen, Viehbestand, Hausgeräte. Die Liste ist nicht vollständig. Der Bergmann hat es aber geschafft, eine streng vertrauliche Liste über die Einnahmen des Fürsterzbischofs allein aus der Halleiner Salzgewinnung aus dem Land zu schmuggeln. Seine Vorgesetzten, die Berg-Offiziere, seien alle evangelisch, so berichtet er in Berlin. Auf ihre Bitten hin habe er ihnen zweimal schon über die lange Reise der Salzburger und ihre Aufnahme in Berlin ausführlich geschrieben.

Thomas Sethaler, unverheiratet, ist ein Radstädter, der heimlich als Übersetzer arbeitet. Man liest ihm die lateinische Version des Neuen Testaments vor und er übersetzt sie Wort für Wort. Die Lateinkenntnisse hat er sich selbst beigebracht. Vor mehr als dreißig Jahren hatte er einem Soldaten ein Buch mit lateinischen Texten und der deutschen Übersetzung abgekauft. Woher dieser Eifer für Latein? Ich wollte endlich einmal wissen, was uns die Pfaffen ständig in lateinischer Sprache erzählen, sagt er. Sorgfältig lernt er alles auswendig, was er in der Messe hört, zu Hause schlägt er nach, was diese Worte bedeuten. Sethaler wird zum großen Aufklärer für die nicht geschulten Leute in seiner Umgebung. Dass er wegen seiner Lateinkenntnisse gerühmt wird, ist ihm peinlich. Die Nachbarn machen zu viel Aufhebens davon, sagt er. Bevor er das Land verlassen darf, muss er einen neuen Landwirt auf seinem Gut benennen. Er setzt einen katholischen Nachbarn ein, den er als einen grundanständigen Menschen kennt. Der will sich um das Gut kümmern, als gehöre es ihm. Er will nichts an sich raffen, nur ein Treuhänder bleiben.

Hans Laupühler vom Gut Faschling im Saalfelder Bezirk ist ein hochintelligenter Vierzehnjähriger. Das haben auch die Jesuiten erkannt, die ihm nach einem theologischen Disput ein Stipendium und eine Ausbildung anbieten. »Nein«, sagt er, »meine Seligkeit begründe ich nicht auf menschlichen Gesetzen«. Die Jesuiten versprechen ihm, sich um seine Seele zu kümmern. Hans gibt zurück: »Ihr habt selbst eine Seele, und wenn die verdammt wird, habt Ihr genug zu tun«. Sein Vater war ein frommer Katholik, die Mutter bekannte sich sehr früh als Evangelische. Sie liest ihrem Mann aus den verbotenen Büchern vor. Zudem mögen sie ihren katholischen Pfarrer, Abraham Bock, sehr, der ein heimlicher Kritiker seines Gottestaates in Salzburg ist. Weil es nur ganz wenige Evangelische im Umkreis des Gutes seiner Eltern gibt, gehen sie immer wieder drei bis vier Stunden zu Fuß nach Goldegg, um sich aus neuen Büchern vorlesen zu lassen. Bis zu zweihundert Menschen kommen regelmäßig in einem Haus zusammen. Nur gelegentlich stören die Behörden solche Versammlungen. Laupühlers Mutter bekennt sich eines Tages öffentlich als evangelisch. »Meine Kinder sind evangelisch-lutherisch!« Einmal sitzen sie zu Hause am Tisch, Hans liest in der Bibel. Plötzlich erscheint der Gerichtsbeamte, begleitet von Feuerschützen und Gendarmen, die bewaffnet sind: »Der Hans soll vorlesen!«

»Ich kann noch nicht gut lesen«, antwortet der Bub.

»Wenn du noch nicht richtig lesen kannst, dann brauchst du keinen neuen Glauben!«

Hans: »Gott hat es den Klugen und Weisen verborgen und den Kleinen und Unmündigen offenbart, das Evangelium.«

Die Reaktion ist hart: Sie werden auseinandergetrieben, die Bibel wird beschlagnahmt. Eine Woche später diese Szene: Ein katholischer Bauer droht ihm das Schicksal an, gemeinsam mit Luther in die Hölle zu kommen. Er zieht ihm seine Jacke über den Kopf, schlägt den Jungen brutal zusammen und wirft ihn ins Wasser. Das Gewässer ist allerdings nicht tief. Hans Laupühler kriecht heraus, beschimpft den Schläger und wird daheim heftig dafür kritisiert, dass er den Bauern gescholten hat. Ich war zornig, sagt Hans, aber richtig war mein Verhalten nicht. Als sich die Evangelischen in Goldegg wieder einmal zur Andacht treffen, werden sie von Soldaten und Gerichtsbeamten auseinandergejagt. Der Gerichtsschreiber, der Hans Laupühler die Bibel abgenommen hat, erkennt den Jungen und brüllt herum. »Der Rebell ist auch da! In zwei Stunden sollst Du in der Hölle sitzen! Du sollst der Erste sein, der fortgeschafft wird!« Ein Soldat setzt ihm die Büchse, ein anderer sein Kurzgewehr auf die Brust. Ich fürchte mich nicht, sagt Hans. Eine Eilmeldung wird zu den Vorgesetzten des Gerichtsschreibers geschickt, der Name Hans Laupühler wird aufgeschrieben. Hans soll gefälligst für sich und seine Familie Ausreisepapiere abholen. Auch auf dem Amt hält der Junge den verbalen Angriffen stand. Zunächst schweigt er. Als er immer heftiger wegen seiner Ketzerei angegriffen wird, argumentiert er theologisch. Ein besonders eifriger Verteidiger der alten Ordnung droht ihm mit der Hölle.

»Nein, in die Hölle komme ich nicht«, sagt er, »die ist schon voll. Wer in die neue Hölle will, muss viel bezahlen. Sonst würde es nicht so viele teure Seelenmessen geben.«

»Messen werden gelesen, damit einer nicht zu lange im Fegefeuer sitzen muss«, wird ihm entgegnet.

Hans sagt: »Die Hölle und das Fegefeuer sind dasselbe.«

Gegenargument: »Da ist doch eine Wand dazwischen.«

Hans Laupühler: »Nein, diese Wand hat ein böser Mann eingeschlagen.«

Das Geschrei wird immer lauter. Der Knabe ist den Schreiern unheimlich. »Deine Mutter hat dich verführt!«

»Nein«, sagt Hans, »so schlau bin ich selbst, zu erkennen, dass sich der Glaube auf Gott und seine Worte gründet«.

Sie streiten, wer der Antichrist ist. Der Vierzehnjährige nennt den Papst. Die Katholiken sagen: »Martin Luther!«

»Ihr baut mehr auf die Heiligen als auf Gott«, sagt Hans.

»Deine Vorfahren werden dir Rache schwören!«

»Ach nein«, antwortet Hans, »ich bin ja nach ihnen geboren. Woher sollen sie mich kennen?«

In Berlin ist es für seine Gesprächspartner eine Freude, mit dem Jugendlichen zu disputieren. Ihm wird ein Studium angeboten. Er will das Angebot nicht annehmen. Ich tauge nichts als Prediger, ich will Handwerker werden. Diese Ausbildung wird ihm schließlich auch gestattet.

Göcking, der mit vielen Salzburgern in Berlin spricht, fragt sich immer wieder, wie das denn möglich ist, dass diese Salzburger theologisch so gebildet sind. Für sie gab es keine Lehrer für ihren reformatorischen Glauben, keine Prediger, zu wenige Bücher, die noch dazu streng verboten waren. Er erfährt, dass sich die Salzburger selbst weitergebildet haben, sich vorlasen, miteinander über Glaubensdinge redeten. Wer nicht schreiben und lesen kann, hat alles auswendig gelernt.

Es ist unrecht, Bilder und Heilige anzubeten.
Es ist unrecht, an das Fegefeuer zu glauben.
Es ist unrecht, Menschen zu verfolgen, die einen anderen Glauben haben.

Die vermeintlich naiven Salzburger beschämen viele preußische Protestanten, die besten Unterricht genießen, aber weniger wissen als die Salzburger.

XXVI.
Eben-Ezer

Vom Feldmesser ist nichts zu hören, nichts zu sehen. Es ist September. Boltzius berichtet in seinem Tagebuch wieder von Überschwemmungen. Direkt am Fluss hat der Gouverneur Bauplätze für reichere Neusiedler reserviert. Das Land liegt brach, in dem Verhau aus Buschwerk und Bäumen halten sich Wildkatzen und Bären auf. Sie greifen die Rinder, Kühe, Schweine und die Hühner der Salzburger an und töten sie. Die Tiere sind nicht eingepfercht, weil das Futter für sie immer noch zu knapp ist. Die Tage ziehen sich hin. In Savannah soll Boltzius in einer Liste alle bisherigen Lieferungen des Bürgermeisters Causton schriftlich erfassen.

Am 23. September taucht der alte Landvermesser Roß wieder auf. Jetzt will er endlich das Land für die Salzburger ausmessen. Nach der Vermessung muss die Zuteilung der Felder vom Gouverneur und von den *Trustees* in London genehmigt werden, dann kann die große Arbeit anfangen. Dann beginnt wohl die Zukunft der neuen Stadt. Roß hat in Charleston zwei junge Schweizer aus dem Kanton Bern auf dem Sklavenmarkt gekauft. Sie sollen bei der Landvermessung helfen. Beide aber sind inzwischen erkrankt. In Eben-Ezer stehen kaum Männer zur Verfügung, viele von ihnen sind nach den Fieberattacken immer noch schwach. Es ist gefährlich, tagsüber in dem sumpfigen Gelände bei großer Hitze zu arbeiten, nachts in kalten Nächten unter freiem Himmel zu schlafen und nur kalte Nahrung zu sich nehmen zu können. Boltzius erfährt, dass der Landvermesser seinen Arbeitern nur sehr kurze Ruhepausen gönnt und sie vom Morgen bis zur Dunkelheit arbeiten lässt. Gouverneur

Oglethorpe hat ihm die Auflage gemacht, dass Salzburger Männer nur gegen Bezahlung von ihm beschäftigt werden dürfen. Zahlen will er aber nicht.

Die Reispflanzen müssen noch grün und unreif abgeschnitten werden, denn Sperlinge und andere Vögel haben die Körner herausgefressen. Auch die Mäuse werden zur Plage, in Purrysburg wurde ein Teil der Ernte von ihnen vernichtet oder beschädigt. Die Hirsche haben die Bohnen abgefressen. Was noch schlimmer ist: Sobald die Salzburger Potatoes einpflanzen, graben irgendwelche Tiere die Wurzeln wieder aus. Das sind die schlechten Nachrichten. Eine gute Nachricht ist, dass der Londoner Hofprediger Ziegenhagen bei den *Trustees* in England die Anschaffung einiger Mühlsteine angeregt hat, sie sollen wesentlich besser sein als die in Amerika vorrätigen Steine. Boltzius freut sich, dass es in Eben-Ezer jetzt einen geschickten Zimmermann gibt, der eine Reis- und Kornmühle bauen will. Für ihren Betrieb reichen zwei Männer aus. Gleich neben der Hütte für die Waisenkinder entsteht ein kleines Lagerhaus. In ihm sollen die eisernen Handmühlen aufbewahrt werden. Erst vor Kurzem wurde eine von ihnen mit erheblichem finanziellen Aufwand repariert, denn der Rostfraß kann in dem feuchten Klima kaum bekämpft werden, selbst wenn das Metall eingefettet wurde. In der Hütte wird ein Ofen gebaut. Inzwischen sind sich die Salzburger in Eben-Ezer darin einig, dass die Gemeinschaftsanlagen beaufsichtigt werden müssen, sonst verkommen sie bald. Der dritte Transport, der hier ankam, verfügt über zwei Mühlsteine, die Herr Causton gestiftet hat. Ganz langsam geht es voran in dieser Stadt. Die Gemeinde hat es abgelehnt, ein kleines Haus für den Arzt, der bald eintreffen soll, käuflich zu erwerben. Das Haus ist zu schlecht, so beschließen sie, neben Boltzius' Haus ein neues Gebäude mit einer guten Küche zu errichten. Die Baukosten sollen gemeinschaftlich bezahlt werden. Jeder soll geben, was er geben kann.

Vor fünf Monaten hatten sich vier Männer bei einem Kapitän, der oberhalb von Savannah wohnt, zur Arbeit verpflichtet. Sie berichten, dass sie sehr schlecht behandelt wurden. Sie litten die ganze Zeit unter den Anfeindungen und Schmähungen der englischen Knechte, zu essen bekamen sie nur stinkendes, halb verfaultes Getreide. Natürlich wurden sie krank, einer kommt immer noch krank nach Neu-Eben-Ezer zurück.

Kornbergers jüngste Tochter stirbt. Am Nachmittag wird sie begraben. Das Kind war seit seiner Geburt nie gesund. Und schon wieder muss Boltzius in Savannah vorstellig werden. Die Zimmerleute, die in Alt-Eben-Ezer das Haus seines Kollegen und Assistenten Gronau gebaut haben, haben ihren Arbeitslohn noch nicht erhalten. Sie begleiten Boltzius. Herr Causton ist verreist, eigentlich müsste das Boot wieder leer zurückfahren. Aber Boltzius kauft auf seine Privatkosten im Store-Haus ein. Die Zimmerleute sollen wenigstens ein paar Sachen und Lebensmittel erhalten. Der Landvermesser hat seine Arbeit auf der Plantage des Gouverneurs noch nicht beendet, aber bald will er nach Eben-Ezer zurückkommen. Die Leute reden darüber, dass er kaum Arbeiter für die Kartografierung der Gegend findet. Ständig verspricht er, nach Neu-Eben-Ezer zu kommen. Der Zorn auf ihn wächst.

Wenn die großen Projekte noch nicht angepackt werden können, dann muss die Zeit für kleinere Arbeiten genutzt werden. Die Grundstücke, die dem Fluss zu liegen, werden gerodet und gesäubert. Die wilden Tiere werden sich dann hoffentlich zurückziehen und die Luft kann besser durch Eben-Ezer zirkulieren. An manchen Tagen steht sie geradezu über den Häusern und Hütten. Die gerodeten Flächen werden bepflanzt: Frauen und Kinder könnten, wenn alles gelingt, in der Nähe ihrer Häuser Gemüse anbauen. Sie werden eine sinnvolle und nützliche Beschäftigung auf längere Zeit haben, wenn die Männer erst einmal die Schwerstarbeit der Rodungen hinter sich haben. Äste und Wurzeln werden verbrannt. Das Feuer glimmt und der Rauch zieht durch die Häuser. Der Oktober ist fast vorbei. Niemand wagt es, wieder in Savannah Lebensmittel abzuholen, denn es gibt kein Fleisch mehr. Nur Fische werden angeboten, mit ihnen können die Salzburger nichts anfangen. Sie haben keine Erfahrung mit der Zubereitung und sie schmecken ihnen auch nicht.

Der Wind weht Anfang November sehr kalt und schneidend, die Tage sind rau. Kleidung und Decken müssen besorgt werden, denn bald wird es winterlich. Vielleicht bringt der Gouverneur aus England Winterbekleidung oder etwas Geld von den Spendern mit. In London will sich Hofprediger Bujenter darum kümmern, aber von Herrn Vat kam ein Brief. Es wird noch etwas dauern, schreibt er. Ein Schweizer aus einer neuen Siedlung erzählt Boltzius, dass die Lage der Schweizer Siedler katastrophal sei. Auch dort fehlen Lebensmittel und Schafe. Es gibt nichts, was das Überleben erleichtern könnte. Boltzius will dem kranken Mann wenigstens ein warmes Essen anbieten, aber der Schiffer will nicht warten. So reist der kranke Schweizer mit dem Boot hungrig nach Purrysburg ab.

Heute am 8. November beginnt der Landvermesser endlich mit seiner Arbeit. Boltzius hatte ihm vorgeschlagen, Arbeiter in Purrysburg anzuwerben, aber er kommt ohne einen einzigen Mann. Es blitzt, es donnert. Das sind die Vorboten des Winters. Ein Indianer leiht eine Lancette, um einen kranken Stammesangehörigen zur Ader zu lassen. Wie alt bist du? fragt Boltzius, aber der Kranke weiß es nicht. Er kann jetzt nicht in den Wald gehen, deshalb betreut ihn sein Schwiegersohn, der in Eben-Ezer lebt. Boltzius ist von dem kranken alten Indianer tief beeindruckt. Der Mann ist überaus geduldig, schweigt meist und beklagt sich nicht.

Dann wieder großer Ärger. Bürgermeister Causton lehnt die Lieferung weiteren Proviants für Eben-Ezer ab. »Das Kontingent ist ausgeschöpft!«, lässt er Boltzius wissen. Der rechnet nach. Allen drei Transporten stehen noch Lieferungen an Fleisch, Reis, Getreide und anderem zu, also muss er sich wieder auf die Bootsreise machen. Nächste Woche wird er aufbrechen und dem Bürgermeister seine Rechnung aufmachen. Gronau hat inzwischen Bettdecken eingekauft, im Reisegepäck bringt er auch Stoff mit. Daraus sollen Salzburger Trachten geschneidert werden.

Aus Purrysburg treffen Informationen ein, dass inzwischen zwanzig Schweizer gestorben sind. In Savannah sollen es neunzehn Tote sein. In Purrysburg stirbt auch ein Schmied, der die Hitze unterschätzt hat. Er arbeitete in der prallen Sonne.

In diesem Jahr sind die Eicheln kräftig und nahrhaft für die Schweine, schreibt Boltzius in sein Buch, aber die dem dritten Transport versprochenen Tiere fehlen noch.

Weil es in diesem wüsten und ungebauten Lande so viel Wölfe und Bären gibt, so haben unsere Leute viel Schweine verloren, welches ihnen, als armen Leuten, an ihrer Nahrung grossen Schaden thut. Bey Anbauung eines wüsten Landes und bey Einrichtung der Haushaltung in demselben gibt es viel Schwierigkeiten, Hindernisse, Unglücks-Fälle, und solche Umstände, die sich andere in einem schon angebauten Lande nicht vorstellen können. Und weil man fleißigen Leuten vielmals nicht genug unter die Arme greifft, so kommen sie zu nichts, sondern müssen ihr Leben als Tagelöhner in fremder Arbeit kümmerlich zubringen. In unserer Gegend finden unsere Leute eine grosse Menge Eicheln, die sie an solchen Orten, wo die Schweine nicht hinkommen können, zusammen sammeln, und auf Booten nach Hause führen. Als wir noch in alt EbenEzer waren, musten sie die Eicheln von hier auf dem Rücken nach unserem vorigen Orte bringen, darüber sie viele Zeit versäumeten, und doch wenig ausrichteten.

Bei der Austheilung der Plantationen, mit deren Ausmessung es noch gar langsam hergehet, werden wir vornehmlich darauf sehen, daß unsre ietzige Einwohner ans Wasser, entweder an Savannah- oder EbenEzer-Fluß, kommen, weil es wegen Mangel an Pferden und Wagen sehr vortheilhaftig ist, auch sich um den Fluss her das fruchtbarste Erdreich findet.

Es liegt nicht nur an dem immer wieder aufflackernden Fieber, dass Boltzius manchmal so müde ist. Mutlosigkeit wäre eine Sünde für ihn, aber das Hin und Her, Saat und Zerstörung, die ständige Bittstellerei in Savannah, die armselige Lage im Ort, Krankheit und Tod, der Ärger mit dem Landvermesser: Das sind schon gute Gründe, die ihn zur Verzweiflung treiben könnten. Aber Boltzius schreibt, vermittelt, wird vorstellig, tröstet, entscheidet und schreibt unermüdlich. Viele Briefe gehen an den großen Freund Samuel Urlsperger in Augsburg.

Oft erinnern sich die Salzburger an die Tage vor den Stadtmauern am Lech. Endlich waren sie angekommen. Endlich würden sie ihn persönlich treffen, jenen Mann, der ihnen so vertraut war, obwohl sie ihn zuvor noch nie gesehen hatten. Die meisten ihrer Bücher kamen von ihm. Er vermittelte Unterrichtsmaterialien aus Halle, er setzte sich für die Verfolgten persönlich ein. Augsburg war in den Zeiten der schlimmsten Verfolgungen immer eine Adresse der guten Hoffnung. Die Salzburger sind ihm erst dort persönlich begegnet. Die Emigranten des ersten Transports erinnern sich noch an die Silvesternacht des Jahres 1731, als sie vor der Stadt ankamen und die Tore verschlossen blieben. In dieser eiskalten Nacht kam der Senior des geistlichen Ministeriums und Prediger der evangelischen Hauptkirche bei St. Anna zu ihnen heraus, obwohl er einen großen Umweg zu Fuß machen musste. Seine Frau kümmerte sich um sie, vor allem um die Kinder. Dass sie dafür Schwierigkeiten mit den katholischen Ordnungskräften bekam, machte ihr nichts aus. Urlsperger verbreitet jenseits des Atlantiks die Nachrichten aus Georgia, die ihm von Boltzius und Gronau geschickt werden, er streicht in den Texten, was er nicht unbedingt veröffentlicht sehen will. Er weiß, mit welchen Informationen er die möglichst größte Unterstützung für Eben-Ezer erreichen kann. Privatgeschichten taugen nichts für die Veröffentlichung. Er schreibt regelmäßig und oft zurück. Er beschafft, was sie dringend benötigen. Dieser Mann. Dieser Freund in der Not. Ihr Bruder. Eine Vaterfigur der unterdrückten Salzburger. Ein Diplomat. Seine Briefe werden an den Sonntagen oder wenn sich die Siedler nach den Bauarbeiten oder der Feldarbeit abends in Eben-Ezer treffen, von Boltzius öffentlich verlesen. Da macht es nichts, dass ein unendlich großes Meer zwischen ihnen liegt.

Der Landvermesser hat inzwischen Grundstücke zugewiesen, er folgte den Vorschlägen der Salzburger. Wieder reist er ab, um in Charleston einen Vermessungsauftrag für das Parlamentsgebäude wahrzunehmen. Aber das beste Land ist endlich vermessen und verteilt. Am 5. Dezember geht das Boot nach Savannah ab. Nachts fällt warmer Regen. Die *Trustees* in London schlagen in einem Brief vor, jeder Siedler solle ein Stück schlechtes Land und ein Stück gutes Land erhalten. Sie sollen gemeinsam Flächen von achtundvierzig Morgen bewirtschaften, da keine Familie ohne Knechte allein solch große Felder beherrschen kann. Die Ernte ist dann eine Gemeinschaftsernte. Wenn sich ein Unfall bei der Landarbeit ereignet, sind dann auch Helfer in der Nähe. Die Herren in London sind weise. Die Salzburger haben die Freiheit, selbst auszusuchen, mit wem sie ihren Teil an Land bestellen wollen. Die Rodungen schaffen neue Feldflächen, die von der Sonne bestrahlt werden. Im Schatten kann Getreide nicht wachsen. Neue Zäune sollen die Tiere abhalten, den Samen und die jungen Pflanzen auszugraben und zu fressen.

Die Versammlungshütte liegt weitab, nachts dient sie als Übernachtungsquartier für Reisende. Wer durchreist, ist stets willkommen, denn er bringt Nachrichten aus anderen Regionen und nützliche Waren. Die Salzburger wollen ihre Gastfreundlichkeit beweisen, das Haus taugt ohnehin nicht als Kirchenbau. Boltzius lässt neue Bretter sägen, damit ein Boden über dem ersten Stockwerk eingezogen werden kann. Die langen Holzschindeln können im Waisenhaus verwendet werden, wenn genug Geld für eine Kirche gesammelt wird. Die Holzschuhe oder die indianischen leichten Schuhe taugen nichts im Winter und bei Regen, manche Salzburger tragen sie dennoch, weil sie keine anderen haben. Ein guter Schuster, so sinniert Boltzius, könnte bei uns wunderbar arbeiten. Es gibt Leder von Kühen und Ochsen, es gibt keine Konkurrenz aber großen Bedarf. Vielleicht kommt eines Tages ein Schuhmacher über den Atlantik hierher.

Der neue Boden im Waisenhaus ist noch nicht verlegt, die Sitzbänke wurden ebenfalls nicht fertiggestellt. So soll das alte Versammlungshaus etwas renoviert werden, das Dach ist nicht dicht. Wenn eines Tages eine Kirche gebaut wird, träumt Boltzius, dann können wir in diesem Haus im Winter Feuer machen und den Schulunterricht hier abhalten, und die Fremden haben nachts ein gutes Lager. So träumt er, so plant er, so schreibt er. Seine Hoffnung gilt den *Trustees* in London, den vielen Freunden in Deutschland, vor allem aber ihrem geliebten Beschützer Samuel Urlsperger in Augsburg. Er weiß immer einen Rat. Er schickt Geld. Er treibt auf, was in Eben-Ezer gebraucht wird. Er schreibt ihnen auch, weshalb es sich lohnt, nicht aufzugeben.

In England hatte er einst als Hof-Prediger Zugang zu den Kreisen des Hofes und der internationalen Diplomatie. Er war Mitglied der Englischen *Societät de promovenda cognitione Christi*, besuchte Oxford und Cambridge und nahm nach zwei Jahren am Friedenskongress in Utrecht teil. Von da brach er über Hamburg, Hannover, Helmstädt, Wolfenbüttel und Braunschweig wieder nach Halle auf, besuchte Berlin, Stendal, Magdeburg und Leipzig, hielt Vorlesungen in englischer Sprache und kehrte, nachdem er einen Wink aus Stuttgart erhalten hatte, nach fast fünf Jahren wieder zurück: ausgezeichnet vernetzt mit den Mächtigen in Europa, international bekannt und angesehen. Dem Hochfürstlichen Geheimrat erstattet er einen langen Bericht über diese fünf Jahre. Nach einer fulminanten Predigt in der Schlosskapelle wird er zum Hofkaplan, bald schon zum Hofprediger und Konsistorialrat berufen. Seine Predigten werden gedruckt und in allen Teilen Deutschlands verbreitet, manche Exemplare erreichen sogar das Salzburger Land. Denn Halle versorgt die Salzburger Protestanten mit Büchern, dicken Bänden und dünnen Schriften. Eine Predigt wird besonders berühmt. Von der Kanzel herab klagt er seinen Landesfürsten wegen dessen geradezu unverschämt in der Öffentlichkeit geführter Doppelehe an. »Am liebsten hätte ich ihn von der Kanzel geschossen!«, soll der Herzog gesagt haben. Er fragt seinen neuen Hofprediger:

»Weshalb gab es im Gottesdienst keine Fürbitte für mich?«

»Ich habe es getan, als ich sagte: Und erlöse uns von dem Übel!«

Urlsperger wird von seinem Amt suspendiert und muss in das Gefängnis gehen. Ihm droht die Todesstrafe. Der Fürst kennt kein Erbarmen. Mit einem einfachen Kabinettsbeschluss soll ein Todesurteil erwirkt werden. Eine Anklageschrift ist schnell geschrieben. Aber Innenminister Johann Heinrich von Schütz auf Adelsberg setzt sich vehement für Urlsperger ein und befreit ihn aus der Haft. *Schnell soll er weg, schnell soll er weg!* Der Herzog soll ihn nicht mehr sehen. Zwei Jahre lebt der entlassene Hofprediger ohne Gehalt, dann schafft es der Innenminister, ihm eine Stelle als Superintendent und Stadtpfarrer in Herrenberg zu verschaffen. Aus der Herzogsstadt in die Provinz. Drei Jahre später wird er nach Augsburg berufen.

25. Dezember 1737. Heute wird in Eben-Ezer Weihnachten gefeiert. Der Sturm der vergangenen Nacht brachte einen großen Kälteeinbruch. Der Gottesdienst ist gut besucht, wird aber wegen der Kälte verkürzt. Die verschobene Predigt wird am Abend in der Küche des Arztes nachgeholt. Sein Haus ist nicht bewohnt, denn es gibt noch keinen Arzt in Eben-Ezer.

Ende des Monats ist Boltzius wieder in Savannah. Causton und er tauschen Neuigkeiten aus. Der Bürgermeister legt Boltzius endlich den Entwurf einer Gesamtabrechnung vor. Die Zahlenkolonnen können nicht stimmen. Viele Lieferungen sind nicht erwähnt. Boltzius fragt nach. Die nicht eingetragenen Transporte deklariert Causton als Geschenk an die Siedler in Eben-Ezer. Die Liste zeigt auch, wie viele Lieferungen den Salzburgern noch zustehen. Boltzius soll die Abrechnungen prüfen und dann unterschreiben. Am wichtigsten ist für Boltzius die Erlaubnis des Bürgermeisters, auf Kosten der Herren *Trustees* endlich ein ordentliches Wohnhaus in Eben-Ezer bauen zu lassen. Noch reichen die Ersparnisse nicht aus, aber mit der Genehmigung des Bürgermeisters dürfte eine Kreditaufnahme möglich sein. Boltzius freut sich sehr, aber er verschiebt den Neubau auf den Herbst des neuen Jahres. Jetzt sind die Leute mit der Landarbeit beschäftigt, da will er niemanden mit Bauarbeiten belasten. Seine Hütte ist noch stabil und die Vorfreude auf sein Haus kann ihn auch durch das Jahr tragen.

30. Dezember. Die Stürme haben an Stärke zugenommen. Ein großes englisches Schiff strandet bei Charleston auf einer Sandbank. Achtzehn schwere Stöße haben das Schiff stark beschädigt. Seine Ladung gilt als verloren, sie kann bei dem hohen Wellengang unmöglich geborgen werden. Plötzlich legt sich der Sturm. Auf einmal ist es ganz still. Bei einsetzender Flut holen die Leute aus Charleston von Bord, was bewegt werden kann. Die Kanonen wurden schon abmontiert, als Schaluppen anlegten, um die Passagiere zu retten. Das Wasser steht im Schiff schon sieben Fuß hoch.

Am Neujahrstag setzt sich Boltzius an die Bilanz von Tod und Leben in Eben-Ezer. Ein Paar hat geheiratet, sieben Kinder wurden geboren.

Zwölf Salzburger sind gestorben. Jetzt gibt es schon vierundsechzig Gräber, deren Tafeln und Steine Salzburger Namen tragen. Am 9. Januar taucht der Landvermesser wieder auf. Jetzt sollen die restlichen Teile der Stadt und der Gärten und der Felder ausgemessen werden. Im Winkel zwischen dem Savannah- und dem Eben-Ezer-Fluss sollen Gärten entstehen, in denen Obst und Gemüse, vielleicht auch Blumen angepflanzt werden. Dieses Stück Land hatte der Gouverneur den Salzburgern eigentlich nicht zugedacht, aber jetzt soll es ihnen gehören. Die Hartnäckigkeit hat sich gelohnt. Auch Boltzius und Gronau sollen einen eigenen Garten erhalten. Dann wird sie endlich auch für sie blühen und gedeihen: die Fülle an Farben und Früchten, falls es gelingt, die grünen Würmer, die Mäuse und die anderen Plagen der Natur auszurotten.

Es geht voran mit den Bauarbeiten am Waisenhaus. Man muss auch dringend vorankommen, denn die Witwen und Waisen brauchen mehr Platz. Zusätzlich zu den drei Wohnstuben und den drei Kammern ist die neue Küche endlich fertig geworden und eingerichtet. Gleich neben ihr liegt die Speisekammer. Dahinter ein großer Stall für die Kühe, in ihm ist noch Platz für weitere Rinder, die vielleicht aus Savannah kommen werden. Ganz neu der Schweinestall, über ihm wurde ein Gelege für die Hühner angelegt. In den Nächten sollen weder Wölfe noch Bären oder Wildkatzen die Hühner von Eben-Ezer töten. Die neue Toilette mit ihren drei Kabinetten für Eheleute, Jungen und Mädchen war dringend erforderlich. Es gibt noch Pläne für eine neue Mühle, einen Backofen und einen großen Waschkessel. Die bisherigen Baukosten sind hoch, aber der Nutzen der neuen Gebäude ist unschätzbar. Geht das Geld aus, wird neues kommen. Ein Grund zur Panik besteht für Boltzius nicht.

Die Namen und Umstände unserer Waysen-Kinder sind folgende:

Catharina Holtzerin, 14. Jahr alt, ihre Mutter als Witwe starb hier den 28. Aug. 1737.

Sophia Catharina Elisabeth Ansdorffin, 14. Jahr alt.

Dorothea Catharina Arnsdorffin, 6. Jahr alt, sind des Schuhmachers Kinder, der in Purisburg sein Leben im Wasser einbüssete. Die Witwe lebt annoch unter uns, und behält noch zwey Kinder bey sich, die ihr arbeiten helfen.

Thomas Schweighoffer, 9. Jahr alt.

Maria Schweighofferin, 11. Jahr alt.

Ursula Schweighofferin, 5 und ein viertel Jahr alt, sind die Kinder der vom Schlag gelähmten Witwe. Der Vater starb in Alt-EbenEzer den 21. Mart. 1736.

Susanna Haberfehnerin, 16. Jahr alt.

Magdalena Habfehnerin, 14. Jahr alt, sind Kinder eines frommen Oesterreichers. Der Vater starb den 29. Apr. 1736. und die Mutter den 28. ct. 1736. Das älteste Mägdlein ist eines blöden Verstandes, und muß noch in die Schule gehen.

Johann Jacob Helffenstein, 12. Jahr alt.

Jeremias Helffenstein, 10. Jahr alt, sind Kinder eines Weißgärbers, der unter dem 3. Transport zu uns kam. Er starb den 23. Oct. 1736. und die Witwe führet noch unter uns einen erbaulichen Wandel bey grosser leiblicher Armuth. Sie hat ausser diesen zwey Kindern noch vier andere. Die älteste Tochter ist als Magd in meinem Dienst; der älteste Sohn soll in der Stadt Savannah das Schuhmacher-Handwerck lernen, die mittelste Tochter gehet der Mutter an die Hand, und der kleineste Sohn von vier Jahren brauchet noch Mutter-Pflege.

Eva Rosina Unseltin, 10. Jahr alt, ist des alten Schulmeisters, der vor zwey Jahren mit seinem Weibe und vier Töchtern nach Purisburg kam, jüngste Tochter. Ihre Eltern sind beyde todt.

Margareta Huberin, zehn Jahr alt, ist das von der gantzen Huberischen aus sechs Personen bestehenden Familie noch übrige eintzige Mägdlein, die noch unter der Aufsicht des Peter Grubers stehet.

Ausser diesen Kindern wird auch für die Grimmingers, eines verwitweten Oesterreichers, Kind, Catharina, 2. Jahr alt, gesorget, und da es wegen geringen Alters nicht ins Waysenhaus genommen werden kann, so wird, wie bisher geschehen, die Rieserin dafür aus der Armen-Büchse bezahlt, alle mütterliche Pflege an diesem Kinde zu thun. Der Vater dieses Kindes ist fast immer kranck und unvermögend, das Kind zu erhalten.

Die gantze Einrichtung bey den Kindern ist folgende: Früh-Morgens vor fünf Uhr stehen sie alle auf, reinigen sich, und kleiden sich an; darauf einer von uns mit ihnen ein Lied singet, und ein Capitel aus der der Bibel, wie es in der Ordnung folget, vorlesen lässet, darüber kürtzlich zur Erbauung etwas geredet, und zuletzt knieend gebetet, und mit ein oder ein paar Versiculn aus einem Lied geschlossen wird. Wenn sie sich völlig angezogen haben, so wird ihnen, bis das Frühstück fertig ist, eine Arbeit, die etwa in der Haushaltung vorfällt, gegeben, oder die etwas zu lernen haben, so wird ihnen, bis das Frühstück fertig ist, bekommen hiezu Zeit. Nach dem Frühstück, (welches allezeit eine warme Speise ist) gehen sie zusammen in die Schule, die bis Mittag währet. nach dem Mittag-Essen, wie auch nach der Nachmittags-Schule, die von 2. bis 4. Uhr ist, werden die Knaben, die noch gar klein sind, zu einiger Arbeit entweder im Garten, oder sonst zu etwas nützlichen; die Mägdlein aber zu weiblicher Arbeit, (dazu von nun an, noch mehr Anstalt und gute Ordnung gemachet werden soll,) angehalten. Ihre Arbeit hat zwar, wie leicht zu erachten, nicht viel auf sich, ist aber doch um ihret willen, daß sie bald von Jugend auf zu nützlichen Dingen angewöhnet, und vom Müßiggang abgehalten werden, nöthig. Wenn es Abend worden, welches ietzt gegen 6. Uhr ist, werden sie in die Betstunde geführet, und wird hernach das, was catechisiret worden, bey ihrem Privat-Gebet nochmals wiederholet.

Vier Kinder aus Purrysburg treffen noch im Januar ein. Die Eltern wollen nach der Ernte die Unterhaltskosten bezahlen. Jetzt leben zweiunddreißig Kinder im Waisenhaus. Mit dem Bootstransport aus Savannah treffen neue eiserne Mühlen ein, auch ein Eisenrad wird mitgeliefert: So können sich die Mühlen schneller drehen. Der Landvermesser, ein Wunder, hat seine Arbeit abgeschlossen. Boltzius soll ihm nun schriftlich bestätigen, dass er alles auftragsgemäß erledigt hat. In diesen Tagen setzen Regenfälle ein, der Winter war bisher zu trocken. Die Niederschläge tun dem Land gut. Der Zimmermann Sanftleben beabsichtigt, in seine Heimat nach Schlesien zurückzukehren. Er erklärt, seiner Schwester Beistand leisten zu müssen. Sie ist in allen Dingen der Religion sehr labil, sagt er. Seinen Viehbestand will er zurücklassen. Boltzius hat nichts gegen den Plan und Bürgermeister Causton genehmigt die Reise. Trotzdem lebt wieder ein Mann weniger in Eben-Ezer. Boltzius hat jetzt weniger Zeit für sein Tagebuch. Bald schon ist es März. Zur Monatsmitte treffen einige Indianer mit ihren Frauen und Kindern ein.

Ins Waysenhaus brachte einer einen gantzen Hirsch, weil er vermuthlich gesehen, daß vile Leute daselbst an einem Tisch essen, und also mehr brauchen, als einzelne Personen. Man thut ihnen gern, so viel in unserm Vermögen ist, gutes, man hat sie aber deshalb desto öfter, so lange sie an unserm Ort sind, auf dem Halse.

Die Leute ärgern sich, weil einer der Hunde, die den Indianern gehören, die Kuh eines jungen Salzburgers angegriffen hat. Das Rind wurde schwer verletzt und wird nie mehr Milch geben können. Ein Deutscher kommt vorbei. Er war schon einmal in Eben-Ezer, zwischenzeitlich hat er als Soldat am Bau von Schanzen und Pallisaden in der Provinz Augusta mitgearbeitet. Für die Soldaten dort wurde außerdem ein neues Haus gebaut, zwei Häuser in besserer Ausstattung kamen für den Kapitän und den Leutnant hinzu. Von den Indianern drohe keine Gefahr, erzählt er, sie verstehen sich mit den Europäern bestens. *Sie saufen wie die Europäer und sie verhalten sich unzüchtig!* Was er dort sah, muss unbeschreiblich sein. Am nächsten Tag verteilt er den letzten Reis aus den zwanzig Fässern, die von den Salzburgern in der Plantage des Herrn Montaigues abgeholt worden waren. Noch nie gab es in Eben-Ezer, der alten und der neuen Stadt, seit der Ankunft der Salzburger Exulanten so viele Reisvorräte, obwohl die vorjährige Ernte miserabel war. Alle aber haben jetzt genug Korn, Bohnen und Fleisch.

Am 10. April 1738 bricht eine Gruppe Salzburger auf, um sich in Alt-Eben-Ezer über den Zustand der dortigen Sägemühle zu informieren. Durch den Garten des ersten Hauses von Boltzius war ein schmaler Graben gezogen worden. Das Wasser im Fluss wird aufgestaut und in den Graben zur Mühle abgeleitet. Zwei Sägen schneiden vom Holz die Rinde ab. Der entschälte Stamm kann dann von mehreren Sägen zu Brettern zugeschnitten werden. Das ist ein großer Fortschritt, sagt der Müller zu Boltzius. Er will vorführen, wie die Mühle arbeitet. Aber der Wasserstand ist zu niedrig, nur eine Säge funktioniert. Das ist also keine technische Anlage, die langfristig so bleiben kann. Der Graben sollte zudem mit Holz und Pfeilern besser verschalt werden.

Der gröste Nutzen, den sie ietzt von ihrer Arbeit sehen, ist, daß sie nach abgelassenem Wasser die schönste Forellen, Hechte, Karpffen und andere gute Fische mit Händen, und zwar in großer Quantität, so oft sie nur wollen, fangen können: wie denn der Müller dem Saltzburger, welcher mit uns gegangen war, für uns 8 grosse Forellen mit gegeben hatte, und sich erbot, dergleichen so oft zukommen zu lassen, so oft wir zu ihm schicken würden.

Lackner, der die zweite Kuhherde auf einer Lichtung im Wald als Hirte bewacht, tritt in der Wiese auf eine große Schlange. Sie windet sich um seinen Fuß, die Situation ist gefährlich. Aber Lackner schafft es, den Kopf der Schlange zu zerquetschen. Sie kann ihn nicht verletzen. Vor einem

Jahr war eine Kuh durch einen Schlangenbiss verletzt worden. Boltzius erinnert sich daran, dass der Körper der Kuh gewaltig aufschwoll. Dann fiel sie um. Vor den vielen Schlangen in dieser Region ist größte Vorsicht geboten. Wer Schlangen entdeckt, erschlägt oder erschießt sie. Vielleicht lässt sich so ihr Bestand verringern. Der Flachs in den Feldern der Salzburger hat sich von den schweren Frostschäden wieder erholt, die Frühlingstage sind warm. Es ist anstrengend, Flachs zu ziehen, aber Zwirn und Leinwand sind teuer, dazu auch nicht immer erhältlich. Der Flachs wächst gut, wenn die Erde gedüngt wird. Überhaupt sind die Gärten jetzt bunt, alles steht in voller Blüte.

Noch immer besteht die Gefahr eines Angriffs durch die Spanier. Alle reden vom Krieg, die Angst verbreitet sich zusehends. Bürgermeister Causton hat erfahren, dass die Spanier die Kolonie Carolina, vielleicht auch Georgia auf vier Seiten angreifen wollen. Einige Kriegsschiffe aus Spanien sind schon in St. Augustin eingetroffen, zudem wird berichtet, dass sich eine Gruppe Florida-Indianer und schwarze Sklaven aus Carolina und von anderen englischen Plantagen gesammelt haben. Mit einem Trommelschlag haben sie allen, die ihren Herren davonlaufen, die Freiheit angekündigt. Die Lage ist gefährlich, denn die Sklaven und die Indianer könnten die Kolonie noch vor dem Eintreffen der englischen Truppen attackieren. Überall gilt in der Kolonie Carolina der Alarmzustand. In Purrysburg veranstalten die Siedler Wehrübungen. *Die Indianer saufen, schreien und schießen* in der Gegend herum, voller Freude darüber, dass es mit den Spaniern Krieg geben wird. Sie sind leichtsinnig und übermütig. Eine große Spannung liegt über dem Land, eine große Aufregung. Endlich rührt sich etwas, endlich versickern die Tage nicht mehr in ihrer Gleichförmigkeit.

Im Mai lässt Boltzius am Waisenhaus einen kleinen Keller graben. Auf ihn wird ein Dach gesetzt. Jetzt können Milch und Lebensmittelvorräte besser aufbewahrt werden. Zu tief darf nicht gegraben werden, denn in fünf Fuß Tiefe steht das Grundwasser. Es wäre zu aufwendig, gut isolierte Tiefbauten zu konstruieren. Es muss auch so gehen. Längst sollte ein neuer Brunnen gegraben werden, aber dafür reicht das Geld nicht aus. *Vielleicht fließt bald wieder göttlicher Segen!* Boltzius hofft auf das Eintreffen neuer Spenden aus Augsburg und London. Mit ihrem restlichen kleinen Vermögen, das sie angespart haben, wollen einige Siedler Kühe kaufen, aber Viehmärkte gibt es im Augenblick nur in Carolina. Das Vieh von dort durch die Sümpfe und den Savannah-Fluss zu treiben ist sehr beschwerlich. Auf dem Weg könnten einige Kühe verloren gehen. Am 12. Mai erzählen die Leute, dass sechshundert königlich-britische Soldaten in Savannah eingetroffen sind, die in den neuen Festungen stationiert werden sollen. Die beiden Soldaten, die in der Gegend von Eben-Ezer als Wachkommando eingesetzt sind, werden in ihre Kasernen zurückbeordert. Ein Soldat, der aus Hamburg stammt, will seinen Dienst im Militär quittieren. Zu gerne möchte er sich als Schneider in Eben-Ezer niederlassen. Das wäre eine gute Perspektive für alle. Darüber muss beraten werden, legt Boltzius fest, er will zunächst die Meinung der Salzburger einholen. Im September scheidet der Soldat aus der Armee aus. Bis dahin muss es einen Beschluss geben.

Die Tage sind heiß. Seit zwei Wochen hat es nicht mehr geregnet. Aber die Nächte sind kühl und der Tau bekommt den Feldpflanzen gut. Boltzius kauft in Savannah für das Waisenhaus einen großen gusseisernen Kessel, um Decken, Kleidung und Tücher zu waschen. Der Kessel taugt auch dazu, Bier zu brauen. Er wiegt zweihundert Pfund. Jetzt werden Mauersteine angefertigt, so weit es ohne Brennofen möglich ist, denn der neue Kessel soll ordentlich eingemauert werden. Ein stabiles Fundament ist bequemer und sicherer. Im Juni steht das Getreide auf den Feldern, die Reispflanzen wachsen gut, nur die Bohnen werden nachts von den Hirschen abgefressen. Im Juni wollen einige Salzburger jagen. Sie durchstreifen die Wälder in der Nähe. Sie sind mit Flinten ausgerüstet. Tagsüber haben sie auf den Feldern gearbeitet, am Abend aber sind sie völlig erschöpft. Deshalb hat es wenig Sinn, dass sie ihre Pflanzungen bewachen. Die Nächte sind dunkel, weil der Mond nicht scheint. Endlich werden die längst zugesagten Kühe für die Salzburger des dritten Transports herangebracht. Die Verteilung sieht so aus: Jeweils zwei Personen erhalten eine Kuh und ein Kalb. Das ist ein besserer Verteilungsschlüssel als er vom Gouverneur vorgesehen war: Oglethorpe hatte vorgeschlagen, dass Kuh und Kalb jeweils in den Besitz von fünf Salzburgern übergehen. Tage des Glücks. Bald sollen auch wieder Schweine und Hühner geliefert werden.

In der Nachbarschaft von Eben-Ezer, gleich drüben auf der Flussseite von Carolina, steht ein Haus, in dem ein Franzose trotz aller Verbote und Ermahnungen bis heute Branntwein ausgeschenkt hat. Er ist inzwischen hochverschuldet, muss deshalb seinen gesamten Besitz verkaufen, um die

Kredite abzutragen. Auch ein großes Fass Rum hatte er sich geliehen. Wenig hat er verkauft, die Kosten für den Rum kann er nicht bezahlen. Das Fass wird deshalb abgeholt und soll mit dem Boot nach Purrysburg gebracht werden. Der Ausschank ist geschlossen.

Neue Pläne werden gemacht. Bei Niedrigwasser reicht die Flut normalerweise bis Purrysburg, jetzt steigt das Wasser nicht einmal dort mehr. Es kommt nur bis zur Indianischen Hütte. Sie liegt etwa eine Stunde entfernt von Eben-Ezer. In dem trockenen Land sollen jetzt endlich die dringend nötigen Brunnen gebaut werden. Der Grundwasserspiegel liegt so tief, dass Grabungen möglich sind. Der Creek Richtung Haberkorn muss von den vielen Bäumen befreit werden, die auf dem Wasser liegen. Er zweigt zwei englische Meilen vom Ort entfernt aus dem Savannah-Fluss ab und mündet hinter Haberkorn wieder in den Strom. Boltzius hat gesehen, dass das Land zwischen Fluss und Creek auf den Karten als Insel eingezeichnet ist, aber diese Insel existiert nicht. Wenn der Creek erst offen ist, sind die Bootsfahrten schneller. Die alte Sägemühle, die vor Jahren von dem Schweden Purker in der Nähe von Haberkorn gebaut wurde, muss abgerissen werden. Sie ist schon lange wegen des Gezeitenwechsels unbrauchbar. Die Arbeiten müssen sehr schnell durchgeführt werden, denn niemand weiß, wann das Wasser wieder steigt. Am 24. Juni kommen Colonel Stephans und ein Magistratsvertreter aus Savannah vorbei, die sich über die Situation der Salzburger ein Bild machen wollen. Es ist brütend heiß, aber der Colonel will unbedingt die Felder der Salzburger besichtigen. Beide Männer sind begeistert über die landwirtschaftliche Arbeit und den Fortschritt der kleinen Kolonie. Von allen Siedlern habt ihr am besten gewirtschaftet, sagen sie. Boltzius hofft, dass ihre Berichte an die *Trustees* entsprechend positiv ausfallen.

Die rechteckige Anlage der Stadt Neu-Eben-Ezer mit ihren vielen Plätzen ist beeindruckend. Gründung und Betrieb des Waisenhauses stoßen auf größte Anerkennung. Die Namen aller Salzburger Siedler werden aufgeschrieben. Ihre Arbeit seit dem Einzug in das neue Eben-Ezer wird in den Berichten dokumentiert. Ich werde die *Trustees* in London bitten, sagt der Colonel, die Stadtgrenzen von Eben-Ezer ein paar englische Meilen flussabwärts zu erweitern, damit neue Siedler nachkommen können. Die Rodung des großen Waldes, seine Einzäunung und die Entscheidung der Siedler, das gute wie das schlechte Land gerecht unter allen aufzuteilen: Das alles sollen die Herren *Trustees* aus den Berichten erfahren, die demnächst nach England geschickt werden. Wir verstehen, sagen die beiden Besucher, dass ihr die alte Stadt verlassen habt. Am Abend wollen sie in Alt-Eben-Ezer den Viehbestand und das Sägewerk besichtigen. Morgen werden sie nach Savannah zurückkehren. Das sind schöne Tage. Die Sonne scheint. Nichts beschwert das Herz.

Ende Juni wird auf einem Areal, das der Landvermesser Eben-Ezer zugewiesen hat, Holz eingeschlagen. Inzwischen werden für den Hausbau möglichst große Baumstämme benötigt, die Äste und Zweige dienen als Brennholz. Bald ist das Gebiet vollständig gerodet, die Stämme für die Neubauten werden knapp. Holz wird in Savannah nicht mehr angeboten. Schon das Brennholz ist sehr teuer, aber ganze Baumstämme kann niemand bezahlen. Boltzius bleibt gelassen. Es wird sich schon herausstellen, ob der Gouverneur den Salzburgern deshalb neue Waldgebiete zuteilt. Es gibt Entscheidungen, die schnell fallen müssen. Andere brauchen Zeit.

Die Neubauten werden gründlicher und sorgfältiger errichtet als die ersten Hütten und Häuser. In den ersten Tagen gab es keine andere Möglichkeit, als ein paar windige Hütten möglichst schnell aufzubauen. Viele beginnen inzwischen von unten her zu verfaulen. Jetzt aber werden Eckpfosten in die Erde gerammt, die untersten Balken liegen nicht mehr direkt auf dem Boden. Das Fundament besteht aus Kienholz, das nicht so schnell verwittert. Alle Salzburger helfen zusammen. Wer seinen Nachbarn bei der Feldarbeit unterstützt, erfährt von ihm jetzt Hilfe beim Hausbau. Die Fieberattacken lassen nach. Nur in Charleston soll noch eine schlimme Krankheit wüten. Die Pocken haben vor allem viele Engländer befallen, die keine Erfahrung mit der richtigen Therapie haben. Dann wieder setzen die Gewitter ein. Es regnet stark und der Sturm hebt einige Dächer ab. Es gibt keine Nägel, deshalb sind sie nicht gut befestigt. Aber die anfallenden Reparaturen sollten den Salzburgern nicht zu schwer fallen.

Die Leute berichten, dass der hochverschuldete Franzose zwar einen Teil seiner Alkoholbestände nach Purrysburg gebracht hat, aber unter der Hand verkauft er immer noch Branntwein.

XXVII.
Ostpreußen und Amerika

In den ersten Jahren treffen in Eben-Ezer immer noch viele Briefe ein. Der Bote kommt inzwischen längst wieder zu Pferd im Ort vorbei. Boltzius gibt ihm die Briefe aus Eben-Ezer mit. Zwar lassen die Tage wenig Zeit für die Sehnsucht nach den fernen Freunden, Bekannten und Nachbarn, wenn aber in den Versammlungen die Briefe aus der alten Heimat, aus Berlin und Preußisch Litauen vorgelesen werden, dann wächst das Heimweh. Es ist bitter, so lange auf Nachrichten warten zu müssen.

Die Emigranten wissen, dass die Entfernung von Salzburg nach Berlin nicht geringer ist als die Entfernung zwischen Berlin und den künftigen Siedlungen im östlichen Preußen. Die vielen Schreiber in den Kanzleien der Höfe, in den Ämtern und in den Städten, die Salzburger Kolonnen beherbergten, arbeiten gründlich an ihren Aufzeichnungen über die Salzburger. Die Listen der Schiffsunternehmer verzeichnen neunzehn Passagen über das Meer Richtung Osten. Mehr als zehntausend Salzburger steuerten über Stettin ihre neue Heimat an, über fünftausend waren in elf Transporten unterwegs nach Ostpreußen.

Achthundertundfünf Emigranten sterben. In Eben-Ezer herrscht Freude, wenn unter den Toten keine Verwandten und Freunde sind, aber es ist dennoch traurig, dass so viele Exulanten ihr neues Leben in Ostpreußen nicht mehr beginnen können. Alle werden begleitet von Seelsorgern, die kein Aufhebens über ihre Arbeit machen. Es fehlt nicht an Trost und Unterricht. Eben-Ezer hat Boltzius und Gronau.

Die neuesten Nachrichten aus Europa klingen gut. 1733: In Berlin nehmen die preußischen Kommissare im Auftrag des Königs von den

Salzburgern die Huldigung für Seine Majestät entgegen. Sie werden noch einmal über den evangelischen Glauben unterrichtet. Sie haben unterwegs den Inhalt der Reformationsschriften nicht vergessen. Ihren Eid gegenüber dem König sollen sie halten, aber es ist verboten, einen leichtfertigen, unnützen oder falschen Schwur zu leisten. Die Freude vor der Weiterreise ist groß, sie erneuern einmütig ihren Eid, obwohl viele Leute das Gerücht verbreitet haben, dass die Salzburger einen großen Widerwillen gegen den Eid hätten. Manche Emigranten haben Angst vor der Überfahrt. Sie kennen bisher nur das Übersetzen über die Flüsse, anders als die Exulanten in Amerika haben sie das Meer noch nie gesehen.

Die meisten Salzburger werden in Ostpreußen auf Kossäten-Höfen angesiedelt. Alles, was sie für die landwirtschaftliche Arbeit brauchen, wird gestellt. Die alten Einwohner müssen die Hälfte ihres Landes an die neuen Siedler abgeben. Der Viehbestand wird geteilt. Wer nicht erfolgreich gewirtschaftet hat, muss den Hof verlassen. Er wird davongejagt und durch einen Salzburger ersetzt. Wälder werden gerodet, neue Dörfer entstehen. Aber die neuen Siedler sind enttäuscht, denn zu den Kossäten-Höfen gehört zu wenig Land, die Äcker liegen in der Nähe der Häuser und sind viel zu klein. Die Salzburger verstehen sich auf die Bewirtschaftung größerer Flächen. Bei kleinen Feldern lohnt es nicht, Knechte und Mägde anzustellen, denn sie können vom Ertrag nicht bezahlt werden. Längst haben die Emigranten erfahren, dass ihre Freunde in Georgia das Recht besitzen, ihre neuen Anwesen eines Tages ihren Kindern zu vererben. Hier in Ostpreußen gehören alle Wiesen, Äcker und Felder vorerst dem König. Noch immer hält sich die Hoffnung, dass sie eines Tages für den Verlust ihres Besitzes in Salzburg entschädigt werden. Niemand weiß, wann Seine Majestät das Land wieder zurückerhalten will. Alles hier ist zu klein ausgefallen. *Es liegt kein Segen auf dem Land.*

Manchmal streifen Soldaten durch die Dörfer, um hochaufgeschossene junge Männer zum Militär einzuziehen. Groß gewachsene Soldaten sind bei Hof beliebt. Da schauen die Werber auch auf die Söhne der Salzburger. Irgendwann werden die Beschwerden der Siedler am Hof bekannt. Der König lässt ein Patent ausarbeiten, das den Salzburgern erlaubt, ihre Kossäten-Höfe zu verlassen, falls Entschädigungszahlungen eintreffen. Friedrich Wilhelm unterschreibt das Patent am 7. Mai 1733. Da sind die anderen Salzburger noch auf dem Weg nach Georgia und nach Eben-Ezer.

Wenn nun über kurtz oder lang einer oder mehr dieser Leute, entweder durch Wiedererlangung des zurückgelassenen Vermögens, oder auff andere Weise durch GOttes Seegen und fleißige Arbeit in den Stand gesetzet würden, etwas grösseres und wichtigers innerhalb denen Grentzen des Königreichs Preussen anzufangen, und sich auff andere Art zu ihrer Verbesserung zu etabliren, so soll dem oder denenselben alsdann allemahl frey und unbenommen bleiben, den angenommenen Bauer- oder Cossaten-Hof fahren zu lassen; Jedoch müssen dieselben in solchem Fall von ihrer vorhabenden Veränderung dem Amte, worunter sie als Bauern oder Cossaten angesetzet sind, zu rechter Zeit Nachricht geben, alles dasjenige, so sie zur Hoff-Wehre empfangen haben, richtig ablieffern, auch bestellte Aecker und Gärten zurücke lassen. Wie aber zu der vorhererwähnten Verrichtung in dem Saltzburgischen einige Zeit erfordert wird; also müssen sie sich immittelst ruhig halten, und durch Beten, auch fleißiges Arbeiten ihnen und den ihrigen Göttlichen Seegen, nicht weniger zu solcher Verrichtung in dem Saltzburgischen Glück und Gedeyen zu erwerben suchen. Se. Königl. Majest. befehlen demnach Deroselben Preußischen Kriegs. und Domainen-Kammer, auch Litthauischen Deputation, wie nicht weniger denen im Königreiche Preussen befindlichen Beamten, sich hiernach allerunterthänigst zu achten, und diese Dero allergnädigste Erklärung denen in Preussen placirten Saltzburgern zu publiciren.

Manche Salzburger halten es in Preußen und in Preußisch-Litauen nicht lange aus. In den ersten Monaten gibt es für Tagelöhner keine Arbeit, dabei waren sie doch die ersten, die als Besitzlose aus Salzburg ausgewiesen wurden. Vor allem ledige junge Männer gehen über Polen wieder zurück. Ihre Berichte über die Enttäuschungen wandern in Briefen und Berichten zurück in das Salzburger Land. *Da seht ihr, wie wenig auf die Versprechungen des Königs zu geben ist!* Die Propaganda greift solche Informationen gerne auf. Es hieß ja immer schon, dass die Salzburger Protestanten in ihr Unglück ausgewandern. *Seht her, wie weit es kommt, kehrt zum richtigen Glauben zurück, dann wird es euch bei uns gut gehen!*

Viele Klagen gelten den alten Einwohnern in Litauen. Sie sollen Diebe sein, die den Salzburgern alles unter den Händen wegstehlen. Die neuen Wohnungen der Salzburger sind voller Ungeziefer, das über die Füße kriecht. Es gibt keine Betten, alle Siedler liegen auf dem nackten Boden. Vielleicht gibt es noch ein paar Wolldecken. Solches Chaos, solcher Schmutz sind eine Katastrophe. Einige junge Männer bestätigen die

Gerüchte, dass sie zu den Soldaten eingezogen werden sollten, weil sie so groß gewachsen sind. Nur mit Mühe sind sie der Rekrutierung durch Flucht entkommen. Sind die Geschichten wahr, die überall verbreitet werden?

Es sind fleißige junge Leute mit einem guten Ruf, die zurückkehren, unter ihnen auch Frauen. *Es gibt dort keine Arbeit für uns!* Wenn wir den Behörden gesagt haben, dass wir endlich arbeiten wollen, kam stets nur die Antwort: Jetzt wartet noch etwas. Habt Geduld!

Sie haben Geduld, aber als das Geld ausgeht, werden sie wieder vorstellig: Wir wollen Arbeit oder etwas Verpflegung aus den königlichen Vorratshäusern. Die Antwort ist unfreundlich: *Geht dorthin, wo ihr Arbeit findet!* So gehen viele zurück. Sie erinnern sich an die Bürgerinnen und Bürger in den Städten, die ihnen während ihres Zuges durch die Länder im Übermaß geholfen hatten. Ganze Gruppen von Salzburgern lassen sich überall in Preußen nieder, um Arbeit und eine Unterkunft zu erhalten, andere reisen weiter.

Berichtet wird, dass in Preußen ein Befehl erteilt wurde: Salzburger, die aus Preußen wegziehen und einen Rückweg durch Polen suchen, seien ohne Verzug aufzuhängen. Es gibt auch andere Meinungen. Es solle nur vermieden werden, dass die Salzburger nach Deutschland zurückgehen. Sie sollen sich vielmehr eine Arbeit in Preußen suchen. Ein Chronist will diesen umstrittenenen Befehl, von dem so viele reden, persönlich einsehen. Er bittet die Behörden in einem Schreiben darum, ihm eine Kopie des angeblich existierenden Befehls zur Verfügung zu stellen. Er erhält das Papier nicht, zudem verbürgt sich niemand für die Richtigkeit der Information. Deshalb nimmt er schließlich an, das Ganze sei eine reine Erfindung von Leuten, die den Salzburgern nicht wohlgesonnen sind. Denn in Preußen, vor allem in Preußisch-Litauen, gibt es viele Feinde. Es sind vor allem jene Menschen, die neidisch auf die neuen Siedler sind. Es sind die, deren Platz die neuen Siedler einnehmen. *Die Existenz dieses Befehls ist eine böse Lüge!* Das kann auch wahr sein.

Die Briefe, die in Augsburg und in Eben-Ezer eintreffen, erzählen anderes. Die Salzburger schreiben, dass es ihnen noch ziemlich gut gehe. Ihre Briefe stehen im Gegensatz zu den Berichten mancher Reisender, die offensichtlich in Litauen nicht viel Gutes gesehen haben. Die Salzburger klagen grundsätzlich nicht, schon gar nicht in Briefen. Der preußische

König verfügt, Krankenhäuser bauen zu lassen. Es gibt viele Kranke und Gebrechliche unter den Emigranten. Da sie Untertanen mit allen Bürgerrechten sind, sollen sie medizinisch gut versorgt werden. Dafür werden allerdings die finanziellen Unterstützungen stark eingeschränkt oder teilweise sogar beendet. Auch für ihren Lebensunterhalt sollen die neuen Siedler künftig selbst sorgen. Der Etat in der Emigrantenkasse ist bei Weitem nicht ausgeschöpft, einige angekündigte Spenden stehen sogar noch aus. Nicht alle Geldbeträge, die in den evangelischen Ländern eingesammelt wurden, kommen der Emigrantenkasse zugute. Sachsen-Merseburg und Weißenfels haben ihre Kollekten nach Regensburg geschickt, Kur-Sachsen hat offensichtlich nach einem Befehl von oben die Gelder in den Bau der Dresdner Frauenkirche gesteckt. Auch aus Venedig und aus Smyrna trafen Spenden für die Salzburger ein. Die dreißig evangelischen Familien aus Berchtesgaden, die sich in Berlin gemeldet hatten, gelten wie die Salzburger als vorbildlich, ihre Kinder werden im Lesen und Schreiben unterrichtet, ihnen wird Religionsunterricht angeboten und sie haben, was als ein großes Privileg gilt, einen eigenen Lehrer. Der König stellt Baumaterial zur Verfügung, die Arbeiter erhalten eine Beihilfe. Die Gesamtleitung für die Bauprojekte der Salzburger überträgt der König dem Geheimen Rat von Herold, der über große Erfahrung verfügt. Er hatte die Salzburger Transporte schon auf ihrem Weg nach Berlin koordiniert und begleitet.

Nachrichten über solche Entwicklungen in Preußisch-Litauen interessieren die Siedler in Georgia sehr. Krankenhäuser gibt es am Savannah-Fluss noch nicht für sie, aber sie bereuen es nicht, dass sie sich damals in Augsburg entschieden haben, das Angebot des englischen Königs zur Aussiedlung und die Staatsangehörigkeit zur britischen Krone angenommen zu haben. In Amerika wie in Preußisch-Litauen singen die Exulanten ihre alten Lieder, sie sprechen ihre alten Gebete, und sie sind sich nahe in ihrer Erinnerung an die unglücklichen Zeiten in Salzburg.

XXVIII. Georgia

In Eben-Ezer werden Klagen über die Indianer laut. Reisende erzählen, die Indianer der Creek-, Tzschirkifaas und Tschernikies-Stämme würden sich immer häufiger bis zur Bewusstlosigkeit betrinken, wenn Alkohol ausgeschenkt wird. Vor allem die Franzosen versorgen sie mit starken Getränken. Der Transport der Rumfässer auf den Lastpferden ist nicht gerade leicht zu bewerkstelligen.

Davon abgesehen ist die Luft rein, bei den indianischen Familien wie bei den Siedlern außerhalb von Eben-Ezer und jenseits des Flusses grassieren im Augenblick nur wenige und meist harmlosere Krankheiten. Vor allem Gefäßkrankheiten nehmen zu. Boltzius erklärt sich dieses Krankheitsbild mit dem Leben der Siedler im Schatten. In den sonnenlosen, den *afotischen* Tagen dringt kaum ein Lichtstrahl durch die Bäume. In den Wäldern führen viele Indianerstämme Krieg. Die Verlierer werden von den Siegern als Sklaven in die Dienste der Europäer verkauft. Die Salzburger beobachten diese Entwicklungen genau, obwohl sie sich nicht daran beteiligen. Sklaven dürfen bei ihnen nicht arbeiten. Weder Indianer noch Schwarze.

Das Holz für den Neubau des Hauses, in dem Gronau wohnen soll, ist inzwischen getrocknet, diese Arbeiten müssen vorangebracht werden. Es ist zwar immer noch nicht geklärt, auf welchen Baugrund das Haus gesetzt werden soll, denn der Landvermesser ist wieder einmal verschwunden. So genau will es Boltzius mit dem Ortsplan jetzt aber nicht mehr nehmen. Das Haus muss bald stehen. Die Vermessungen müssen dies dann berücksichtigen.

Die Tage werden durch frisch geerntete Pfirsiche versüßt, die Bäume wachsen schnell und tragen bereits im dritten Jahr volle Früchte. Dabei gibt es ganz unterschiedliche Arten von Pfirsichen, die sich in der Farbe und im Geschmack deutlich voneinander unterscheiden. Endlich können an Boltzius' Haus kleinere Reparaturarbeiten ausgeführt werden. Er träumt davon, in die offenen Fenster Glasscheiben einzusetzen. Seine Gesundheit ist nicht besonders stabil, die feuchte Luft und der Wechsel von Kälte und Hitze machen ihm schwer zu schaffen. Die Planung hat er so vorbereitet, dass die Fensterscheiben auch in einen Neubau eingefügt werden können, falls es einen Neubau gibt. Im Augenblick fehlt noch immer das Geld, um die Baukosten bezahlen zu können. Das alte Haus muss besser abgedichtet werden. Das kostet nicht viel.

Eine Frau kommt zu Boltzius. Sie hat sich in Deutschland noch einige Schnüre mit schwarzen Korallen angeschafft. Teuer waren sie nicht, sagt sie, aber sie will den illegal erworbenen Schmuck endlich loswerden. Boltzius schenkt die Korallen einem Indianer. Kurze Zeit später kommt seine Frau und bringt ein großes Stück Hirschfleisch vorbei. Die Waisenkinder sollen es erhalten.

Neues vom Landvermesser. Bürgermeister Causton hat ihn dringend aufgefordert, seine Vermessungen von Eben-Ezer und seinen landwirtschaftlichen Flächen endlich abzuschließen. Der Mann taucht tatsächlich auf. Es ist viel zu heiß für die Vermessungsarbeiten, klagt er, es gibt viel zu viele gefährliche Schlangen. In Purrysburg stehen Aufträge an, deshalb will er – versprochen ist versprochen – in vier Wochen wieder in Eben-Ezer sein. Dann könnte die Hitze etwas abgeklungen sein. An den Bauarbeiten für das Haus von Gronau gibt es keine Kritik. Die Zimmerleute haben hervorragend gearbeitet, stellt der Landvermesser fest, das Haus steht am richtigen Platz. Es ist unglaublich, was die Salzburger bisher geleistet haben. Mit der Austeilung von Komplimenten ist der Landvermesser nicht geizig. Gouverneur Oglethorpe, sagt er, werde in Savannah beinahe stündlich erwartet. Er ist sich ganz sicher, dass der Gouverneur einen Neubau für Boltzius genehmigen wird. Dann reist er ab.

Der Viehbestand bleibt auf zwei Herden aufgeteilt. Es gibt eindeutig zu wenig Futter für die Kühe und Kälber. Immer wieder herrscht Futtermangel in Eben-Ezer. Für den Kälberhirten soll eine Hütte gebaut werden, für die Tiere ein neues Gehege. Noch sind die Unkosten höher als die Einnahmen, aber die Salzburger setzen darauf, dass es nicht mehr lange dauern wird, bis sie ihre Viehwirtschaft im Griff haben. Daheim waren sie als Landwirte und Rinderzüchter immer erfolgreich, irgendwann wird es hier auch so weit sein. Wieder einmal treffen Todesnachrichten aus Savannah ein. Zwei deutsche Knechte starben bei einem Unfall, der neue evangelisch-reformierte Lehrer ist von einem umstürzenden Baum erschlagen worden. Die erste Unterrichtsstunde in Eben-Ezer konnte er deshalb nicht mehr abhalten. Ein Mann wird von seinem Jagdkameraden irrtümlich erschossen; beide wollten einen Hirsch erlegen.

Aus Alt-Eben-Ezer wird berichtet, ein Kurier habe die Nachricht überbracht, dass sich die Spanier weiter oben im Land aufstellen. Das sieht nach einem Angriff aus.

Fast unverschämt hoch sind die Geldbeträge, die der deutsche Schuster den Siedlern in Eben-Ezer berechnet. Wie gut wäre es, wenn ein Handwerker gefunden würde, der sich auf die Lederverarbeitung versteht. Einige der entlaufenen Kühe werden wieder gefunden, sie stehen jetzt auf einer Weide in Alt-Eben-Ezer und sollen dort abgeholt werden. Die Besitzer wollen morgen aufbrechen. Aber sie sind gerade mit anderen Arbeiten beschäftigt. Außerdem gibt es noch den Befehl von Bürgermeister Causton, das gesamte Vieh zwischen Savannah und Pellichokelis zusammenzutreiben und die Rinder, die im Besitz der *Trustees* sind, mit einem Brenneisen zu markieren. Dann wird sich schnell herausstellen, welche Rinder nach Eben-Ezer gehören. Die Aktion ist nicht billig, aber es ist gut, wenn die Leute wieder zu ihrem Besitz kommen, denn einige Kühe wurden irrtümlich oder absichtlich in andere Herden aufgenommen.

Gronau erzählt nach einem Besuch in Savannah, dass ab sofort die Schweine und Hühner für den dritten Emigrantentransport in Savannah abgeholt werden können. Elf Schweine und ebenso viel türkische Hühner und Gänse werden Eber-Ezer zugebilligt. Inzwischen leben längst nicht mehr alle Emigranten des dritten Transports, aber da die Tiere bereitstehen, wird ihre Zahl nicht verändert. Deshalb gibt es nicht wie vorgesehen ein Tier für fünf Salzburger, sondern es gibt jetzt vier Besitzer pro Tier. Weitere Kühe sind zugesagt.

Das neue Haus von Gronau steht. Die Tür ist noch nicht eingesetzt, eine Treppe und zwei Fenster im Obergeschoß fehlen noch. Es ist Erntezeit, die Siedler und ihre Familien arbeiten auf den Feldern. Am 7. September trifft der Landvermesser wieder ein. Niemand dachte, dass er tatsächlich kommt. Er ist bereit, das Land oberhalb des Haberkorn-Flusses zu vermessen. Es ist viel besser als das Areal, das in Richtung Alt-Eben-Ezer liegt. Boltzius muss ihn noch von seinem Plan abbringen, für die Salzburger Land am Fluss auszumessen. Wegen der häufigen Überschwemmungen wäre es dort kaum zu bewirtschaften, Häuser und Ställe können dort nicht errichtet werden. Der Feldmesser Roß soll die höher gelegenen Gebiete oberhalb des Haberkorn-Flusses ausweisen, dann könnten sie Felder diesseits und jenseits des Flusses bewirtschaften, wären also vom Hochwasser weitgehend unabhängig. Die Arbeiten gehen langsam voran, obwohl Roß drei Helfer hat. Die Erde ist sehr fruchtbar, aber das Gelände ist wegen der Dornenbüsche, des Schilfrohrs und der Bäume schwer zugänglich, und es ist noch schwerer zu vermessen. Viel lieber würde Roß den Fichtenwald vermessen, aber an diesen Wald denkt nun wirklich niemand. Außerdem müsste der kleine Forst erst gerodet werden. Boltzius verhandelt deshalb mit Roß, spricht mit ihm über seine Arbeit und versucht, ganz unauffällig seinen Blick auf jenes Land zu lenken, von dem die Salzburger schon lange träumen. Boltzius und Gronau setzen darauf, dass auch für sie ein kleines Stück guten Landes flussabwärts vermessen und dann auch zugeteilt wird. Erst aber sollen alle Siedler im Ort versorgt werden.

Im Oktober häufen sich die Klagen über die deutschen Knechte, jene Männer, die ihre Schiffspassage über den Atlantik nicht bezahlen konnten und sich jetzt Geld verdienen, um ihre Schulden zurückzahlen zu können. *Sie sind aufsässig und benehmen sich schlecht.* Manche Pflanzer können froh sein, wenn sie ihre Auslagen jemals wieder erstattet bekommen. Die Unkosten für den Lebensunterhalt und für die Kleidung der Knechte können sie nicht eintreiben. Boltzius will vermeiden, dass die Deutschen an den Versammlungen in Eben-Ezer teilnehmen. Darüber wird er mit dem Gouverneur reden, der vor zwei Wochen in Frederica angekommen ist. In Savannah hörte man schon die Kanonen, die zur Begrüßung Oglethorpes abgefeuert wurden. Ihr Schall dringt bis Eben-Ezer. Oglethorpe soll viel zu tun haben. Vor Ablauf von zwei, drei Wochen wird er Boltzius nicht zur Verfügung stehen können. Das Store-Haus darf keine Waren mehr ausliefern. Eine Inventur steht an und die Abrechnungen mit den Siedlern in Eben-Ezer müssen noch einmal überarbeitet werden. Es gibt jetzt einen neuen Verwalter, der das Haus übernehmen soll. Bürgermeister Causton ist seit Langem mit der Verwaltung des Store-Hauses neben seinen anderen Pflichten überlastet.

In Purrysburg klagt der Schneider, dass ihn seine Frau mit beiden kleinen Kindern verlassen hat. Die Kinder wohnen bisher im Waisenhaus und besuchen die Schule in Eben-Ezer, während der Bohnenernte helfen sie beim Einsammeln der Hülsenfrüchte mit. Schlimm ist es, dass ihn die Frau zum dritten Mal in Georgia verlassen hat. Boltzius hört ihn an. Es fällt ihm schwer, ihm Trost zu spenden. Eine Schwangere hat ihre Schuhe und Strümpfe ihrem Mann mitgegeben. Er brauchte sie dringend für die Feldarbeiten. Jetzt ist sie krank. Boltzius weiß, dass sie geistig etwas behindert ist. Sie läuft seitdem barfuß herum, weil sie mit niemandem über ihre Armut reden wollte. Auch die Kinder im Waisenhaus haben keine Schuhe mehr.

Bei rauer See und starkem Wind erreicht der Gouverneur endlich Savannah. Der Bürgermeister erhält die Meldung von der bevorstehenden Ankunft. Die Einwohner stellen sich mit Gewehren zu seinem Empfang auf dem Weg zu seinem Haus auf, mit 24 Kanonenschüssen wird Oglethorpe begrüßt. Bis zum Abend sind immer wieder Freudenschüsse zu hören, ein Feuerwerk wird abgebrannt. Der Gouverneur bewirtet das Empfangskomitee und lässt sich berichten, was sich inzwischen alles ereignet hat. Der Bürgermeister macht ihm seine Aufwartung und bittet Boltzius, ihn zu begleiten. Am nächsten Tag lässt der Gouverneur ihn wissen, er werde den Salzburgern das vorgesehene gute Land zuteilen. Er wird dem Landvermesser einen entsprechenden Befehl geben. Boltzius ist erleichtert. Die Sonne leuchtet klarer. Die schweren Wolken haben sich verzogen. Am 28. Oktober kommt ein großes Boot in Eben-Ezer an, die Salzburger sitzen gerade in der Betstunde zusammen. Das Boot war zwischen Savannah und Purrysburg gekentert, alle Lebensmittel sind durchnässt. Zwei Fässer Mehl, ein Fass Fleisch, die Kleider einer Engländerin und der Koffer von Boltzius sind verloren. Den Rest der Ladung, die über Bord ging, konnten die Bootsführer wieder aus dem Wasser ziehen. Im Koffer war die neu angefertigte Amtskleidung von Boltzius. In der Tasche des Anzugs steckt ein Lederfutteral mit Briefen und Rechnungen. Jetzt ist alles verloren. Jetzt muss Boltzius aus dem Gedächtnis die Abrechnungen noch einmal zusammenstellen.

November. Der Landvermesser setzt seine Arbeit fort. Er will sie nicht beenden, bevor die Kartografierung der Stadt abgeschlossen ist, doch schon einen Tag später teilt er Boltzius mit, dass er seine Vermessungen nicht weiterführen kann. Seine Helfer wollen sich nicht an seinen

Arbeitsstil gewöhnen. In acht bis zehn Tagen sollte deshalb seine Arbeit abgeschlossen sein. Boltzius erlaubt ihm, unter den Salzburgern einige Leute auszusuchen, die ihm als Helfer zur Verfügung stehen sollen. Das ist kein Problem, denn alle sehnen ein Ende der Geländevermessung herbei.

Boltzius reist noch einmal nach Savannah, um das Debakel der verloren gegangenen Abrechnungen zu besprechen, außerdem gibt es viele Briefe, die mit einem der Schiffe nach Europa mitgenommen werden sollen. Er findet zu seiner Überraschung die von ihm vor Wochen abgegebenen Briefe und seine letzten beiden Tagebücher vor. Kapitän Thomson hatte den Gouverneur nach Frederica begleitet. Nun ist es gar nicht sicher, ob er bald nach London fahren wird und die Briefe wie die Tagebücher mitnehmen kann. Samuel Urlsperger in Augsburg wird schon ungeduldig auf die Post warten. Der Kapitän ist ohnehin in einer schwierigen Lage. Seine deutschen Knechte, die sich an Bord befinden, kann er nicht verkaufen, niemand will sie anstellen. Die Kosten für ihre Schiffspassage sind noch immer nicht bezahlt. Pro Woche erhalten die deutschen Knechte nur zweimal eine Verpflegung. Wenn sie mehr benötigen, müssen sie betteln gehen. Unter den Passagieren sollen viele alte Leute und sogar Kinder sein. Die Salzburger schlagen vor, einige der Unglücklichen bei sich aufzunehmen und ihnen Gemüse zu schenken. Die Ernte wird dafür ausreichen. Der Kapitän will die Passagiere zunächst nicht an Land setzen, sie könnten ja verschwinden, ohne zu bezahlen. Boltzius hofft, dass er den Gouverneur überzeugen kann, einen Anteil der Reisekosten zu finanzieren, dann könnte die Hilfe der Salzburger wirksam werden. Weil er immer noch betrübt über den Verlust seines Koffers, der Rechnungen, der Briefe und seines neuen Amtskleids ist, tröstet ihn ein Engländer. Er liest ihm aus dem Propheten Jeremia vor, dass solche Prüfungen von Gott nicht ohne Grund geschickt werden. *Laß dein Schreien und Weinen und die Tränen deiner Augen; denn deine Arbeit wird wohl belohnt werden, spricht der Herr.*

Es ist ein Elend mit dem Landvermesser. Seit gestern regnet es, einige tiefer liegende Felder sind bereits überschwemmt. So kann niemand das Land vermessen, beklagt sich der Mann, niemand wird ihn für die unvollendete Arbeit bezahlen und deshalb kann er auch nicht den Lohn für seine Helfer aufbringen. Wir können das so machen, schlägt er vor, dass ich für jede vermessene Meile einzeln bezahlt werde. Boltzius lehnt das Angebot ab. Eine Verpflegung kann der Mann schon haben, Geld aber soll er nicht bekommen. Alle sind bekümmert, dass die Felder für die Landwirtschaft so weit auseinander liegen. Die meisten Siedler werden wohl an den Haberkorn-Fluss ziehen müssen, einige werden die Felder nahe Eben-Ezer versorgen. Wenn das wirklich so kommt, muss sich die Gemeinde teilen. Einige werden hinausziehen müssen. Boltzius hält das für keine schlechte Lösung. Sein Haus ist in beklagenswertem Zustand. Wenn er mit den Salzburgern vor die Stadt zieht, dann könnte er vielleicht, vielleicht auf diesem Weg zu einer besseren Wohnung kommen. Andererseits ist es nicht gut, deshalb die Mehrheit der Siedler zu verlassen. Die Stadt muss einfach weiterentwickelt werden, er hat dort viel zu tun und es wäre schlecht, wenn die Häuser verrotten wie in Purrysburg. Dort holt sich die Natur wieder zurück, was ihr von den Siedlern abgetrotzt worden war. Der Verfall der Stadt Eben-Ezer würde dem guten Ruf der Salzburger schaden. Es gibt genug Nachbarn, die ihnen nicht wohlgesonnen sind, sie warten nur darauf, die Salzburger anzuschwärzen. Wenn ihnen aber das gute Land zugeteilt würde, dann könnten sie doch Knechte gegen Lohn beschäftigen, während die Häuser von Hausverwaltern gepflegt und betreut werden. Es gibt viele gute Leute, die gerne nach Amerika kommen wollen. Vielleicht sind dann auch ein paar Handwerker dabei. Der Senior in Augsburg will sich darum kümmern, vor allem Handwerker aus dem Raum Ulm als Siedler in Georgia zu gewinnen. Alles spricht dafür, den Salzburgern das höher gelegene gute Land zuzuteilen, es ist sicher vor den häufigen Überflutungen durch den Savannah-Fluss und die anderen Flüsse in dem wasserreichen Land.

Damit nun dieses sehr schöne Land genutzt werden könne, so sind unsere Leute eins worden, den gantzen Strich des hohen Landes disseits des Haberkornischen Flusses einzunehmen, und ihre Häuser und Ställe drauf zu bauen, so, daß 3. Familles auf einer Plantation neben ein ander, eine jede Famille auf einem a part abgetheilten Stück Landes wohnen. Hier stehen zwar mehrentheils nur Tannen und Fichten, die sie aber zum Bau und das Land, wo sehr viel Rohr-Schwämme darzwischen sind, zur Vieh-Weyde sehr wohl nutzen können, wie denn unser meistes Vieh bisher in dieser Gegend geweidet worden ist. Am Fluß und über demselben ist kein Bau-Holtz, sondern viel hohes Rohr, dicke Eichen, Büchen, Nussbäume, und eine grosse Menge Dornen-Büsche, und finden verständige Leute das Land von solcher Beschaffenheit, daß sie allerley Arten von Landesfrüchten, desgleichen auch Hanf, Flachs, Weitzen,

Gersten, Haber etc. darauf zu bauen hoffen. Weil es jährlich überschwemmet wird, und der Savannah-Fluß sehr viel Fettigkeit mit sich führet, so brauchen sie solch Land nie zu Düngen, auch nie ruhen zu lassen, sondern haben den Genuß davon alle Jahr. Die Probe ist schon in unserer Nachbarschaft mit eben solchem Lande in Caroline gemacht. Nun von diesem Land jenseits dem HHaberkornischen Fluß haben die vorgedachte 3. Familien, die auf dem hohen, trockenen und zugleich gesunden Land anbauen, zwey Plantationen, jede von 48. Morgen, und damit nun jede Familie einen Theil von beyden Arten des Landes habe, so werden durch diese 3. Plantationen, die diesen drey Familien gehören, drey egale Linien gezogen, damit jeder wisse, was sein ist. Diese drey Familien arbeiten gemeinschaftlich, und zwar an eben dem Orte, wo ihre Nachbarn auf beyden Seiten das Land von Bäumen reinigen; und weil jede Familie für sich nur einen schmalen, aber desto längern Strich hat, so bleiben keine Bäume, die einen schatten machen können, stehen, daß alsobald ein grosses offenes Feld ausgehauen wird. Zwischen der ersten und andern Plantation lauft der Haberkornische Fluß, an welchem zwar auf jeder Seite 200. Fuß auf Ordre der Trustees müssen liegen bleiben, welche aber den Besitzern der Plantationen wenigstens in der ersten Zeit auch zu gute kommen. Hinter diesen Plantationen findet sich noch ein langes Stück, auch ausgemessenes, zu uns gehöriges sehr gutes Land, welches aber von den unsrigen nicht besetzt wird, sondern für die Nachkommenden bleibet.

»Wenn wir uns dies also vornehmen«, schreibt Boltzius, »dann verstoßen wir nicht gegen die Richtlinien der *Trustees*, denn wir halten die Bestimmungen ein, teilen nur das Land besser ein«.

Die unbrauchbare Sägemühle muss anschließend abgerissen werden, und wenn alles fertig ist, verkürzt sich die Bootsreise nach Savannah, weil die Flut bis an die Pflanzungen heraufkommt. Flussaufwärts dauert dann die Reise nur noch sechs Stunden. Die Mühlsteine aus London drehen sich in der neuen Getreidemühle. Gutes Mehl ist teuer, aber mit der Mühle kann die Selbstversorgung ausgebaut werden. Die alten Handmühlen taugen für das Mahlen des indianischen Korns nichts mehr. *Das Mehl ist gut, wenn die Leute gesund sind und die Mühle betrieben wird.* Auch für die Kranken ist gutes Mehl sehr wichtig. Die Bearbeitung des Korns bleibt aber auch mit der neuen Mühle mühsam. Zwei Leute betreiben sie mit der Hand, das Korn muss vorher auf eisernen Mühlen gebrochen und geschrotet werden.

Noch immer ist das Problem nicht gelöst, wie den Passagieren auf dem Schiff von Kapitän Thomson geholfen werden kann. Weil sie noch immer niemand als Knechte kaufen will, ist angeblich Gouverneur Oglethorpe dazu bereit sie auslösen. Aber das ist nicht sicher. Die Tage verrinnen, die armen Leute an Bord hungern und die Salzburger stehen bereit, ihnen zu helfen. Dazu aber müssen die Passagiere das Schiff verlassen.

Verschiedene Leute aus unserer Gemeine sind geneigt, einige Kinder beyderley Geschlechts anzunehmen und aus Mitleiden und Erbarmen zu versorgen, wenn sie ihnen Hr. Oglethorpe auslösen und schencken will. Für unsere Leute ist dis doch auch eine Wohlthat, indem sie auf diese Weise nach und nach Knechte und Mägde bekommen, ob sie wohl in den ersten Jahren wenig Nutzen von ihnen haben. Halten sich solche Kinder, sonderlich des Weiblichen Geschlechts, wohl, so werden sie einmal gute Gehülfinnen an unserm Ort abgeben können. Es ist doch wol kaum zu hoffen, daß ein neuer Transport, und darunter unverheyrathete Weibs-Personen hergeschickt werden, da die Hrrn. Trustees dermalen nicht vermögend sind, die Reise-Kosten und den Unterhalt wenigstens auf ein Jahr zu tragen.

Die Früchte auf den Baumwollfeldern springen allmählich auf, obwohl es Frost gegeben hat. Die Salzburger haben inzwischen gelernt, die Baumwolle nicht zu früh zu ernten. Etwas Kälte halten die Pflanzen aus, dann fällt die Ernte sogar reicher aus. Boltzius freut sich jeden Tag über die Geschicklichkeit des alten Mannes, der für das Waisenhaus eine Reismühle konstruiert hat und sich inzwischen daran gemacht hat, Räder herzustellen. Wenn es ihm gelingt, hätten die Siedler endlich eigene Wagen und Karren für ihre Arbeit. Der Alte will hierbleiben, lieber als in Purrysburg, wo die Leute nach seiner Erfahrung nicht so ehrlich und tüchtig sind. Er bemerkt, dass die Salzburger trotzdem Abstand zu ihm halten. Aber sie geben ihm etwas Geld für seine Räder und sie geben ihm Lebensmittel, damit er und sein zehnjähriger Sohn etwas zu essen haben.

Bevor der Monat ganz verstrichen ist, erlaubt der Gouverneur, vom Schiff so viele jüngere und ältere Mädchen zu holen und nach Eben-Ezer zu bringen, wie es den Salzburgern möglich ist. Sie sollen bei ihnen mitarbeiten und sich ordentlich aufführen. Sollte eines Tages ein unverheiratheter Mann eines dieser Mädchen zur Frau nehmen, dann erhält sie ihre Freiheit. Allerdings muss ihr Mann dann die Schulden der Schiffspassage, die der Gouverneur dem Kapitän ersetzt hat, in jährlichen Raten an Oglethorpe abtragen. Welcher Salzburger kann eine solche Summe aufbringen? Boltzius erhält deshalb die Genehmigung, die Rückzahlung für den Fall auszusetzen, dass die junge Frau nachweislich im Waisenhaus arbeitet. Der Gouverneur setzt auf Boltzius, Boltzius vertraut ihm.

Ich habe solcher Mägdlein sechs ausgelesen, die heute von Purrisburg, wohin sie durch des Kiefers Boat gebracht sind, abgeholet werden. Zwey sind von neunzehen Jahren, die übrigen aber jünger, alle aber schienen ein unteres und williges Wesen zu haben, und haben ein gut Zeugniß. Sie kommen alle zu christlichen und wohlthätigen Leuten in der Gemeine, und werden wohl versorgt seyn. Die Eltern waren anfangs etwas schwürig, ihre Kinder von sich zu lassen, sie meynten dadurch mich zu bewegen, sie selbst und also gantze Famlien mit zunehmen, wozu ich aber keine Erlaubniß hatte, auch niemand unter uns Vermögen hat, solche zu erhalten. Da sie aber sahen, daß ich lieber kein Kind als Eins gezwungen haben wolte, und vernahmen, wie es unter uns stehet, so hätte ich der Kinder noch mehr bekommen können, wenn ich nicht mein Bedencken gehabt hätte. Wiewol noch verschiedene Leute in der Gemeine sind, die gern ein Mägdlein aufgenommen hätten. Darüber waren die Leute sehr bekümmert, daß sie von dem Capitain solten nach Friderica geführet, und dort etwan hin und her untergebracht werden und würden daher wol sehr froh gewesen seyn, wann eine Möglichkeit vorhanden gewesen, sie nach Eben-Ezer zu nehmen.

Nicht jeder einzelne Wunsch kann erfüllt werden. Boltzius will aber jedem Menschen Gerechtigkeit widerfahren lassen. Er selbst hat vor, eine kranke Witwe von vierundfünzig Jahren und ihre sehr gebrechliche, zweiundzwanzigjährige Tochter auch noch von Bord zu holen. Der Gouverneur weiß das noch nicht. Er wird es wohl genehmigen. Die völlig verarmten Passagiere mit ihren aufgeschwollenen Körpern, krank bis auf die Knochen, werden mit Schubkarren wieder an Bord gebracht. Niemand kann sie aufnehmen, auf dem Schiff aber gibt es keine Verpflegung für sie. Boltzius würde gerne die Witwen, deren Männer auf See blieben, mit ihren Kindern nach Eben-Ezer holen, aber es ist nicht möglich. Es geht den Siedlern nicht gut und die Vorräte sind zu knapp, um weitere Menschen zu verköstigen. Savannah wird von vielen Segelschiffen angelaufen und so ist dieser Fall nur einer von vielen. Jeder hat sich an das Elend gewöhnt. Niemand hat diese Menschen gezwungen, nach Amerika zu kommen, ohne Geld, ohne Habseligkeiten. Wie sollen denn in Georgia so viele Leute aufgenommen werden? Die Nächte werden jetzt wieder kühl, manchmal ist es richtig kalt. Es ist Dezember. Der Wind fährt allen in die Knochen. Einige Salzburger bauen sich auf den Feldern draußen kleine Hütten, damit sie sich während der Rodungsarbeiten vor dem Regen und dem schneidenden Wind schützen können. Sie haben dazugelernt. Niemand will wieder so krank werden wie vor einem Jahr.

Ein Schuster, der mit anderen Leuten per Schiff in Savannah, dann mit dem Boot in Eben-Ezer eintraf, fühlt sich sehr wohl unter den Salzburgern. Seine Reisegefährten auf der Schiffsreise wurden inzwischen verkauft, die neuen Lebensumstände als Sklaven sollen äußerst hart sein. Die älteren Passagiere, die Kranken, die Schwangeren und die kinderreichen Familien, alle nicht arbeitsfähig, waren bis heute unverkäuflich. Kapitän Thomson bringt sie deshalb nach Frederica. Sie jammern darüber, dass sie weggeführt werden. Die Kinder werden von ihren Eltern getrennt, denn einzeln sind sie auf dem Markt besser verkäuflich.

Trotz des einsetzenden Winters geht die Arbeit auf den Feldern weiter. »Das Klima ist nicht so rau wie in Deutschland«, schreibt Boltzius. Lange hat es nicht mehr geregnet, der Wasserstand im Fluss fällt. Der Schulunterricht muss verkürzt werden. Das Haus ist nicht abgedichtet, der Raum wird zu kalt für die Kinder, um sie länger zu unterrichten. Das Haus sollte wenigstens ein Zimmer haben, das beheizbar ist. Dort könnten auch die Kranken versorgt werden. Dazu aber müsste ein Ofen aufgestellt werden. Denn die Außenwand des Hauses besteht nur aus einer doppelten Bretterschicht. Es macht ja nichts, wenn die Leute in kalten Zimmern schlafen, aber tagsüber müssen wenigstens einige Räume geheizt werden. Boltzius verfügt in seinem Haus über einen Kamin, aber dieser gibt kaum Wärme ab. Wenn er krank ist, notiert Boltzius, dann ist solche Kälte kaum auszuhalten.

Die alte Witwe, die Boltzius von Bord geholt hat, ist inzwischen überglücklich. Unter Tränen bedankt sie sich täglich bei ihm. Sie arbeitet still vor sich hin. Sie übernimmt jede Arbeit, die ihr abverlangt wird. Boltzius denkt deshalb an eine andere Witwe, die krank in Savannah lebt. Sie könnte sich hier erholen. Die größeren Mädchen haben inzwischen gute Zeugnisse erhalten. Leichtsinnig und flatterhaft, wie sie in den ersten Tagen waren, helfen sie jetzt doch tüchtig im Haushalt mit. In diesen Tagen gibt es wieder viele Anmeldungen für das Waisenhaus, aber nicht alle Kinder können aufgenommen werden. Vor allem die armen Leute erhoffen die Aufnahme und die Erziehung ihrer Kinder im Waisenhaus. Die sechs Mädchen, die mit Genehmigung des Gouverneurs von Bord geholt worden waren, sind bei Salzburger Familien im Dienst. Ein Mädchen hat Boltzius in sein eigenes Haus aufgenommen. Sie ist völlig ungebildet, deshalb schickt Boltzius sie für einige Stunden in den Unterricht. Allen Mädchen geht es jetzt gut, nur mit einem kann niemand umgehen. Es ist grob und ufsässig. Am 13. Dezember zieht Boltzius wieder einmal Bilanz.

In Alt- und Neu-Eben-Ezer wurden neununddreißig Kinder geboren, siebenundzwanzig von ihnen sind wieder gestorben.

Die Häuser sind undicht, die Zimmer kalt. Kein Kleinkind hält solche Kälte aus, ohne krank zu werden. Jetzt sind schon sechsundsechzig Salzburger seit ihrer Ankunft gestorben. In der Gemeinde Eben-Ezer leben achtundzwanzig Eheleute, elf Jungen, zweiundzwanzig Mädchen, achtundzwanzig unverheiratete Männer und eine ledige Frau.

Am nächsten Tag trifft die unglaubliche Nachricht ein. Sein über Bord gegangener Koffer soll von den Knechten eines Kaufmanns in Savannah aus dem Wasser geborgen worden sein. Boltzius fährt zu ihm hin, weil er in Eben-Ezer nicht herausfinden kann, ob die Geschichte stimmt. Sie ist wahr. Die Knechte haben seinen Koffer aus dem Meer gefischt.

Die Knechte machten zwar viel Weitläuftigkeit und begehrten viel Trinckgeld, musten aber endlich mit den gefundenen Dingen, die sie in etlichen Winckeln versteckt hatten, hervor, und haben den Lohn, den sie verdienet, in Savannah zu gewarten. Denn weder ihr eigener Herr, noch ein ander Mensch, heißt es ihnen gut, daß sie die aufgefangene Sachen lange vor iederman verborgen gehalten, welches allem Ansehen nach wol darum mag geschehen seyn, das schwarze Kleid unter der Hand zu verkaufen, nachdem sie die übrige Dinge, als einige Wäsche, Perruque & c. schon werden verkauft oder für Rum vertauscht haben, indem solche Stücke nebst meinen in ein ziemlich dicken Buch zusammen gehefteten Rechnungen nicht mehr vorhanden waren. Sie gaben vor, sie hätten den Coffre offen gefunden, da denn die vermisste Stücke wol mögen heraus gefallen seyn. Unsere Briefe von England und Teuschland waren alle ganz unversehrt, welches uns allen sehr erfreulich ist. Mein schwarz Kleid ist zwar so übel zugericht, daß ichs umkehren lassen muß, doch werde ichs noch kurze Zeit brauchen können.

Autorität muss es geben. Geistliche Gewänder sind kein Luxus. Boltzius braucht längst einen neuen Anzug und einen neuen Talar. Unter den armselig gekleideten Salzburgern fällt er mit seiner abgewetzten Kleidung nicht besonders auf. Die Nacht ist sehr kalt. Um diese Zeit fliegen sonst immer viele Enten ein, in diesem Jahr kamen nur wenige. Es mag daran liegen, dass die Eicheln nicht so gut gewachsen sind wie früher. Fehlt das Futter, fehlen die Enten. Die türkischen Hühner haben sich ebenfalls ganz anders als in den Vorjahren verhalten. Sie fielen im Herbst in die Felder ein und fraßen Bohnen und Reiskörner. Vor einem Jahr sollen mehr als einhundert Hühner geschossen worden sein. Ihr Fleisch ist vor allem für die Kranken und die armen Leute sehr nahrhaft. Ein Pflanzer aus der Nähe von Savannah geht zurück nach England. Er will Boltzius einen Knecht mit seiner Frau und vier Kindern schenken. Der Mann soll ein guter Jäger und Angler sein. Boltzius merkt schnell, dass der Mann nicht gerne arbeitet. Er ist faul. Er ist aus Abenteuerlust nach Amerika gegangen, zu Hause langweilte er sich. Nach Eben-Ezer passt er aber nicht. Das freundliche, zugleich listige Angebot wird abgelehnt. Dafür wird der Schneidergeselle Kickar aufgenommen. Er war dem Tod sehr nah, noch immer ist er wegen der überstandenen Dysenterie bis auf die Knochen abgemagert. Sein Pferd musste er verpfänden. Schon lange will er sich in Eben-Ezer ansiedeln, aber der Gouverneur war mit dem Ortswechsel nicht einverstanden. In Savannah kann es nicht gut gehen mit ihm, glaubt Oglethorpe. Die Salzburger wollen ihn aber gerne aufnehmen, gestern Abend traf er mit dem großen Boot ein. Die Leute bringen ihm Mehl und Butter, und ein Mann, dessen Frau krank im Haus liegt, bietet ihm Pflege und Unterkunft an. Wer Hilfe erfahren hat, leistet gerne Hilfe für andere. Wenn Kickar wieder gesund ist, wird er in Eben-Ezer eine gute Arbeit machen. Geld ist ihm nicht wichtig. Er will unter guten Menschen sein und mit seinen Fertigkeiten das tägliche Brot verdienen.

XXIX.
Augsburg

Es kann doch niemand von ihm erwarten, dass Samuel Urlsperger alle Berichte aus Eben-Ezer in voller Länge in seinen *Ausführlichen Nachrichten* abdruckt. Mit seinem Sohn Johann August geht er die ihm zugesandten Briefe aus aller Welt und die Tagebücher von Boltzius und Gronau durch. Beide wählen aus, was im Druck erscheinen soll. Ihnen kommt es nicht darauf an, die ersten Jahre der Salzburger Exulanten in Amerika wie in einer Chronik zu dokumentieren. Urlsperger anonymisiert viele Namen, die Boltzius nennt, vergisst aber gelegentlich, spätere Namensnennungen von Boltzius zu streichen. Er entfernt in den Tagebüchern wie in der Korrespondenz aus Eben-Ezer kritische Passagen. Er streicht die Kritik von Boltzius und dem englischen Kommissar Freiherr von Reck an der schlechten, geradezu grausamen Behandlung der Salzburger durch den Kapitän bei der Überfahrt über den Atlantik. Er kürzt die Anmerkungen von Boltzius über seine Erfahrungen mit evangelischen Freikirchen und mit den Herrnhutern. Ihm liegt daran, in seinen Veröffentlichungen ein harmonisches Bild der Salzburger in Eben-Ezer zu zeichnen. Irritationen oder gar Zweifel an ihrem so energisch verteidigten evangelisch-lutherischen Glauben anzudeuten: Dies stört nur seine Arbeit, um weltweite Hilfe für »seine« Salzburger zu bitten. Urlsperger redigiert in der Druckfassung auch jene Briefe aus Eben-Ezer, die er an Freunde im Salzburgischen Land weiterleiten soll. Eben-Ezer gilt für ihn als eine Tochtergemeinde der Augsburger St. Anna-Gemeinde, den Siedlern in Georgia muss geholfen werden. Negative Informationen beeinträchtigen nur die internationale Spendenaktion. Urlsperger hat kein Unrechtsbewusstsein. Das Ziel ist klar. Es lohnt sich, diesen wunderbaren Menschen in dem wunderbaren Eben-Ezer zu helfen: mit Geld, mit Literatur, mit Handwerkszeug, mit Medikamenten, später sogar mit der Anwerbung von Frauen, die zur Emigration bereit sind, denn es gibt in der Salzburger Siedlung zu wenige heiratsfähige Frauen. Auf den Wunsch aus Eben-Ezer versucht er auch, ausreisewillige junge Handwerker zu finden, denn die Salzburger haben einen großen Bedarf an jungen Leuten, die ein Handwerk gelernt haben. Da der Herzog von Württemberg die Auswanderung seiner Untertanen nicht akzeptiert, wendet sich Urlsperger jun. ein paar Jahre später mit einem in lateinischer Sprache abgefassten Werbeschreiben an junge Leute in Ulm. Dabei sollen die Pfarrer der Region mithelfen, sie für die Ausreise nach Eben-Ezer in Georgia zu gewinnen.

In solchen Zeiten will sich Urlsperger nicht mit Nachrichten belasten, die Förderer und Spender abschrecken könnten. Als Beauftragter der englischen Krone für die Salzburger Siedler in Georgia sieht er sich im Recht, deutliche Akzente zu setzen, schwierige Familiengeschichten zu streichen, Klagen zu minimieren, Vorurteile und negative Reaktionen auf die Berichte aus Eben-Ezer gar nicht erst entstehen zu lassen und seine Gemeinde hinter dem Atlantik in möglichst strahlendem Licht darzustellen. Die Spender warten auf Erfolgsberichte. So kürzt er die Texte, er präzisiert, er kritisiert, er kommentiert. Boltzius erhält natürlich die gedruckten Fassungen seiner Tagebücher. Er lernt schnell, welche Informationen in Augsburg beliebt sind und welche Informationen dort nicht so gerne gesehen werden. Zunächst ist er mehr als verblüfft über die redaktionelle Arbeit Urlspergers, aber er weiß, dass der Senior in Augsburg keineswegs nur Freunde in seinem großen Netzwerk aufweisen kann. Der Londoner Hofprediger Ziegenhagen übersetzt seine Briefe in die englische und französische Sprache.

Urlsperger ist bitter enttäuscht über das Scheitern der ersten Siedlung Eben-Ezer, die schließlich wegen des besseren Ackerlandes zum Roten Berg verlegt wurde. Deshalb will er sich nicht zu ausführlich mit den Enttäuschungen der Siedler, manchen menschlichen Unzulänglichkeiten und mit Vorwürfen gegenüber namentlich genannten Salzburgern befassen. Zu private Nachrichten von Boltzius und Gronau wird er nicht für den Druck freigeben. Jede ausführliche Kritik am Katholizismus in Salzburg und den Durchreiseländern der Exulanten soll vermieden werden. Das

Klima in Augsburg ist giftig genug, da sind Abwägung und Diplomatie gefragt. In seiner Stadt hat Urlsperger, der in späten Jahren zum Ehren-*Trustee* ernannt wird, obwohl er kein einziges Mal nach Eben-Ezer reist, zahlreiche Feinde, vor allem im katholischen Magistrat der Stadt. Die alten Narben schmerzen. Selbst seine Theologie wird angezweifelt, aber er wehrt sich erfolgreich gegen alle Unterstellungen und gegen böse Verdächtigungen, er verrate die evangelische Religion. Keineswegs auf direktem Weg erreichen die Briefe aus Eben-Ezer den Augsburger Senior. Ziegenhagen sortiert die Schreiben, sieht sie durch, schickt sie dann an Urlsperger, der sie oft mit großer zeitlicher Verzögerung nach Halle an Professor Francke weiterleitet. Er ist der Stiftung in Halle seit seiner ersten Begegnung mit August Hermann Francke sehr verbunden; die Freundschaft gilt nach dessen Tod seinem Sohn Gotthilf August, der die Halle'schen Anstalten leitet. Urlsperger und Francke jun. tauschen sich in einer Dauerkorrespondenz aus, es ist kein Zufall, dass Urlsperger seine *Ausführlichen Nachrichten* bei ihm in Halle publiziert. Unermüdlich bemüht sich Urlsperger um eine finanzielle Wiedergutmachung für die enteigneten Salzburger. Noch hat er keinen Erfolg. Unermüdlich schreibt er lange Briefe nach Eben-Ezer, berät und mahnt, predigt und antwortet auf alle Fragen, die ihn aus Georgia erreichen. Es fehlt ja neben allen Krisenberichten keineswegs an Nachrichten aus der Siedlung, die Urlsperger begeistern. Übrigens verdient Urlsperger viel Geld mit seinen Publikationen. Er investiert es in seine Salzburger und ihre Siedlung.

Es bezeugte heute ein Mann von teutschen Knechten an unserm Orte sein groß Wohlgefallen an diesem Lande, und brauchte er insonderheit diesen Ausdruck: Er wolle nicht, daß er einen Finger mehr in Teutschland hätte. Es sey hier für fleißige Arbeiter ein gelegenes Land, und sehe man es ja, daß einige unter den Saltzburgern schon mehr von ihrer Arbeit hätten, als viele in Teutschland nicht hätten, die wol 40. bis 50. Jahre gehauset hätten. Er hätte sichs sein lebtage sehr sauer werden lassen, und doch nicht so viel erwerben können, daß er sich nur ein Kalb hätte kauffen können. Es gebe gar viel Herrn daselbst, die alle von den Unterthanen leben wollten. Wenn er sich den gantzen Tag über müde gearbeitet hätte, so hätte er noch, ehe er nach Hause kommen können, noch verschiedene hohe Berge übersteigen müssen, hier aber sey alles ebenes sehr wohl gelegenes Land. Unsere Saltzburger haben, nachdem sie ihr eigen Land bekommen, und ihre Haushaltung besser einrichten können, es nun wol erkant, welche Wohlthat ihnen durch die Aufnahme in diese Colonie widerfahren ist. Weil sie in ihrem Vaterlande nicht Mangel an Lebens-Mitteln, sondern gut und gnug zu essen gehabt, und man im Reiche auch aufs beste für sie gesorget hat, so hat es ihnen wol im Anfange hier im Lande ziemlich fremde gedeuchtet, Mangel und Prüfung zu erdulden. Welche aber unter uns ausgehalten haben, geniessen schon jetzt die Frucht der Geduld und des Wartens, und werden sie, wo sie GOtt fürchten, künftig noch besser geniessen. Es ist gar wahrscheinlich, daß wenn es in Teutschland kund wird, daß teutsche Leute in dieser Colonie ihr Brodt gewinnen, und in Frieden und Vergnügen geniessen können, hieher eben so viel Leute reisen werden, als verschiedene Jahre hindurch nach Pensylvanien gereiset sind, wo jetzt kein Unterkommens ist.

Solche Briefe ermutigen Urlsperger, seine Frau Sophie, geborene Jäger von Jägersberg, und seinen Sohn Johann August, der seinen Vater zunehmend unterstützt und viele Jahre später seine Arbeit übernehmen wird. So lange jedenfalls, bis er selbst, als Pfarrer theologisch isoliert und heftig angegriffen, Augsburg verlassen muss. Sein Gewissen lässt Samuel Urlsperger immer wieder zu anderen Ratschlägen kommen, als sie in Eben-Ezer erwartet werden. Boltzius erwartet aus Augsburg zum Beispiel eine moralische Unterstützung für die Haltung der Salzburger in Eben-Ezer, schwarze Sklaven nicht in ihre Dienste zu nehmen. In Georgia ist die Sklaverei untersagt, aber in der Umgebung sieht das ganz anders aus. Während die Salzburger vor allem die Mädchen aus dem Waisenhaus als Mägde heranziehen, beschäftigen die Siedler in Carolina schwarze Sklaven. Boltzius begründet seine Ablehnung, aber Urlsperger sieht die Lage anders. Zu viele Salzburger sind gestorben, und zu viele deutsche Knechte und Mägde sollen in Eben-Ezer nicht aufgenommen werden, um die Identität der Salzburger Siedlung nicht zu zerstören. Zwar bittet Urlsperger die *Trustees* noch, sich weiter gegen die Einführung der Sklaverei zu engagieren, aber einige Jahre später kommt aus London die Nachricht, wenn sich die Sklavenhalterei nicht vermeiden lasse, dann solle sie wenigstens auf christliche und menschliche Art erfolgen. Mag sein, dass Hofprediger Ziegenhagen in London dieses Schreiben an Boltzius verfasst hat, vielleicht stammt der Brief auch von Urlsperger. In jedem Fall aber entscheidet er nicht selbstherrlich und allein. Er versammelt seine Gemeinde in der St.-Anna-Kirche in Augsburg und berät mit ihr einen ganzen Sonntag lang die Streitfrage. Dann meldet er nach Eben-Ezer, wie die Beschäftigung von Sklaven in der Landarbeit aussehen könnte.

Die Evangelischen in St. Anna haben heftig diskutiert. Stellvertretend für die Salzburger in Eben-Ezer sollten sie eine verbindliche Entscheidung treffen. Die Patengemeinde in Georgia ist ihnen seit jenen Tagen vertraut, als die ersten Vertriebenen in der Stadt eintrafen. Damals hatten sie an einem einzigen Sonntag einundzwanzigtausend Golddukaten als Kollekte zusammengebracht. Die von Samuel Urlsperger geplante und durchgeführte Renovierung der Kirche, in der die Salzburger noch eine holzgetäfelte Kassettendecke vorfanden, ihr Umbau und ihre Ausstattung mit einem Spät-Rokokogewölbe verschlangen eine Gesamtsumme von zwanzigtausend Golddukaten. Die Salzburger in Eben-Ezer liegen den evangelischen Augsburgern am Herzen. Schließlich setzen sie die Bedingungen für die Anstellung schwarzer Sklaven.

Wenn es sich nicht vermeiden lässt und wenn es den geltenden Gesetzen nicht widerspricht, dann dürfen die Salzburger in Eben-Ezer schwarze Sklaven in ihre Dienste nehmen.

Sie müssen sie anständig wie jeden anderen Knecht bezahlen.
Sie erhalten volles Bürgerrecht.
Sie haben ein Recht, ihre Kinder in der Schule ausbilden zu lassen.
Sie müssen, wenn sie es wollen, in die Freiheit entlassen werden.
Sie dürfen ihren Besitz ihren Kindern vererben.

Aber noch ist es nicht so weit. Urlsperger druckt lieber die guten Nachrichten aus dem Tagebuch von Boltzius und Gronau, ihre Erfahrungsberichte über die ersten Erfolge mit dem Flachsanbau und ersten Versuchen, Weinstöcke zu pflanzen.

Unser Knecht zeigte mir einen Weinstock, den er dis Jahr beschnitten, und seinen Fleiß daran gethan hat, davon er im Herbst schon eine ziemliche Anzahl Trauben hoffet. Es war ein alter dicker Stock, der aber schon im vorigen Sommer viele junge Zweige getrieben hatte, welche dieser Mann im Winter in die Erde geleget und also fortgepflantzt hatte. Im Frühling wurde ein jeder in die Erde gelegter Stock grün, und bekam Trauben, die jetzt schon anfangen zu blühen, welches dem Mann verwundernswürdig vorkommt, weil er dergleichen in Teutschland nie erfahren. Es stehen diese Weinstöcke an einen sehr unbequemen Orte, und ist zu sorgen, daß ihn leichtsinnige Kinder beschädigen, und die Früchte unreif abreissen, widrigen Falls möchten es sehr grosse Trauben werden, die eine Probe geben könten, was verständige Leute durch den Wein-Bau in diesem Lande ausrichten könten. Im Herbst sollen diese Weinstöcke an einen bessern Ort versetzet werden.

Auch mit der Seidenzucht geht es voran. Die Salzburger werden im Jahr 1747 darüber berichten, wie gut inzwischen ihre Maulbeerbäume gedeihen. Sie haben gelernt, Seidenraupen zu züchten, denn es fehlt ihnen immer noch an ausreichend Textilien für den Haushalt und für die Kleidung.

Aus dem Leserkreis der *Ausführlichen Nachrichten* und von Urlsperger selbst kommen Ratschläge, die er für Eben-Ezer sammelt. Die Tagebücher werden regelmäßig in Augsburg und Halle öffentlich vorgelesen. Die Helfer und Stammgemeinden leben mit den Salzburgern in Georgia in enger Verbindung, als stünden sie selbst vor den Herausforderungen, das Land in der Kolonie zu entdecken und seine Möglichkeiten auszukundschaften.

Zwei Männer aus Alt-Eben-Ezer, die in der Sägemühle im Auftrag der Herren *Trustees* als Knechte arbeiten, sollen auf Anweisung eines der beiden Müller nach Savannah fahren, können also nicht am Ostergottesdienst teilnehmen. Boltzius empfiehlt, die Reise abzusagen, auch wenn sie dadurch Schwierigkeiten bekommen. Gouverneur Oglethorpe hat die gottesdienstlichen Gemeinschaftstermine ausdrücklich genehmigt, so sollten sie für die beiden Knechte nicht blockiert werden.

XXX.
Salzburg. Savannah

Am Montag ist Neujahr. Boltzius notiert am ersten Januar des Jahres 1739, dass im Vorjahr zehn Kinder geboren wurden, drei Kinder und eine Frau starben und dass vier Ehen festlich geschlossen wurden.

Was ist sonst noch berichtenswert? Dass die Zimmerleute an den Balken für das neue Pfarrhaus arbeiten, über das Boltzius noch immer nicht verfügen kann. Es gibt noch kein Geld für die Erstattung der Baukosten, auch wenn Samuel Urlsperger in der neuesten Ausgabe seiner *Ausführlichen Nachrichten* Spenden für den Neubau des Pfarrhauses in Eben-Ezer erwähnt. Ein Haus ist mehr als nur ein Ort für vertrauliche Gespräche mit dem Seelsorger oder eine kleine Heimat für die Familie. Ein Haus ist auch Schutz für eine Amtsperson, und Boltzius ist und bleibt eine Amtsperson, deren Arbeit jenseits des Atlantiks unter ständiger Kontrolle steht. Die alte Holzhütte in Neu-Eben-Ezer ist in beklagenswertem Zustand, inzwischen gefährdet das zugige Haus die Gesundheit von Boltzius und seiner Familie. Aber er gibt seine Hoffnung auf den Neubau dennoch nicht auf. Bisher trafen doch immer wieder neue Spenden aus Europa ein.

Ein Bauarbeiter wird beinahe von einem umstürzenden Baum erschlagen. Der Tag ist sehr kalt, und Pflanzen wie Boden sind von einer dicken Eisschicht überzogen. Der Schulunterricht muss ausfallen. Am kältesten ist es in der Schreibstube. Eine Woche später regnet es ununterbrochen, aber die Luft ist warm und angenehm. Einige Salzburger leiden an Fieberschüben, aber die meisten Siedler arbeiten draußen auf den Feldern.

Sie bauen sich zuerst kleine Hütten, darinnen zu schlafen, und sich vor dem Regen zu verbergen; weil aber ihre vornehmste Absicht ist ein Stück Land zum Anpflantzen zuzubereiten, so sind solche Hütten gar schlecht, bis sie mehr Zeit haben, etwas bessers zu bauen. Weiber und Kinder bleiben auch so lange in der Stadt, und haben hier ihre Geschäfte, bis zum Herausziehen von den Männern bessere Anstalt gemacht ist. Die Saltzburger lassen sichs wol recht sauer werden, in göttlicher Ordnung ihr Brodt zu gewinnen, und haben wir zur Güte des Herrn das gute Vertrauen, er werde ihre Arbeit, welche von den meisten im Glauben geschieht, mit seinem Segen crönen, ihre Gesundheit stärcken, und sie nach und nach immer besser zu ihrem nothdürftigen Unterhalt kommen lassen. Jetzt brauchen sie noch immer der lieben Wohlthäter Beystand. Vom Store-Haus zu Savannah ist schon lange kein Beystand mehr zu erhalten gewesen, und nachdem Herr Oglethorpe das Store-Haus auf einen andern Fuß gesetzet hat, ist noch weniger zu hoffen.

Zettler, der mit dem dritten Transport hier eintraf, hat sich entschlossen, beim Schuhmacher Adde das Handwerk zu lernen. Ihm liegt dieser Beruf mehr als die Arbeit auf den Feldern. Schuhe werden dringend benötigt. Da der Schuster bisher keinen Mitarbeiter beschäftigen konnte, produziert er zunehmend schlechte Ware. Da ist Zettlers Entscheidung richtig. Seine Lehrzeit wird auf zwei Jahre festgesetzt. Ein junger Rheinländer geht nach Purrysburg, um dort ebenfalls eine Schuhmacher-Lehre zu machen, danach will er sich in Neu-Eben-Ezer ansiedeln. Dann gäbe es schon drei Schuster hier.

Am 23. Januar erlebt Boltzius gegen Abend einen Sturm. Die letzten Tage waren mild, niemand rechnete mit einem so überraschenden Wetterwechsel. Die Gartenzäune stürzen um. Die Pfosten standen kaum zwei Jahre auf dem Grund, sie waren völlig abgefault, nicht anders die Stützbalken des Hauses von Boltzius, die vor drei Jahren in den Boden gerammt wurden. Er hat Angst, dass seine Hütte einstürzen wird. Einige Leute arbeiten am Neubau ohne Bezahlung mit.

Es sind ihrer gar viele, die Lebens-Mittel und Kleidung brauchen, und sich hiemit gar kümmerlich behelffen, welche froh seyn würden, wenn man sie etliche Wochen bey der Arbeit brauchte; es ist aber nicht möglich, einen ieden zu employiren, da man sich ohnedem so sehr einschrencken muß, als man immer kan, damit der Bau nicht zu viel koste. Ich hätte mir ohnedem nicht eingebildet, daß ein Haus von einem Stockwerck, darinn 2. Stuben und 2. Kammern seyn sollen, so viel kosten würde, als ich schon ietzt, da noch nicht alles Holtz beschlagen ist, mercke, daß es kosten wird. Die Saltzburger arbeiten ungemein treulich daran, und verdienen ihr Geld rechtschaffen mit saurem schweiß, und würde ein solches Haus 3 mal so viel kosten, wenn es von andern gebauet werden solte. Das Bau-Holtz ist ungemein zähe, und schwerer zu arbeiten als in Teutschland, wie unsere Zimmerleute mehrmal erwehnen: und ist zu verwundern, daß es doch viel eher als in Teutschland faulet. Ich habe mich vor diesem Bau lange gefürchtet, würde auch noch nicht daran gegangen seyn, wenn es nicht die höchste Nothwendigkeit angerathen hätte. Da beste Bau-Holtz wird ie länger ie mehr weggebraucht, und würe man in Jahres Frist ziemlich weit gehen müssen, gut Bau-Holtz zu finden, welches die Unkosten vermehren würde.

Neue Nachrichten. Zwischen Port Royal und Savannah kentert ein Boot mit Leuten aus Purrysburg. Alle Passagiere ertrinken. Eine Magd wird tot geborgen. Ein Kästchen wird aufgefischt, in dem Briefe entdeckt werden. Jetzt weiß man, dass unter den verunglückten Reisenden ein französischer Arzt aus Purrysburg mit seiner Frau und seinen Kindern war, dazu waren etliche weitere Franzosen an Bord. Die Arztfamilie war Boltzius persönlich bekannt. Es waren geradezu höchst ärgerliche Gottlose. Boltzius glaubt an ein Gottesgericht. Samuel Urlsperger veröffentlicht diesen Tagebucheintrag. Boltzius sieht sich im Recht, vor Gott und der Welt, denn alles konnten die Salzburger bisher ertragen: die Schmähung ihres reformatorischen Glaubens, die Verunglimpfungen, Haft und Folter, die Ausweisung und die Strapazen der langen Reise von Salzburg nach Savannah. Nur eines verkraften sie nicht: in der neuen Heimat wegen ihrer Glaubensstärke diffamiert zu werden. Gott ließ die Franzosen deshalb ertrinken. Sie haben keinen Anspruch auf Nächstenliebe.

Der Schneider Metzcher in Purrysburg, der vor einiger Zeit zwei Kinder im Waisenhaus und in der Schule von Eben-Ezer untergebracht hat, ist von dem Kentern des Franzosenschiffs persönlich betroffen, wie sich jetzt erst herausstellt. Er hat bei diesem Unfall drei Kinder verloren, einen neunzehnjährigen und einen dreizehnjährigen Sohn und eine zehnjährige Tochter. Während der Erntezeit hatte ihn seine Frau mit zwei Kindern verlassen. Als er erfuhr, dass sie in Charlestown betteln geht, beauftragte er seinen ältesten Sohn, notfalls mithilfe der Amtsgewalt die Kinder zurückzuholen. Alle drei sind auf der Heimreise ertrunken. Boltzius hofft darauf, dass der Schneider jetzt seinen Lebenswandel ändert. Kein Unglück ereignet sich zufällig. Unglücke sind die Strafe für ein Verhalten, das nicht in Ordnung ist. Gott unterscheidet zwischen Gut und Böse.

Unentwegt sammelt Samuel Urlsperger in Augsburg Spenden und Sachmittel für die Salzburger in Eben-Ezer. Viele Spender schreiben, dass sie Urlspergers gedruckte Berichte mit den Tagebucheintragungen von Boltzius und Gronau gelesen haben und deshalb den tüchtigen Salzburgern in Eben-Ezer helfen wollen.

Wie haben die treue Knechte in America unter einem so kleinen Häuflein so grossen Segen, und wir hieraussen, sonderlich auch ich, finden unter unserm grossen Haufen, so wenig Eingang zur Herumholung der Seelen und einem gesetzten Christenthum! Wie glücklich sind jene, daß sie ihr Häuflein von der Menge der rohen Christen abgesondert vor sich haben, und mit wenigen die curam spezialem desto besser handhaben, auch die nöthige Kirchen-Disciplin frey üben können! Der HERR stärcke sie mit vieler Kraft, daß das krumme vollends gerad, und das gerade immer weiter polirt und applanirt werde.

Urlsperger veröffentlicht Spendenbriefe, Begleitzettel und andere persönliche Botschaften in den *Continuationen* seiner *Ausführlichen Nachricht* und in *Gottes Ackerwerck*. Boltzius verliest die Grüße aus Europa in der Versammlung öffentlich. Es tut gut, so viele Freunde zu haben. Auch die Bitten der Salzburger in Georgia, um weitere Siedler zu werben und sie nach Amerika zu schicken, sind erfolgreich. Am 29. März des Jahres 1741, fast zehn Jahre nach dem Erlass des Reichsemigrationspatents, kann Urlsperger mitteilen, dass weitere Siedler nach Eben-Ezer gehen werden und dass die Herren *Trustees* in London auch sie unterstützen wollen. In der Zwischenzeit sollen weitere Familien in Eben-Ezer wohnhaft werden. Einige Engländer haben ihre Knechte und Mägde nicht ausbezahlt. Sie sind auch nicht in der Lage, für ihren Unterhalt aufzukommen. Gouverneur Oglethorpe, der noch irgendwo unterwegs ist und wieder einmal in Savannah dringend erwartet wird, wünscht ausdrücklich, dass diese Familien von den Salzburgern aufgenommen werden.

Der Töpfer von Savannah hat einen ganzen Berg von Steinen in sein Boot geladen. Er hofft, aus dem Material einen weißen Kalk brennen zu können. Er will sein Handwerk auch den Salzburgern beibringen, dann könnten sie endlich stabilere Mauern hochziehen. Boltzius bleibt skeptisch, weil das Material dem Brennprozess wahrscheinlich nicht standhält, aber die Ziegelsteine können auch ohne Brennofen gehärtet werden. Um einen Keller oder einen Brunnen auszumauern, sollten die Ziegel doch taugen. Aber niemand von den Salzburgern interessiert sich für die Herstellung von Ziegeln.

Endlich. Die Zimmerleute sind nach einunddreißig Tagen mit der Holzbearbeitung für Boltzius' Haus fertig geworden. Mit zwanzig Tagen Arbeit hatten alle gerechnet, aber die Zimmerarbeit war aufwendig. Der Wind hat sich gedreht, es regnet wieder, und Boltzius hofft weiter darauf, in der fernen europäischen Welt das Geld für die Baukosten doch noch auftreiben zu können. Weshalb sollte er auch daran zweifeln? So folgt ein Tag dem anderen.

Wuggitzer ist wieder zurück. Er hat in Eben-Ezer Waren verkauft, jetzt will er das Geld eintreiben. In der Zwischenzeit war er als Aufseher für die Sklaven tätig. Eine schwere, eigentlich eine schlimme Arbeit, schreibt Boltzius, man braucht dafür Menschen, die sehr unbarmherzig sein können. Auch Riedelsperger soll als Aufseher arbeiten. Er hatte sich aus Eben-Ezer auf irgendwelchen krummen Wegen davongemacht. Boltzius sieht das nicht gern. Auf den Plantagen der vermögenden Pflanzer in Carolina geht es ärgerlich und gottlos zu. Boltzius fürchtet um ihre Seelen.

Ein Weib aus der Gemeine erzehlte mir diesen Morgen, sie hätte noch einen Bann auf sich. In ihrem Vaterlande sey einem Mann zu Pferde sein Geld-Beutel, den er um den Leib gehabt, aufgegangen, und habe er dahero viel Geld verloren, sie habe es gesehen, und eine Hand voll Geld aufgelesen, und einen Gulden davon beygesteckt: Da der Mann seinen Schaden gewahr worden, und sie hinter ihm gesehen hat, habe er sich das Geld, so sie in der Hand gehabt, wiedergeben lassen, den Gulden aber habe sie verleugnet. Ihre eigene Leute hätten sie für thöricht gehalten, daß sie das andere Geld, so sie gefunden, nicht auch behalten hätte, und also hätte sie gemeynet, den einen Gulden mit Recht zu haben. Sie mercke aber nun wohl, woher es komme, daß sie in ihrem Kampf nicht fortkommen, überwinden, und zum rechten Wesen des

Christenthums kommen können, nemlich es sey dis ein Bann, davon sie sich gerne losmachen wolle. Geld habe sie nicht, sie wolle es an Früchten erstatten.

Gronau kommt aus Savannah zurück. Er berichtet, dass der Gouverneur an den Store-Keeper geschrieben und die Anweisung gegeben habe, dass alle deutschen Mädgde und Knechte, deren Unterhalt von den Engländern nicht bezahlt werden kann, nach Eben-Ezer geschickt und dort in die Arbeit eingegliedert werden sollen. Vielleicht können sie im Waisenhaus beschäftigt werden. Es sollen zehn Personen sein. Eine wird tatsächlich im Waisenhaus arbeiten und dort unterhalten, sie soll sich um die Rodung der Bäume auf dem Gelände kümmern. Kaum wissen die Salzburger, wie sie noch andere Siedler verköstigen sollen, weil sie selbst schon unter dem kargen Ertrag ihrer Landwirtschaft leiden.

Eine Frau bedankt sich bei Boltzius überschwänglich, die er wie die anderen von den Engländern entlassenen Sklaven aufgenommen hat. Sie kann es kaum begreifen, dass die Entscheidung der Gemeinde auch ihre persönliche Befreiung aus Sklaverei und Barbarei bedeutet. Auch staunt sie darüber, dass in der Kolonie Georgia jegliche Form der Sklaverei verboten ist. Eben-Ezer: Hier will sie freiwillig dienen, hier will sie arbeiten.

Boltzius ist über Nachrichten beunruhigt, die aus Savannah kommen. Die gesamte Einwohnerschaft verlangt von den Herren *Trustees* in London schriftlich die volle Autonomie. Eine Kopie ihres Schreibens geht an Gouverneur Oglethorpe in Frederica. Die Einwohner wollen ihr Land selbst besitzen, verschenken, vererben oder verkaufen, an wen sie wollen. Sie verlangen eine Zusage für freien Handel mit West-Indien, auch den freien Import und das Wiederverkaufsrecht von Rum in ihrer Stadt. Das muss so sein, denn wenn sie den Kaufleuten die Rumfässer nicht abnehmen, dann erhalten sie auch die anderen Waren nicht. Ein Freihandel aber, so rechnen sie, würde viele Schiffe aus West-Indien nach Savannah bringen. Als Ladung könnten sie nach Indien dringend benötigte Bretter und Holzbalken aus Savannah transportieren. Letztlich aber geht es den Leuten in Savannah darum, auf diesen Schiffen künftig neue Sklaven in das Land zu holen, auf deren Arbeit die Engländer angewiesen sind. Die Zahl der schwarzen Sklaven könnte durchaus limitiert werden, aber mit weißen Landarbeitern kann kein Pflanzer so umspringen wie mit den Schwarzen. Deshalb hat der Sklavenimport Vorrang.

Es sollen viele Copien von dieser besondern und dem Herrn Oglethorpe sehr missfälligen Bitt-Schrift nach England und Schottland an vornehme Freunde und Parlements-Glieder abgeschicket seyn, weil man vernommen, daß die Einwohner in Friderica auch eine Bitt-Schrift an die Trustees aufgesetzet, und schon nach London geschicket haben, darin just ums Contrarium der 3 Articul gebeten worden, nemlich die Freyheit der arbitrairen Disposition über das Land, das freye Commercium mit den Insuln in West-Indien, und die Einführung der Mohren nicht zu erlauben. Das Original der Savannischen Bitt-Schrift wird durch einen vornehmen Kaufmann in Savannah Cap. Williams, der wol der Auctor von allen seyn mag, den Herren Trustees selbst insinuiret werden, indem er in kurtzen mit seinem Schiff über St. Christophel nach England gehen wird. Richte er bey den Trustees nichts aus, so hat er Vollmacht, dieselbe vor den Geheimen Rath und vor das Parlement zu legen.

Es ist so weit. Am 19. Februar betet Boltzius mit den Arbeitern. Dann beginnen sie endlich, sein Haus aufzurichten. Eischberger, der längst auf dem Feld arbeiten wollte, ist schwach, er hat große Gliederschmerzen. Gerne würde er sich vom Arzt Heilmittel verordnen lassen. Es gibt überhaupt keine Vorräte an Medikamenten mehr in Eben-Ezer. Seine Gemütsverfassung ist stabil, seine Einstellung zur großen Körperschwäche vorbildlich. Er wäre ein guter Prediger geworden, so glaubensstark ist er trotz aller Krankheiten geblieben. »Wir würden gerne alles für ihn tun«, schreibt Boltzius, »wenn wir nur könnten«. Wieder leiden die Siedler in Eben-Ezer unter Fieberanfällen, aber insgesamt sind weniger Menschen erkrankt, dafür werden die Fieberschübe immer heftiger und langwieriger. Der alte Zimmermann aus Purrysburg, der beim Hausbau mithilft, sucht das geistliche Gespräch mit Boltzius, der ihn schätzt, auch wenn er etwas langsam arbeitet. Auf der Straße spricht ein Mann Boltzius an. Er hat vor seiner Nachbarin schlecht über einen anderen Mann geredet. Die üble Nachrede will er wieder gutmachen. Boltzius macht ihm Vorschläge. Gronau und er haben in diesen Wochen viel zu tun. Ständig wird das Gespräch mit ihnen gesucht, um die eigene Seele zu entlasten.

Gronau erhält die dringende Bitte, nach Savannah zu kommen. Er weiß nicht, weshalb. Einige Tage später soll auch Boltzius dorthin reisen, es gibt einen Todesfall, bei dessen Untersuchung er mitarbeiten soll. Zweimal gerät er auf dem Fluss in Lebensgefahr. Es ist Nacht, das Wasser trägt viele Baumstämme und Äste mit sich, die Strömung ist in diesen Tagen heftig. Boltzius übersteht die nächtlichen Gefahren. In Savannah erfährt er, dass ein deutscher Knecht des ersten Transports den Befehl erhalten hatte, seine Flinte an einen Constabler oder Offizier abzugeben. Solche Entwaffnungen sind üblich, um Schießereien zu verhindern. Er weigert sich. Die Auseinandersetzung wird heftig. Der Constabler schlägt mit seiner ledernen Pferdepeitsche auf ihn ein, schließlich wird der Deutsche überwältigt und in das Gefängnis gebracht. Er klagt über Kopfschmerzen, zu viele Peitschenhiebe haben ihn getroffen. Am Morgen wird er in der Zelle gefunden. Er hat seine Nahrung erbrochen. Der Mann ist tot. Nach englischem Gesetz sollen nun zwölf tüchtige Männer benannt werden, die den Todesfall untersuchen, unter ihnen der Store-Haus-Keeper und der bekannteste Stadtarzt. Sie finden keine äußerlichen Verletzungen, versäumen es aber, den Kopf sorgfältig zu untersuchen, obwohl die Frau des Deutschen dringend darum gebeten hat. Der Stadtarzt lehnt es ab, die Leiche zu sezieren. Boltzius versteht diese Entscheidung nicht. Gouverneur Oglethorpe, der gerade eingetroffen ist, wird verständigt. Niemand ist mit dem oberflächlichen Untersuchungsergebnis zufrieden. Oglethorpe sagt zu, sich um den Fall zu kümmern. Der Tote ist noch nicht bestattet. Boltzius begleitet seinen Gouverneur.

Die armen Leute sehen nur auf den äusserlichen Unglücks-Fall, und nicht auf das Gericht und die schwere Hand GOttes. Der verstorbene Mann war wild, trotzig und widerspenstig in seinem Leben, und ließ sich einsmal von mir lieber vom Heil. Abendmahl zurück weisen, ehe er seiner Herrschaft nur versprechen wolte, sich zu bessern, und sein Weib zur Arbeit anzuhalten. Und so sind die meisten Knechte des ersten Transports, trotzige Müssiggänger, Sabbath-Schänder, Säufer, und leben in allerley Unordnungen, und wundert mich nur, daß man ihnen so viel nachsiehet, und sie weiter nichts als mit Entziehung der Provision straft. Daher sie schiessen und fischen gehen, und wol gar, wie gesagt wird, stehlen.

Der Vorfall wird vertuscht. Im Reich Gottes und des englischen Königs gelten andere Gesetze. Schurken bedürfen keiner Schonung. Oglethorpe kündigt an, sich für den weiteren Zuzug von Salzburgern einzusetzen. Statt ihnen die Provision in Nahrungsmitteln zuzugestehen, schlägt er vor, neuen Siedlern aus Salzburg künftig finanziell zu helfen. Dann kann sich jeder kaufen, was er benötigt. Der Gouverneur bietet Boltzius an, ihm jederzeit Geld für den Hausbau zu leihen. Er weiß, dass sein Schuldner ein zuverlässiger Mann ist, der seine Gemeinde nicht verlassen wird.

Ein Sturm kommt auf. Gegen Mittag setzen die Windstöße ein, sie reißen Gartenzäune um, die Bretterhütten zittern. In der Holzkirche kann sich niemand treffen, das Gebäude hält möglicherweise dem Sturm nicht stand. Also trifft man sich im Waisenhaus, aber auch hier reißt der Orkan ein Stück des Hauses mit sich. Im Wald hat sich ein Baum entzündet, das Feuer beschädigt Gebäude und die Gartenzäune in Eben-Ezer. Niemand hat mit solchem Feuer gerechnet. In der Abendbetstunde spricht Boltzius darüber, dass dem Volk Israel versprochen worden war, seine Feinde nach und nach zu vernichten. Solche Verheißung gilt auch Eben-Ezer.

Weil in der Nachbarschaft das Gelände nicht besiedelt ist, treiben sich Wölfe und Bären dort herum, das Ungeziefer vernichtet viele Pflanzen. Ein Glück, schreibt Boltzius, wie das Land unter den Salzburgern aufgeteilt wurde: besser als in Purrysburg, wo die Siedler mehr Land zugewiesen bekamen, dafür aber weit auseinander leben. Hier in Eben-Ezer ist ein Zusammenhalt der Nachbarschaft entstanden, einer hilft dem anderen. Gronau kommt aus Savannah zurück. Er hat Geld bei sich, das Gouverneur Oglethorpe für den Hausbau leihweise zur Verfügung stellt. Es gilt seine Zusage, den Betrag zu erhöhen, wenn es gewünscht wird. Außerdem berichtet Gronau, dass Oglethorpe den Geldbetrag für die Landvermessung zurückerstatten will, den Boltzius ausgelegt hat. Der Gouverneur hält sich inzwischen in Charlestown auf, wo er dringend erwartet wurde. Er macht die Zusage, für einen Zuzug weiterer Salzburger zu sorgen. Da die Einwohner von Savannah in ihrer weit verbreiteten Petition an die Herren *Trustees* behaupteten, Europäer und vor allem weiße Menschen könnten in der Sommerzeit nicht auf dem Land arbeiten, schon gar nicht in den Reispflanzungen, wenn sie nicht über schwarze Sklaven verfügen, wird niemand in Europa eine große Lust verspüren, noch mehr weiße Leute nach Amerika zu schicken und seien es Salzburger. Boltzius will die Behauptungen der Bürger von Savannah entkräften. Er vertritt in seinem Schreiben an die *Trustees* eine andere Auffassung. »Ja, weiße Menschen können im Sommer Landarbeit verrichten.«

Die Gemeinde Eben-Ezer stimmt einem Briefentwurf von Boltzius zu. Das Schreiben wird abschließend überarbeitet.

Wir unterschriebene Saltzburger und Einwohner von Eben-Ezer bitten in unserm und unser Brüder Namen, Ew. Excellenz wollen uns die Gnade erzeigen und die Herren trustees ersuchen, noch einen Transport Saltzburger in diese Colonie aufzunehmen. Wir haben gmeinschaftlich an den Herrn Sen. Urlsperger geschrieben, und in demselbigen Briefe diejenigen Saltzburger und Oesterreicher mit Namen genennet, welche wir als unsere Freunde und Bekannte gerne bey uns hätten.

Wir können ihnen das Zeugnis geben, daß sie GOtt fürchten, gern arbeiten, und sich zu unserer Gemeine schicken. Wir haben ihnen zu wissen gethan, daß uns das Land sehr wohl gefällt, und daß wir darin vielerley Vorzüge in geistlichen und leiblichen vor andern Leuten in Deutschland geniessen, wie Ew. Excellenz aus der beygeschlossenen Copie erkennen können. Wo ihnen auch, wie uns, gut Land und in der ersten Zeit einiger Beystand an prouision, Vieh und Werckzeug von den Herrn Trustees erlaubet wird, und GOtt seinen Segen zu ihrer Arbeit giebt, so zweifeln wir nicht, sie werden ier ihre Nahrung so wol, als wir finden, und ein geruhig und stilles Leben führen können in aller Gottseligkeit und Ehrbarkeit. Es ist zwar hier heisser, als in unserm vorigen Vaterlande, aber so heiß nicht, als es uns im Anfang vorgesaget worden, sondern da wir ietzt des Landes gewohnt sind, schon erträglich, indem man die Morgen- und Nachmittags-Stunden zur Arbeit nimmt, und die heissesten Mittags-Stunden im schatten zu allerley Hausgeschäften anwendet. Und da Leute in Teutschland fast den gantzen Winter hindurch wenig oder nichts im Felde arbeiten können, so ist in diesem Lande die Winter-Zeit fast am bequemsten zur Arbeit im Felde. Man hat uns im Anfang vorgesaget, daß Reiß-Pflantzen für weisse Leute eine unmögliche oder doch gefährliche Sache sey, und sey es eine Arbeit für Mohren-Sklaven, und nicht für Europäer: wir lachen aber ietzt darzu, da wir das gegentheil erfahren, indem verschiedene Leute aus uns im vorigen Jahre so viel Reiß eingeerndet haben, als sie zu ihrer und der ihrigen Nothdurft brauchen, auch wol etwas haben verkauffen können. Bescheret uns GOtt etwas Geld, daß wir zum Reißputzen noch bessere Anstalt machen können, so wie man in Teutschland allerley Stampf-Mühlen zu Hirse, Gersten-Graupen etc. hat, so wird Reiß-machen eine leichte und vortheilhafte Sache seyn. Wie wir denn für dismal Ew. Excellenz demüthig bitten, uns einige Reiß-Siebe von verschiedener Art zum Gebrauch der gantzen Gemeinde von Charles-Town zu kommen zu lassen, weil dergleichen in Savannah nicht zu haben sind. Wir wollen sie dem Store-Haus schuldig seyn und zu seiner Zeit bezahlen. Korn, Bohnen, Potatoes, Kürbis, Kohl etc. sind so reichlich gewachsen, daß theils viele Büschel verkauft, theils Kühe, Kälber, schweine damit gefüttert worden sind.

Wenn der Feld-Messer nach seiner ordre und Pflicht uns eher unsere Plantationes ausgemessen hätte, (als welche wir erst zu Ende der letzten Ernte bekommen haben;) dersgleichen, wenn nicht alle Glieder der Gemeinde so lange kranck gewesen, und mit Pflantzung des gelben Korns aus Pensylvanien unglücklich gewesen wären, so würden wir unter göttlichem Segen im Stande seyn, viel mehr Getreide zu verkauffen, und uns dafür Fleisch und Kleider anzuschaffen, als daran wir zur Zeit Mangel haben. Es sind zwar eine gute Zeit her für eine iede Familie 2 Morgen Landes ausgemessen gewesen: weil aber darunter wenig Reiß-Land war, und einiges Land nicht ohne Dünge tragen wolte, wir es doch aber im Anfang nicht düngen können, so haben wir den Nutzen von unserer Arbeit nicht so gehabt, den wir uns nun unter göttlichem Segen versprechen, nachdem die Plantationes ausgemessen sind, da wir denn die besten Stücke zuerst bepflantzen, und zu seiner Zeit das schlechte Erdreich auch nutzen werden.

Jetzt, da das Land von Bäumen, Büschen, und Wurtzeln zu reinigen und sorgfältig einzuzäunen ist, haben wir die schwerste Arbeit, welche uns aber ie länger ie leichter ankommen wird, wenn wir uns erst auf unsern Plantationen recht eingerichtet haben. Der Häuser- und Hütten-Bau in der Stadt und auf den Plantationen hat uns auch viel zeit weggenommen; desgleichen haben einige unter uns auch etwas Geld zur Kleidung und nöthigen Ausgaben bey dem Bau des Waysenhauses und dessen nebengebäuden, bey dem Hause des Herrn Gronaus mitten im heissesten Sommer, und nun bey dem Hause unsers Predigers Herrn Boltzii verdienen wollen, welches uns zwar einige Zeit von unserer Feld-Arbeit weggenommen, aber eine grosse Wohlthat gewesen, daß wir an unserm Orte selbst Gelegenheit gehabt, etwas Geld zu verdienen. Weil uns nun weder die Sommer-Hitze noch sonst etwas von der Feld-Arbeit abhält, und wir gern in guter Ordnung und Stille bey einander leben möchten, so bitten wir demüthig, die Herren Trustees wollen es nie zugeben, daß Mohren in unsere Gegend kommen, und als Sclaven unter den weissen Leuten gebraucht werden, weil wir aus der Erfahrung wissen, daß Häuser und Gärten alsdann nicht unberaubet bleiben, und man auch seines Lebens bey diesem wilden Volcke nicht sicher ist. Desgleichen wollen wir demüthig gebeten haben, daß niemand Freyheit erlangen möge, einiges Land an unser, Ort aufzukauffen, als wodurch es geschehen würde, daß wir böse und unruhige Nachbarn bekommen, und die Armen verdrengt oder verunruhiget werden, sondern wir wünschen und bitten, dass unser Ort mit weissen und sonderlich solchen Leuten, deren guter Name und rechtschaffen Verhalten uns oder unsern Wohlthätern bekannt ist, besetzt werden möge.

Die Herren Trustees sind immer Gönner der armen bedrengten Leute gewesen, und also bitten wir, Sie wollen ferner für uns und unsere Gemeinde so sorgen, daß auch unsere Nachkommen sich Ihrer uns erzeigten Gewogenheit erfreuen können. Wir beten für das Wohlergehen Ewr. Excellenz und der Herren Trustees zur Vergeltung für alle auf uns gewendeten Wohlthaten, und bitten uns Derselben und Ewr Excellenz Gewogenheit und Fürsorge ferner aus. Womit wir verharren Ewr. Excellenz Unsers Hochgeehrtesten Herrn Generals getreue und gehorsame Diener sämtliche Einwohner in EbenEzer.

Der Brief wurde vorgelesen, dann unterschreiben ihn die Siedler von Eben-Ezer. Einen Tag später wird Boltzius mit der allgemeinen Suche nach einem geflüchteten Engländer konfrontiert. Er soll mit einer Flinte, einer Pistole und einem Degen bewaffnet sein, in einem Haus in Eben-Ezer wurde eingebrochen. Kisten und Kasten wurden durchsucht, alles wurde durchgewühlt, einiges wurde gestohlen. Als Täter kommt nur dieser Engländer infrage. Gut, dass Boltzius für die Nächte eine Wache aufstellen ließ. Er setzt eine Belohnung für die Ergreifung des Täters aus.

Die Salzburger wollen gemeinsam mit Boltzius die letzten Ernteerträge erfassen. Oglethorpe hatte darum gebeten, diese Aufstellung den Herren *Trustees* für die Beratungen zur Verfügung zu stellen. So also sieht das Ergebnis aus: *1104 Büschel Indianisch Korn; 429 Bohnen oder Indianische Erbsen; 518 Potatoes oder süsse Wurtzeln, und 398 rohen Reiß. Dieser Segen dienet zum Zeugniß, dass auch Europaer und weisse Leute im Stande sind, im Sommer mit Nutzen zu arbeiten, und daß es eine calumnie übel gesinnter Leute über unsere Gemeinde ist, als wenn die Saltzburger nichts thäten, als essen und beten, welches auch dem Herrn Oglethorpe zu Ohren kommen ist, der aber von dem contrario zur Genüge überzeuget worden. Denn wenn nach dieser ausgesprengten und auch nach England geschriebenen Lästerung es wahr wäre, daß unsere Leute nichts thäten, als essen und beten, so müßte dieser schöne Vorrath am Getreide durch ein besonders Wunderwerck GOttes unserer Gemeinde zugefallen seyn, und hätten es also ihrem andächtigen Gebet allein zuzuschreiben.*

Am 22. März werden im Wald nahe Eben-Ezer Schweinekadaver, dazu abgezogene Häute und abgeschlagene Füße gefunden. Es wird vermutet, dass Deserteure oder Flüchtige aus Savannah die beiden fetten Schweine der Gemeinde erschossen haben. Zwischen Port Royal und Savannah ist ein Lastschiff mit einem Kapitän und sechzehn Soldaten aufgelaufen und gesunken. Sechs Passagiere überlebten, weil sie sich ihrer Kleidung entledigen und schwimmend retten konnten. Die Ladung für das Store-Haus in Savannah aber ist verloren. Es heißt, es seien schottische Soldaten gewesen, die am St. Patricks-Tag ganz sicher zu viel getrunken hatten und deshalb unvorsichtig manövrierten.

Längst hat sich in Georgia und den benachbarten Kolonien, aber auch in den Ländern jenseits des Atlantiks herumgesprochen, wie tüchtig die Salzburger in Eben-Ezer sind. Boltzius warnt deshalb vor Plänen, auf eigene Kosten nach Georgia zu ziehen, denn insgesamt sind die Vorräte knapp und die Geldmittel reichen gerade für die Salzburger aus.

Endlich wieder gute Nachrichten über den Bau des Hauses für Boltzius. Ein Haus ist *ein feste Burg*. Wie aber sollte eine Holzhütte *ein feste Burg* sein, Heimat, Rückzugsort, eine Stätte für vertrauliche seelsorgerliche Gespräche, ein Ort für die junge Familie? Das neue Haus wächst. Jeden Tag gibt es Fortschritte.

Einige Männer aus der Gemeine sind nebst ein paar Zimmerleuten ohnerachtet ihrer vielen Feld-Arbeit sehr fleißig dran, eine Stube in meinem neuen Hause zu verfertigen, da sie die grosse Incommodität wol sehen, die ich in meiner Hütte vom Ungeziefer und andern Zufällen zu leiden habe. Wenn die Feld-Arbeit wird vorüber seyn, so werden sich wol die Zimmerleute wieder zusammen thun, den Boden völlig zu legen, Fenster-Laden, Thüren, Treppe und Küche zu verfertigen, als welches alles noch fehlet. Niemand hat im Anfange dencken können, daß dieses Haus von einem Stockwerck, doch allenthalben räumlich und zur Wohnung sehr bequem und dauerhaft, so viel Arbeit und Zeit erfordern würde. Solte ichs a priori gewust haben, möchte ich mich zu solchem Bau wol nicht resolviret haben, ob es wol die äusserste Nothwendigkeit erfordert.

Welch ein Glück, dass es nach einem Gewitter stark regnet, denn die von den Siedlern selbst gegrabenen Brunnen trocknen in Dürrezeiten schnell aus. Dann bleibt nur das frische Wasser aus dem Brunnen des Waisenhauses, das nie versiegt. Der Brunnen ist tief, das Wasser ist frisch und kühl. Da es noch immer nicht möglich ist, ein leichtes Bier zu brauen, schmeckt wenigstens das Wasser, es ist bekömmlich und nicht verschmutzt. Der Wasserstand des Brunnens ist stets gleich, ganz egal, ob der Savannah-Fluss Hochwasser führt oder ob Niedrigstand herrscht. Boltzius kann sich nicht erklären, wie das möglich ist.

Der Ausbau seiner Wohnstube verzögert sich. Boltzius drängt die Arbeiter nicht. Vor Ostern haben alle viel zu tun. Er selbst muss erst mit einem Hirten reden, der auf der Viehweide fürchterlich geflucht haben soll. Ein anderer Viehhirt, ein deutscher Knecht, hat im Wald aus einem Tümpel mit stehendem Wasser getrunken. Er klagt über starke Unterleibsschmerzen. Einige Klistiere helfen ihm. Kaum wieder genesen, sucht er das theologische Gespräch mit Boltzius. Der Knecht würde lieber in der Gemeinde eine anständige Arbeit haben, statt das Vieh zu hüten. Wenn ich in Eben-Ezer wohnen und arbeiten darf, werden wir ganz fromm sein, sagt er, meine Frau und ich. Boltzius erkundigt sich, welche Bücher er gelesen habe. Das Wetter nach den Ostertagen ist geradezu lieblich. Alles wächst und gedeiht. Aber die Eichhörnchen, die Raben und die *Rackoous* stürzen sich auf das Korn und richten großen Schaden an. Im letzten Jahr hatten sie fast alle Eicheln gefressen.

Es fallen die Blüten von den Weinstöcken ab, davon wir dis Jahr zur Probe einige Früchte erwartet haben: Die Reben sind erst den vorigen Herbst eingelegt worden, und gehet es ihnen wie den jungen Pfersich-Bäumen, davon die Blüten das erste Jahr auch gemeiniglich abfallen. Inzwischen ists was besonders in diesem Lande, daß die Weinstöcke so viel und starckes Holtz treiben; was hier in Einem Jahr geschicht, darzu werden in Teutschland wol 3 Jahr erfordert. Es ist recht lustig anzusehen, wenn man auf dem Wasser fährt, indem an beyden Seiten des Ufers viele Weinstöcke, die sehr hoch auf die am Flusse stehende Bäume gelaufen sind, stehen und voller kleinen Trauben hängen. Man könnte hier in kurtzer Zeit die schönste Alleen von lauter Wein-Reben machen, auf welche Weise sie auch (wie neulich Herr Oglethorpe erzehlte) am besten tragen würden: denn sie müsten in diesem heissen Lande gar hoch von der Erde geführet werden, auch muß man ihnen viel Holtz lassen, die Trauben gegen die Sonnen-Hitze zu beschirmen. Es wächst in unsrer Gegend eine Frucht gleich den rothen Kirschen in Teutschland, welche säuerlich schmecken, und ietzt schon reif sind. Sie haben inwendig 3 oder 4 kleine Körnlein gleich den Wein-Kernen. Man findet sie sehr häufig, ob sie wol von den Vögeln sehr abgefressen werden. Sie wachsen allein in wässerigen Gegenden und Sümpfen, die man hier Schwämme nennet. Man würde auch eine Art schwartzer Kirschen. ie. schwartze Maul-Beeren in grosser Menge bekommen, wenn sie nicht von den Vögeln, ehe sie reif werden, abgefressen würden. Von den weißen Maul-Beer-Bäumen haben wir noch keine Frucht gesehen, ob wir wol viel solcher Bäumen an unserem Orte gepflantzet haben. In diesem Jahr hat der späte Frost die ersten Blätter verdorben, und also auch wol die Blüten gehindert.

Im Mai ist die Wohnstube für Boltzius fertig. Die Zimmerleute arbeiten jetzt auf den Feldern, aber immerhin kam der Hausbau voran. Boltzius kränkelt, er fühlt sich schwach. In Savannah erwarten ihn einige Deutsche, damit sie zusammen Gottesdienst feiern können. Es wird schon werden. »Der HErr hilft.« Die Reise tut Boltzius gut. Er fühlt sich bald gesund. In Savannah wartet Post auf ihn.

Ich empfing von Charles-Town ein Päcklein Briefe, welche von unsern Vätern, Gönnern und Freunden aus Europa gekommen sind. Es ist abermal viel erbauliches darin, welches der liebreiche GOtt an uns und unserer Gemeine segnen wolle. Auch wird uns Nachricht gegeben, daß die Geschencke von Augsburg und Halle für unsere Gemeine, davon uns schon in den vorigen Briefen etwas war gemeldet worden, mit dem ersten Schiffe von London hieher überschickt werden sollen.

In Savannah hört Boltzius, dass einige Dienstboten ihr Gehalt nicht ausbezahlt bekommen. Ihre Arbeitgeber, vor allem Engländer und Juden, sind nicht vermögend. Das Arbeitspensum für die Knechte und Mägde wird deshalb aber nicht verringert. Dagegen ist Eben-Ezer trotz seiner Armut ein Paradies. In einem der Briefe wird Boltzius mitgeteilt, dass die in Preußen angesiedelten Salzburger sehr fleißig und fromm seien. Sie sind, so teilt es Boltzius seiner Gemeinde mit, für Eben-Ezer ein leuchtendes Vorbild. Details über die Situation der Familien in Preußisch-Litauen weiß er nicht. Nicht alle angekündigten Briefe kamen mit der Post mit. Dafür trifft aus London die Zusage der Herren *Trustees* ein, stattliche Zuschüsse für Salzburger Handwerker und unverheiratete Frauen zu gewähren, die sich demnächst auf die Reise nach Georgia begeben sollen. *GOtt hat nicht nur die Schlüssel zu aller Menschen Herzen, er verfügt auch über die Schlüssel zu deren Kisten und Kasten.* Wenn ein neuer Transport aus Salzburg in der Kolonie eintrifft, dann wird er auch Rat wissen, wie das zu bewerkstelligen ist. Denn die Landwirtschaft in Eben-Ezer kämpft immer noch mit den Anlaufschwierigkeiten der ersten Jahre.

Es ist nicht heiß, und können also die Leute im Felde ihre Arbeit den gantzen Tag hindurch gar fein abwarten. Dis ist ein grosser Schade, daß die Saltzburger in der vorigen Zeit aus Mangel des abgemessenen Landes, Stücken Landes hin und her, und also an verschiedenen Orten, ausarbeiten müssen, und weil sie nicht allenthalben, wo sie gepflantzet haben, wachen können, so wird viel Same von einer Art wilden Katzen des Nachts, und am Tage von den Raben und andern Vögeln ausgegraben, und ausgezogen, welches eher verhütet werden könnte, wenn sie ihr Land, wie es künftig seyn wird, an einander hätten. Einige Leute haben auf den Plantationes auch etwas angepflantzt, weil sie aber hier viel Arbeit haben, und dort nicht wachen können, so wird aus jenem nicht viel werden.

Einige wohnen draussen, und haben ihr Land bey der Stadt entweder weggegeben, oder leiden an dem, was sie selbst hier gepflantzet haben, vielen Schaden. Was sie an Korn nicht fortbringen können, werden sie an Bohnen und Kürbis desto reichlicher bepflantzen, als welches von gedachten schädlichen Thieren und Vögeln im Anfange nicht beschädiget wird; doch wenn die Bohnen groß wachsen, haben sie ihren Feind an den Hirschen und welschen Hühnern. Die wilden Katzen, oder nach hiesigem Namen, die Rackoous halten sich nicht nur im Walde, sondern auch in Löchern und in den hohlen auf der Erden liegenden Bäumen auf, und thun nur dem gepflantzten Korn, so lange es im Erdreich liegt, schaden. Die Eichhörnchen scharren auch aus, doch thun sie durch Abreissen der aufgegangenen Stengel den meisten schaden. Der Reiß wird von kleinen Vögeln, die wie die Sperlinge sind, aus der Erde gefressen, und wenn er reif wird, so kommen eine grössere schwartze Art Vögel, die sie Stahre heissen, in grosser Menge herzugeflogen, und streifen mit dem Schnabel gantze Aehren weg.

Wenn man erst einen Pflug wird brauchen können. möchte wol unter uns teutscher Same, nemlich Weitzen, Korn, Gerste, etc. gebauet werden, als welches so schön in den Gärten, wo die Leute dis Jahr viel angebauet haben, wächßt, daß man sich verwundern muß; hierzu muß das Land wohl durchgearbeitet werden, welches sich mit der Haue nicht wol thun lässt, indem es an Zeit darzu fehlet, da hingegen Indianisch Korn und Bohnen zu pflantzen, nur grosse

Löcher in die Erde gemacht werden, und muß man hernach das Gras, das häufig nachwächßt, fleißig abhauen, wenn die Frucht nicht ersticken soll. Zum Reiß-Pflantzen könnte man schon einen Pflug gebrauchen, weil in den hierzu tauglichen Sümpfen keine Stämme und sehr dicke Wurtzeln sind. Es kostet aber ein Pflug gar viel im Lande, und fehlet auch an Pferden oder Ochsen.

Dreimal im Jahr schwärmen die Bienen aus. Die Salzburger versuchen, die Bienenstöcke in den Bäumen zu erreichen. Die Bäume müssen mit großer Sorgfalt gefällt werden, damit die Waben beim Aufprall auf den Boden nicht zerstört werden. Die Bienen werden manchmal auch in Fässer gelockt, die mit Mehl und Honig bestrichen sind. Ein Hirte ist seiner Arbeit überdrüssig und schickt seine Frau zu Boltzius. Der will aber mit dem Hirten selbst sprechen. Dieser fürchtet sich vor den Schlangen, deshalb will er eine andere Arbeit bekommen. Boltzius besteht auf der Fortsetzung seiner Arbeit als Hirte. Er bietet ihm aber an, Ledergamaschen als Schutz gegen Schlangen herstellen zu lassen.

Kein Wort schreibt Boltzius darüber, dass sein neues Haus inzwischen bezugsfertig ist. Am 12. Mai erwähnt er nebenbei, dass er die Schülerinnen und Schüler von Eben-Ezer zum ersten Mal im neuen Haus bei sich hatte und mit ihnen eine Singstunde abhielt. Zwei Tage später aber findet die Einweihung des Neubaus statt. Das Haus ist fast ausgebaut. Boltzius lädt seine Gemeinde ein. Dieses Haus soll auch eine Versammlungsstätte für sie sein, ein Ort der Begegnung, unter diesem Dach sollen sie künftig ihre Ängste, Sorgen und verdrängten Schuldgefühle abladen können. Auf diesem Haus soll Gottes Segen ruhen. Wie über der ganzen Siedlung.

Wir fielen zuletzt auf unsere Knie, und lobeten GOtt für alle seine bisher geschenckte Güte, und ich bat den Zuhörern, die bey diesem Hause einige Arbeit aus Liebe zu mir umsonst gethan, einen Segen vom Herrn aus, und sie halfen mir einen Segen für meine Amts- und Haus-Umstände auch zur Bezahlung des Hauses einen Segen zu erbitten, und wurde die gantze Handlung mit Lobe GOttes, zu meiner grossen Erquickung und Glaubens-Stärckung beschlossen. Unter dem gebet waren mir die Worte sehr eindrücklich: Er hat es alles wohl bedacht, und alles recht gemacht, gebt unserm GOtt die Ehre. So müssen wir alle sagen, wenn wir die Führungen GOttes auch nur in diesem Lande bedencken. Er hat es bisher wohl gemacht, und wird es ferner wohl machen. Ich wünschte nur, daß die Bau-Leute auch mit der Küche, mit

Thüren und Fenstern fertig wären, und ich also meine Studier-Stube eigentlich zu meinem Zweck gebrauchen könnte, ich zweifle alsdenn gar nicht, der liebe GOtt werde mir in dem privat-Umgange mit den lieben Zuhörern manches gesegnete Stündlein schencken. Es haben sich in voriger Zeit manche gescheuet in meine Hütte zu kommen und ihr Hertz, und wo es ihnen drückt und schmertzt, zu entdecken.

Es muß zwischen der Küche und der Stube eine Brand-Mauer von Steinen verfertiget werden, damit das Feuer in der Küche dem Hause keinen schaden thue, und ich auch in meiner Stube einen kleinen Ofen setzen lassen könne, welches noch etwas aufhält.

Boltzius ist endlich angekommen. Jetzt ist er in Eben-Ezer wirklich daheim. Was kümmern ihn künftig die Stürme, die Kälte, die Hitzeperioden unter seinem neuen Dach? Was kümmern ihn die langen Nächte, in denen er die Schreie der Tiere und das Ächzen der Äste so nahe hört, dass er oft glaubt, die Geister tummelten sich vor oder sogar in seiner Hütte.

Jetzt ist sein Haus endlich auch eine Zufluchtsstätte für seine Salzburger, die ihre Seele entlasten wollen. Auf die Reise nach Amerika hatten sie fast nichts mitgenommen, weil sie nichts besaßen. Nur ihre Seelen waren schwer belastet mit Schuldgefühlen und mit ihren Leiden im alten Kirchenstaat. Je länger sie in Georgia leben, umso mehr holen solche Erinnerungen die Siedler ein. Boltzius kann ihnen jetzt noch besser zuhören: in seiner Amtsstube, aus der kein Wort nach außen dringt. Wenn auch noch der Ofen gesetzt wird, muss niemand mehr in diesem Haus frieren. Boltzius hat durchgehalten.

Wenn er jetzt in den Nächten seine Briefe schreibt, seine Predigten, seinen Unterricht vorbereitet und seine Tagebucheintragungen fortsetzt, fühlt er sich geborgen. Jetzt kann er allem, was kommt, standhalten. Er weiß, dass er jetzt lange bleiben wird.

Wir haben ietzt fast alle Tage Donner- und Regen-Wetter, wodurch aber das Erdreich sehr fruchtbar, und die Tages-Hitze erträglich gemacht wird; welches letztere unsern Febricitanten, die größten theils von der heftigsten Hitze viele Stunden lang angegriffen werden, wohl zu statten kommt. Was die Leute hier und in Alt-EbenEzer gepflantzet haben, wächset unter göttlichem Segen überaus schön.

Nachwort

Mehr als 22 000 evangelische Bürgerinnen und Bürger des Kirchenstaates Salzburg verloren durch das Reichsemigrationspatent des Salzburger Fürsterzbischofs Leopold Anton Eleutherius Freiherr von Firmian ihre Heimat. Von Firmian hat in vorgerücktem Alter die Unterzeichnung des Reichsemigrationspatents bedauert.

In ihrem vom 16. Juni 1879 datierten Testament hat die italienische Generalswitwe Leopoldine von Reccagni, geb. von Firmian, ihre italienischen Staatsobligationen in bedeutender Höhe der Stadt Salzburg als Reccagni-Firmian-Stiftung für evangelische Waisenkinder mit den Worten hinterlassen: *Ich glaube, damit eine Schuld abzutragen, da ein meiner Familie Angehöriger im vorigen Jahrhundert vielleicht allzu fanatisch manche evangelische Familie ins Verderben gejagt hat. (Marburger Zeitung, 25. Februar 1881)*

Schon vor dem 31. Oktober 1731 mussten viele Protestanten das Land verlassen, die Emigration betraf später auch mehrere angrenzende Regionen. Viele Exulanten zogen planlos durch Europa. Alles in allem waren von den Ausweisungen etwa 30 000 Menschen betroffen, von denen sich die meisten für eine Auswanderung nach Preußen entschieden, nur eine kleine Gruppe war zur Übersiedlung nach Amerika in die 13. englische Kronkolonie Georgia in Amerika bereit. Salzburger *Exulanten* zogen auch in die Niederlande, manche ließen sich unterwegs im Schwäbischen oder in anderen Gegenden nieder. Seit 1734 emigrierten Protestanten aus dem habsburgischen Reich auch nach Siebenbürgen.

In diesem Buch werden viele Geschichten der Salzburger erzählt, wie sie in Briefen, Tagebüchern und anderen dokumentarischen Aufzeichnungen zu ihrer Zeit gedruckt und publiziert wurden. Sie sollen wiederentdeckt, ihre in den zeitgenössischen Aufzeichnungen überlieferten Schicksale erzählt werden. Die Protestanten waren im Kirchenstaat durchaus brutal verfolgt worden, aber während ihrer Emigration konnten sie eine nahezu grenzen- und selbstlose Unterstützung erleben: von den Freien Reichsstädten und ihren Bürgern, übrigens auch vielen jüdischen und katholischen Einwohnern, von ihren sie begleitenden Reisekommissaren und von den durch die Reformation geprägten Herrschaftshäusern in Kleinstaaten und regionalen Herzogtümern.

In keinem Fall will der Erzählstil in Konkurrenz mit den im 18. Jahrhundert publizierten Originalberichten treten. Die Tagebücher von Boltzius und Gronau aus Eben-Ezer, publiziert von Samuel Urlsperger, enthalten die Niederschriften von Predigten und seelsorgerlichen Gesprächen. Diese im Stil der pietistischen Erweckungstheologie breit angelegten Texte mit ihren Belegstellen aus der Bibel tauchen nur am Rand auf.

Die Zeitspanne der Erzählungen umfasst die Vorgeschichte der Unterdrückung und Verfolgung seit der Reformation, die planmäßige Vertreibung der Protestanten seit dem Jahr 1731 und die ersten Jahre der Ansiedlung Salzburger Exulanten in Preußisch-Litauen und in der 13. englischen Kron-Kolonie Georgia in Amerika.

Das Leben der Salzburger Exulanten in Eben-Ezer ging auch nach dem Jahr 1739 weiter. Gronau, der theologische Partner von Boltzius in Eben-Ezer, stirbt 1745 in Eben-Ezer. Sein Nachfolger heiratet bald Gronaus Witwe, auch deshalb, um der armen Gemeinde Eben-Ezer Rentenzahlungen zu ersparen. Neben dem evangelisch-lutherischen Glauben gewinnt für die Salzburger in Georgia zunehmend der Methodismus des in Savannah tätigen John Wesley Raum. Wesley war im Oktober 1735 in London Richtung Georgia abgereist. Erst im Februar darauf erreichte seine kleine Gruppe auf dem Schiff »Simmons« die Kolonie Georgia, wo Wesley als Pfarrer der anglikanischen Gemeinde tätig wurde. Mit ihm waren 26 mährische Brüder aus Herrnhut mitgekommen. Jede Erwähnung einer Begegnung der Salzburger mit den Herrnhutern wurde bei der Drucklegung der Tagebücher durch den Herausgeber Samuel Urlsperger gestrichen. »Seine« Gemeinde Eben-Ezer sollte als frei von Anfechtungen und treu in ihrem evangelisch-lutherischen Glauben gezeigt werden. Die Kriegsgefahr rund um Georgia nimmt zu, Auseinandersetzungen mit den Indianern häufen sich. Zugleich wächst die Salzburger Gemeinde in

Eben-Ezer langsam, aber stetig. Wirtschaftlich wird sie mit den Jahren erfolgreicher.

Der preußische Abgesandte Erich Christoph Freiherr von Plotho, geboren 1707, wurde als Legationsrat der preußischen Gesandtschaft in Regensburg am 3. April 1734 vom preußischen König damit beauftragt, die Vermögensverhältnisse der emigrierten Salzburger Protestanten zu ermitteln und damit die Grundlage für Entschädigungsverhandlungen mit der Salzburger Regierung herzustellen. Sein späterer Abrechnungsmodus, von Salzburg eingegangene Gelder vorerst zurückzubehalten, um sie mit den privaten Aufwendungen für seine Arbeit zu verrechnen, war für den preußischen König inakzeptabel, weshalb er den Freiherrn von seiner Funktion entband. Von Plotho kämpfte bis an sein Lebensende im Jahr 1788 um seine Rehabilitierung. Es steht fest, dass nicht alle Gelder an die vertriebenen Salzburger ausbezahlt werden konnten; viele lebten nicht mehr, andere waren nicht mehr auffindbar. Ein nicht unerheblicher Teil des nicht mehr auszahlbaren einstigen Vermögens der Salzburger Exulanten wurde deshalb in den Bau der Dresdner Frauenkirche investiert, die im Jahr 1743 vollendet wurde.

Die kursiv gesetzten Originalzitate aus unterschiedlichen evangelischen wie katholischen Quellen wurden in der Regel bis auf kleinere Anpassungen zugunsten einer besseren Verständlichkeit oder einer Übereinstimmung bei der Nennung von Orts- und Familiennamen nicht verändert. Anders als in einer historisch-wissenschaftlichen Arbeit werden die Quellen nicht jeweils einzeln belegt, um den Erzählfluss nicht zu stören. Im Siedlungsgebiet der Salzburger Exulanten am Savanna-Fluss wird heute noch ein altes Holzhaus (»Salzburger House«) aus dem Jahr 1755 in seinem ursprünglichen Zustand gezeigt. Die historischen Siedlungen Eben-Ezer und Neu-Ebenezer am Roten Berg sind nicht mehr erhalten, aber in Savannah gibt es zahlreiche Erinnerungen an die Salzburger Siedler. Ihre Nachkommen sind in der Georgia Salzburger Society organisiert. Sie haben eine Patenschaft mit Samuel Urlspergers einstiger Gemeinde St. Anna in Augsburg gegründet. Eine Kupfertafel unter der Kanzel erinnert an diese Verbindung. Immer wieder reisen amerikanische Staatsbürger, deren Vorfahren aus dem Fürsterzbistum Salzburg nach Georgia kamen, nach Augsburg, um dort wie auch in jenen Städten, die den Exulanten auf deren Reise zum preußischen König so großzügig geholfen haben, die Spuren ihrer Vorfahren in Kirchenbüchern und Archiven wiederzuentdecken.

Anhang

Aus diesem ökumenischen Geist heraus drängt es mich, die Verfügung eines meiner Vorgänger zu bedauern, wodurch die evangelischen Brüder und Schwestern genötigt wurden, das Land Salzburg zu verlassen. Als Entschuldigung für diese Anordnung kann ich nur anführen, dass der damalige geistliche Landesfürst noch im Banne jenes unseligen Grundsatzes des Westphälischen Friedens stand, der lautet: »cuius regio, eius religio«. Wie jedem historischen Ereignis die Auffassung jener Zeit, in der es sich begab, zugrunde zu legen ist, so muss dies auch hinsichtlich dieser Anordnung geschehen, um ein gerechtes Urteil fällen zu können. Nichtsdestoweniger drängt es mich hier ... mein aufrichtiges Bedauern über die damaligen Ereignisse auszusprechen, und nicht nur in meinem Namen, sondern auch im Namen meiner ganzen Erzdiözese die evangelischen Brüder und Schwestern dafür um Vergebung zu bitten, wie es Papst Paul VI. zu Beginn der zweiten Session des letzten Vatikanischen Konzils getan hat.

Der Salzburger Erzbischof Dr. mult. Andreas Rohracher
in Innsbruck bei der Amtseinführung der neu errichteten
evangelischen Diözese Salzburg-Tirol, 1966.

Die Vergebungsbitte des Andreas Rohracher hat ein weltweites Echo ausgelöst, weil so etwas noch ganz und gar undenkbar war und Rohracher das auf seine eigene Initiative hin getan hat. Die Optik ist trotzdem eine schiefe, denn das Reichsemigrationspatent hat ja Firmian als Staatsoberhaupt erlassen und nicht als Bischof, und Rohracher kann sich ja nicht als Bischof für einen weltlichen Fürsten entschuldigen.

Das politische Gebiet Salzburgs, das Hochstift Salzburg, war ja nicht identisch mit dem Bistum Salzburg, der Erzdiözese Salzburg. Diese hat 60 Prozent des heutigen Österreich umfasst und noch weite Teile Bayerns bis vor die Tore Rosenheims war es kirchlich salzburgisch, jedoch politisch kurbayerisch, und dort hätte ja niemals Firmian jemanden verjagen können, weil er nicht Landesherr war. Also ist es klar, dass Firmian als Staatsoberhaupt gehandelt hat und deshalb als reichsunmittelbarer Fürst. Er musste den Kaiser nicht fragen. Der war in höchstem Maße entsetzt darüber, weil ihm seine ganze mühsam aufgebaute Konstruktion, die Thronnachfolge für seine Tochter Maria Theresia zu sichern, die so genannte Pragmatische Sanktion, natürlich größte Opfer abverlangt hat und er auf das Wohlwollen der evangelischen Kurfürsten angewiesen war, die er sich bemüht hat zu besänftigen und mit Geschenken gnädig zu stimmen, und jetzt kommt dieser Querschuß daher, der ihm in höchstem Maße ungelegen kam und zu dem er natürlich durch seinen Beichtvater, den Jesuiten Pater Tönnemann, der die Position Firmians eingenommen hat und musste, und natürlich in einen ganz furchtbaren seelischen Zwiespalt getrieben wurde.

Prof. Dr. Johannes Neuhardt
Dechant des Metropolitankapitels zu Salzburg
in einem Interview mit dem Verfasser
(Bayerischer Rundfunk, März 1998)

Der Dank des Autors gilt der Bayerischen Staatsbibliothek, deren sorgfältig digitalisierte Dokumente für den Autor sehr hilfreich waren wie auch einige bei Google-Books zum Teil flüchtig digitalisierte Quellen. Andere historische Dokumente, die genutzt wurden, befinden sich im Besitz des Autors.

Ein besonderer Dank gilt meiner Lektorin Martina Schneider, die dieses Buch inzwischen fast besser kennt als der Autor. Alle ihre Hinweise waren wertvoll und konstruktiv.

Christoph Lindenmeyer, München 2015

Bibliografische Hinweise

Die *kursiv* gesetzten Textzitate wurden zum Teil folgenden Quellen entnommen:

Vollkommene Emigrations-Geschichte von denen aus dem Ertz-Bißthum Salzburg vertriebenen und größtentheils nach Preussen gegangenen Lutheranern, in sich haltend eine genaue Beschreibung des Ertz-Bißthums Saltzburg als auch des Königsreichs Preussen von Gerhard Gottlieb Günter Göcking, Band 1 und 2, Frankfurt und Leipzig 1734

Ausführliche Historie der EMIGRANTEN Oder Vertriebenen Lutheraner aus dem Ertz-Bißthum Saltzburg und andern Römisch-Catholischen Ländern, Vierdter Theil, von Christoph Sancke, Leipzig 1734

Ausführliche Nachricht von den Saltzburgischen Emigranten, die sich in America niedergelassen haben, Continuationen 1–6 von Samuel Urlsperger, Augsburg/Halle 1741 ff.

Der dreyzehenten CONTINUATION derer ausführlichen Nachrichten von den salzburgischen Emigranten, die sich in America niedergelassen haben, zweyter Teil, herausgegeben von Samuel Urlsperger, Halle und Augsburg 1748

Americanisches Ackerwerk Gottes oder zuverlässige Nachrichten über den Zustand der americanischen und von salzburgischen Emigranten erbauten Pflanzstadt Ebenetzer in Georgien betreffend, Zweytes Stück, heraus gegeben von Samuel Urlsperger, Augsburg 1755

Aktenmäßige Geschichte der berühmten salzburgischen Emigration. Aus dem lateinischen Manuscript des ehemaligen Hofmeisters der hochfürstlich-salzburgischen Edelknaben Joh. Bapt. de Casparis übersetzt von Fr. Xav. Huber, Salzburg 1790.

Die Vertreibung der Salzburger Protestanten von C.Fr. Arnold, Leipzig 1900

ferner:

Salzburg Lutheran Expulsion ans Ist Impact, von Carl Mauelshagen, New York, Washington, Hollywood 1962

Österreichische Exulanten in Franken und Schwaben, von Georg Rusam (Neustadt a.d. Aisch 1989)

Die Salzburger Emigration in Bildern, 2. Auflage, von Angelika Marsch (Weißenhorn 1979)

Samuel Urlsperger (1685–1772), Augsburger Pietismus zwischen Außenwirkungen und Binnenwelt, von Reinhard Schwarz (Hg.), Berlin 1996

Impressum

Bibliografische Information der Deutschen Nationalbibliothek
Die Deutsche Nationalbibliothek verzeichnet diese Publikation in der Deutschen Nationalbibliografie; detaillierte bibliografische Daten sind im Internet über http://dnb.d-nb.de abrufbar.

5020 Salzburg, Bergstraße 12

Coverbild:
akg-images

Grafik, Satz und Produktion: Tanja Kühnel
Lektorat: Martina Schneider
Druck: Těšínská Tiskárna, A.S.

ISBN 978-3-7025-0836-4

www.pustet.at